吴敬琏集

中国经济改革进程

吴敬琏 著

中国出版集团 东方出版中心

图书在版编目（CIP）数据

中国经济改革进程 / 吴敬琏著. -- 上海 ：东方出版中心，2025. 7. -- （吴敬琏集）. -- ISBN 978-7-5473-2738-8

Ⅰ. F121

中国国家版本馆CIP数据核字第2025U8306E号

吴敬琏集·中国经济改革进程

著　　者　吴敬琏

丛书策划　陈义望

项目统筹　郭银星

责任编辑　刘　鑫

特约编辑　刘亚萍

装帧设计　钟　颖

出 版 人　陈义望

出版发行　东方出版中心

地　　址　上海市仙霞路345号

邮政编码　200336

电　　话　021-62417400

印 刷 者　上海盛通时代印刷有限公司

开　　本　710 mm×1000 mm　1/16

印　　张　29.25

字　　数　338千字

版　　次　2025年8月第1版

印　　次　2025年8月第1次印刷

定　　价　128.00元

《吴敬琏集》总序

　　1930 年，我在一个青年知识分子家庭里出生。不幸的是，我刚满一岁，父亲就因肺结核去世。在出身于有几代民族资产阶级传统的家庭的母亲的哺育下，我从少年时代就开始接触"怎样才能振兴中国"这个好几代中国人魂牵梦萦的问题。那时，我的理想是科学救国和实业救国，以为依靠现代科学与技术就能够发展起现代工业，抵御洋人的坚船利炮和货物倾销，建设富强的中国。至于要依靠什么样的社会制度来实现这种理想，我却几乎完全没有思考过，以为沿着先人们的足迹，在当时的制度下发展现代产业，似乎是顺理成章的。特别是在 1945 年下半年国共两党在谈判中达成和平建国的"双十协定"和 1946 年 1 月政治协商会议根据中国共产党提出的《和平建国纲领草案》通过了《和平建国纲领》之后，我更加相信这条道路走得通。

　　在我即将跨进成年人门槛的时候，这一切却急剧地改变了。

　　1946 年 2 月，我在重庆目睹了国民党顽固派破坏政协成果的暴行，这使我强烈感到，在国民党一党专政的统治下，想要通过和平手段实现中国的振兴，是不可能做到的。这样，我逐渐由一个只关心"数、理、化、生"的中学生，变成了积极参与爱国民主运动的"前进分子"。

经过疗养肺结核病期间几年的阅读和思索，我对毛泽东在《新民主主义论》《论联合政府》等著作中阐明的革命道理完全心悦诚服，认为只有在共产党的领导下，打倒旧政权，建立新中国，中国才有振兴的希望。经过三年准备和十年建设，等工业化发展到一定程度后再进一步过渡到社会主义理想社会，成为我坚信不疑的道路。

虽然当时自以为已经成为一个追随共产党的革命青年了，其实我对于社会主义和它的理论基础马克思主义知之甚少，不仅缺乏对资本主义经济规律的认识，更谈不上对马克思社会主义纲领的真正领会。尽管我读过一些阐释马克思主义经济学的著作，西方文学作品揭露的"维多利亚时代"劳动阶级的悲惨生活也曾在我心中引起震撼，但总觉得那毕竟是在遥远的西方国度发生的事情，对我们具有现实意义的还是实现共产党的最低纲领，夺取政权和建设新民主主义经济。那时的我，就像我在 1957 年以后的多次政治运动中检讨过的，充其量只是一个"民主革命派"，或者叫作共产党在民主革命中的"同路人"。

由于既缺乏良好的理论素养，又没有经受过实际斗争的锻炼，我的思想在往后的历史风浪的冲击下就显得忽左忽右，缺少定力。

我就是在这种思想状态下迎来了中华人民共和国的诞生。怀着参加新民主主义经济建设的巨大热情，我在 1950 年春季进入金陵大学学习经济学。不过正规的经济学学习只进行了不到一年，我就投入到从抗美援朝开始的一连串政治运动，成了运动积极分子，并在 1952 年 9 月加入中国共产党。

1952 年院系调整，金陵大学经济系并入复旦大学经济系。开学不久，就按照 1951—1954 年整党中提出的"共产党员标准的八项条件"关于"现在为巩固新民主主义制度而斗争，在将来要为转变到社会主义而斗争"的规定，开展了为巩固新民主主义和准备向社会主义过渡的学习运动。在四年（1950—1954年）大学期间，我主要学习的是当时刚刚由中国人民大学的苏联专家传授给中国教员的"社会主义政治经济学"和它在各个部门的应用——财政学、货币与银行、工业经济学等等。按照当时大学中占主导地位的观点，马克思对资本主义经济的分析，已经穷尽了有关市场经济的真理；而西方经济学在20世纪中叶以后，就再没有科学性可言了。列宁，特别是斯大林"在空地上"建立起来的社会主义政治经济学，囊括了社会主义经济的一切主要规律。因此，"苏联的今天，就是我们的明天"。只要遵循这一系列"社会主义经济规律"，也就掌握了政治经济学社会主义部分的真谛，它将指引中国迅速走向繁荣富强。

现在回想起来自己也感到相当奇特的是：使我对这些理论观点深信不疑的，并不是有关苏联社会主义经济的各种事实材料（对这类材料，我和我的老师们都掌握得不多），而是对"走俄国人的路"这一历史结论的信念。这种信念又因我国20世纪50年代上半期在"三年准备、十年建设"所取得的成就而得到加强。既然共产党的最低纲领的实施已使我们百孔千疮、灾祸纵横的祖国起死回生，当我们实现了党的最高纲领——建立社会主义社会和共产主义社会的时候，还有什么人间奇迹不能被我们创造出来呢？

1954年，我从复旦大学毕业进入中国科学院哲学社会科学部（即中国社会科学院的前身）经济研究所从事研究工作。刚参加工作不久，就赶上了学习和贯彻过渡时期总路线以及实现农业、手工业和资本主义工商业改造的"社会主义高潮"。在敲锣打鼓进入社会主义社会欢欣鼓舞之后，迎来的却不是苏联政治经济学教科书描画的光昌流丽的图景，而是经济增长疲软、服务质量普遍下降的乱象。

加之 1956 年 2 月的苏共二十大揭露的事实，打破了我们对斯大林神话般的迷信。在经济研究所担任高级顾问的苏联财政专家毕尔曼（Aleksandr M. Birman）也向我们证实，苏联的经济管理体制存在严重缺失。当听到毛泽东《论十大关系》讲话集中批评苏联体制下权力和利益过分集中的弊病的党内传达时，我衷心地认为，他以自己敏锐的眼光洞察了事情的底蕴，也指出了改正的方向。根据《论十大关系》讲话精神，国务院在 1956 年 5—8 月召开"全国体制会议"并制定了《国务院关于改进国家行政体制的决议（草案）》，这个决议（草案）在 10 月获得中共中央政治局的批准，由此开始了中国的第一次经济体制改革。

1956 年，我满怀热情地参加了经济管理体制改革的调研工作。我奉派参加对机械工业、轻工业、纺织工业和冶金工业企业的调查和对财税体制改革方案的研讨，从此开始了对中国社会主义经济体制问题的研究。

从 1956 年到 1976 年"文化大革命"结束，我国的经济体制是在两种对立的指导思想的支配下演进的：一种是在保持苏联式的计划经济的基本框架和国有经济的主体地位的前提下，扩大地方政府和生产单位的自主权，加强"对价值规律的自觉运用"，以便为命令经济注入某些活力；另一种是不断进行"经济战线、政治战线和思想战线上的社会主义革命"，加强政府对国民经济的管控，以便动员群众去实现国家的目标。这两种思路交替使用，而我自己则在两种思路之间摇摆。

在 1956 年从苏联模式"解冻"和重新思考中国国家工业化道路的浪潮中，我曾经热衷于按照第一种思路设想一种能够让价值规律发挥更大作用的社会主义经济管理体制。

20 世纪 50 年代中后期，反右派运动和批判修正主义的浪潮使经济研究所的研究工作不能继续下去了。加上我父母双双被打成右派，我自己被定成"中右"，我只有怀着力求涤除"资产阶级知识分子"和"民主革命派""原罪"的心情，努力去跟上愈来愈"左"的时代潮流。在这样的背景下，我在 1960—1964 年期间写了好几篇所谓"符合社会主义政治方向"的论文，其实只不过是用寻章摘句、注经解经的方法来为"最高指示"作多少带有"理论色彩"的说明。

1966—1976 年的"文化大革命"彻底中断了经济研究所的工作。然而，我在晦暗时期的干校"牛棚"中，竟与顾准这位比我有更长的"革命"经历，也比我更早地对"左"的路线的实质有深刻认识的思想家结成了忘年之交，这使我获得了一个特别的思考的机会。我们冷眼观察当时的疯狂表演，以世界历史的发展为背景，对近代中国人走过的道路，特别是新中国成立 20 年的经历进行了认真的思索。通过这种反思，我对"四人帮"宣扬的"无产阶级专政下继续革命"理论的社会实质和政治经济后果有了更深一层的认识：若沿着他们鼓吹的路子走下去，势必走上"封建社会主义"之类的邪路。

在 1977—1978 年间我参加了经济学界批判"四人帮"的活动，在于光远等师长的教导和帮助下，我开始在批判极左路线的基础上对所有制关系、商品生产与商品交换、企业经营机制、知识分子的地位与作用等问题上做进一步的探索，寻求改善我国经济体制的道路。

1978 年年底召开的十一届三中全会做出了把全党工作重点转移到社会主义现代化建设上来、实行改革开放的历史性决策。但是，由于多年闭关锁国和文化禁锢，1978—1980 年间关于经济体制和经济政策的讨论，以今日的眼光看，无异是在黑暗中摸索，这就使得这些研究缺乏系统性，也没有形成整体性的分析框架。直到1980年年初和1981年春波兰市场社会主义学派的传人布鲁斯（Wlodzimierz Brus）和捷克斯洛伐克1968年经济改革的主要领导人锡克（Ota Sik）先后来华讲学，我才意识到，我们从苏联人那里习得的"社会主义政治经济学"，从理论范式到具体结论都存在很大的毛病，需要按照马克思主义"实事求是"的根本原则进行更新。

布鲁斯和锡克的讲学不但大大增进了我对波兰和捷克斯洛伐克这两个东欧改革先行国家理论创新和改革进程的了解，而且获得了更具普遍意义的两个重要启发：

第一，他们两位的讲学阐明了这样一个道理，即任何一种经济体制都是由一系列互相联系的经济关系组成的整体，每种体制都有自己逻辑一贯的运行规则。既然经济体制改革是由一种经济系统到另一种经济系统的跃迁，那么零敲碎打的改革不但不利于实现这种变革，还会引起经济运行的混乱。这也促使我把研究重点转向不同经济体制的比较和不同发展战略的比较。除了对苏联、东欧社会主义国家经济发展史的研究，我在这个时期还深入研究过日本、联邦德国和"亚洲四小龙"二战后的体制变迁和经济发展历程。

第二，他们两位在讲学中不但娴熟地运用马克思主义的理论工具，而且运用了不少现代经济学的新的分析手段，使长期闭塞的国内经济学家耳目一新。这也使我产生了出国访学的愿望。

对于我来说，更加具有基础性质的学术思想提升发生在20世纪80年代中期，1983—1984年我到美国耶鲁大学做了三个学期的客座研究员。在耶鲁，我一边在社会政策研究所（ISPS）做"比较经济体制"研究，一边从"经济学101"的经济学原理课程学起，对现代经济学进行系统性的补课。通过重新学习经济学，我品尝到了运用现代经济学的分析工具解答经济问题的愉悦。尤其重要的是，通过这一学习，我对市场经济的运作规律有了较之前清晰得多的认识。在这以前，我虽然和大多数赞同市场取向改革的同行一样，认同亚当·斯密（Adam Smith）用隐喻方式表达的一个观念，即在市场经济中有一只"看不见的手"能够引导只考虑自身利益的商品生产者去追求并不是出自本心的增进社会财富的目标，但是我们对于这只手的实际内容和运行机制却又不甚了了。这就使我们很容易接受所谓"市场社会主义"的改革主张，也就是在保持计划经济基本框架的前提下，扩大企业自主权，同时有条件地发挥政府管控下的市场（regulated market）对企业决策的影响。而由于这种认知缺失在当时的经济学界具有相当的普遍性，这对我国经济科学的发展和社会经济改革的实际进程都造成了很大的消极影响。就我个人而言，通过微观经济学的学习，我认识到市场决定价格是市场在资源配置中起主导作用的关键。在自由竞争的市场经济中，由供求关系决定的价格反映了各种资源的相对稀缺程度，因而基于市场价格的交换活动能够引导资源流向效益最高的地方，从而实现资源的有效配置，趋向于新古典经济学所说的"帕累托最优"状态。在理论认识提高之后，我对现实问题提出的意见也就有了更扎实一些的基础。

1984年年底，在参加中共十二届三中全会前期理论准备工作和中央财经小组为上海制定发展战略的调研工作所取得的成绩的鼓舞下，我加入国务院经济研究中心（现国务院发展研究中心的前身之一），从此开始了令人兴奋而紧张的政府咨询工作。在20世纪80年代到90年代初，我的工作主要集中在分析经济和社会发展形势，研究经济改革的目标模式、战略选择和方案设计等方面。其间，我参加了 1986 年国务院领导提出的"价、税、财配套改革"的方案设计工作，并担任"方案办"的领导成员。在"方案办"的领导班子中，我与思路相近的周小川、楼继伟等成为与"企业改革主线论"主张不同的"整体改革论"的主要代表。

90 年代初期，我和一批有志于继续推进市场化改革的经济学家一起，系统总结了前期改革的经验，深入地研究了与进一步改革有关的理论和实际问题。我们课题组的研究成果为 1992 年中共十四大确定市场经济的改革目标和 1993 年中共十四届三中全会通过《中共中央关于建立社会主义市场经济体制若干问题的决定》制定全面改革的方案提供了经济学的支持。我在 80 年代中期比较明确地提出了中国的经济体制改革必须走出"一放就乱、一收就死"的怪圈，走市场经济的改革之路的思想。这些思想充分体现在这一时期的研究工作和改革方案设计之中。

与此同时，我的思想主张时常受到来自两方面的反对：一方面是反对市场经济的人们，他们坚持认为，计划经济才是中国走向富强的必经之路；另一方面是改革阵营的某些朋友，他们对我的责难是"理想主义""急于求成"等。在"文化大革命"后期对过去的经历进行反思的时候，我就下定决心吸取自己以前由于"唯上""唯书"竟至违背科学良知的教训。如果发现自己的认识是错误的，自然要从善如流，知错即改；如果还没有证明自己的认识是错误的，也不因"上"面讲过或"书"上讲过或者某种流行观点的压力而轻易改变。

1992 年邓小平南方谈话之后，中国进入了一个新的改革时期。当时大部分生产资料价格已经在宏观经济紧缩的条件下自然而然地放开的情况下，营造市场经济的微观基础、增强市场微观主体就成为改革工作的重点，需要研究的新问题层出不穷。我开始更加深入地研究国有企业的公司化改革、现代金融体系和资本市场的建设、新型社会保障体系的建立、中小企业及高新技术产业的发展等问题。

1997 年爆发的亚洲金融危机也波及中国。如何为国企解困，特别是如何保障数千万国企下岗职工的基本生活，成为亟待解决的问题。当时一种占主导地位的意见是，采取扩张性的宏观经济政策，"用急药、用猛药"，靠财政金融当局大量"放水"拉动经济增长。我认为这种凯恩斯主义式的政策只是一种短期有效的救急措施，发挥民间创业的积极性才是长久之计。事实上，我从 90 年代初期起，就注意到了东南沿海地区的浙江等地兴起的民营中小企业的发展对地方经济繁荣起到了非常重要的作用。问题在于：一方面，这些地区民营经济在国民经济中发挥着越来越大的作用，有望成为经济增长的引擎、国有企业下岗职工再就业的主要途径乃至解决"三农"问题的钥匙；另一方面，民营经济的成长环境和自身的经营又亟待改善。政府大力为民营经济的发展创造有利的环境，才是解决问题的正途。我为制定和实施"扶持民营企业发展的大战略"奔走鼓呼并在 90 年代后期取得一定的成效，为克服经济困难添加了一份不小的助力。①

由于市场化改革一度推进缓慢和法治不兴，某些有权力背景的人得以利用物资分配和价格决定的"双轨制"，用市场价格倒卖他

---

① 吴敬琏（1998）：《对经济形势的估量和放手发展中小企业的对策建议》，载《吴敬琏改革文选：探索与反思（上卷）》，香港：香港城市大学出版社，2021 年，第 488—494 页。

们用低价获得的商品，攫取骇人听闻的巨额财富。面对愈演愈烈的"官倒"横行的腐败现象，由我和赵人伟、荣敬本两位研究员主持的《社会经济体制比较》杂志引进了"寻租"这个新的政治经济学概念，发动了一场以剖析腐败现象的制度根源、动员社会力量剔除腐败行为体制基础的大讨论。对于"寻租"问题的深入研究使我的思想超出了经济问题的范围。在 1998 年 10 月与经济学家汪丁丁的对话中，我提出要避免权贵资本主义的发展，"从经济的角度讲，就是要发展独立的民间经济和民间力量；从政治方面讲，就是要确立游戏规则，实行法治"。接着，受到钱颖一教授 2000 年 1 月《市场与法治》讲演的启发，我们正式提出"建设法治的市场经济"的纲领性口号。2001 年我受邀参加中共中央组织的知名学者北戴河休假，与同样受邀参加这次活动的法学泰斗江平教授一见如故，由于都怀着经济学家和法学家联手共同推进现代国家建设的愿景，我们作为联席主席成立了上海法律与经济研究所（后来迁到北京并改名为洪范法律与经济研究所），与众多学者共同努力为建设法治中国作出自己的贡献。

我除了在国务院发展研究中心从事咨询研究工作，也涉足其他的领域。比如，我在国家信息化专家委员会担任副主任，并积极参加了上海市委为半导体攻关战役做准备的调研工作。还在中国社会科学院研究生院、北京大学经济学院担任博士研究生导师，在中欧国际工商学院（CEIBS）担任终身荣誉教授。21 世纪初国有企业公司化改革时期，我还兼任过几家境内外上市公司的独立非执行董事。这些经历给了我更深入地感知资本市场运作和大公司运营的机会，磨炼了我对于经济现象的敏感，使我能够把自己在各个领域的研究连贯打通。

回首改革开放以来的 40 余年，可以聊以自慰的是，我努力恪守经济学人的职责，坚持我认为利国利民的主张。然而，我还是有许多的遗憾。我这一代人由于被卷入各种各样的政治运动，有一大半的时间都是在各种政治运动中被批来斗去，从而耽误了太多读书做学问的时间。虽然我从事经济学工作有 70 余年，但是真正的学术生涯却是从 1976 年"文化大革命"结束以后才开始的。因此，不敢稍有懈怠。

大约在 3 年前，资深出版人郭银星女士最先提出了将这些学术成果整理出版的动议并做了很多前期准备工作。经过各方努力，特别是在以陈义望先生为首的东方出版中心编辑团队的积极推动下，这项工作得以在今年年初正式启动。这套文集主要收录了本人的著作和文章，著作独立成卷，文章按照写作时间顺序编排并分卷。为了保存历史原貌，本次出版除对原稿的文字错讹做了修正，对注释、索引、参考文献等按照规范化的格式进行完善外，基本论点和行文均未做改动。

需要说明的是，中国的改革开放成绩斐然，但也并非一路凯歌行进，有时遭遇风霜雨雪，有时曲折迂回。哪怕在今天，基本的方向应该是明确的，但我们仍然会碰到许多疑难的问题，这些疑难问题的解决，一方面要学习新的东西，用新的技术、武器去解答这些问题；另一方面，就是总结过去的经验和教训，从中找到力量往前走。我作为一名在这一特定历史时期工作的学者，便不可避免地要在激烈的理论争论和各种利益冲突中艰难前行。我的思想在这 40 多年中有许多发展变化，在从旧时形成的种种观念出发逐步趋近符合于实际的认识的过程中，旧思想的影响是逐步消除的，前后的提法和论述也常常有所不同。有些时候确实是走了弯路，但也引发了我的重新思考。我们这一代人经历过的历史正在逐渐远去，但是那些历史波动和曲折所提供的经验教训还是可能为勠力同心建设美好中国和世界的人们提供参考的。

吴敬琏

2024 年 7 月

吴敬琏集

中国经济改革进程

出版说明

.

《中国经济改革进程》是一本纪念我国改革开放 40 周年的著作，于 2018 年 9 月由中国大百科全书出版社首次出版，2023 年进行修订并出版了第 2 版。施普林格·自然集团（Springer Nature）引进了本书英文版权。此外，本书还输出了印地文版（印度普拉卡山出版社，2023 年出版）和阿拉伯文版（正在翻译出版中）。

《中国经济改革进程》从中国经济体制和经济政策变迁的历史维度，分专题考察了从 20 世纪 70 年代中期到 21 世纪 10 年代中期的 40 年中国经济改革的前因后果和演化路径。其中，贯穿始终的是法治的市场经济和国家管控的统制经济（列宁所说"特殊的国家资本主义"）这两种不同的制度模式之间此长彼消的冲突。凡是市场化、法治化改革向前推进时，中国经济社会都发展较好；凡是改革发生停顿甚至逆转时，中国经济社会发展就会受到冲击。

这样，就像本书作者在 21 世纪初展望新世纪的文章《中国经济的未来方向》中所指出的，两种可能的前途严峻地摆在中国的前面：一条是沿着完善市场经济的道路前行，限制行政权力，走向法治的市场经济；另一条是沿着强化政府作用的"特殊的国家资本主义道路"前行，走向权贵资本主义的穷途。两条路径泾渭分明，前景完全不同。何去何从，正是我们需要回答的问题。

在 21 世纪初期，两种前途之争又经历了多次较量。令人欣慰的是，2012 年的中共十八大和 2013 年的中共十八届三中全会对于推进市场化、法治化改革和实现国家治理体系的现代化作出了庄严承诺。不过，做出全面深化改革的决定并不意味着市场经济制度与统制经济模式之争就此消失。两种前途之争仍在继续。因此，认真反思改革开放前 40 年的历史，从历史经验中汲取智慧，仍然对国运兴替具有决定性的意义。

2025 年 6 月

再版序

　　读者面前的这本书，是为纪念我国改革开放 40 周年首版于 2018 年的作品。转眼 4 年过去了，中国经济出现了许多新的现象，特别是近两年来，我国的外部环境更加复杂和不确定，国内经济发展也面临诸多风险和挑战。当前，我国经济在还没有走出延续多年的"经济增长换挡期、经济结构调整阵痛期、前期刺激政策消化期"等"三期叠加"困境的情况下，又面临着"需求收缩、供给冲击、预期转弱"的"三重压力"。在朝野上下都集中注意力于如何应对现实问题，政府也正在采取一系列"稳住经济大盘"的政策措施来应对挑战的当下，重印讲述 40 年改革开放历史的这本旧著的意义何在呢？

　　在我看来，在当前的形势下，采取应急性的应对措施是必要的。但是仅仅这样做还远远不够，因为现实状况是由过往历史造成的。就拿我们当前遇到的困难来说，虽然某些带有偶然性的突发因素，例如新冠肺炎疫情加剧了问题的严重性，但大量问题是"冰冻三尺，非一日之寒"。如果受制于轻视理论思维的传统，热衷于追逐五光十色和千变万化的表面现象，对所谓"热点问题"作出表面的回答，或者采取并非针对病因，而是针对症状的"对症治疗"措施来缓解矛盾，而不能透过变动不居的现象去把握具有恒定性的事物本质和长期驻留的事物运动规律，触及经济发展的基本问题，就难免陷入扬汤止沸的误区，而无法收到釜底抽薪的效果。

相当长的时期以来，中国经济面临的是两大基本问题：第一个是如何从过去那种高指标、高投入、低效率的增长方式转变为效率驱动的增长方式，以便实现持续的高质量发展；第二个是怎样改变过去那种封闭僵化的落后体制，建立起一个富有生机与活力的体制。《中国经济改革进程》这本书的基本内容，就是对从 20 世纪 70 年代中期到 21 世纪 10 年代中期与这两大基本问题相关的理论争论和政策演变的系统梳理。

粉碎"四人帮"和结束"文化大革命"以后，中国经济发展面临的第一个大问题就是旧有的增长方式成为中国经济的沉重的负担，使它难于真正"起飞"。针对这一问题，1981 年全国人民代表大会批准的《政府工作报告》要求采取"经济建设十大方针"，"围绕着提高经济效益"，"走出一条速度比较实在、经济效益比较好、人民可以得到更多实惠的新路子"。可惜的是，新方针只执行了一年，就遭到自称"坚持马克思主义再生产理论"的政治家和理论家的抨击，旧有增长方式在一定程度上复归。

由于粗放的增长方式必然造成的种种恶果，1984—1985 年和1992—1993 年一再出现了经济过热和通货膨胀的风潮，所以在 1995 年研究制定"九五"（1996—2000）计划时，国家计划委员会提出了进行经济增长方式从投资驱动的粗放增长到效率驱动的集约增长转变的建议。经过广泛深入的讨论，《中共中央关于制定国民经济和社会发展"九五"计划和 2010 年远景目标的建议》和《中华人民共和国国民经济和社会发展"九五"计划和 2010 年远景目标纲要》决定"实行两个具有全局意义的根本性转变"，即"经济体制从传统的计划经济体制向社会主义市场经济体制转变"和"经济增长方式从粗放型向集约型转变"。在 1995 年以后的几年中，由于上述两个根本性转变取得了进展，中国经济发展迎来了增长速度比较快、效率比较高的新阶段，并在 2010 年超越日本，晋升为 GDP 世界排名第二的经济体。

不过，"九五"期间 GDP 增长的突出表现使人们产生了提高经济效率和经济增长方式转型的任务已经完成的错觉。从"十五"（2001—2005）计划时期开始，在扩张性的财政政策和货币政策的支持下，靠海量投资"铺摊子""上项目"和"造大城"的运动在全国范围内风起云涌。通过这类"政绩工程"和"形象工程"来拉动经济的高速增长，成为一些领导干部提升自己"政绩"和地位的不二法门。这就使粗放增长方式的种种消极后果迅速积累起来，并在 2005 年至 2007 年期间又一次出现了经济过热和通货膨胀的势头。

在这种情况下，2006 年的中共十六届三中全会批评了"不正确的政绩观"，2007 年的十七大提出"加快转变经济发展方式的战略任务"。2010 年，中共十七届四中全会通过的《中共中央关于制定国民经济和社会发展第十二个五年规划的建议》着重指出，"综合判断国际国内经济形势，转变经济发展方式已经刻不容缓"，并由此再次重申"加快经济发展转型"的要求。

可是，人们更习惯于用凯恩斯主义侧重需求侧的短期分析方法来解析长期增长问题，加之 2007 年爆发了从美国"次贷危机"开始的全球金融危机，为了应对危机对中国经济的冲击，政府的方针又一次转向使用扩张性的财政和货币政策以及增加政府投资来扩大内需，以便保持经济的平稳较快增长。于是，由于经济发展方式的转型并未取得实质性的进展，继续用扩张性的宏观经济政策来支持经济增长，我国的国民资产负债表出现杠杆率过高的病症。政府和许多企业债台高筑，酝酿愈来愈大的金融风险。这使中央领导在2013年末提出中国经济发展进入经济速度换档期、经济调整阵痛期、前期刺激政策消化期"三期叠加"的"新常态"。

为了应对新常态下经济发展面临的困难，本世纪10年代中期爆发了一场关于中国应当遵循什么样的发展理念、采取什么样发展方式的大辩论。辩论的结果是"十三五"（2016—2020）厘清了经济发展的基本思路，要求在进一步改革的推动下，以提高供给侧的效率为核心，实现从高速度增长到高质量发展的转变。

不过问题还在于，正像我们在前30多年所经历过的那样，作出了正确的决定和这些决定能否得到贯彻执行是两件不同的事情。《中国经济改革进程》概述了本世纪10年代中期这一基本思路决定和执行的过程，并且指出：如果不能按照这样的思路去克服困难，宏观经济政策将会陷入两难困境，经济发展也会呈现出一种"按住了葫芦起了瓢"的跷跷板式运行状态。如果为防止金融风险而降低对财政政策和货币政策的刺激强度，GDP增长率就会进一步下滑；要保持较高的增长率，就需要提高刺激强度，杠杆率则会加速上升，发生系统性金融风险的可能性增大。而如果反复使用刺激政策，用强投资去推动经济增长，就只能进一步加杠杆，使金融风险加速积累，甚至引发所谓"资产负债表衰退"。

在处理经济发展方式问题上的这些历史经验显然是今天仍值得加以探究的。除此而外，以放松信贷、增加投资为主要内容的短期措施，也需要汲取过去简单地靠扩张性的财政政策和货币政策拉动增长、结果造成了杠杆率过度提高和酿成资产负债表危机的教训，把重点放到促进效率提高、实现高质量发展方面来。

中国经济发展面临的另一个问题，也许是更具有根本性质的问题，是体制改革问题。经济体制改革的核心和实质在于选择由市场价格机制支配的资源配置方式还是由行政命令和国家计划支配的资源配置方式；要言不烦，就是在资源配置中市场起决定性作用还是政府起决定性作用。

早在 20 世纪 70 年代后期改革开放之初，朝野有识之士就已取得进行市场取向改革、引进市场机制、发挥价值规律作用的共识。之后，建立社会主义市场经济和法治国家都被郑重写入中国共产党的代表大会和中央全会决议。

然而，市场化、法治化改革并不会径情直遂地达到预设的目标。虽然市场化改革在 20 世纪后期取得了很大的进展，使中国经济发展在世纪之交持续加速，很快跻身为全球第二大经济体，但是主张政府主导资源配置的人们还是一再发动对市场化改革的攻击，力主加强政府对资源配置直接或间接的管控，致使改革的进程受到阻碍，甚至使经济体制和经济政策出现相反的走势。直到开倒车的行径遭到摒弃，经济发展和经济改革才回归正途。

改革开放以来，关于市场主导还是政府主导资源配置，经历过多次博弈。《中国经济改革进程》对其中五次起死回生的博弈以及这些博弈背后的思想交锋作了简明扼要的历史叙述，并对之作出自己的历史评论。

坚持政府主导的一派最重大的一次反攻，发生在本世纪初期。本来在 1992 年的中共十四大作出了我国经济体制改革的目标是建立社会主义市场经济体制的决定以后，中国经济走上了建设统一、开放、竞争、有序大市场的道路。但由于改革在一些领域进展不足，政府部门还在某些重要领域中起着支配作用，就使整个经济体制呈现出一种"半统制、半市场"的过渡性特征。在这样一种计划与市场、行政命令与自由价格双轨并行的体制下，行政权力对微观经济活动进行广泛干预，使寻租腐败行为获得了广大的制度基础，加之法治国家的建设严重滞后，腐败蔓延、贫富差距拉大等问题就愈演愈烈。这理所当然地引起大众的不满。利用这种情势，市场经济的反对派趁机把原本是因为市场化、法治化和民主化改革推进不足造成的问题归罪于改革本身，要求重新强化政府对社会的控制、对资源的配置和对企业微观活动的干预。他们极力鼓动，甚至公然要求为"以阶级斗争为纲"的极左路线翻案、为极左路线的旗手"四人帮""平反昭雪"和"再来一次文化大革命"。

在这种思潮的影响下，民粹主义和狭隘民族主义猛然升温，与建设市场体系相关的一些改革措施受到攻击，在一些领域甚至出现了"国进民退"的潮流。

值得庆幸的是，2012年中共十八大不负众望，顶住了这种反历史的逆流，决定"以更大的政治勇气和智慧，不失时机地深化重要领域改革"。2013年的十八届三中全会通过《中共中央关于全面深化改革若干重大问题的决定》，对全面深化改革作出了顶层设计和总体规划。这一《决定》不但明确"经济体制改革是全面深化改革的重点，核心问题是处理好政府和市场的关系，使市场在资源配置中起决定性作用和更好发挥政府作用"，还把改革延伸到社会体制的其他方面。《决定》指出，"全面深化改革的总目标是完善和发展中国特色社会主义制度，推进国家治理体系和治理能力现代化"，为从过渡体制成长为在规则基础上运转的现代市场经济即"法治的市场经济"指明了经济改革和政治改革的方向，提出了一整套具体的改革要求。

在全面改革的顶层设计、路线图和时间表已经明确的条件下，关键就在于执行和落实。

2018 年出版的《中国经济改革进程》这本书只是在最后的段落里对全面深化改革必须克服的种种阻力和障碍以及如何推动全面改革落地生根作出了提纲挈领的说明，而没有来得及对 2013 年十八届三中全会以来改革的进展和不足进行具体分析，可是在我们为如何应对当前问题寻求解法的时候，仍然可以从对改革开放历程的观察和思考中汲取经验教训。

例如，就拿作为当前"三重压力"关键的"预期转弱"来说，这一问题固然是由于疫情等近期因素的触发才显露出来的，但它背后的思想变化，即企业家们对获得良好营商环境和政策环境信心的缺失却是在更长一些的时间里逐渐积累起来的。

我们不妨回想一下，当中共十八大和十八届三中全会决议在 2013 年开始落实的时候，各类市场主体的心气何等炽热。他们踊跃投资，开办新的企业和扩大原有企业规模。国家统计局数据显示，从 2013 年到 2019 年，包括个体工商户和私营企业在内的民营企业的数量增加了 107%，达到 1.18 亿户；其中，雇员超过 8 人的私营企业数量更是增加了 183%，达到 3516 万户。他们为经济强劲发展作出了巨大贡献。

但是很快地，与中共十八大和十八届三中全会决定背道而驰的声音逐渐兴起，2018 年一开年，就有一位名牌大学的著名教授提出，"多种所有制经济共同发展是社会主义初级阶段的特殊现象，不能凝固化、永恒化"，"我们根据实际情况采取的每一项措施，应当都是朝着共产主义迈进的"，"逐步消灭私有制"[1]。后来，一位金融界的资

---

[1] 周新城：《共产党人可以把自己的理论概括为一句话：消灭私有制》，载求是网《旗帜》，2018 年 1 月 11 日。

深人士还就此论证说，"中国私营经济已完成协助公有经济发展的任务，应逐渐离场"①。虽然"私营经济离场论"遭到主流报刊的否定，但是这类反对市场化改革的思潮并没有收敛和停止他们的攻势。在讨伐资本、贬抑私有企业的氛围下，不少企业家焦虑迷惘，缺乏投资和创业的动力。

根据过往的历史经验，为了恢复和加强市场主体的信心，给企业家们吃"定心丸"和对他们进行抚慰会有一定的作用，但功效不一定很大。在我看来，最重要的还是迈开市场化、法治化、民主化的改革步子，对市场和各类市场主体松绑放权，为企业提供能够自主经营的营商环境和非禁即入、维护公平竞争的政策环境。

综上所述，《中国经济改革进程》一书中对改革开放历史过程的观察和对所涉基本问题的思考应该能够为读者研究中国经济发展问题和探讨克服当前困难的路径提供一些参考，这也是再版这本书的初衷所在。倘能如愿，作为作者的我也会感到由衷的欣慰。

吴敬琏

2022 年 6 月 20 日

① 吴小平：《私营经济已完成协助公有经济发展应逐渐离场》，"今日头条"发布平台，2018 年 9 月 12 日。

自　序

从 20 世纪 70 年代后期算起，中国的改革开放已经走过了近 40 年的路程。改革开放给中国的社会经济生活带来了翻天覆地的变化，使中国能够在 2010 年跃居世界第二大经济体。本书力图对改革开放以来波涛起伏的历史进程做一简要的述评。

在我看来，推动中国经济崛起最重要的因素，是市场的扩展使个人和企业的选择权得到了一定的发挥空间。虽然还有不少限制，无论是企业的生产组织方式和销售定价行为，还是个人对劳动的提供以及对商品服务的消费选择，与改革开放前相比，人们有了当初无法想象的自由选择权。这种建立在市场基础之上的自由选择权的扩大，为劳动、资本与技术在特定时间与空间的有效组合创造了便利条件，从而极大地释放了中国的经济增长潜力。

从这种意义上说，中国的经济改革进程可以归结为市场在地域与范围上不断扩展的过程。然而，在计划经济或称命令经济①的历史

---

① 计划经济的经济学原义，是指由一个所谓"社会主义的生产部"来制定和实施经过科学计算的计划，以实现资源的优化配置。由于信息成本和激励成本过高，这种资源配置方式在作出决策和执行决策时都会遇到难以克服的困难。因此，在以苏联为代表的传统社会主义国家的经济实践中，实际上实行的往往是科尔奈所说的直接的行政协调（IA 模式），即由最高领导给出工农业生产总值和（转下页）

背景下，市场的出现及其扩展并非一帆风顺地直线进行的过程。那种将中国改革开放看成是基于帕累托优化的经济理性而作出的政策选择的看法，充其量是对中国经济改革进程的一个过度简略的描述。它没有解释是什么导致了中国在计划经济的沉重历史包袱下小心翼翼地重启市场；也不能说明为什么从计划经济向市场经济转轨的过程中经历了那么多的曲折和反复，以及改革开放自身不时面临停滞甚至倒退风险。

事实上，中国的经济改革是在传统的工业化路线已经破产、社会濒于溃败的历史背景下，作为命令经济模式的一种替代选择，迫不得已地提出和实施的。其早期强烈的试探和摸索性质，使得市场首先在国家控制不那么严密的一些领域（如农业或城镇一般服务业）或者相对隔离的特定区域（如沿海经济特区）最先被引入。而作为传统计划经济主体的国有经济部门，其早期改革思路则深受东欧市场社会主义理论的影响。人们寄望于在保持苏联式社会经济体制基本框架不变的条件下通过部分引入市场价格信号和激励机制，达到提高经济效率的目的。其结果则是在国有企业"内部人控制失控"和国家加强对企业管控之间摇摆。这种情况清楚地表明，中国的早期改革并没有一个清晰的市场化目标，而是通过一些混杂着实用主义色彩的变通性的经济措施，试图摆脱僵化的命令经济以及"强势国家无所不能"的意识形态所带来的困境。

改革开放指导思想中的实用主义做法是一把双刃剑，对中国经

（接上页）重要产品产量的增长目标，中央计划机关以此为依据推演出具体投入和产出的指标，然后层层分解下达直至企业。"国家的计划就是法律"，企业必须服从，否则可能受到处罚，所以，许多人把这种经济称为"命令经济"（command economy）。

济改革的路径和长期绩效产生了深远影响。一方面,中国用"摸着石头过河"的方式绕过障碍,走出了一条以"增量改革"为表征的经济发展道路,在一般商品和服务领域取得了巨大成功,从而加强了中国向市场化、法治化纵深发展的要求。另一方面,由于缺乏对命令经济弊病根源的彻底反思和广泛共识,一种脱胎于命令经济思维、强调国家相机运用多种手段对经济实现控制的统制经济[①]模式在理论层面获得了或明或暗的支持,并往往利用市场化改革过程中遭遇的暂时性困难或出现的问题,如社会贫富分化和腐败现象,使国家权力对企业和市场的管控在实践层面不时过度扩张,给市场化、法治化改革带来了巨大阻力。尤其是在 21 世纪初期,面对日益复杂的经济和社会形势,不仅在土地、资本等要素市场的改革上停滞不前,而且在一些工业企业领域出现了"国进民退"的情况。

然而正如古话所说,"福兮祸所伏"。改革停滞所造成的种种问题,推动大众形成了深化改革是唯一出路的共识,促使 2012 年的中共十八大作出了"以更大的政治勇气和智慧,不失时机深化重点领域改革"的历史性决定。接着,2013 年的中共第十八届三中全会为全面深化改革制定了总体规划、顶层设计和路线图。第十八届三中

[①] 在统制经济模式下,国家对经济的管控方式既有命令经济模式下的直接的行政协调,也有间接的行政协调即借助"经济杠杆"调控企业行为。例如,日本在二战时期采用的就是统制经济模式。"统制经济"的说法起源于 1931 年 4 月日本国会通过的《重要产业统制法》。当时,这种统制是由政府直接进行或通过企业间的卡特尔协议实施的。第二次世界大战结束以后,日本通商产业省的某些负责人仍想延续这种做法,但因受到自由化潮流的阻击,后来改为用选择性产业政策的"政策诱导"的间接方式进行。参见查默斯·约翰逊(1982):《通产省与日本奇迹——产业政策的成长》,戴汉笙等译,北京:中共中央党校出版社,1992 年。

全会《关于全面深化改革若干重大问题的决定》不但确定在经济领域要"紧紧围绕使市场在资源配置中起决定性作用深化经济体制改革"，还把改革延伸到社会政治领域，把"创新社会治理体制""推进国家治理体系和国家治理能力现代化""加快推进社会主义民主政治制度化"作为全面深化改革的总目标。这样，就为中国的改革和发展开辟了崭新的局面。

中国的经济改革历程清楚地表明，每当市场经济取向成为中国经济改革政策的主导思想、更多地用市场机制配置资源时，中国经济增长的质量和速度就比较好，非国有经济部门的创新和创业就会蓬勃发展，也为国有企业改革提供了较为宽松的外部环境。无论是改革开放早期的农村家庭联产承包责任制改革和乡镇企业的崛起，还是 20 世纪 90 年代中期财税、金融和外贸领域的整体改革在推动民营经济发展和吸引外资上的明显成效，以及加入 WTO 后中国经济通过加速融入全球经济而获得的巨大市场和制度红利，都反复证明了这一点。与之相反，每当中国经济政策受到统制经济思维的干扰时，根植于市场基础之上的非国有经济部门往往出现收缩，国有企业改革则陷入停顿，宏观经济风险和微观经济效益都出现恶化迹象。最典型的例子是 1989—1992 年因政治风波而出现的反市场经济思潮，以及 2008 年全球金融危机发生后国家采取强刺激政策所带来的意外经济后果。由此可见，要解决中国经济改革进程中遇到的诸多问题，其出路在于坚持和深化以市场化和法治化为导向的全面改革，进一步发挥市场在资源配置过程中的作用，而不能诉诸更多的国家干预。

沿着以上的基本脉络，本书从中国经济政策变迁的历史维度，分专题梳理了中国经济改革进程的前因后果及其演化路径，从中也可以看到市场经济和统制经济两种不同的模式在中国经济改革进程中长期存在的矛盾和冲突，以及市场化和法治化改革停顿给中国经济社会发展带来的重大风险。尽管"使市场在资源配置中起决定性作用"已经写入中国共产党第十八届三中全会的决议，但市场经济取向与回归统制经济模式之争并不会就此消失，中国的改革开放将继续呈现出巨大的复杂性和艰巨性。如果对此缺乏清醒的认识，基于市场化和法治化的全面深化改革之路将举步维艰，甚至有半途而废的风险。

本书的结构如下。第1章和第2章分别从中国改革开放前夕的社会经济背景和理论知识准备两方面，讨论了中国经济改革的必然性和早期路径选择上的历史局限性。第3章到第5章沿着时间和经济逻辑顺序，分别介绍了从早期"增量改革"模式，到20世纪80年代中期对改革目标的探索，再到90年代经济改革整体推进方针的决策背景以及相关政策对非国有经济部门乃至整个国民经济所产生的重大影响。第6章和第7章分别聚焦于对外开放和对内消除所有制壁垒给中国经济增长带来的巨大推动力。这些市场化改革的措施，包括加入WTO，为中国企业创造了一个巨大的、日益融合的国内外统一市场，从而极大地增强了市场在资源配置中的作用，为世纪之交中国经济实力的快速提升创造了条件。

然而，中国经济增长质量相对低下仍然是一个困扰着决策者的重大问题，表现为国有企业的高杠杆和低效益，以及普遍存在的高污染、高能耗的粗放型增长模式。第8章到第10章分别从国有企业改革和国有经济布局思路中的统制经济倾向、因土地和资本等要素市场价格扭曲和地方保护主义而出现的过度投资倾向，以及由此最终合力导致的宏观经济脆弱性等方面，揭示了中国经济中依然存在的体制缺陷和重大风险。第11章则进一步分析了上述经济制度的缺陷和扭曲造成中国经济活动中大量存在的寻租和腐败行为及其社会后果。腐败行为的蔓延如果成为社会癌症，其最大的危害在于耗散市场化、法治化改革所亟需的公众支持。

本书最后一章着重讨论了中国全面深化改革的前景，指出中共十八大以来的经济指导思想和重大政策举措为进一步市场化改革奠定了坚实的政治基础，但各种阻力和障碍依然不可忽视，能否坚定不移地执行已有改革规划，是中国能否顺利地实现持续稳定发展的关键所在。

目 录

第1章 "文化大革命"的结束和后毛泽东时代的开始

1.1 "两个凡是",还是探寻新路? ………………… 2

1.2 "睁眼看世界"的启示 ………………… 10

1.3 十一届三中全会的重大历史转折 ………………… 21

1.4 对经济改革"目标模式"的初步探索 ………………… 33

第2章 初试"市场社会主义"

2.1 市场社会主义的由来 ………………… 39

2.2 市场社会主义的本土资源 ………………… 52

2.3 扩大国营企业经营自主权的大规模试验 ………………… 58

2.4 市场社会主义对中国改革的后续影响 ………………… 65

第3章 增量改革引领民营经济发展

3.1 个体经营,还是"一大二公":中国农村面临的选择 … 72

3.2 包产到户的最终胜出 ………………… 80

3.3 增量改革使民营经济破土而出 ………………… 92

3.4 增量改革的成就和不足 ………………… 103

第4章　20世纪80年代对全面改革的探索

4.1 "社会主义有计划商品经济"改革目标的确立 ………… 111

4.2 对市场经济认识的深化和对总体改革设计的探索 ……… 115

4.3 1986年：配套改革计划及其流产…………………… 120

4.4 80年代末的大辩论、经济动荡和改革退潮…………… 124

第5章　20世纪90年代经济改革的整体推进

5.1 1989—1992年的改革目标大辩论…………………… 139

5.2 社会主义市场经济目标的确立 …………………… 146

5.3 "50条"《决定》的改革总体规划 ………………… 148

5.4 财税、金融、社保等领域改革的进展 ……………… 157

第6章　对外开放为改革和发展增添了动力

6.1 从内向型经济转向外向型经济 …………………… 174

6.2 80年代：从"进口替代"转向"出口导向" ………… 181

6.3 1994年的外汇改革和出口导向政策的全面实施……… 190

6.4 走向全面开放 …………………………………… 194

第7章　世纪之交：市场力量推动中国经济崛起

7.1 争议"基本经济制度" …………………………… 202

7.2 中共十五大的重大决策："调整和完善所有制结构" …… 212

7.3 多种所有制经济共同发展格局的形成 ……………… 221

7.4 令人瞩目的成绩和未竟之业 ……………………… 224

第8章　国有企业改革与国有经济布局调整

8.1 企业承包制：独具中国特色的国企改革之路 ………… 237

8.2 现代企业制度的提出与实施 ……………………… 251

8.3 世纪之交国有企业的公司化改制浪潮 …………… 258

8.4 国资委建立后的国有经济改革 …………………… 266

第9章　经济增长模式转变步履维艰

9.1 苏式经济增长模式的引进 ………………………… 283

9.2 从经济结构调整到增长模式转型 ………………… 294

9.3 "十五"期间粗放增长方式的回潮 ……………… 301

9.4 增长模式转型失利带来的恶果 …………………… 309

第10章　宏观经济系统性风险隐现

10.1 刺激政策、货币超发和两种形态的"通货膨胀" …… 323

10.2 投资热潮推动的货币超发和信用扩张 ………… 332

10.3 货币超发的后果：资产泡沫生成和资产负债表风险
积累 ……………………………………………… 339

10.4 对宏观经济政策的重新审视和改善宏观经济状况的
艰巨任务 ………………………………………… 351

第11章　腐败行为的蔓延

11.1 90年代铲除寻租制度基础的努力 ……………… 358

11.2 世纪之初政府管控增强对扼制腐败的负面影响 … 367

11.3 腐败向其他社会领域的扩散 …………………… 375

11.4 贫富差距的拉大和权贵资本主义的威胁 ……… 379

第 12 章　全面深化改革才能开辟光明未来

12.1 两种不同的估计和两种对立的方针 ·················· 387

12.2 中共十八大和十八届三中全会的重大突破 ·············· 393

12.3 全面深化改革必须克服种种阻力和障碍 ·············· 402

12.4 推动全面改革落地生根 ·················· 406

后　记 ·················· 412

索　引 ·················· 414

第1章 "文化大革命"的结束 和后毛泽东时代的开始

　　1976 年 9 月 9 日，毛泽东主席去世。27 天以后，中国发生了一起重大的历史事件：以毛泽东的遗孀江青为首的"四人帮"被逮捕，结束了毛泽东在他生命最后十年发动的"无产阶级文化大革命"，中国从此进入了一个改革旧体制和建设新体制的历史发展时期。[①]

　　从旧体制到新体制转变的道路不会像北京的长安街那样笔直，它往往注定了要经历种种曲折，有时甚至出现向旧体制的短暂倒退，就像马克思所说的那样："除了现代的灾难而外，压迫着我们的还有许多遗留下来的灾难，这些灾难的产生，是由于古老的陈旧的生产方式以及伴随着它们的过时的社会关系和政治关系还在苟延残喘。不仅活人使我们受苦，而且死人也使我们受苦。死人抓住活人！"[②]

　　中共中央《关于建国以来党的若干历史问题的决议》把 1976 年 10 月逮捕"四人帮"到 1978 年 12 月召开中共十一届三中全会这一

----

① 1981 年中共十一届六中全会通过的《关于建国以来党的若干历史问题的决议》写道："一九七六年十月粉碎江青反革命集团的胜利，从危难中挽救了党，挽救了革命，使我们的国家进入了新的历史发展时期。"

② 马克思（1867）：《资本论》第一卷"序言"，《马克思恩格斯全集》第 23 卷，北京：人民出版社，1972 年，第 11 页。

阶段的中国社会状况，形容为"在徘徊中前进"①。从历史发展的实际情况看，这个徘徊摸索的阶段，一直延伸到 1978 年 12 月的中共十一届三中全会，甚至 20 世纪 80 年代初期。只是经过曲折反复的探索，才逐步找到了改革开放的正确方向。

1.1 "两个凡是"，还是探寻新路？

在粉碎"四人帮"以后的一段时间里，面对着社会失序和经济破败的困境，以华国锋为首的中国领导人急切希望稳定社会和加速经济发展。为此，他们重申了周恩来总理在"文化大革命"前提出的在 20 世纪内"把我国建设成为社会主义的现代化强国"的目标②，认为"今后 23 年，中国共产党和全国工人阶级的任务，就是要领导全国人民，继承毛主席的遗志，遵循党的基本路线，以阶级斗争为纲，坚持无产阶级专政下的继续革命，把我国建设成为伟大的社会主义现代化强国"。③

---

① 《关于建国以来党的若干历史问题的决议》，1981 年 6 月 27 日中共十一届六中全会通过。

② 在 20 世纪内把中国建设成为"具有现代农业、现代工业、现代国防和现代科学技术的社会主义强国"的目标，是周恩来总理 1964 年 12 月在全国人民代表大会上所做的《政府工作报告》中正式提出的，但在这个目标提出后不久，就被"阶级斗争"和"路线斗争"所代替，中国陷入了"文化大革命"的十年动乱之中。

③ 见华国锋 1977 年 5 月 7 日《在全国工业学大庆会议上的讲话》。华国锋在 1977 年 8 月 12 日《在中国共产党第十一次全国代表大会上的政治报告》中重申了以上要求，并把它确定为中共十一大的路线。"无产阶级专政下继续革命的理论"，是"文化大革命"（转下页）

问题在于，提出加快实现"四个现代化"固然符合大多数干部和民众的心愿，但是华国锋等当时的领导人没有认识到中国面临的社会危机的深刻程度，也没有去认真探索阻碍现代中国建设的思想的和制度的根源，以为排除了"四人帮"的干扰和巩固了自己的领导权，就能够继续沿着毛泽东晚年的治国思路，顺利实现"天下大治"的目标。这种想法显然是脱离实际的。

之所以发生这样的情况，与以华国锋为首的新领导班子的政治局限性密切相关。华国锋等人虽然在叶剑英等老一代革命家的支

（接上页）期间对毛泽东思想精髓的新概括。1967年11月6日，由陈伯达、姚文元起草，毛泽东圈阅同意的《人民日报》《解放军报》《红旗》杂志编辑部文章《沿着十月社会主义革命开辟的道路前进》指出："毛泽东同志全面地继承、捍卫和发展了马克思列宁主义，创造性地提出了无产阶级专政下继续革命的伟大理论，并且亲自发动和领导了人类历史上第一次无产阶级文化大革命的伟大实践。这是马克思主义发展到一个崭新阶段，即毛泽东思想阶段的一个极其重大的标志。"两报一刊编辑部文章将这一理论的要点归结为："在社会主义这个历史阶段中，还存在着阶级、阶级矛盾和阶段斗争，存在着社会主义同资本主义两条道路的斗争，存在着资本主义复辟的危险性"；"无产阶级专政下的阶级斗争本质上仍然是政权问题，无产阶级必须在上层建筑包括各个文化领域中对资产阶级实行全面的专政"；"社会上两个阶级、两条道路的斗争必然会反映到党内来"，"党内一小撮走资本主义道路的当权派，就是资产阶级在党内的代表人物"；"我们要巩固无产阶级专政，就必须要充分注意识破'睡在我们身旁'的'赫鲁晓夫式的人物'，充分揭露他们，批判他们，整倒他们，使他们不能翻天"；"无产阶级专政下的继续革命，最重要的，是开展无产阶级文化大革命"。这篇文章还认为："毛泽东同志提出的上述这些关于无产阶级专政下继续革命的理论，天才地创造性地发展了马克思列宁主义关于无产阶级专政的观念，具有划时代的意义，在马克思主义发展史上，树立了第二个伟大的里程碑。"

持下一举粉碎了江青集团而获得官员和民众的赞誉，但是他们并没有认识到问题的根源在于长期居于统治地位的极"左"路线，包括"以阶级斗争为纲""无产阶级专政下继续革命的理论""对资产阶级全面专政"等，而只是以为江青等人"阴谋夺取党和政府的最高权力"造成了"干扰"①。对于极"左"路线，他们不但没有反感，相反还认为必须继续坚持作为治国的指针。

在毛泽东逝世第二天发布的《中共中央、全国人大常委会、国务院、中央军委告全党全军全国各族人民书》中就已提出："我们一定要继承毛主席的遗志，坚持以阶级斗争为纲，坚持党的基本路线，坚持无产阶级专政下的继续革命。"这个"三坚持"的基调在粉碎"四人帮"之后还是一直保持着，直到1978年12月中共十一届三中全会否定了极"左"路线，才从党政文件中消失。

在这种思想的指导下，以华国锋为首的党中央在1977年初提出了"抓纲治国"的纲领。1977年2月7日，《人民日报》《红旗》杂志和《解放军报》发表题为《学好文件抓住纲》的重要社论，正式提出和阐释"抓纲治国的战略决策"，即"在两个阶级的激烈斗争中，实现安定团结，巩固无产阶级专政，把我们的社会主义国家建设得更加强大"。与此同时，社论在中央领导人汪东兴的指示下，提出了"两个凡是"的基本原则。它强调："什么时候我们执行毛主席的革命路线，遵循毛主席的指示，革命就胜利；什么时候离开了毛

---

① 华国锋在粉碎"四人帮"以后多次说明了这一点。例如，他在1977年10月8日就逮捕"四人帮"问题给高级干部"打招呼"的会议上讲话时就着重指出："'文化大革命'要充分肯定。解决'四人帮'的问题，不要算他们在'文化大革命'期间的账，他们的核心问题是篡党谋权。"（参见童青林：《回首1978：历史在这里转折》，北京：人民出版社，2008年，第23页。）

主席的革命路线，革命就失败，就受挫折"；因此，"凡是毛主席作出的决策，我们都坚决拥护，凡是毛主席的指示，我们都始终不渝地遵循"。虽然这种提法受到党内外的质疑①，"两个凡是"还是作为中央的方针得到肯定。

为了执行"抓纲治国"的决策，1977年3月召开了有各省、自治区、直辖市负责人参加的中央工作会议，总结粉碎"四人帮"以来的工作，讨论并通过国家计划委员会提出的《关于一九七七年国民经济计划几个问题的汇报提纲》。

在这次会议中，也有一些与当时的主导思想不尽一致的主张。

一种意见要求要对极"左"路线进行政治思想上的清理。例如，当时任中共中央党校副校长的胡耀邦就指出："当前总的形势是好的，但也有困难和不利的因素。最大的不利因素是'四人帮'在政治、思想、组织方面散布的流毒和影响远远没有肃清。'四人帮'在思想、理论上造成的混乱，必须以极大的努力把它纠正过来。"② 这些意见没有得到采纳。虽然在两报一刊社论中写上"两个凡是"的原则并不是华国锋提出的，但他显然赞同这一原则，而他在这次中央工作会议讲话中，也只对"两个凡是"的提法作了文字上的改动，叫作"凡是毛主席作出的决策，都必须拥护；凡是损害毛主席形象

---

① 例如，时任中央宣传口总负责人的耿飚在接到要在《人民日报》《红旗》杂志和《解放军报》上发表《学好文件抓住纲》社论的工作任务时，就对宣传口的几个负责人表示：刊登这篇文章，就等于"四人帮"没有粉碎。"如果按照这篇文章的'两个凡是'，什么事情也办不成了。"（转引自童青林前引书，第29页；参见沈宝祥：《真理标准问题讨论始末》，北京：中国青年出版社，1997年，第4页。）

② 转引自黄一兵：《一九七七年中央工作会议研究》，载《中共党史研究》，2010年第2期。

的言行，都必须制止"。

还有一种意见认为，长期形成的国民经济结构性矛盾经过"文化大革命"已经发展到十分严重的程度，需要先进行调整，稳住阵脚再前进发展。

这种意见也没有得到中央主要领导人的采纳。会议认定"1977年应是走向大治的一年"，决定1977年的国民经济计划要采取"积极前进"的方针。7月30日中共中央转发的国务院《关于今年上半年工业生产情况的报告》提出，"国民经济的新的跃进局面正在出现"。[①] 8月12日华国锋《在中共十一大上的政治报告》中也确认，"一个国民经济新跃进的局面正在出现"。[②]

1977年12月，国务院下达了《1976—1985年发展国民经济十年规划纲要（修订草案）》。这个《十年规划纲要》是由国家计委在1975年邓小平主持制定的《十年规划纲要》的基础上修订而成的。它要求10年间工农业总产值每年平均增长9.5%，其中农业总产值每年平均增长4.7%，工业总产值每年平均增长11%。

事实证明，当时的领导层对极"左"路线对中国社会造成的损害估计过低。华国锋对于沿着旧轨道前进"实现大治"充满了信心。所以，1977年7月他在中共十届三中全会致开幕辞时总结道："粉碎'四人帮'九个多月来，党中央高举毛主席的伟大旗帜，坚持以阶级斗争为纲，坚持党的基本路线，坚持无产阶级专政下继续革命，提出了抓纲治国的战略决策，领导全党全军全国各族人民进行了反对和揭批'四人帮'的政治大革命，各条战线都做了大量工作，取得

---

① 中共中央批转国务院：《关于今年上半年工业生产情况的报告》，1977年7月30日。
② 华国锋：《在中共十一大上的政治报告》，1977年8月12日。

了伟大的胜利。"①

在"两个凡是"的问题上,已被中共中央决定其恢复工作但尚未正式宣布的邓小平和当时的主导观点,包括华国锋的观点发生了分歧。

在华国锋看来,"中国革命的一切胜利,都应当归功于毛主席的理论和实践活动。毛泽东思想的灿烂光辉,有如伟大的灯塔,冲破了黑暗,照亮了并将永远照耀我国革命的长远的征程"。②

邓小平虽然也力求维护毛泽东的威信,但经历过"大跃进"和"文化大革命"坎坷的他深知民心之所向,也深知如果不改变过去的一些极"左"做法,在"两个凡是"的指导下将错就错地带病运转,为中国经济发展开辟新的前景就将希望渺茫。③

1977年2月,"两个凡是"出现不久,邓小平同前来看望的王震谈话,就对"两个凡是"的提法提出异议,说"这不是马克思主义,不是毛泽东思想"。④

1977年3月的中央工作会议对邓小平恢复工作作出了明确安排以后一个月,邓小平在4月10日致信华国锋、叶剑英和中共中央,

① 华国锋:《在中共十届三中全会开幕时的讲话》,1977年7月16日。

② 华国锋:《在毛主席纪念堂落成典礼上的讲话》,1977年9月9日。

③ 邓小平激烈地反对在极"左"路线影响下形成的社会主义建设方针。例如,他在1977年12月26日会见澳大利亚共产党(马列)主席希尔和夫人时就尖锐地指出:"什么才叫社会主义优越性。不读书、不劳动叫优越性吗?人民生活水平不是改善而是后退叫优越性吗?如果这叫社会主义优越性,这样的社会主义我们也可以不要。"[中共中央文献研究室编:《邓小平年谱(1975—1997)》(上),北京:中央文献出版社,2004年,第250页。]

④ 中共中央文献研究室编:《邓小平年谱(1975—1997)》(上),北京:中央文献出版社,2004年,第155页。

除了感谢中共中央弄清了自己同"天安门事件"没有关系之外，邓小平在这封信中提出了"必须世世代代地用准确的完整的毛泽东思想来指导我们全党、全军和全国人民"的命题。[①]他后来说，当时提出这一命题是经过深思熟虑的，矛头正是针对"两个凡是"。[②]

4月10日以后，中共中央办公厅主任汪东兴、副主任李鑫到邓小平家中通报中共中央印发邓小平1976年10月10日和1977年4月10日的两封信的有关情况。在谈话中，邓小平向他们明确表示"'两个凡是'不行"。[③]

5月24日，邓小平在与国务院副总理王震和党内重要理论家邓力群谈话时说，"两个凡是"说不通。邓小平说："毛泽东同志自己多次说过，他有些话讲错了。他说，一个人只要做工作，没有不犯错误的。又说，马恩列斯都犯过错误，如果不犯错误，为什么他们的手稿常常改了又改呢？改了又改就是因为原来有些观点不完全正确，不那么完备、准确嘛。毛泽东同志说，他自己也犯过错误。一个人讲的每句话都对，一个人绝对正确，没有这回事情。他说：一个人能够'三七开'就很好了，很不错了，我死了，如果后人能够给我以'三七开'的估计，我就很高兴、很满意了。"邓小平说，"这是个重要的理论问题，是个是否坚持历史唯物主义的问题。""马克思、恩格斯没有说过'凡是'，列宁、斯大林没有说过'凡是'，毛泽东同志自己也没有说过'凡是'。""今年四月十日我给中央写信，

① 中共中央文献研究室编：《邓小平年谱（1975—1997）》（上），北京：中央文献出版社，2004年，第157页。
② 邓小平（1977）：《"两个凡是"不符合马克思主义》，《邓小平文选》第二卷，北京：人民出版社，1994年第2版，第38—39页。
③ 中共中央文献研究室编：《邓小平年谱（1975—1997）》（上），北京：中央文献出版社，2004年，第157页。

提出'我们必须世世代代地用准确的完整的毛泽东思想来指导我们全党、全军和全国人民，把党和社会主义的事业，把国际共产主义运动的事业，胜利地推向前进'，这是经过反复考虑的。毛泽东思想是个思想体系……我们要高举旗帜，就是要学习和运用这个思想体系。"①

"两个凡是"意味着要继续执行造成了巨大灾难的极"左"路线和相关政策。这样，它就成为终结极"左"路线、寻求发展出路的重大障碍。

中国共产党内外许多人认为，当时中央部分领导压制对极"左"路线反思的做法是完全错误的，希望加以改变。于是在当时仍然兼任中共中央党校常务副校长的中共中央组织部部长胡耀邦的支持下，1978年5月11日《光明日报》发表了《实践是检验真理的唯一标准》的评论员文章。以此为开端，掀起了一场解放思想的大辩论。② 采取"实践标准"，意味着原来被认为是天经地义的"阶级斗争为纲""无产阶级专政下继续革命"之类的理论，以及原来认为神圣不可侵犯的以国家计划号令天下的经济制度和"对资产阶级（包括所谓'走资本主义道路的当权派'和'资产阶级知识分子'）全面专政"的政治制度都是可以质疑的。这当然是旧路线和旧体制的维护者所不能容忍的。于是一些坚持旧路线的领导人就利用自己在中央机关的权势，指责提出"实践标准"是犯了"砍旗"的"方向错误"，对主张解放思想的人们进行打击。

然而亲身经历过"大跃进""文化大革命"的人们深切地认识到，

---

① 邓小平（1977）：《"两个凡是"不符合马克思主义》，《邓小平文选》第二卷，北京：人民出版社，1994年第2版，第38—39页。
② 吴江：《我所经历的真理标准讨论》，《同舟共进》，2001年第9期。

回到旧体制和旧路线就意味着苦难的重来。因此，按照"实践标准"进行反思得到党内外众多有识之士的支持，特别是由于得到已经复出担任中共中央副主席的邓小平以及中国人民解放军前总参谋长罗瑞卿等一大批老干部的支持，在党的领导层的讨论中逐渐占了上风。作为中共中央主席的华国锋，也在 1978 年 12 月的中央工作会议上做了自我批评。

"真理标准"讨论开启了思想解放运动的大门，而 20 世纪 80 年代的思想解放运动则为改革开放、振兴中华清除了障碍，开辟了道路。

1.2　"睁眼看世界"的启示

改革开放的新思想不仅像上一节所说，来自对自身历史经验的纵向比较，还来自与其他国家发展历程的横向比较。

华国锋非常重视国外设备、技术和资金的引进，而且极力主张扩大和加快引进。在引进技术和物质层面的同时还倡导研究国外的经验、效仿国外的先进事物。他主张"出去看看"，"开开眼界"。

1978 年 5 月，华国锋亲自提议派以谷牧为首的中国政府代表团访问法国、瑞士、比利时、丹麦、联邦德国，考察西方资本主义国家。6 月 30 日，他在主持听取谷牧的汇报时指出："考察了这些国家，对我们有启发。外国企业管理确实有好经验值得借鉴。""不看先进的东西，不比较，就容易骄傲自满，故步自封，夜郎自大。"让华国锋痛心疾首的是："这不是个别现象、局部现象，是带普遍性的。这样能加快速度？""问题是我们的指导思想落后"，"我们是有个思想束缚，要加快建设，我们本身有个学习问题"，所以要求"思想再解放一点"。在研究如何实施1978年3月五届全国人大一次会议通过的《十年规划纲要》时，也提出了了解其他国家的发展情况和寻找新的发展道路的要求。[1] 7月4日华国锋在同时任中共中央党校副校长、中共中央组织部部长的胡耀邦等领导人谈话时再次指出："现在有个问题，高干思想跟不上，怎么办？多出国，他多考察。"[2]在讨论如何实施1979年3月通过的《十年规划纲要》时提出了了解其他国家的发展情况和寻找新的发展道路的要求。

邓小平是一位在"文化大革命"的逆境中认真思考过去失败的教训和注意观察世界发展动向的领导人。他在1977年12月就说过："我们的潜力很大，加上认真学习外国经验，在学习外国东西的基础上加以创新，大家劲头都来了。但是需要解决的问题还不少。"寻找新路的第一个努力，就是派出大量人员出国学习和出访欧洲和亚太地区。

1978年6月23日，邓小平在同教育部负责人谈话时，提出了扩大增派留学生的意见。他说："我赞成增大派遣留学生的数量，派出去主要学习自然科学。要成千上万地派。""这是五年内快见成效、提高我国科教水平的重要方法之一。"[3] 7月11日，教育部向中央提交了《关于加大选派留学生数量的报告》。12月26日，改革开放后

---

[1] 见房维中编：《在风浪中前进：中国发展与改革编年记事（1977—1989）》第一分册（1977—1978年卷），2004年初稿（未刊），第127—130页。

[2] 韩钢：《关于华国锋的若干史实》，《往事》，第74期，2008年11月14日。

[3] 中共中央文献研究室编：《邓小平年谱（1975—1997）》（上），北京：中央文献出版社，2004年，第331页。

的首批留学人员起程赴美国。从 1978 年到 2000 年的 22 年间，中国共有约 35 万人出国留学①。学成人员中约有 70% 回国服务。今天中国各方面的不少业务骨干，都是改革开放以后出国留学学成归国的。他们为我国经济、文化和社会建设作出了重要贡献。

在华国锋、邓小平等高层推动下，政府部门、高等院校、科研机构纷纷组团出国考察，从 1977 年末开始掀起了一次出国考察热潮。

从 1977 年底开始，中央各部委和各省市派出的考察团有几十个。其中最重要的考察团有：1977 年 11—12 月，外贸部部长李强率领代表团赴英国和法国考察企业管理。1978 年 2—3 月，以中共中央对外联络部常务副部长李一氓为团长，中国社会科学院副院长于光远、中共中央对外联络部副部长乔石为副团长的中共中央代表团访问南斯拉夫；3—4 月，以中共上海市委书记林乎加为团长的赴日经济代表团，考察战后日本经济发展的经验；4—5 月，以国家计划委员会副主任段云为组长的国家计委和外贸部考察团，对香港、澳门进行实地调查研究；5—6 月，国务院副总理谷牧率领的中国经济代表团访问法国、瑞士、比利时、丹麦、西德等西欧五国；10—12 月，国家经济委员会组织以国家经委副主任袁宝华为团长、中国社会科学院副院长邓力群为顾问的高规格访日代表团，考察工业企业管理。各考察团回国后都写出考察报告，并向中央政治局做汇报。

1978 年更是中国领导人出国访问的高峰，这一年有 12 位副总理、委员长以上的领导人先后 20 次访问了 51 个国家，其中包括华国锋出访 2 次 4 个国家，邓小平出访 4 次 8 个国家。

---

① 据国家教育部报告，1978 年，中国出国留学人员共 860 人，2001 年达到 8.4 万人，2013 年超过 40 万人。

这些参观访问对中国的领导干部造成了很大的冲击。通过出国考察访问，长期在封闭环境中生活的领导干部亲眼见到中外之间在经济发展上的巨大差距。例如，以谷牧为团长的赴西欧五国考察团报告说：西德一个年产5000万吨褐煤的露天煤矿只用2000名工人，而中国生产相同数量的煤需要16万工人，相差80倍；瑞士伯尔尼公司一个水力发电站，装机容量2.5万千瓦，职工只有12人；我国江西省江口水电站装机2.6万千瓦，职工却有298人。法国马赛索尔梅尔钢厂年产350万吨钢只需7000工人，而中国武钢年产钢230万吨，却需要67000名工人；法国戴高乐机场，1分钟起落一架飞机，每小时60架，而北京首都国际机场半小时起落一架，一小时起落两架，还搞得手忙脚乱。代表团成员之一、时任广东省副省长的王全国多年后提及这次出访，仍激动不已，他说："那一个多月的考察，让我们大开眼界，思想豁然开朗，所见所闻震撼着每一个人的心，可以说我们很受刺激！闭关自守，总以为自己是世界强国，动不动就支援第三世界，总认为资本主义腐朽没落，可走出国门一看，完全不是那么回事，你中国属于世界落后的那三分之二！"[1]

长期在中共中央从事政策研究和担任领导人秘书、时任中国社会科学院副院长的政治家、理论家邓力群参加国家经济委员会代表团访日归来，组织编写了一份长篇的考察报告《访日归来的思索》[2]。报告中写道："东京有个百货公司，按品种、规格来说，经营50多万种商品。我们王府井百货公司是22000多种。""马克思主义认

---

[1] 以上均见曹普：《1978年高层出国考察引发思想冲击波》，《学习时报》，2008年12月8日。

[2] 邓力群、马洪、孙尚清、吴家骏：《访日归来的思索》，北京：中国社会科学出版社，1979年，第1—20页。

第1章 "文化大革命"的结束和后毛泽东时代的开始

13

为，没有产品的极大丰富，就不能实现按需分配。从日本的情况看来，这并不是可望而不可即的。资本主义的日本，产品比我们丰富多了。""我们是主张消灭三大差别的。但是，消灭三大差别，只有在社会主义生产力极大发展的情况下，才能真正实现。这绝不是靠几条行政命令可以奏效的。某些经济比较发达的国家，尽管是资本主义国家，三大差别，特别是工农差别和城乡差别，实际上是在逐渐缩小的。……人的道德品质，可以随着生产力的发展，随着产品的日益丰富，逐渐变得好起来。一个资本主义社会，自行车不上锁，拍卖品不收起来，人与人之间很讲礼貌，说明日本人民的道德水平提高了。……进步的社会制度和进步思想的教育作用，不能离开生产力发展的基础。日本人民公共道德水平的提高，不是靠说教而是靠生产力的发展、生活的改善取得的。"

出国考察和中外对比造成的冲击不仅限于经济发展和经济管理的范围，并且涉及某些过去视为禁区的意识形态观点和社会制度理念。

例如，邓力群从日本经济发展、精神状态、社会秩序和人民道德的高水准，城乡之间、工农之间、体力劳动和脑力劳动之间的"三大差别"逐步缩小，看到共产主义和按需分配"并不是可望不可即的"，"我们的事业大有希望"。

邓力群在《访日归来的思索》中提出，日本的确在不少方面有比中国先进的东西，必须把这些先进的东西拿来，使之"变成建设社会主义的工具"。为此，他专门写了一节题为"价值规律和计划性"的文字，对斯大林"在社会主义条件下生产资料不是商品""价值规律和有计划按比例规律互相排斥"等过去认为是马克思主义基本原理的主张提出质疑，主张学习日本的做法，企业、部门和国家的计划（"经济指导计划"）都要"以价值规律为前提，或者充分适应价值规律的要求"。从这时开始直到 1982 年中，邓力群都是主张中国实行商品经济的重要人物，后其观点有所变化。[①]

在领导人出访外国的记述中，国务院副总理王震访问英国的故事脍炙人口。王震于 1978 年 11 月 6 日至 17 日出访英国。当时驻英大使馆经济商务参赞于日参与了访问的接待工作，他在《旅英十年——重新认识资本主义》一文中记述道："有人问王震副总理对英国有什么观感，王出人意料地说了这么一段话：'我看英国搞得不错，物质极大丰富，三大差别基本消灭，社会公正，社会福利也受重视，如果加上共产党执政，英国就是我们理想中的共产主义社会'。"[②]

出国访问使过去没有多少机会了解西方世界实际情况的领导干部开拓了眼界，给他们的思想带来了巨大的冲击。他们发现这些年因为耽于靠"以阶级斗争为纲"和"无产阶级专政下的继续革命"来巩固政权和发展经济，中国的生产力水平和人民生活水平已经大大落后于近邻的市场经济国家和地区。日本、新加坡等都抓住了第二次世界大战后世界经济和科学技术突飞猛进的机遇，实现了经济腾飞。中国必须弃旧图新，寻找新的进路。

1978 年 9 月 12 日，邓小平在朝鲜同金日成会谈时说："最近我们的同志出去看了一下，越看越感到我们的落后。什么叫现代化？50 年代一个样，60 年代不一样了，70 年代就更不一样了。"[③]在从朝

---

①　还可参见邓力群（1979）：《商品经济的规律和计划（1979 年 3 月 12 日在国家经委企业管理研究班讲话）》，《邓力群文集》第 1 卷，北京：当代中国出版社，1998 年，第 189—222 页。

②　于日：《旅英十年——重新认识资本主义》，载《陈独秀研究动态》，2002 年第 3—4 期。

③　中共中央文献研究室编：《邓小平年谱（1975—1997）》（上），北京：中央文献出版社，2004 年，第 372—373 页。

鲜返回北京途中，邓小平在东北和天津与当地领导人的谈话中，反复讲到，中国必须好好向世界先进经验学习，即改革自己落后的体制。他说："我们国家的体制，包括机构体制等，基本上是从苏联来的"，"总的来说，我们的体制不适应现代化，上层建筑不适应新的要求"。因此，"我们要以世界先进的科学技术成果作为我们发展的起点，我们要有这个雄心壮志。引进先进技术设备后，一定要按照国际先进的管理方法、先进的经营方法、先进的定额来管理，也就是按照经济规律管理经济。一句话，就是要革命，不要改良，不要修修补补"①。

邓小平 10 月下旬在日本考察。他乘坐"新干线"高速铁路，参观了新日铁钢铁公司、日产汽车公司和松下电器公司。11 月 5—14日，邓小平访问了泰国、马来西亚和新加坡。他对战后日本经济的高速发展和新加坡等国利用外资发展本国经济产生了深刻的印象。

1978 年 6 月，中共中央政治局三次开会，专门听取访日代表团、访港澳代表团和访问西欧五国代表团的汇报。众多官员从出国访问中得到一个清晰的认识：中国已经大大落后于许多国家，沿着老路子走，不可能实现"十年规划"和"二十三年设想"的要求，因此，必须对照国外经验，寻找自己的出路。

在听取汇报以后，中共中央主要领导人一致肯定派团出国考察、学习外国先进经验的重大意义。连原来以为只要排除了"四人帮"的干扰，沿着原来的路线走就能富国安邦、实现天下大治的华国锋也感叹道："我们是坐井观天，夜郎自大。中国不仅是毛泽东思

---

① 中共中央文献研究室编：《邓小平年谱（1975—1997）》（上），北京：中央文献出版社，2004 年，第 376、384 页。

想的故乡，也是夜郎自大的故乡。""考察了这些国家，对我们有启发。""现在我们的上层建筑确实不适应，非改革不可。"①

为寻找新路来加快实现"四个现代化"而采取的第二个重要行动，就是决定在当年7月召开以讨论如何加快实现四个现代化为主题的国务院务虚会。

在6月30日汇报会结束时，华国锋要谷牧副总理"把出国考察的人员组织起来，共同研究，在国务院务虚会上提出几条，既务虚又务实"。"7月份就务起来，一面议，一面定了就办，看准了就要干。"②

国务院务虚会从7月6日开始，到9月9日结束，共开了两个月零四天。会议由国务院副总理李先念主持，谷牧和其他几位副总理参加，参加会议的包括国务院44个部委和直属机构及其主要负责人。

务虚会开始时，李先念首先讲话。他指出，这次会议的方针，是总结正反两方面的经验，充实、补充《十年规划纲要》，加快实现四个现代化的速度。

会议上有两篇超出实务范围的发言，由于体现了朝野有识之士在粉碎"四人帮"以后对旧体制、旧路线的反思和对未来经济体制和发展大计的设想，对其后改革思路的形成产生了深刻的影响。

一篇是由长期担任毛泽东秘书的理论家、政治家，时任中国社会科学院院长和国务院研究室负责人的胡乔木，中国社会科学院副

---

① 韩钢：《关于华国锋的若干史实（续）》，《炎黄春秋》，2011年第3期。
② 韩钢：《关于华国锋的若干史实（续）》，《炎黄春秋》，2011年第3期。

院长、国务院研究室负责人于光远，以及中国社会科学院工业经济研究所所长、后来任中国社会科学院院长的马洪共同写成，由胡乔木代表这两个中国政府顶级智库在会议上宣读的报告《按照经济规律办事，加快实现四个现代化》。①

这篇讲话最重要的内容是：

第一，批评了"不承认经济规律，以为社会意志、政府意志、长官意志就是经济规律，以为经济规律可以按照政治需要而改变"的流行观念，指出为了加快实现四个现代化，特别有必要认真总结中华人民共和国成立三十年来正反两方面的经验，努力自觉地按照客观经济规律办事。第二，批评了"认为价值规律在社会主义制度下对生产不起调节作用"的观点，强调要遵守价值规律：以价值为基础、商品按等价的原则交换；而且声称，"不遵守客观存在的价值规律，也就不可能严格遵守有计划按比例规律"，把原来从社会主义经济中排除了的价值规律提高到与社会主义的"有计划按比例发展规律"的同等高度。第三，倡导向资本主义国家学习，认为"只有把社会主义制度的优越性同发达的资本主义国家的先进科学技术和先进管理经验结合起来，把外国经验中一切有用的东西和我们自

---

① 作为毛泽东思想主要阐述者之一的胡乔木在这篇讲话中接受了许多新的思想。这篇讲话的另一位作者于光远说：这篇文章中，"关于要按社会主义基本经济规律办事，要明确认识生产的目的是满足社会的需要，不是为生产而生产这部分是于光远执笔的。关于规律的客观性质采用了于光远一本书中的观点。商品生产价值规律这一部分是马洪写的。胡乔木对整篇做了一些斟酌"。（于光远：《1978：我亲历的那次历史大转折》，北京：中央编译出版社，2008年，第55页。）本文引述的是1978年10月6日《人民日报》发表的由胡乔木署名的修改稿。

己的具体情况、成功经验结合起来，我们才能迅速提高按照客观经济规律办事的能力，才能够加快实现四个现代化的步伐"。第四，提出了一些具体的改革设想。例如，不但在企业之间，而且在国家与企业之间乃至中央和地方、地方和地方、地方各级之间推广合同制；在明确国家和企业双方面经济责任的前提下扩大企业自主权；改变"大而全、小而全的万能厂"这种工业组织形式，组织全国性的、地方性的、同一行业联合的、各有关行业联合的专业化公司；积极恢复和大力加强银行的作用，通过银行信贷和拨款对企业活动进行有效的监督；发展经济立法和经济司法，把国家、企业、职工的利益和各种利益关系用法律形式表现出来，并由司法机关按照法律办法处理。

另外一篇是李先念1978年9月9日所做的总结讲话①。讲话的主题，是如何加快经济发展的速度，加快实现四个现代化。讲话的一个重点，是扩大开放。他指出，为了大大加快掌握世界先进技术的速度，必须积极从国外引进先进技术设备。为此，中共中央做出了重大的战略决策，在之后十年把引进的规模扩大到800亿美元。

更重要的，则是李先念在讲话中对于用什么样的体制和政策去

---

① 这个讲话共分6个部分：（1）抓紧大好时机，加快实现四个现代化的速度；（2）在统一计划下发挥中央、地方和企业的积极性；（3）搞好技术引进，努力扩大出口；（4）有关农业的几个问题；（5）有关工业的几个问题；（6）搞好领导班子整顿，改进领导作风。"第1个问题是纲，其余是目，主要解决如何高速度发展经济的问题。这个讲话综合各方面的意见，经中央常委同意，较系统地提出一些新观点、新举措，成为我国改革开放的前奏曲。"（朱玉：《李先念与一九七八年的国务院务虚会》，《中共党史研究》，2005年第1期。）1989年人民出版社出版的《李先念文选》仅载入其中2、3两个部分。

实现"加快经济发展"目标的讨论。和胡乔木的讲话一样，李先念在讲话中着重指出，经济工作必须严格按照客观经济规律，而不是按照"长官意志"办事，要勇敢地改革一切不适应生产力发展的生产关系、不适应经济基础要求的上层建筑。要坚决摆脱墨守行政层次、行政区划、行政方式而不讲经济核算、经济效果、经济效率、经济责任的老框框，改变手工业式、小农经济式甚至封建衙门式的管理方法，掌握领导和管理现代化工业大生产的本领。

李先念批评过去中国的经济管理体制改革往往从行政权力的转移着眼，在放了收、收了放的老套子中循环。今后要改革计划体制、财政体制、物资体制、企业管理体制和内外贸易体制，建立起现代化的经济组织，努力用现代化的管理方法来管理现代化的经济。

对于什么是现代化的经济体系，李先念的总结讲话还在中国的党政文献中第一次用"市场经济"的概念来界定中国经济体制的性质，提出了"计划经济与市场经济相结合"，引起了热烈的反响[①]。他在讲话中对这一新提法并没有做展开的论述，但是把"市场经济"这一被传统马克思主义观点视为资本主义同义语的经济体制放到共

---

① 曾任陈云秘书的朱佳木写道："李先念在 1978 年 9 月国务院务虚会上作总结讲话时说了一句：'计划经济与市场经济相结合。'这句话虽然在会后印发的文件中没有写上，但当时在场的人听到了，而且记了下来，做了传达。""据我分析这个话本身就是由陈云同志提出，通过李先念同志讲出来的。"（朱佳木：《谈谈陈云对计划与市场关系问题的思考》，《党的文献》，2000 年第 3 期。）据《陈云年谱》：李先念 1979 年 2 月 22 日在听取中国人民银行全国分行行长会议汇报时说，他同陈云谈过，陈云同意计划经济和市场经济相结合，以计划经济为主，"市场经济是个补充。不是小补充，是个大补充"。（中共中央文献研究室编：《陈云年谱》下卷，北京：中央文献出版社，2000 年，第 236 页。）

产党的改革目标中去，理所当然地引起了经济学界的普遍注目和热烈讨论。虽然无论是官方和学界后来都没有接受"计划经济与市场经济相结合"这样的表述方式①，但"市场经济"在领导人论述中国改革的讲话和文章中出现，成为20世纪90年代后进行市场经济改革的某种先导。

1.3 十一届三中全会的重大历史转折

1978年12月18日召开的中共十一届三中全会是中华人民共和国历史上一次具有里程碑意义的会议。它标志着赞成离开极"左"路线、开辟新道路的力量在执政党内取得了优势。

在粉碎"四人帮"和打开国门以后，人们比较中国和别的国家的发展情况，发现事实完全不像多年来的宣传教育所说，除了坚持"无产阶级专政下继续革命"的国家"风景这边独好"外，其他国家的人民都"生活在水深火热之中"，许多人都有"山中方七日，世上

---

① 不赞成这一表述的人们有两种不同的情况：一些人只是认为，两种"经济"相结合在逻辑上难以贯通，另一些人则从马克思主义的观点出发，认为把市场经济列为改革目标是不可接受的。由于后一类人在意识形态领域居领导职位，陈云等领导人关于"计划经济与市场经济相结合"的提法在公开发表时往往被改为"计划经济与市场调节相结合"。陈云1979年3月关于《计划与市场问题》提纲手稿中"市场经济"的用语在收入中共中央文献研究室编辑的《三中全会以来重要文献选编》（1982年出版）时改为"市场调节"。但在1995年《陈云文选》再版时又根据作者的意见，重新改回"市场经济"。（见朱佳木：《谈谈陈云对计划与市场关系问题的思考》，《党的文献》，2000年第3期。）

已千年"的感触。这种感触推动了干部和群众对旧路线和旧体制反思和对其他国家的经验学习借鉴。虽然这些活动遭到部分坚持旧路线和旧体制的领导人按照"两个凡是"原则认定为"反对毛主席指示""损害毛主席形象"的"砍旗"行为而受到压制,但是历史潮流是遏止不了的。变革对于大多数中国人来说,已经是人同此心,心同此理。两种不同的思想路线在 1978 年 11 月 10 日至 12 月 15 日的中央工作会议上进行了激烈的争论,并以"凡是派"的失败告终。

历时 36 天的中央工作会议原定的议题,一是讨论如何进一步贯彻执行以农业为基础的方针,尽快把农业生产搞上去,二是商定 1979 年和 1980 年两年国民经济计划的安排,三是讨论李先念在国务院务虚会上的总结讲话。

但是在会议的讨论中很快突破了这三项议题,把它开成了一次否定"无产阶级专政下继续革命"的理论和路线,确定从"以阶级斗争为纲"转向以经济建设为中心的会议,一度附和"凡是派"的中共中央主席华国锋也检讨了自己的错误。这就为十一届三中全会给中国的历史大转变揭幕做好了准备。

在中央工作会议的闭幕会上,邓小平发表了题为《解放思想,开动脑筋,实事求是,团结一致向前看》的讲话。[①]

邓小平在讲话中指出,解放思想,实事求是,团结一致向前看,首先是要解放思想。他说:目前在党的干部,特别是领导干部中,解放思想这个问题并没有完全解决,"不少人还处在僵化或半僵化的

---

① 邓小平(1978):《解放思想,开动脑筋,实事求是,团结一致向前看》,《邓小平文选》第二卷,北京:人民出版社,1994 年,第 140—153 页。关于中共十一届三中全会,请参阅于光远:《1978:我亲历的那次历史大转折》,北京:中央编译出版社,2008 年。

状态"，由于"思想僵化，迷信盛行"，"很多怪现象就产生了"①。在这种情况下，"不打破思想僵化，不大大解放干部和群众的思想，四个现代化就没有希望"。党和国家"生机就停止了，就要亡党亡国"。因此，关于真理标准问题的争论（实际上也是要不要解放思想的争论），"的确是个思想路线问题，是个政治问题，是个关系到党和国家的前途和命运的问题"。"只有思想解放了，我们才能正确地以马列主义、毛泽东思想为指导，解决过去遗留的问题，解决新出现的一系列问题，正确地改革同生产力迅速发展不相适应的生产关系和上层建筑，根据我国的实际情况，确定实现四个现代化的具体道路、方针、方法和措施。"

针对过去"离开民主讲集中""许多人还不是那么敢讲话"的情况，邓小平着重指出，"民主是解放思想的重要条件"。"在党内和人民内部的政治生活中，只能采取民主手段，不能采取压制、打击的手段。宪法和党章规定的公民权利、党员权利、党委委员的权利，必须坚决保障，任何人不得侵犯。""一听到群众有一点议论，尤其是尖锐一点的议论，就要追查所谓'政治背景'、所谓'政治谣言'，就要立案，进行打击压制。这种恶劣作风必须坚决制止。"

邓小平号召研究新情况，解决新问题，"尤其要注意研究和解决管理方法、管理制度、经济政策这三方面的问题"。在经济政策上，

---

① 邓小平在讲话中指出的怪现象包括：（1）"条条、框框多起来了。""比如说，加强党的领导，变成了党去包办一切、干预一切；实行一元化领导，变成了党政不分、以党代政；坚持中央的领导，变成了'一切统一口径'。"（2）"随风倒的现象多起来了"。比如，"不讲党性，不讲原则，说话做事看来头、看风向"。（3）"不从实际出发的本本主义也严重起来了。""书上没有的，文件上没有的，领导人没有讲过的，就不敢多说一句话，多做一件事。"

邓小平主张大胆下放过分集中的管理权力，以便发挥国家、地方、企业和劳动者四个方面的积极性。与此同时，他提出了"允许一部分地区、一部分企业、一部分工人农民，由于辛勤努力成绩大而收入先多一些，生活先好起来"这一"能够影响和带动整个国民经济"的"大政策"。因为，"一部分人生活先好起来，就必然影响和带动其他地区、其他单位的人们向他们学习，使整个国民经济不断地波浪式地向前发展，使全国各族人民都能比较快地富裕起来"。

邓小平的这个讲话实际上成为十一届三中全会的主题报告。

十一届三中全会明确宣布"把全党工作的着重点和全国人民的注意力转移到社会主义现代化建设上来"，终止使用"以阶级斗争为纲""无产阶级专政下继续革命""对党内外资产阶级全面专政"等口号，标志着中国共产党执政路线的历史性转变。虽然极"左"理论和路线的影响仍将长期存在，但从执政党的决定而言，就像诺贝尔经济学奖获得者科斯（Ronald Coase）所感到的那样，这意味着以阶级斗争为纲的时代正式画上了句号。①

公报直接涉及改革具体措施的文字并不多，甚至完全没有提及后来成为改革主要内容的市场取向经济改革，但是它高度评价了关于"实践是检验真理的唯一标准"问题的讨论，要求全党"解放思想，努力研究新情况新事物新问题，坚持实事求是、一切从实际出发、理论联系实际的原则"；因为只有这样，"才能顺利地实现工作中心的转变，才能正确解决实现四个现代化的具体道路、方针、方法和措施，正确改革同生产力迅速发展不相适应的生产关系和上层

---

① 罗纳德·哈里·科斯、王宁（2011）：《变革中国》，徐尧、李哲民译，北京：中信出版社，2013年，第55页。

建筑"。这样，就解除了思想桎梏，为人们认真反思过去的失误、探寻振兴中华的正确道路打开了闸门。

在改革初期，鉴于救亡图存的迫切性，中国领导人在进行改革理论和政策讨论的同时，采取了所谓"摸着石头过河"[①]"不管黄猫黑猫，抓住老鼠就是好猫"[②]的策略：一方面，容许和鼓励地方政府进行体制和政策的调整，以便给予企业和个人发挥积极性的活动空间；另一方面，也在原有体制和政策的基础上作出一些变通性的安排，为民间创新创业活动开拓出一定的空间。

重要的变通性体制和政策安排包括以下各项：

第一，在土地仍归集体所有的条件下，以"包产到户"的形式让农民在从集体"包"（租）来的土地上实行家庭经营。

[①] 1980 年 12 月 16 日，陈云在中央工作会议上发表了《经济形势与经验教训》的重要讲话，要求进一步调整国民经济。在这次讲话中，陈云从总结历史经验教训的角度论述了改革开放应采取的方法。他指出："我们要改革，但是步子要稳。因为我们的改革，问题复杂，不能要求过急。改革固然要靠一定的理论研究、经济统计和经济预测，更重要的还是要从试点着手，随时总结经验，也就是要'摸着石头过河'。开始时步子要小，缓缓而行。"（中共中央文献编辑委员会：《陈云文选》第三卷，北京：人民出版社，1995 年，第 279 页。）

[②] 邓小平的"猫论"最早见于 1962 年 7 月他的两次讲话中，一次是 7 月 2 日在中央书记处会议讨论农业如何恢复问题的讲话中讲的，另一次是 7 月 7 日在接见共青团三届七中全会全体成员时讲的。他在 7 月 7 日的讲话中说："生产关系究竟以什么形式为最好，恐怕要采取这样一种态度。就是哪种形式在哪个地方比较容易比较快地恢复和发展农业生产，就采取哪种形式；群众愿意采取哪种形式，就应该采取哪种形式，不合法的使它合法起来。""黄猫、黑猫，只要抓住老鼠就是好猫。"见邓小平（1962）：《怎样恢复农业生产》，《邓小平文选》第一卷，北京：人民出版社，1994 年，第 323 页。在中国的经济改革中，邓小平继续采用了这样的原则。

在1955年的农业合作化运动中，全国绝大多数农民都在"批判右倾保守思想"的强制下加入了集体所有制的农业生产合作社，个体农民在土地改革运动中分得的土地也合并为"不可分割的集体财产"。1958年7月，毛泽东又号召把高级社合并组成"一大二公"的人民公社，土地、劳动力和其他生产资料都归"政社合一"的公社统一调配。这样，除国家不包工资分配外，"集体经济"已经与国营企业没有太大的区别。

在实现"合作化"和"公社化"以后，农民仍然希望重建自己的家庭经济。于是，一有风吹草动，比如说，遇到了荒年，他们就会在"实行生产责任制"的名义下提出承包土地、独立经营的要求。但是毛泽东把"包产到户"和集体农民拥有的小块"自留地"、农民出售家庭产品的"自由市场"以及个体工商业户"自负盈亏"放在一起，合称为"三自一包"的"资本主义复辟逆流"。每一次包产到户的要求都受到严厉的批判和制止。

"文化大革命"结束以后，许多地区的农民再次提出实行包产的要求。后来通称为"包产到户"的包产责任制，当时有"包产到户"和"包干到户"两种主要形式。前者与工厂中的计件工资相类似。它的基本做法是将各田块的产量指标分配给负责耕作的农户，在收获以后，由集体按各个农户包产指标的完成情况对它们进行分配。"包干到户"的基本做法是：作为土地所有者的集体（一般由村委会代表）按人口或按劳动力将土地发包给农户经营，农户按承包合同完成国家税收、统购或合同定购任务，并向生产队上缴一定数量留存用作公积金和公益金，余下的产品全部归农民所有和支配，从而取消了生产队统一经营和统一分配，"交够国家的，留足集体的，剩下全是自己的"。因此，"包干到户"虽然还保留着土地的集体所有制，但在农业经营方式上已经实现了从集体经营向家庭在承包来的土地上经营的根本转变。

除安徽外，四川、贵州、甘肃、内蒙古和河南等地的包产责任制也有了相当规模的发展，并且对促进当地农业发展起到了很好的作用。不过，上述地区的这种制度变革不被当时实行"两个凡是"方针的党中央所认可。直到1979年的中共十一届四中全会还规定："不要包产到户"和"不许分田单干"。[①]

到了1980年9月，随着"两个凡是"错误方针的终结和邓小平掌握实际领导权，在中共中央批转的省、自治区、直辖市党委第一书记专题座谈会纪要，即《关于进一步加强和完善农业生产责任制的几个问题》中，提出"在那些边远山区和贫困落后地区，长期'吃返销粮，生产靠贷款，生活靠救济'的生产队，群众对集体丧失信心，因而要求包产到户的，也可以包产到户"。这一文件下发后，全国各种形式的承包责任制快速发展，其中发展最快的是"双包"（"包产到户"和"包干到户"）。

1982年1月，中共中央、国务院发出关于农村经济政策的第一个"一号文件"，即《全国农业工作纪要》。这份文件更加明确地指出："包工、包产、包干，主要是体现劳动成果分配的不同方法。包干大多是'包产提留'，取消了工分分配，办法简便，群众欢迎。"这就使以"包干"为主要形式的承包责任制度有了正式的政策依据，从而使这种自下而上的自发制度演变得到了自上而下的确认。

1983年初，实行以"包干到户"为主要形式的"双包"生产队

---

① 《中共中央关于加快农业发展若干问题的决定》，1979年9月28日中共十一届四中全会通过。

占全国生产队总数的 98%。这意味着中国农业在继续保持土地公有制的条件下通过"承包"的方式使农民的家庭农场得以建立。

家庭联产承包经营制的推行极大促进了中国农业的恢复和发展，促使中国农业和农村发生了巨大变化。1985 年农村总产值较之 1978 年增长了近 3 倍[1]。1984 年，中国粮食总产量达到创纪录的 40731 万吨，比 1978 年增长 33.6%[2]；随着农业发展，农村产业结构日趋合理，林、牧、副、渔以及农村工商业产值均有所提升；农民收入也有了大幅度增长，1984 年农村居民人均纯收入达到 355 元，比 1980 年增长 85.5%[3]。

第二，在保持公共财政与企业财务合一的条件下，实行"分灶吃饭"的财政体制，使各级地方政府有了促进本地经济发展的积极性。

在计划经济的条件下，整个国家成为一个巨大的"企业"，其财政体制的特点是公共财政与企业财务合一。在集中计划经济下，财政大权集中于中央政府，其组织结构类似于一个全国范围的单一型（Unitary-Form）企业。在这样的经济体系中，地方没有自己的独立经济利益，地方政府也缺乏发展本地经济的积极性。

"文化大革命"结束后，为了缓解 1979 年出现的巨额预算赤字，调动地方政府增收节支的积极性，从 1980 年起，中央政府将一部分资源配置权力和财政收支决策权力下放给各级地方政府，财政预算

---

① 国家统计局：《中国统计年鉴》（1989），北京：中国统计出版社，1989 年，第 228 页。

② 朱荣等主编：《当代中国的农业》，北京：当代中国出版社，1992 年，第 375 页。

③ 国家统计局：《中国统计年鉴》（1981、1985），北京：中国统计出版社，1982 年、1985 年。

体制由中央统收统支制转向包干制，即当时被称为"分灶吃饭"的财政体制。除北京、天津、上海三个直辖市仍实行接近于"统收统支"的办法外，其余省及自治区都实行"分灶吃饭"，即按照预先规定的比例或数额，在中央预算与地方预算之间分配收入的财政管理体制。于是，省、地、县等地区成为具有自己独立经济利益的经济主体。中国经济也由一个单一制的企业转变为多事业部型（Multi-Division Form）企业。[1] 在我看来，说它类似于控股型（Holding Form）企业，也许更为贴切。[2] 在这种体制下，地方政府获得了一定范围的经济管理权力之后，有动力为本地区进行市场创业活动的人士提供保护和支持，通过扩大本地区的经济总量来提高地方政府和官员个人的收益。这可以说是"分灶吃饭"改革的一项意外成果。

第三，在物资的计划调拨和行政定价的"计划轨"之外，开辟出物资买卖和买卖双方协商定价的第二轨道——"市场轨"。

在集中计划经济下，遵循列宁关于"小生产是经常地、每日每时地、自发地和大批地产生着资本主义和资产阶级的"以及小商品生产"是一个非常广阔和极其深厚的资本主义基础"，"在这个基础上，资本主义得以保留和复活起来，而且同共产主义进行极残酷的斗争"的教导，对农民的副业生产和商品交换进行了严格的限制，甚至完全取消[3]。所有生产性物质资源（生产资料）都由计划机关通过行政指令

---

① 钱颖一、许成钢：《中国的经济改革为什么与众不同——M型的层级制和非国有部门的进入与扩张》，董彦彬译，《经济社会体制比较》，1993年第1期。

② 这也许正是近年来"地方政府公司化"的由来。

③ 列宁（1920）：《共产主义运动中的"左派"幼稚病》，《列宁选集》第四卷，北京：人民出版社，1972年，第181页；列宁（1919）：《无产阶级专政时代的经济和政治》，《列宁选集》第四卷，（转下页）

在国有经济单位之间进行分配，价格只是进行经济核算的工具，除占比重极小的集市贸易市场上有少量"三类物资"① 流转外，并不存在真正意义上的市场。改革开放初期，乡镇企业、个体企业和其他非国有经济成分开始产生和逐渐壮大，它们的生产资料供应没有列入国家计划，如果没有市场交易，这些企业就难以生存，更谈不到发展。

1979年7月国务院颁发的《关于扩大国营工业企业经营自主权的若干规定》允许国有企业"按照国家规定的价格政策"自行销售超计划生产的产品。1984年5月国务院颁发的《关于进一步扩大国营工业企业自主权的暂行规定》进一步明确，国有企业可以按照不高于计划价格20%的议价自销超计划产品。国务院颁发的这两个规定所设定的物资供应和产品价格的这种价格"双轨制"，使得当时开始出现的非国有企业能够通过市场交易购买生产资料和销售产品。这就为它们的生存和发展提供了基本的条件。在开始时，对计划外产品交易的议价还有不得超过计划价格20%的限制，随着国有企业改革的深化和非国有、国有企业计划外生产和产品交换范围的日益扩大，国家物价局和国家物资局在1985年1月发出《关于放开工业

（接上页）北京：人民出版社，1972年，第86页。

① 在计划经济时代，国家把全国的商品按照不同情况分为三类进行管理。除了关系国计民生十分重大或比较重大的一、二类物资外，其余都属于三类物资。例如剪刀、发夹、牙刷、雪花膏、手套、手帕、袜带、草绳、畚箕、扫帚、杨梅、枇杷、萝卜干、大头菜以及各种小五金、小百货、一部分化工、交电商品和一部分中药材等，均属三类商品。这类物资面广量大、零星分散、品种繁多、规格复杂，但都是人民生产和生活需要的商品。这类商品不可能完全纳入计划，实行集中管理，因此国家采取开放集市贸易、组织物资交流、签订产销合同等办法，供应市场需要。

生产资料超产自销产品价格的通知》，放开对"计划外"的产品的限价。对那些在1983年以前有权取得计划内调拨物资的国有企业，仍然根据1983年调拨数（即"83年基数"），按照调拨价供应所需生产资料；超过"83年基数"的部分，则按照市场价格从市场购买。这样，生产资料供应和定价的"双轨制"就正式形成了。

第四，在国内市场的"大气候"尚未形成的情况下，构建对外开放基地的"小气候"来与国际市场对接。

早在"文化大革命"尚未结束的1972年，中国已经开始改变闭关自守的做法，与西方国家发展贸易关系，学习和引进外国技术和设备。1978年12月的中共十一届三中全会正式宣布实行"对外开放"的方针，积极发展同世界各国平等互利的经济合作。

改革开放初期，要在短时期内形成国内市场并全面与国际市场对接是完全不可能的。于是，中国汲取其他国家建立出口加工区和自由港的经验，利用沿海地区毗邻港澳台和海外华侨、华人众多的优势，通过营造地区性"小气候"作为对外开放的基地。1980年5月，中国政府决定对广东和福建两省实行对外开放的"特殊政策"。1980年8月，批准在深圳、珠海、汕头、厦门试办"以市场调节为主的区域性外向型经济形式"的经济特区。

这些变通性的制度安排，为有创业能力的人从事生产性活动提供了广泛的可能性。

改革以前，中国经济按照列宁的"国家辛迪加"模式，组成一家无所不包的国家大公司，所有的经济资源都掌握在政府手中。在这种制度条件下，有才能的人士发挥其才能以获取最大收益（包括财富、权力和声望）的唯一途径，就是入党做官，即成为政府科层体系（bureaucratic system）的一员；即使要在国营经济中施展才能，也要首先在上述官僚体系中获取一定的地位，而很难直接地发挥生产性的作用。当然，这并不意味着改革以前最有才能的人士都能够进入对能力回报最高的政府部门。受政治因素和户籍制度的影响，大量人才无法充分发挥其才能和获得最大收益。而在"文化大革命"结束以后采取的一系列变通性制度安排下，随着政府允许私人创业和从事生产活动所得到报酬的改善，社会成员中一部分有能力的人士脱离了原有的职业，转而成为从事创业活动的企业家。首先，在计划体制下面临的不确定性最大、报酬却最低的农民最具有积极性开展创业活动；其次，在城市人口中，那些有才能但由于阶级成分不好或其他原因不能成为国有企业或事业单位职工的人群也有积极性从事私人经营；最后，在企业家创新收益不断提高的条件下，部分体制内的政府官员或国有企业员工也转到创业活动中去。

这样，在作为命令经济基础的国有经济仍然按照原有的经济逻辑运转的情况下，新发育起来的民营经济成分开拓了由市场导向的活动空间。中国民营企业的数量从无到有，迅速发展起来。到1990年已有私营企业98141户，个体工商业13283055户。[①]

不过，仅仅在强大的国有经济之旁开辟出一块非国有经济的发展空间，并不意味着对整个国民经济进行系统性的改造。就中国经济整体而言，处在一种"旧的"命令经济体系已经被突破、新的市场经济体系又还没有建立起来的状态，经济增长也很不稳定。

---

① 成思危主编：《中国非公有制经济年鉴（2007）》，北京：民主与建设出版社，2007年，第748、754页。

1.4 对经济改革"目标模式"的初步探索

即使在 20 世纪 70 年代和 80 年代之交也有一批政府官员和经济学家并不满足于当时那种零敲碎打的改革，而希望为中国的经济改革找到系统解决方案。

为了做到这一点，首先需要对现代经济学和社会主义各国改革经验进行"补课"。

由于苏东国家的情况与中国较相近，加上中国的经济学家对苏东国家的改革历程早就有所了解，所以，中国对体制改革总体目标的研究是从了解苏东的改革理论和实际开始的。1979 年末、1980 年初和 1981年 3—4 月，中国社会科学院先后邀请了当时流亡在外的波兰经济学家布鲁斯（Wlodzimierz Brus）[①] 和捷克斯洛伐克经济学家锡克（Ota Sik）[②]

---

① 布鲁斯（Wlodzimierz Brus, 1921—2007），波兰经济学家，市场社会主义学派的传人，曾任波兰国家计划委员会研究部主任、国家经济委员会副主席。他在 1961 年出版《社会主义经济运行的一般问题》一书，提出在保持国有制条件下进行经济改革的"分权模式"（含有市场机制的计划经济模式）。1972 年任牛津大学教授，后来加入英国籍。1989 年，他与另一位波兰经济学家拉斯基（Kazimierz Laski）合作出版《从马克思到市场》一书，反思了他在 1961 年的著作中提出的观点，认为市场社会主义存在许多无法有效运行的制度缺陷，应当实行真正的市场经济。

② 锡克（Ota Sik, 1919—2004），捷克斯洛伐克著名政治家、马克思主义经济学家，主张计划和市场有机结合，走"宏观计划、微观市场"的"第三条道路"。1967 年任副总理，领导了 1968 年捷克斯洛伐克"布拉格之春"改革。华沙条约国家军事占领捷克斯洛伐克后流亡瑞士，仍然主张社会主义的政治和经济改革，成为捷克斯洛伐克国内"持不同政见者""77 宪章派"的精神领袖之一。2004 年在瑞士病逝。

来中国讲学，吸引了大批学者和官员听讲[①]。他们两人对波兰、捷克斯洛伐克、匈牙利等东欧国家改革情况的介绍，开扩了中国学者的眼界。他们所倡导的"市场社会主义"理论，例如给予国有制企业更大的自主权，允许市场在国家的掌控下发挥作用，由政府规制下的市场（regulated market）引导企业的经营决策等主张，也为一部分支持市场取向改革的人们所推崇，对中国改革产生了深远的后续影响。

布鲁斯和锡克讲学有一个出人意料的副产品，就是他们运用某些现代经济学的理论概念和分析工具来分析经济问题，使中国经济学家耳目一新，产生了更系统地学习现代经济学的要求，希望从中汲取更多营养，提高自身求解中国问题的能力。

于是，在20世纪80年代初期，中国经济学界掀起了学习所谓"西方经济学"，即现代经济学的热潮。中国社会科学院经济研究所从1980年夏季到1981年夏季的一年中，连续举办了三个大型讲习班："数量经济学讲习班""国外经济学讲座"和"发展经济学讲习班"。[②]

随着20世纪80年代初期对改革研究的日益深入和学习考察外国经验导致的眼界扩大，改革理论的研究已经逐渐超越了70年代末

---

①　林重庚（2008）：《序二：中国改革开放过程中的对外思想开放》，《中国经济50人看三十年：回顾与分析》，北京：中国经济出版社，2008年，第29页；中国社会科学院经济研究所学术资料室编：《论社会主义经济体制改革：布鲁斯和锡克访华学术报告记录稿》，北京：法律出版社，1982年。

②　吴敬琏（2011）：《经济学与中国经济的崛起》，2011年7月4日在国际经济学会（IEA）全球大会上所做的Fitoussi演讲，《吴敬琏文集》，北京：中央编译出版社，2013年，第1530—1547页。

期着重讨论调动积极性的具体措施的水平，进而研究应当用什么样的经济体制来取代计划经济的旧体制的问题。政界、经济界和学术界对经济体制改革大致提出了三种可供借鉴的体制模式：

一是"市场社会主义"模式（"苏联东欧模式"）。苏联和东欧的改革理论和改革实践对国内经济学界最先产生广泛影响。孙冶方、蒋一苇等学者主张在计划经济体制下给予企业更大自主权，这种与20世纪50年代南斯拉夫的企业自治、60年代苏联"利别尔曼建议"大体类似的想法首先在中国得到了应用。这就是70年代末在全国铺开的"扩大企业自主权"改革，在这一改革遭遇困难以后，"扩大企业自主权"仍还不断被作为"搞活企业"的一种措施提出来。于光远、苏绍智、刘国光、董辅礽等学者在对东欧社会主义国家的改革历程做了深入的比较研究后，对东欧的市场社会主义改革理论和改革实践做了系统介绍，并在中国改革界掀起了南斯拉夫热、匈牙利热等。20世纪80年代中后期苏联东欧改革已经普遍陷入困境，这种模式的影响力大为衰减，但是无论是给予企业经理人更大自主权，还是建立规制下市场的思想，依然在中国经济改革中有重要影响。

二是政府主导的市场经济模式（"东亚模式"）。第二次世界大战结束以后，日本、韩国、新加坡等东亚国家采用威权主义政府和市场经济相结合的办法，形成带有重商主义①色彩的政府主导的市场经济体制。在这种体制下，允许市场发挥一定的作用，但政府运用选

---

① 重商主义（Mercantilism）是16、17世纪盛行于西欧的一种思潮。它力主政府对经济生活进行强力干预，以便积累货币财富，实现富国强兵的国家目标。亚当·斯密在他的名著《国富论》中对重商主义的理论和政策进行了深刻的批判。

择性的产业政策①和"行政指导"实现对产业发展和企业决策的控制，使整个国民经济在统制经济的总体框架下运行。这种体制模式对部分中国经济官员具有很大的吸引力。在改革开放初期，大批官员到日本和其他东亚国家考察，并对这些国家的经济体制、发展政策和政府作用做了推荐性的介绍，造成很大的影响。邓小平在1978年11月访问新加坡时，也对新加坡在强势政府管理下建立严整的社会秩序赞赏有加。直到1992年的南方谈话，邓小平还没有忘记夸奖："新加坡的社会秩序算是好的，他们管得严，我们应当借鉴他们的经验，而且比他们管得更好。"②1980年，经邓小平同意，由当时主管中国对外经济贸易工作的国务院副总理谷牧和日本著名经济学家、政治家大来佐武郎共同发起，于1981年成立中日经济知识交流会，每年举行会议进行交流。

三是自由市场经济模式（"欧美模式"）。许多理论界人士，特别是经济学家通常认为，政府的基本职能是提供公共品（public goods），而不是在市场上提供私用的商品和服务；过多的政府干预会妨碍市场的有效运作并且滋生腐败。因此，他们更倾向于欧

---

① 各国政府执行的产业政策有两种基本的类型：一种被称作选择性的、差别化的或纵向定位的产业政策，另一种则被称作功能型的或横向定位的产业政策。前者的特点，是政府运用直接或间接的调控手段扶植选定的产业，抑制另一些产业。后者的特点，则是运用政策手段弥补市场失灵，抑制市场霸权（market power）对竞争的损害，增强市场功能，提高经济效率。日本等东亚国家在战后初期运用前一种产业政策来支持经济的高速增长和实现政府对经济发展的掌控。

② 邓小平（1992）：《在武昌、深圳、珠海、上海等地的谈话要点》，《邓小平文选》第三卷，北京：人民出版社，1993年，第378—379页。

美类型的市场经济，即自由市场经济体制。20 世纪 80 年代中期以后，随着掌握现代经济学的学者越来越多，这种思想的影响力也越来越大。然而，在当时命令经济还占有统治地位而市场的发育程度还很低的条件下，他们也承认政府需要承担更多的协调责任，因而与东亚模式的支持者的分歧并不十分显著。而相当一部分以自由市场经济作为改革最终目标的人们，也深受格申克龙（Alexander Gershenkron）[①]等发展经济学家的影响，认为在落后经济向高速发展的冲刺中，强有力的政府还是利大于弊的。

---

① 亚历山大·格申克龙（1952）:《经济落后的历史透视》(*Economic Backwardness in Historical Perspective*)，张凤林译，北京：商务印书馆，2012 年。他在书中用的 "advantages of economic back-wardness" 一词，常被译为 "后发优势"。

第2章 初试"市场社会主义"

20世纪70年代末，中国开始了第一次不是针对个别政策，而是有比较明确体制目标的经济改革。这场改革在很大程度上仿效了苏联和部分东欧社会主义国家在20世纪60年代进行的以增进市场作用和扩大国有企业自主权为主要内容的改革。而这场改革遵循的经济模式，则是源于被称为"市场社会主义"的社会主义体制设想。

在20世纪20—30年代西方学术界的"社会主义论战"中，一些社会主义的同情者提出，可以用计划机关模拟市场定价和让国有企业之间进行某种程度的竞争的办法来改善社会主义经济的运行效率。这种设想后来就演化为市场社会主义的思潮。在20世纪60—80年代苏联和部分东欧社会主义国家的经济改革中，市场社会主义作为苏联式社会主义的某种改良，曾经起过重要作用。中国开始改革开放以后，苏联东欧的市场社会主义改革思潮和中国本土的同类主张相结合，促成了70年代末80年代初国有企业普遍进行的"扩大自主权"试验。不过，随着这一改革负面效果的显现和苏联东欧社会主义国家改革的退潮，"扩大企业自主权"的改革再也不能成为中国改革的主题曲。

不过即使在那以后，市场社会主义提出的一些改革原则，仍然长时期地在中国改革中发生重要影响。

2.1 市场社会主义的由来

在马克思主义的经典作家看来，把市场和社会主义放在一起是悖理的，因为在独立的经济主体之间进行的市场交换，是无法与财富属于社会全体成员的社会主义经济兼容的。马克思说："设想一个自由人联合体，他们用公共的生产资料进行劳动，并且自觉地把他们许多个人劳动力当作一个社会劳动力来使用。在那里，鲁滨逊的劳动的一切规定又重演了，不过不是在个人身上，而是在社会范围内重演。鲁滨逊的一切产品只是他个人的产品，因而直接是他的使用物品。这个联合体的总产品是社会的产品。这些产品的一部分重新用作生产资料。这一部分依旧是社会的。而另一部分则作为生活资料由联合体成员消费。"[①] 他在《哥达纲领批判》中也指出："在一个集体的、以共同占有生产资料为基础的社会里，社会并不交换自己的产品；耗费在产品生产上的劳动，在这里也不表现为这些产品的价值，不表现为它们所具有的某种物的属性，因为这时和资本主义社会相反，个人的劳动不再经过迂回曲折的道路，而是直接地作为总劳动的构成部分存在着。"[②]

恩格斯和马克思的观点相同。他在《反杜林论》中写道："一旦社会占有了生产资料，商品生产就将被消除，而产品对生产者的统治也将随之消除。社会生产内部的无政府状态将为有计划的自觉组织所代替。""每一个人的劳动，无论其特殊的有用性质是如何的不

---

① 马克思（1867）：《资本论》第一卷，《马克思恩格斯选集》第二卷，北京：人民出版社，1995年，第141页。

② 马克思（1875）：《哥达纲领批判》，《马克思恩格斯选集》第三卷，北京：人民出版社，1995年，第303页。

同，从一开始就直接成为社会劳动。那时，一件产品中所包含的社会劳动量，可以不必首先采用迂回的途径加以确定……人们可以非常简单地处理这一切，而不需要著名的'价值'插手其间。"①

列宁完全认同马克思和恩格斯的上述观点。在他的"国家辛迪加"（the state syndicate）②，即一家囊括整个社会的垄断公司中，是不可能存在商品、价值、货币、竞争等市场经济因素的。他不但在十月革命以前一再宣称"社会主义要求消灭货币的权力、资本的权力，消灭一切生产资料私有制，消灭商品经济"③，而且在取得政权以后也立即宣布："俄共将力求尽量迅速地实行最激进的措施，来准备取消货币。"④

1921 年，在战时共产主义造成的艰难形势下，俄共不得已宣布实行"新经济政策"，"转而采取市场的经济形式"⑤。当时俄共党内有一部分左派人士认为，这将危及俄国的社会主义前途和俄共的统治地位。这促使列宁 1922 年 11 月在共产国际第四次代表大会上做报

---

① 恩格斯（1878）：《反杜林论》，《马克思恩格斯选集》第三卷，北京：人民出版社，1995 年，第 660—661 页。

② 列宁在十月革命前写作的《国家与革命》这本重要著作中指出：在共产主义社会的第一阶段即社会主义社会里，"全体公民都成了国家（武装工人）雇用的职员。全体公民都成了一个全民的、国家的'辛迪加'的职员和工人"，"整个社会将成为一个管理处，成为一个劳动平等和报酬平等的工厂"。见《列宁选集》第三卷，北京：人民出版社，1995 年，第 202—203 页。

③ 列宁（1905）：《对维·加里宁〈农民代表大会〉一文的两处增补》，《列宁全集》第 12 卷，北京：人民出版社，1987 年，第 75 页。

④ 列宁（1919）：《俄共（布）纲领草案》，《列宁选集》第三卷，北京：人民出版社，1995 年，第 749 页。

⑤ 俄共（布）第十二次代表大会（1923）：《关于工业的决议》，载《苏联共产党代表大会、代表会议和中央全会决议汇编》，北京：人民出版社，1964 年，第 259—261 页。

告时对这种质疑作出了正面的回答。在报告中，他用了一个德文词 Kommandohöhen（即"制高点"）来指代能够左右国民经济的关键领域。他说，我们在俄国实行的是一种区别于通常的国家资本主义概念的"特殊的国家资本主义"。这种国家资本主义的特点是"我们掌握着一切制高点"，"无产阶级国家不仅掌握了土地，而且掌握了一切最重要的工业部门"，"首先租出去的只是一部分中小企业，其余的都掌握在我们手里"。"今后的一切活动应当仅仅在这个范围内展开"，而且国家还随时可以对政策作出改变。因此，实行这种国家资本主义对俄共丝毫没有危险。①

不过，列宁也没有忘记提醒俄共的领导干部：第一，"我们容许的资本主义只是国家资本主义，而国家，如上所述，就是我们"。因此在实行新经济政策的同时，要"狠狠地惩办任何超越国家资本主义的资本主义"，"无情地（直至枪决）和迅速地惩办滥用新经济政策的人"。②第二，实行"新经济政策"只是"为社会主义经济做好经济准备"③，是一种在特殊情况下暂时的"退却，以便更有准备地再转入对资本主义的进攻"④。由此可见，俄国在当时的条件下采用的是

①　由于列宁著作的中文版本将 Kommandohöhen 译为"命脉"，"牢牢掌握国民经济命脉"就被看作列宁主义的一条基本原则。参见列宁（1922）：《俄国革命五周年和世界革命的前途》，《列宁选集》第四卷，北京：人民出版社，1972年，第667页。

②　列宁（1922）：《关于司法人民委员部在新经济条件下的任务》，《列宁全集》第42卷，北京：人民出版社，1990年，第424—429页。

③　列宁（1922）：《俄国革命五周年和世界革命的前途》，《列宁选集》第四卷，北京：人民出版社，1995年，第667页。

④　列宁（1921—1922）：《关于工会在新经济政策条件下的作用和任务的提纲草案》，《列宁专题文集·论社会主义》，北京：人民出版社，2009年，第298页。

一种具有统制经济色彩的经济管控方式。

　　"新经济政策"在经济上取得了很大的成功，但是关系市场经济存废的党内斗争也趋于激化。斯大林在击败并清洗掉主张继续执行新经济政策的所谓"右倾机会主义反党集团"以后，断然宣布"让新经济政策见鬼去"[①]。1929年成为"大转变的一年"，通过农业集体化等一系列政治运动，苏联在20世纪30年代中期确立了排斥市场的集中计划经济制度。

　　市场社会主义思想最初萌发于20世纪初期，由一些西方新古典经济学家对集中计划经济可行性作出的论证。新古典经济学大师帕累托（Vilfredo Pareto, 1848—1923）在《社会主义制度》（1902—1903）和《政治经济学手册》（1906）中首先提出，由一个"社会主义的生产部"来制订和实施基于科学计算的计划，可以实现资源的优化配置。接着，帕累托的追随者巴罗尼（Enrico Barone, 1859—1924）在他1908年的著名论文《集体主义国家的生产部》中对帕累托的思想做了详细的论证。[②]

　　① 斯大林（1929）：《论苏联土地政策的几个问题》，《斯大林全集》第12卷，北京：人民出版社，1955年，第150—151、163页；同见《斯大林选集》下卷，北京：人民出版社，1979年，第232页。斯大林的这段话，《斯大林全集》的中文版译为"我们之所以采取新经济政策，就是因为它为社会主义服务。当它不再为社会主义服务的时候，我们就把它抛开"。这里引用的是郑异凡更为准确的译文，见郑异凡：《布哈林论稿》，北京：中央编译出版社，1997年，第410页。

　　② 恩尼科·巴罗尼（1908）：《集体主义国家中的生产部》（the Ministry of Production in the Collective State），中译文载《经济社会体制比较》，1986年第3期。熊彼特《资本主义、社会主义和民主主义》（1942）一书的顾准中译本（北京：商务印书馆，1979年）把这篇文章的标题译为《集体主义国家中的生产部》。巴罗尼在新古典经济学的信息充分，不存在交易成本，因而制度安（转下页）

数十年后，在 20 世纪 30 年代的"社会主义论战"中，由这里演化出市场社会主义的理论设想。

市场社会主义的最初阐述者，是旅美波兰经济学家兰格（Oskar Lange, 1904—1965）。他在 1936 年为回应米塞斯（Ludwig von Mises, 1881—1973）和冯·哈耶克（Friedrich von Hayek, 1899—1992）认为社会主义计划经济由于缺乏市场定价机制因而不可能有效配置资源的论点而发表的论文《社会主义经济理论》[①]，基本上沿着帕累托的思路论证社会主义计划经济的有效性。但是，他遇到一个技术性的难题，就是在电子计算机还没有发明出来的情况下，要在短时间内求解一个有着成千上万个未知数的方程组是完全不可能的。为了克服这种困难，兰格对巴罗尼在 1908 年论文中提出的计划制订办法做了重要改变，即计划机关不再制订和下达计划，而是由计划机关模拟市场，采用和市场定价相同的"试错法"（trial and error）来调整各种产品的价格。这就是当计划机关发现某种商品出现供过于求的情况时就降低它的价格，反之则提高它的价格。在相对价格反映相对

（接上页）排与效率高低无关等假设前提下证明：计划经济条件下的资源配置和市场制度下的资源配置在原则上是相同的，都不过是求解一组资源配置的联立方程式。如果这组方程被解开，它们的解（一组价格向量）将能对平衡供求所需的资源作出合适的相对估价。巴罗尼指出，这一组方程可以通过千百次的市场交易求解，也可以通过"生产部"即中央计划机关的直接计算求解。只要这个"生产部"能够求解经济均衡方程，据此确定各种稀缺资源的价格，并使各个生产单位按照边际成本等于价格的原则安排生产，那么，经济计划也可以达到市场竞争所导致的相同结果。因此他认为，社会主义的计划经济具有充分的可行性。

① 奥斯卡·兰格（1936）：《社会主义经济理论》，王宏昌译，北京：中国社会科学出版社，1981 年，第 10 页。

稀缺程度的情况下，参与交易的企业会对价格信号作出反应，从而实现具有帕累托效率的均衡。这样，建立在公有制基础上的社会主义计划经济同样可以达到和资本主义市场经济相同的资源配置效率。

由此形成的市场社会主义经济模式力图在保留生产资料公有制（国有制）、实行国家计划等苏式社会主义基本特征的基础上，把计划调节和市场调节结合起来，提高社会主义经济的运行效率。

在市场社会主义体制下，存在三个基本的决策层次。第一，中央层面上，计划机关的职能有三：（1）根据供求状况制定生产资料的价格；（2）决定投资；（3）分配由使用国有生产资源所产生的纯收入（租金和利润）。第二，国有企业根据市场价格信号，按照两条原则进行生产：（1）产出要达到使该产品的价格等于边际成本的水平；（2）在这一产出水平上使生产成本达到最低。第三，家庭和个人可以自由地决定提供多少工作量，并自主支配个人收入。居民个人则完全按照个人偏好和市场状况作出决策。

针对兰格的观点，哈耶克在 1935—1945 年发表了一系列的论著，详尽地论证了兰格模式在现实中是行不通的。[①] 在这些文章中，他着重指出，社会主义的最大问题不在于它是否能够设定均衡价格，而是无法建立市场经济那样的激励机制，使分散在许多不同地方的有价值的信息能够被利用起来。

需要说明的是，这场争论是在苏联以外的国家进行的，而且这些国家的经济正深陷在从 1929 年开始的世界性大危机中。相对于陷入危机的西方世界，苏联的计划经济虽然问题重重，却显出某种

[①] F. A. 冯·哈耶克（1940）：《个人主义与经济秩序》，邓正来译，北京：生活·读书·新知三联书店，2003 年，第 175—302 页。

优势。因此，西方的争论对苏联国内的事态发展几乎没有任何影响。只是到了 20 世纪后期苏联和东欧社会主义国家迫切需要改革时，这些争论才对社会主义的改革者们产生了巨大的吸引力。正像科尔奈（Janos Kornai）所说："对于那些在政治思想方面仍然坚持马克思主义，但却抛弃了马克思主义经济学并支持新古典经济学的人而言，市场社会主义的观念为他们提供了一条简单且从容的出路。"[1] 在这些人的心目中，一方面市场经济的一些成功的做法需要借鉴，另一方面古典社会主义的基本制度又必须加以保留。

于是系统变革之初，市场社会主义就往往成为首选的药方。

兰格的主要传人和市场社会主义的重要代表、亲身参加过波兰 20 世纪 50 年代改革的布鲁斯[2] 曾经回顾 20 世纪 50 年代中期以后，东欧出现了一连串市场社会主义的经济改革尝试。尽管改革一贯性的程度各有不同，但其方向都是增强市场作用。1958 年，捷克斯洛伐克酝酿改革。1963 年，民主德国实行新经济机制。1965 年，苏联进行柯西金改革，保加利亚加以仿效。1968 年，捷克斯洛伐克开展"布拉格之春"的经济改革。1968 年 1 月，匈牙利引入新经济机制。60 年代，波兰进行了两次较小的改革试验，70 年代中期又进行了一

---

[1]　见雅诺什·科尔奈（1992）：《社会主义体制：共产主义政治经济学》，张安译，北京：中央编译出版社，2006 年，第 445 页。

[2]　布鲁斯是与兰格及米哈尔·卡莱斯基（Michal Kalecki）齐名国际的波兰经济学家。他对波兰经济改革思想的最大影响是在 20 世纪 50 年代中期，与兰格和卡莱斯基一起供职于波兰经济委员会，任副主席，为经济改革提供建议。后来，由于波兰政府领导人哥穆尔卡（Wladyslaw Gomulka）对改革失去了兴趣，布鲁斯辞去官职。1972 年，布鲁斯由于同情抗议当局迫害演出反对俄国沙文主义戏剧的学生，被华沙大学解聘后流亡英国，到牛津大学任教。

次规模大一些的改革。不过，到 80 年代初期，所有这些尝试中只有匈牙利的新经济机制保存了下来，其他尝试都只是在命令经济旧框架内所做的相当次要的修正。

虽然这些国家的经济改革各有特点，但大体上是沿着市场社会主义道路进行的：第一，部分地开放了市场，特别是消费品市场，但市场总体上仍处于政府的管控之下，受到政府政策的调节，乃至直接的管制。第二，国有企业被给予了程度不等的经营自主权，加大了对企业经理人员和职工的物质刺激。

1. 苏联的改革努力及其失败

在 1953 年斯大林逝世以后，苏联新领导人赫鲁晓夫（Nikita Sergeyevich Khrushchev, 1894—1971）在 1957 年发动了以向地方政府放权为特征的"地区国民经济委员会改革"（Sovnarkhoz Reform），采取的主要措施是撤销主管经济工作的联盟和加盟共和国部，它们的职能改由新成立的 105 个地区国民经济委员会行使；将本来隶属于联盟和加盟共和国部的 1.5 万个国营企业下放给地区国民经济委员会管辖；计划物资也由以中央平衡为基础改为以地区平衡为基础。这样，苏联的国民经济管理体系就从以"条条"（即行业部）为主转变为以"块块"（即地区）为主了。然而，计划经济天然地要求中央政府集中行使资源配置权力，而地方政府分权不但没有消除行政配置资源的固有弊端，相反还因为打乱了原有的经济联系格局，加剧了地方分割而使经济出现混乱。

地区国民经济委员会改革失败以后，1961 年苏共第 22 次全国代表大会上制定的《苏共新纲领》提出了以扩大企业自主权以及充分利用商品货币关系和各种经济杠杆以加强经济刺激为中心的改革思想。这标志着苏联经济改革向市场社会主义的方向转变。接着，又在 1962 年组织了关于"利别尔曼建议"的大讨论。利别尔曼（Evsei Liberman, 1897—1981）时任苏联哈尔科夫工程经济学院教授。他在《真理报》上发表《计划·利润·奖金》一文，主张只把按品种的产量计划和交货期限计划下达到企业，其他各项计划都由企业自行制订，对企业的计划管理则强调加强利润刺激，各个企业按照利润指标的完成情况提取奖金。不过这一具有市场社会主义色彩的建议还来不及付诸实施，赫鲁晓夫就在 1964 年苏联领导层的"宫廷政变"中下台了。

继赫鲁晓夫担任苏联总理的是工业管理专家柯西金（Alexei Nikolayevich Kosygin, 1904—1980）。他在就任以后首先全面恢复了以"条条"（即行业部）为主线的集权管理体制，接着在 1965 年开始进行市场社会主义式的改革。柯西金改革的主要内容是放松计划控制、扩大企业自主权和对企业实行"完全经济核算制"。这一改革在一两年的短暂时间内取得增产增收效果，但不久出现了激励效应衰减并导致苏联财政情况的恶化，到 60 年代末期就不得不完全停止了这一改革。

在柯西金的"完全经济核算制"改革退潮以后，苏联领导人不再试图改革苏联的经济体制，而是希望在集中计划经济的体制框架内做某些改良，例如要求进行"经济增长方式转变"，全面运用现代计算技术和"实现计划工作科学化"，等等。

2. 南斯拉夫的"自治社会主义"改革

南斯拉夫改革是市场社会主义的一个特例。它的主要内容是实行"企业自治"。

从 20 世纪 60 年代初期开始，南斯拉夫先后取消了对工资、投资、外贸、价格的计划控制，企业在选择产品结构、决定供销、进行收入分配和投资等方面获得了完全的自由，南斯拉夫经济开始活跃起来。但是，经济体制仍然存在重要缺陷：首先，"社会所有制"的产权制度安排模糊不清。按照南斯拉夫共产主义联盟领导人、"自治社会主义"制度的主要设计者卡德尔（Edvardj Kardel, 1910—1979）的说法，社会所有制是一种"非所有制"，"财产属于所有的人，又不属于任何人"。实际上，它是各企业在职职工的集团共有制。其次，由于追求职工在职期间收入的最大化，就造成了以美国加州大学教授沃德（Benjamin Ward）的著名模型"伊里利亚模式"（Illyria Model）[①] 得名的、力求"少扣多分""举债投资"以及追求投资的高技术构成等的"'伊里利亚'短期行为症候群"。制度缺陷加上缺乏有效的宏观经济管理，造成了通货膨胀加剧、失业率上升和居民收入差距扩大等问题，并引起社会动荡。这使得反对改革的势力找到借口将这一切诿过于市场力量的扩大。

在这种情况下，从 70 年代初开始，南斯拉夫共产主义联盟领导人开始政策调整，一方面把主张自由市场经济的经理人员和技术知识分子从经济界和决策机构中排挤出去，另一方面加强了"社会契约"和政府规章对企业的约束。在 1974 年的新宪法中，"企业"作为一个法定组织已经不再存在，代之而起的是"联合劳动组织"。若干个"联合劳动组织"可以组成名为"联合劳动复合组织"的商业组织。各个商业组织之间以及商业组织与政府之间的关系，由"自

---

① Ward, B. (1958). The Firm in Illyria: Market Syndicalism. *American Economic Review*, 48(4), 566—589. 伊里利亚（Illyria）是巴尔干半岛西北部地区，大致相当于原属南斯拉夫的斯洛文尼亚、克罗地亚和波黑等地区。沃德把他以南斯拉夫"自治社会主义"为原型建立的经济体制模型称作"伊里利亚模式"。

治协议"和"社会契约"来协调。其中，"自治协议"是商业组织（"联合劳动组织"）之间就价格、供货条件、信贷和投资关系等订立的契约。事实上，这种协议很难对参加交易的各方有约束力，于是南斯拉夫经济出现了"既无计划、也无市场"的混乱状态。"社会契约"则是企业和政府之间就社会经济发展的目标和企业的财政义务等问题签订的契约。实际上，这意味着各级政府广泛运用行政手段处理经济问题，它们几乎每天都要发布大量的行政法规和命令来规范经济组织的行为。"契约社会主义"把市场力量和行政权力奇怪地结合起来，使南斯拉夫（斯洛文尼亚）经济学家巴伊特（Aleksander Bajt, 1921—2000）认为它"在某种程度上类似于封建式的经济管理"[①]。这无可避免地造成了经济的低效率、宏观经济的混乱和社会的不稳定，而且，各共和国和自治省行政权力的扩张割裂了国内市场，造成了一种被称为"多中心国家主义"的状况。到 20 世纪 80 年代，南斯拉夫终于陷入严重的经济和政治危机。

3. 捷克斯洛伐克半途夭折的"布拉格之春"

1962 年，捷克斯洛伐克经济陷入了危机，工人中出现强烈的不满。在这种情况下，捷共领导任命改革派经济学家锡克主持改革方案的设计工作。在他的领导下，捷克斯洛伐克于 1967 年根据用投入产出表计算出来的影子价格对生产资料价格进行了调整。然后在 1968 年 1 月 1 日，捷克斯洛伐克正式开始进行较之匈牙利更为彻底的市场化改革，全面放开价格管制，给予企业以经营自主权。这一改革以及以民主化为基调的政治改革受到各阶层民众的热烈支持。

---

① 巴伊特（1985）：《南斯拉夫经济体制改革的经验》，载中国经济体制改革研究会编：《宏观经济的管理和改革——宏观经济管理国际讨论会言论选编》，北京：经济日报出版社，1986 年，第 95—102 页。

这就是著名的 1968 年"布拉格之春"。但是，苏联领导人随即在该年 8 月组织了华沙条约组织① 参加国对捷克斯洛伐克的军事入侵。捷克斯洛伐克党政领导人被押送到莫斯科，被迫签订了全面否定改革和恢复旧体制的《莫斯科条约》，改革被迫终止。

4. 匈牙利的"新经济机制"

在苏联东欧社会主义国家的市场社会主义改革中，匈牙利是走得最远的。1968 年 1 月 1 日，匈牙利在一位老资格的共产党领袖卡达尔（Janos Kadar, 1912—1989）的领导下，开始了建立"新经济机制"的改革，用政府的间接控制体系代替对企业的直接干预，短期经济决策由企业按照盈利最大化的要求，根据政府调节下的市场状况来决定。受到市场社会主义思潮把计划和市场的优点结合起来的思想的影响，匈牙利的"新经济机制"并没有完全取消计划体制和政府干预。有重大影响的发展计划和结构调整计划、有关消费品价格中的优惠补贴政策以及公共服务原则决策，都由中央计划机关作出。这一体系的具体状况是：最重要的建设项目由中央计划规定，并由国家投资完成，其他投资项目由中央和企业形成综合决策，共同分担投资；市场价格和固定价格并存，1987 年以后市场价格才在

---

① 华沙条约组织是苏联和东欧社会主义国家 1955 年为抵抗美国为首的北大西洋公约组织而建立的政治经济同盟。参加国除苏联外，还有阿尔巴尼亚人民共和国、保加利亚人民共和国、匈牙利人民共和国、德意志民主共和国（东德）、波兰人民共和国、罗马尼亚人民共和国、捷克斯洛伐克共和国。此外，亚洲的越南社会主义共和国、老挝人民民主共和国和蒙古人民共和国也是观察员国。阿尔巴尼亚在 1968 年华约武装入侵捷克斯洛伐克以后退出华约组织。1990 年两德合并后，东德也宣布退出。1991 年苏联解体以后，华约正式宣布解体。

商品价格体系中占据主导地位，要素价格则始终没有放开；金融压制仍然存在；国有企业中职工的工资和奖金增长幅度与企业盈利挂钩；逐步放宽了对非国有小企业的限制，同时在严格限制的范围内允许成立小型私有企业，但大的私有企业仍然不允许建立；进口仍受许可证限制。

匈牙利的渐进改革并没能克服原有的体制缺陷，也未能防止建立在这种经济体制基础上的政治体制在 20 世纪 90 年代末崩溃，但它使匈牙利得以避免严重的社会震荡，并且为 20 世纪末苏东剧变后匈牙利比较顺利地过渡到市场经济准备了某些条件。

在粉碎"四人帮"以后面向世界找寻振兴中华的新路的过程中，首先吸引国人注意的，是过去同样实行苏联体制的东欧国家的改革。1978 年春，以李一氓、于光远、乔石为首的中共中央代表团访问南斯拉夫。回国后，代表团给中央写报告，认为南斯拉夫不失为社会主义国家。据此，中共中央决定承认南斯拉夫是社会主义国家并恢复中共与南斯拉夫共产主义联盟的关系，由此开了了解和学习东欧社会主义国家改革经验的先河。在那以后，了解和学习南斯拉夫、匈牙利等社会主义国家经济发展和经济改革经验的活动继续升温。1979—1981 年，东欧改革派经济学家布鲁斯和锡克来华讲学，系统介绍匈牙利和捷克斯洛伐克的经济改革，引起了中国学者研究东欧国家改革经验的更大兴趣。一些中国学者写作的东欧国家考察报告在市场上热销。①

---

① 这类著作包括刘国光的《南斯拉夫的计划与市场》（长春：吉林人民出版社，1981 年），于光远、苏绍智、刘国光等的《匈牙利经济体制考察报告》（北京：中国社会科学出版社，1981 年）等。

2.2 市场社会主义的本土资源

在 1956 年 2 月的苏共第 20 次全国代表大会上，赫鲁晓夫做了题为《关于个人崇拜及其后果》的秘密报告，揭露斯大林草菅人命、镇压异己等罪行。这对一直把苏联模式看作社会主义经济制度样板的中国人造成了很大的冲击。结合总结本国第一个五年计划的经济发展经验，对苏式集中计划经济体制质疑的声音也变得越来越强大。毛泽东也组织写作了《关于无产阶级专政的历史经验》等文章加以回应，并于 1956 年在中共中央政治局的讲话《论十大关系》中第一次提出了以苏为戒，总结我国已有经验，探索自己的社会主义建设道路的问题。[①]

除了毛泽东在《论十大关系》中提出了向地方政府、生产单位和职工放权让利，以便调动他们积极性的体制改革方案外，多数学者和政府官员都倾向于采取提高市场作用和扩大企业自主权的改革思路。

在学者中，最具代表性的人物，是老资格的共产党人、著名马克思主义经济学家孙冶方[②]。

1956 年秋季，时任国家统计局副局长的孙冶方在全国统计会议

---

① 薄一波：《若干重大决策与事件的回顾》（上卷），北京：中共中央党校出版社，1993 年，第 486 页。

② 孙冶方（1908—1983），原名薛萼果，他在 1924 年 16 岁时参加中国共产党，1925 年被派到苏共为培养亚洲革命家兴办的莫斯科中山大学学习。毕业后留在苏联任政治经济学讲课翻译，直到 1930年回国。早在 20 世纪 30 年代，他已经是一位活跃的马克思主义经济学家。但是到 50 年代中期他越来越质疑苏式集中计划经济体制，构建了自己的社会主义经济模式，并因而被打成"修正主义分子"。"文化大革命"结束后，孙冶方积极参与了经济体制改革。

上发表长篇讲话[1]，抨击僵化无效的苏式计划经济体制，主张对计划经济体制进行改革，更大程度地发挥"价值规律"[2]在经济运行中的作用。从那时开始，孙冶方从"把计划放在价值规律的基础上"的基本思路出发，构建了自己的社会主义经济模式：以资金量为划分权力的标准，"大权独揽、小权分散"。这里的所谓大权，是指扩大再生产范围内的决策权，如投资决策权、新增生产能力的供产销安排的决策权；所谓小权，是指"简单再生产"范围内的决策权，如各种规格上的调整权。前一类决策由政府作出，后一类决策则由企业自行决定。换句话说，孙冶方模式的特点，是在保持国家所有制和国家对企业供销关系进行计划管理的前提下，给予企业在日常决策（"简单再生产"决策）上较大的自主权。

孙冶方的"大权独揽、小权分散模式"和波兰市场社会主义代表人物布鲁斯在 20 世纪 50 年代提出的"分权模式"或称"含有受管制市场的计划经济模式"（the model of a planned economy with a regulated market）在本质上是相同的。[3]

布鲁斯 1979 年在北京讲学时详细介绍了他的经济模式分类和自

---

[1] 孙冶方（1956）：《从"总价值"谈起》和《把计划和统计放在价值规律的基础上》，《孙冶方选集》，太原：山西人民出版社，1984 年，第 117—146 页。

[2] 在中国，人们往往把马克思所说的"价值规律"（生产商品的社会平均必要劳动量决定它的价值，商品按照它们的价值量进行交换）与供求决定价格的市场规律混为一谈。孙冶方在强调"千规律，万规律，价值规律第一条"的时候说得很清楚，他所说的"价值规律"是前者而不是后者。参见孙冶方：《把计划和统计放在价值规律的基础上》，《经济研究》，1956 年第 6 期。

[3] 1979 年布鲁斯来华讲学时，专程去协和医院看望了病中的孙冶方。他们用俄语交谈，两人一见如故，成了莫逆之交。

己主张的"分权模式"。他把经济决策划分为三个不同的层次：最高的第一层是所谓的"宏观经济决策"，它所涉及的是整个国民经济的战略性问题；第二层是企业经常性决策，它涉及的是局部（单个企业、联合公司等）问题；第三层是家庭或个人经济活动的决策，它涉及的是个人的职业选择和对消费品的选择。根据这三类决策的集中（行政的方法）和分散（经济的方法）程度的不同，布鲁斯把不同的经济运行模式划分为四种：（1）三层决策都是集中化的模式，如战时共产主义的经济体制；（2）第一层决策和第二层决策是集中化的，第三层是分散化的模式，称为"集权模式"，即苏联模式；（3）第一层决策是集中化的，第二层和第三层决策是分散化的，称为"分权模式"，这大体上是匈牙利等东欧国家改革的目标模式；（4）三层决策全部分散化的模式，这种模式以亚当·斯密式的自由放任经济为背景。布鲁斯认为，第一、第四种模式绝不可取，只能在第二种或第三种模式之间进行选择。在后两者中，他主张实行"分权模式"。

在布鲁斯的"分权模式"中，政府的职能包括制定生产资料的价格和进行投资决策。与此同时，政府还通过价格、工资、信贷、税收等"经济参数"来调节市场，从而为企业以至个人的活动划定范围。企业层次的决策由企业根据自身盈利最大化的要求作出。它们根据国家计划委员会制定的价格和其他经济参数进行生产，使利润最大化。企业之间通过市场保持买卖双方横向的自由合同关系。最低的决策层次是居民，他们可以自由地决定自己的工作和支配收入。

在布鲁斯看来，"分权模式"既在国家的调节下充分利用了市场机制，又保持了国民经济的计划性。有调节地利用市场机制，不但不会削弱计划经济，相反还会使计划更加完美。"在分权模式中利用可调节的市场，并不是不要计划，而是要利用市场机制来完善它。

在这里，市场机制并不是一种使生产和交换服从于自发过程的工具，而是使个别企业的活动服从于表现在计划中的社会偏好的工具。"①

孙冶方在 20 世纪 50 年代中期"百花齐放，百家争鸣"的讨论中讲述了他的观点。虽然他只是在核算工具的意义上强调价值规律和利润指标的重要性，但是这仍然使他成为 60 年代开始的对"修正主义"大清洗的第一位受害者，被当时主管意识形态的康生（1898—1975）称为"比利别尔曼还利别尔曼的修正主义者"。孙冶方于 1968年 4 月被正式逮捕，关押在秦城监狱，直到 1975 年才被释放。

孙冶方获得自由以后，坚定地表示"一不改志、二不改行、三不改变观点"。特别是在"四人帮"被粉碎以后，他更加积极地为推进改革而努力。经过"文化大革命"的曲折，绝大多数经济学家和政府官员都开始认识到孙冶方对集中计划经济的批评是正确的。孙冶方扩大企业经营自主权和提高企业活力处在改革中心地位的思想，深深影响了中国学者、经济学家和领导层对于改革的设想。

一大批经济学家也为企业应当拥有经营自主权进行了理论论证。其中最为突出的，是中国社会科学院工业经济研究所的副所长蒋一苇针对中央集权的"国家本位论"和行政性分权的"地方本位论"提出的"企业本位论"。他认为，"社会主义经济的基本单位，应当是具有独立性的企业"。整个国民经济是"一个经济联合体，由许许多多具有独立性的基本单位联合组成"。"企业应当是企业全体职工的联合体"，"企业的权利是掌握在全体职工的手里"。作为独立的商品生产者，企业在国家统一领导和监督下，实行独立经营、独立核算、"自负盈亏""自主发展"，"一方面享受应有的权利，一方面确

---

① 布鲁斯讲课的内容，见中国科学院经济研究学术资料室编：《论社会主义经济体制改革》，北京：法律出版社，1982 年，第 1—44 页。

保完成对国家应尽的义务"。①

这种显然脱胎于南斯拉夫企业自治的改革主张，也得到其他一些经济学家的支持。例如，时任中国社会科学院经济研究所副所长的董辅礽把企业改革的核心内容归结为"改变全民所有制的国家所有制形式"。全民所有制企业"应该具有统一领导下的独立性，实行全面的独立的严格的经济核算"。"各经济组织中的劳动者有权在维护和增进全体劳动者的共同利益的前提下，在统一计划的指导下，结合本单位和自身的利益考虑直接参加经营"。②

"扩大企业自主权"的思想，还反映了社会主义国家一个重要的社会群体，即国有企业领导人要求政府"松绑放权"的利益诉求。在国内外因素的交互影响下，在一定程度上引入市场作用和扩大企业自主权的改革思路，得到了一些重要经济官员的支持。

早在 1978 年 9 月，国务院副总理李先念就在国务院务虚会上所做的总结报告中指出："过去 20 多年的经济体制改革的一个主要缺点，是把注意力放在行政权力的分割和转移上，由此形成了'放了收、收了放'的'循环'。在今后的改革中，一定要给予各企业以必要的独立地位，使它们能够自动地而不是被动地执行经济核算制度，提高综合经济效益。"③

1978 年 10—12 月率团考察日本企业管理的国家经济委员会副主任袁宝华后来回忆说：在访问日本过程中，"大家讨论得最多、最关心的问题是，日本企业为什么发展得这样快？我们的企业为什么这

---

① 蒋一苇：《企业本位论》，《中国社会科学》，1980 年第 1 期。
② 董辅礽：《关于我国社会主义所有制形式问题》，《经济研究》，1979 年第 1 期。
③ 李先念（1978）：《在国务院务虚会上的讲话（1978 年 9 月 9 日）》，《李先念文选》，北京：人民出版社，1989 年，第 330 页。

样落后？都感到必须进行改革，给企业更多自主权"；我们"都认为必须从理论上提出发展商品经济。贯彻有计划按比例原则离不开发展商品经济，离不开商品交换。发展商品经济，离不开企业根据市场需要组织生产"。[1] 考察团回国后向中国的主要领导人华国锋、李先念等做了汇报，得到这些领导人的首肯。李先念仔细听了汇报后说："看来经济要搞好，首先是企业要搞好，要扩大企业自主权。"他还下令要国家经济委员会负责起草扩大企业自主权条例。[2]

在官员中，最具权威性和影响力的是长期作为中国经济工作主要领导人的陈云。

中国通过1955—1956年的社会主义改造运动实现了对农业、手工业和资本主义工商业的社会主义改造，建立了以公有制为基础、国有制为主导的计划经济体制。然而，急速的社会主义改造也带来了企业经营积极性缺失、供销脱节、产品质量下降、经济不振等负面效应。在这种情况下，陈云受命负责"经济调整"工作。

为了克服经济体制过分集中的缺点，陈云在1956年9月的中共八大上提出了实行"三为主，三为辅"灵活经济政策的建议，这就是：（1）在工商经营方面，国家经营和集体经营是工商业的主体，但是附有一定数量的个体经营，这种个体经营是国家经营和集体经营的补充；（2）在生产计划方面，计划生产是工农业生产主体，按照市场变化而在计划许可范围内的自由生产是计划生产的补充；（3）在社会主义的统一市场里，国家市场是它的主体，但是附有一定范围内国家领导的

---

① 袁宝华：《难忘的历程、伟大的实践：十一届三中全会后企业改革的回忆》，《企业管理》，2008 年第 12 期。

② 见袁宝华前引文；同见贺耀敏：《扩权让利：国有企业改革的突破口——访袁宝华同志》，《百年潮》，2003 年第 8 期。

自由市场，这种自由市场是在国家领导之下，作为国家市场的补充。

在"四人帮"覆灭以后，陈云支持李先念在1978年的国务院务虚会上提出了"计划经济与市场经济相结合，以计划经济为主；市场经济是补充，不是小补充，是大补充"的设想[①]。1979年陈云在一份讲话提纲中正式提出，整个社会主义时期必须有两种经济：计划经济部分是主要的，市场经济部分是从属的次要的[②]。1982年陈云在和国家计委几位负责人座谈时，发表了关于坚持"计划经济为主，市场调节为辅"的讲话[③]。这一提法为1982年9月中共十二大中央委员会报告所认可，因而它成为在中国经济体制改革中具有重要影响的一种目标模式。在这种模式下，国有企业享有在国家允许范围内一定程度的自主权。

这样，陈云领导下的国务院财经委员会也在1979年9月向中共中央报送的《关于1980—1981年计划安排的汇报》中，把扩大企业自主权作为1980—1981年改革的中心课题。

2.3 扩大国营企业经营自主权的大规模试验

在这样的背景下，中国在20世纪70年代末期开始大规模地进

---

① 朱佳木：《谈谈陈云对计划与市场关系问题的思考》，《党的文献》，2000年第3期；中共中央文献研究室编：《陈云年谱》下卷，北京：中央文献出版社，2000年，第236页。

② 陈云：《计划与市场问题》（1979年3月8日），见《陈云文选》第三卷，北京：人民出版社，1995年，244—247页。

③ 陈云：《加强和改进经济计划工作》（1982年1月25日），见《陈云文选》第三卷，北京：人民出版社，1995年，309—311页。

行以"扩大企业自主权"为核心的国有企业改革。

1978 年 12 月中共十一届三中全会为国有企业改革确定了基本方针。全会公报指出:"我国经济管理体制的一个严重缺点是权力过于集中,应当有领导地大胆下放,让地方和工农业企业在国家统一计划的指导下有更多的经营管理自主权。"[①]

1979 年 4 月,为落实十一届三中全会决定而召开的中央工作会议批准了国家经济委员会草拟的《扩大国营企业自主权的十条规定》(简称《扩权十条》)。《扩权十条》的下达,标志着扩大企业自主权改革在全国范围内正式开始。

而在这之前,四川省已在 1978 年 10 月选择了成都刃具量具厂等 6 个不同类型的国营企业进行扩大企业自主权试点。在试点取得了增产增收的明显成绩以后,中共四川省委又将扩大企业自主权试点范围扩大到 100 个国有企业。

《扩权十条》下达后,国务院着手起草关于在全国范围内进行扩大企业自主权试点的有关文件。在文件起草过程中,财政部认为放权让利的力度过大,与主持起草工作的国家经济委员会发生争论。在此情况下,1979 年 7 月国家经济委员会在成都召开带有现场会议性质的全国工业工作会议,请四川省介绍他们在 100 个国有企业中扩大企业自主权的经验。时任国务院副总理兼国家经委主任的康世恩在会上指出:"扩大企业自主权,这是一个大政策,势在必行。这样做,解决了目前许多企业中存在的干多干少一个样,干好干坏一个样,盈利亏损一个样的问题。"会上,除主管工业的中共四川省委

---

① 《中国共产党第十一届中央委员会第三次全体会议公报》(1978 年 12 月 22 日),中共中央文献研究室编:《三中全会以来重要文献选编》,北京:人民出版社,1982 年,第 1—16 页。

书记处书记、1980 年初随同原中共四川省委书记赵紫阳到北京担任国务院秘书长的杜星垣做了报告外，时任四川省财政厅厅长、后来到北京担任副总理主管财政的田纪云也在会上做了发言，介绍财政如何支持工业生产和改革的做法。他说："逐步调整国家、企业、职工之间的分配关系，打破'统收统支'的局面，恢复社会主义企业作为相对独立的商品生产者的应有权益，这个方向是不可动摇的。"[1]

经过争论和谈判[2]，中央各部门对放权让利的力度达成妥协，为国务院拟定了《关于扩大国营工业企业经营自主权的若干规定》等五个国营企业管理体制改革的文件[3]。

接着，国务院正式发布这五个文件，并要求各地方、各部门选择一些企业按照这些规定进行扩大企业自主权的试验。

到 1979 年底，全国试点的工业企业达到 4200 个。到 1980 年 6 月，又扩大到 6600 个，它们的产值占全国预算内工业产值的 60%、利润占全国工业企业利润的 70%。

扩大企业自主权改革的内容与苏联 1965 年的"完全经济核算"

---

[1] 见袁宝华前引文；同见田纪云：《经济改革是怎样搞起来的》，《炎黄春秋》，2008 年第 1 期。

[2] 据袁宝华回忆，"在这次会议上，来自企业的同志和四川的同志与财政部的同志争论了好几个钟头"。（见贺耀敏：《扩权让利：国有企业改革的突破口——访袁宝华同志》，《百年潮》，2003 年第 8 期。）

[3] 它们还包括：《关于国有企业实行利润留成的规定》《关于提高国有工业企业固定资产折旧率和改进折旧费使用办法的暂行规定》《关于开征国有工业企业固定资产税的暂行规定》和《关于国有工业企业实行流动资金全额信贷的暂行规定》。由于做了许多妥协，会议拟定的文件"扩权有限，让利也有限"。或如国务院研究室研究员冯兰瑞所说，综合起来，给予企业的这些权利，都是十分有限的，基本上还是在原来的体制下的小改小革。（冯兰瑞：《关于扩大企业自主权的几个问题》《经济研究参考资料》，1980 年 11 月 1 日，总第 367 期。）

改革十分相似，主要表现在两个方面：一是放松计划控制，使企业经理人员有较大的经营自主权；二是扩大奖励基金的数额，强化对企业和职工的物质刺激。具体说来，包含以下内容：（1）企业在完成国家计划的前提下，可以按照市场需要组织增产，超计划生产的产品企业可以自销；（2）逐步提高固定资产折旧率和企业的利润留成比例，企业用利润留成建立的生产发展基金、集体福利基金和职工奖励基金，有权自行安排使用；（3）提高企业对中低层干部的任免权；（4）企业有权向中央和地方有关部门申请出口自己产品，并按国家规定获得外汇分成；等等。

在开始的几个月内，"扩权"显著地激发了试点企业职工增产增收的积极性。一时间，企业收入和职工获得的补贴和奖金大幅度增加，市场也出现多年少有的繁荣。但是，这种市场社会主义式改革的局限性很快就显现出来。一方面，由于国营企业应当建立什么样的企业制度问题还没有得到满意的答案，企业仍然隶属于行政机构，难以真正实现自主经营和自负盈亏，其获得的经营自主权十分有限，效率也没有明显提高。另一方面，新体制下企业拥有的自主权既不受产权约束，也不受市场竞争的约束。因此，企业"积极性"的发挥往往只是使企业和职工的收入能够迅速增长，而并不有利于资源的有效配置和使用。这样，和1965年苏联实行"全面经济核算"后的情况相类似，很快就出现总需求失控，财政赤字剧增，通货膨胀压力增大等问题，经济秩序也发生混乱。

这时，在领导机关内对经济形势和应当采取的方针出现了分歧。

1980年8月30日至9月10日，五届全国人大三次会议审议了《关于1980、1981年国民经济计划安排的报告》和《关于1979年国家决算、1980年国家预算草案和1981年国家概算的报告》。会议对经济形势作出乐观的评价，认为"1979 年国民经济计划执行情况基本上是良好的，整个经济在调整中稳步前进"。9 月 2 日国务院批转的国家经委《关于扩大企业自主权试点工作情况和今后意见的报告》全面总结了一年来扩大企业自主权的情况，认为扩大企业自主权试点方向正确，效果显著，对于调动企业和广大职工的积极性，搞好整顿，改善管理，发展生产，增加盈利，起了重要的推动作用。一般试点企业的产量、产值、上缴利润增长幅度都超过试点前的水平，也高于非试点企业的水平。在增产增收的基础上，总的来看都实现了国家多收、企业多留、职工多得等"三多"。存在的缺点是扩权有限，让利也有限。因此，要扩大试点内容，在 1981 年把扩大企业自主权的工作在全国工业企业中全面推开，使企业在人财物、产供销等方面拥有更大的自主权。

与此同时，中共中央财经领导小组组长、新任国务院总理赵紫阳也在 10 月 11 日的国务院全体会议上谈到改革的进展时指出："一年多的实践证明，我们经济体制改革的方向是正确的，是有效的。扩大企业自主权，承认企业相对独立性，是我们整个经济体制改革的基础。""1981 年扩大企业自主权的工作，在广度和深度上都要前进一步，要在全国全面铺开，并且进行'以税代利、独立核算、自负盈亏'的试点。""政企分开，权力下放，扩大企业自主权，在这个基础上把一个一个独立的企业组织起来……加上经济主管部门的统筹、协调、监督、服务，使我国的经济结构充满活力。这就是我们设想经济体制改革的脉络、轮廓。"[①]

---

① 中国经济体制改革研究会编写组：《中国改革开放大事记（1978—2008）》，北京：中国财政经济出版社，2008 年，第 41—42 页。

但是会议结束不久，人们就发现，经济形势和之前的估计有较大差距，财政经济情况出现困难，主要是财政赤字扩大和物价上涨过快。1979 年原定预算收支平衡，执行结果是出现了 170.6 亿元巨额赤字，占当年 GDP 的 4.2%。[1] 为了弥补赤字，动用以往财政结余40 亿元，向中央银行透支 60 亿元。由于大量发钞，虽然很大部分生产资料都执行计划价格，消费品也凭票证按政府定价供应，但 1980年零售物价指数仍然创下了上升 6.0% 的纪录，引起了民众的不满。

1980 年 10 月 7—10 日，中央财经领导小组开会讨论经济形势。国务院副总理兼国家计划委员会副主任姚依林在会上发言说："经济形势还拢不起来。人大会后研究了一下，感到问题很大。"10 月 23日，陈云对上述意见批示赞同。[2]

11 月 15—30 日，国务院召集全国省、自治区、直辖市负责人会议及全国计划会议，讨论经济形势和调整 1981 年计划的问题。会议印发了国务院起草的《关于当前经济情况和切实抓好调整，保证1981 年经济稳定增长的几项重要措施》文件。这份文件批评过去两年对 1979 年确定的调整方针执行不力，"地方和企业财权扩大后，又上了一批重复建设项目"。姚依林在会上传达了邓小平、陈云、李先念对 1981 年计划调整的意见，强调基本建设要"退够"，财政不

---

[1] 财政部长王丙乾 1980 年 8 月 3 日在九届全国人大三次会议上所作《关于 1979 年国家决算、1980 年国家预算草案和 1981 年国家概算的报告》(《人民日报》，1980 年 9 月 13 日) 中说，出现巨额超预算赤字的原因包括：降低企业成本和扭转亏损的工作抓得不紧，财政纪律松弛，损失浪费现象在一些方面还相当严重，等等。

[2] 蒋永清：《陈云与新时期国民经济调整的两次决策》，《湘潮》，2015年第 2 期。

留赤字，银行不增发票子。为了克服困难，权力必须集中。①

根据邓小平的提议，1980年12月16—25日中共中央召开工作会议，部署国民经济的进一步调整。陈云在12月16日的会议上做了长篇讲话，阐述"缓改革，重调整"的必要性。他说，现在的形势是开国以来少有的很好的形势，但要看到不利的一面，许多商品都在涨价，涨价商品的面相当大，影响人民的生活。这种涨价的形势如果不加制止，人民是很不满意的。经济体制改革产生了前所未有的好作用，但是也出现了一些缺点：各地盲目地重复建设，以小挤大，以落后挤先进，以新厂挤老厂。按经济规律办事，这是一种好现象，但是，我们国家是以计划经济为主体的。对许多方面，在一定时期内，国家干预是必要的。对国营企业产品、集体企业产品价格至少要冻结半年。今后若干年，中央和地方在财政开支方面都要大大紧缩。然后，陈云引用四位青年在给他的信中提出的24字方针："抑需求，稳物价；舍发展，求安定；缓改革，重调整；大集中，小分散。"陈云评论说："我看这四句话有一定的道理。说'舍发展'不妥，应改为'节发展'。说'缓改革'，是因为我们的改革问题复杂，不能要求过急"，"也就是要'摸着石头过河'。开头时步子要小，缓缓而行"。据此，陈云说明了对国民经济进行"清醒的健康的调整"的必要性。②

---

① 中国经济体制改革研究会编写组编：《中国改革开放大事记（1978—2008）》，北京：中国财政经济出版社，2008年，第43页。

② 陈云：《经济形势与经验教训（一九八〇年十二月十六日在中央工作会议上的讲话）》，转引自房维中：《在风浪中前进：中国发展与改革编年纪事（1977—1989）》第三分册（1980年卷），2004年初稿（未刊），第203—209页。陈云的这篇讲话收入《陈云文选》时删去了关于"24字方针"的一段话。

在这次会议上，邓小平、李先念发表讲话，支持陈云的提议，要求从 1981 年初起集中力量进一步调整国民经济。赵紫阳也就调整国民经济的具体部署发表了讲话。在这种情况下，"扩大企业自主权"也停顿下来，转而强化国有企业对完成计划任务的"责任制"。

2.4 市场社会主义对中国改革的后续影响

扩大企业自主权改革失利引起的一个始料未及的结果是，这项改革的失利演化成了反对市场取向改革的理由，甚至导致了改革开放后的第一次思想回潮。一部分党政干部和经济学界人士认为，当时出现的经济困难就是由于改革过分强调市场规律的作用和企业的自主经营，削弱了国家计划。

首先受到冲击的，是一直倡导发展商品经济[①]的老资格经济学家薛暮桥。

1980 年初夏，时任国务院体制改革办公室顾问的薛暮桥为体改办起草了一份题为《关于经济体制改革的初步意见》的文件，提出

[①] "市场经济"是 20 世纪初叶以后才通行起来的一种说法。在此以前，马克思通常把它叫作"货币经济"。列宁则用俄国人的方式把它叫作"商品经济"。当 20 世纪新古典经济学（Neoclassical Economics）成为经济学的主流并把经济学的研究对象确定为资源的有效配置时，人们从通过货币交换商品的表象深入到事情的本质，认识到通过市场机制配置稀缺资源才是问题的症结，于是把这种经济称为"市场经济"。不过由于在马克思列宁主义的传统观念中把市场经济等同于资本主义，在改革开放初期意识形态的禁锢还严重存在的情况下，主张建立市场经济的经济学家通常婉转地用"商品经济"来指代市场经济。

"我国现阶段的社会主义经济，是生产资料公有制占优势，多种经济成分并存的商品经济。我国经济改革的原则和方向应当是，在坚持生产资料公有制占优势的条件下，按照发展商品经济的要求，自觉运用价值规律，把单一的计划调节改为在计划指导下，充分发挥市场调节的作用"。薛暮桥在 1980 年 9 月召开的各省、自治区、直辖市第一书记会议上就这个意见做说明时说："所谓经济体制的改革，是要解决在中国这块土地上，应当建立什么形式的社会主义经济的问题，这是社会主义建设的根本方向。将来起草的经济管理体制改革规划，是一部'经济宪法'。"[1] 薛暮桥起草的意见，得到了胡耀邦等领导人的支持，但是这种想法并没有最终形成政府的决定。

但从 1981 年开始，"社会主义商品经济论"遭到了批评。薛暮桥后来回忆，1981 年 4 月，中共中央书记处研究室整理了一份题为《当前关于计划调节与市场调节的几种观点》的内部材料，按照对计划和市场的态度，将经济学家划分为四类：第一类是坚持计划经济的；第二类是不那么坚定地赞成计划经济的；第三类则不太坚定地赞成商品经济的；第四类是主张发展商品经济的。薛暮桥和林子力等人因认为社会主义经济应当是商品经济，强调市场调节而被划在"第四类人"中。从 1981 年第二季度起，一些人公开批评社会主义经济是商品经济的观点，反对把"计划调节和市场调节相结合，在国家计划指导下充分发挥市场调节的作用"作为体制改革的指导方针，强调从总体上看社会主义经济不能是商品经济而只能是计划经

---

[1]　薛暮桥（1980）：《关于经济体制改革的一些意见》和《对〈关于经济体制改革的初步意见〉的说明》，《论中国经济体制改革》，天津：天津人民出版社，1990 年，第 211—255 页；薛暮桥：《薛暮桥回忆录》，天津：天津人民出版社，1996 年，第 357 页。

济。他们说，有计划商品经济的提法也不对，因为它的"落脚点仍然是商品经济，计划经济被抽掉了"。他们强调计划经济的基本标志是指令性计划，指令性计划是社会主义全民所有制在生产的组织和管理上的重要体现，如果按商品经济的原则进行改革，忽视或者否定指令性计划，同社会主义制度不能相容。他们认为，1979—1980年国民经济调整计划受到冲击，原因就在于过分削弱了指令性计划，动摇了计划经济，过多提倡指导性计划和市场调节。①

在为预定于1982年9月召开的中共十二大起草中央委员会向代表大会的报告的过程中，起草小组负责人胡乔木组织起草小组的几位成员给自己写了一封信，对主张在中国建立商品经济的观点进行批判。信中说："在我国，尽管还存在着商品生产和商品交换，但是决不能把我们的经济概括为商品经济。如果做这样的概括，那就会把社会主义条件下人们之间共同占有、联合劳动的关系，说成是商品等价物交换关系；就会认定支配我们经济活动的，主要是价值规律，而不是社会主义的基本经济规律和有计划发展规律。这样就势必模糊有计划发展的社会主义经济和无政府状态的资本主义经济之间的界限，模糊社会主义经济和资本主义经济的本质区别。"因此，"把社会主义经济概括为商品经济或者有计划的商品经济""国家计划主要管所谓'宏观经济'，'微观经济'即企业的一切经营活动，主要由市场调节""主张把所有企业都变成独立的经济实体等观点都是不可取的"。②

①　薛暮桥：《薛暮桥回忆录》，天津：天津人民出版社，1996年，第376页。

②　1982年8月25日林涧清、袁木、王忍之、有林、桂世镛致胡乔木的信（打印传达稿）。

红旗出版社编辑部收集 1981—1982 年发表的文章，出版了《计划经济与市场调节文集（第一辑）》。编者在该书《前言》中作出的结论是："实行指令性计划是社会主义计划经济的基本标志，是我国社会主义全民所有制在组织上和管理上的重要体现。完全取消指令性计划……取消国家对骨干企业的直接指挥……就无法避免社会经济生活的紊乱，就不能保证我们的整个经济沿着社会主义方向前进。"[1]

在最终形成的十二大中央委员会报告中，对中国经济改革体制目标的表述是"计划经济为主体、市场调节为补充"。报告指出："我国在公有制基础上实行计划经济。有计划的生产和流通，是我国国民经济的主体。同时，允许对于部分产品的生产和流通不做计划，由市场来调节，也就是说，根据不同时期的具体情况，由国家统一计划划出一定的范围，由价值规律自发地起调节作用。这一部分是有计划生产和流通的补充，是从属的、次要的，但又是必要的、有益的。"[2]

市场社会主义在中国影响的消退，还有国际方面的背景：

第一，80 年代中期，所有进行市场社会主义改革的东欧国家都陷入了困境。其中曾经走得最好的匈牙利到 80 年代中期也进入通胀与改革的胶着状态。1985 年戈尔巴乔夫在苏联掌权以后曾经想重振改革，但已经回天乏力。就这样，直到 1989 年东欧社会主义国家发生政治剧变，1991 年苏联解体。在此之后，大部分中欧、东欧诸国不再提"改革"，而是在新的政治体制下进行以自由市场经济为目标

---

[1] 红旗出版社编辑部编：《计划经济与市场调节文集（第一辑）》，北京：红旗出版社，1983 年。

[2] 胡耀邦：《全面开创社会主义现代化建设的新局面——在中国共产党第十二次全国代表大会上的报告》，1982 年 9 月 1 日。

的转型。

第二，曾经对中国经济改革思想形成有重要影响的一些东欧改革派经济学家也纷纷对自己过去的市场社会主义观点进行了反思。例如，布鲁斯在1972年移居英国以后，思想发生了很大的变化。在他和另一位原籍波兰的经济学家拉斯基1989年合著的《从马克思到市场：社会主义对经济体制的求索》一书中，布鲁斯反思了他过去倡导的市场社会主义模式，指出"含有受管制市场的计划经济模式"，是一种"有缺陷的模式"。"受政府管制的市场""大体上被作为计划的工具来使用"，"在很大程度上被降低成了一种新的行政协调形式"。"它们虽然不同于原来的行政命令手段，但最终仍服务于类似的目的，产生大体类似的结果"。[①]他们重新思考了市场社会主义所提出的其他一些基本原则。例如，企业的"三自"（自负盈亏、自筹资金和自治）运营能否与传统国有制的统治地位兼容，在他们看来就是一个很大的问题。他们认为，"市场社会主义可能并不要求放弃公有制，但肯定要求放弃任何形式的所有制教条"。在《从马克思到市场：社会主义对经济体制的求索》一书中，布鲁斯批判了自己想用市场手段增强计划经济的想法，认为应当从早期有局限的市场社会主义转向"严格意义上的市场社会主义"。布鲁斯和拉斯基声称，他们虽然仍然心仪市场社会主义思想，但是社会主义使他心动之处，已经不是国有制的统治地位和计划经济，而是它的一些基本价

---

① 布鲁斯在这里对自己早先提出的"含有内置市场机制的计划经济模式"干预市场运作，特别是排除资本市场运作的说法进行了自我批判，同时也提到了孙冶方模式的类似缺陷。见 W. 布鲁斯、K. 拉斯基（1989）：《从马克思到市场：社会主义对经济体制的求索》，银温泉译、吴敬琏校，上海：上海三联书店、上海人民出版社，1998年，第101—115页。

值——机会平等、对充分就业的关心、社会保障，等等。用书中的话来说，"如果社会主义的基本特征仍然包括公有制占统治地位、集中计划、按劳分配，那么，严格意义上的市场社会主义显然在不只一个方面违背了这种信仰的每一个支柱"。[①]

在这一波改革退潮以后，外来的市场社会主义思潮就再也没有引领过中国的改革潮流。不过，中国改革者对苏联东欧国家市场社会主义改革的教训以及苏东国家学者的反思似乎了解不多，因而在往后的改革中，市场社会主义的一些重要思想，往往以带有本土特点的形式表现出来。例如，对国有企业"放权让利"，使它们成为"自主经营、自负盈亏、自我发展、自我约束的商品生产者"等思想一直对中国的国企改革长期保持着重要的影响。

更加重要的是，"含有受管制市场的计划经济模式"某种程度的变形——"国家调节市场，市场引导企业"在 20 世纪 80 年代后期曾一度成为中国改革的目标模式。这些我们将在以后的章节中做进一步的讨论。

[①] W. 布鲁斯（1988）：《一个改革经济学家的自画像——从修正主义到实用主义》，中译文载《经济社会体制比较》，1989 年第 2 期；W. 布鲁斯、K. 拉斯基（1989）：《从马克思到市场：社会主义对经济体制的求索》，银温泉译、吴敬琏校，上海：上海三联书店、上海人民出版社，1998 年。

第3章 增量改革引领民营经济发展

国营经济扩大企业自主权的改革没有取得预期的成效,指导思想回到加强计划管理的老路。这也意味着中国市场取向改革首战失利。然而也正是在这个时候,"东方不亮西方亮",中国改革在"体制外"①即国有经济以外的领域开辟了新的战场,找到了新的出路。特别是在占中国人口绝大多数的农村,采取家庭承包的形式恢复农民家庭的个体农场,使改革出现了"柳暗花明又一村"的新局面。在国有经济以外的领域取得突破,为中国改革找到了一条有别于苏联、东欧国家从国有经济入手进行改革的新路。

中国改革的重要理论家和实际推动者薛暮桥曾经在他的回忆录中指出:20世纪80年代的改革起步阶段有两件事是做得很成功的:第一件是把改革的重点放在农村方面。这一改革打破了农业长期停滞的局面,对整个国民经济的调整和体制改革,起了重要的推动作用。第二件是加快集体经济的发展,并允许个体经济、私营经济和"三资企业"的成长,较快地形成了在保持"国有制为主导、公有制为主体"的条件下多种经济成分并存的新格局。②

① "体制外"是一种来自日本的说法,意为"占统治地位的体制之外"。在中国的语境下,就是指非国有领域。
② 薛暮桥:《薛暮桥回忆录》,天津:天津人民出版社,(转下页)

不过，增量改革只是一种在改革初期促使市场力量从无到有地逐渐成长的战略，仅仅依靠这一战略并不能达到全面建立市场经济的目标。而且，占优势地位的计划经济和居于从属地位的市场经济体制并存，还会带来种种消极的结果。其中最为大众所诟病的，就是在资源配置和定价机制双轨下变得十分猖獗的"官倒"活动。这样，在 20 世纪 80 年代中后期就提出了从增量改革过渡到全面改革的要求。

3.1　个体经营，还是"一大二公"：中国农村面临的选择

1952 年全国各地区完成土地改革以后，中国的农民就在他们分得的土地上建立起自己的个体农场。但是，这样的农业经营方式和它赖以存在的自由市场，是与苏联式的国家工业化不相适应的。为了在优先发展重工业的条件下取得足够的粮食和棉花，中国从 1953 年起实行粮食和棉花的计划收购（"统购"）和计划销售（"统销"）制度。但由于在粮棉紧缺的情况下政府规定的统购价格大大低于市场价格的水平，"统购"遭到农民的强烈抵抗，以致在 1954 年发生了"家家谈粮食，人人说统销"的全国性风潮。这一风潮表明，面对着 1.2 亿多户个体农民，不把他们组织到自己能够直接控制和指挥的集体组织中，国家就很难从农民手中拿到足够的粮食和农产品原料。这使毛泽东在 1955 年夏季发动了"反右倾"和开展农业合作化的运动，把农民"组织"起来，形成农业生产合作社。

（接上页）1996 年，第 351—352 页。

这次运动以批判主张采取吸引农民自愿加入合作社方法的中共中央农村工作部部长邓子恢的"右倾路线错误"开始。在"反右倾保守"运动的强大政治压力下，只用了一年的时间便废除了农业的个体农场制度，实现了合作化。到 1956 年 12 月末，全国近 1.2 亿个个体农户已经组织成为 76 万个农业生产合作社；其中高级社 54 万个，占全部合作社数的 71%，每个高级社平均户数为 200 户。至此，对个体农业的社会主义改造宣告基本完成。①

在高级农业生产合作社中，个体农民的家庭财产已经合并为不可分割的集体财产，在社员不能自由退社和合作社由"干部"进行管理和支配产品的条件下，除了国家不包工资分配外，已经与国营企业没有区别。同时，粮食和其他农产品都掌握在干部手里，不怕农民不向国家交售。不过这些高级社细小分散，每个合作社只有 200 来个农户，全国合作社多达 76 万个，仍然不便于国家的统一管理；而且，合作社与基层政权是分设的，政府无法直接指挥。为了"便于领导"，1958 年 3 月的中共中央工作会议（通称"成都会议"）根据毛泽东的提议，通过了《关于把小型的农业合作社适当地合并为大社的意见》，要求把小型的农业生产合作社合并成大型的农业生产合作社。这成为建立农村人民公社的先声。

将农业生产合作社改造为人民公社，不仅是出于"便于领导"等的现实需要，还与毛泽东关于未来社会基层组织的"公社"情结有关。在 1958 年 5 月召开的中共八大二次会议上，中共中央宣传部部长陆定一在《马克思主义是发展的》发言中曾经说道："毛主席和

---

① 参见中华人民共和国国家统计局编：《我国的国民经济建设和人民生活》，北京：中国统计出版社，1958 年，第 184 页。

刘少奇同志谈到几十年以后我国情景时，曾经这样说：那时我国的乡村中将是许多共产主义的公社，每个公社有自己的农业、工业，有大学、中学、小学，有医院，有科学研究机关，有商店和服务行业，有交通事业，有托儿所和公共食堂，有俱乐部，也有维持治安的警察，等等。前人的'乌托邦'的想法，将被实现，并将超过。"

1958 年 7 月，中共中央的《红旗》杂志发表时任毛泽东秘书和《红旗》杂志主编陈伯达的署名文章：《在毛泽东同志的旗帜下》。文中全文引述了毛泽东 6 月与部分中央负责人关于办公社的谈话。毛泽东说："我们的方向，应该逐步地有秩序地把'工（工业）、农（农业）、商（交换）、学（文化教育）、兵（民兵，即全民武装）'组成为一个大公社，从而构成我国社会的基本单位。""很显然，在毛泽东思想的指导下，在毛泽东同志的旗帜下，在这样'一天等于二十年'的国民经济和文化普遍高涨的时候，人们已经可以看得见我国将由社会主义逐步过渡到共产主义的为期不远的前景。"①

在《红旗》杂志传达的毛泽东的号召下，许多地方竞相兴办政社合一、工农商学兵五位一体的公社。8 月 6 日到 8 日在河南新乡县七里营公社的视察和 8 月 9 日在山东历城县的视察中，毛泽东发出了"还是办人民公社好"的著名指示②。

1958 年 8 月 29 日，中共中央政治局扩大会议（"北戴河会议"）正式通过《关于在农村建立人民公社问题的决议》。决议指出，"在

---

① 陈伯达：《在毛泽东同志的旗帜下——在北京大学庆祝党成立 37 周年大会上的讲话》，《红旗》，1958 年第 4 期。

② 1958 年 8 月 9 日，毛泽东在视察山东农村时总结道："还是办人民公社好，它的好处是，可以把工、农、商、学、兵合在一起，便于领导。"（新华社 1958 年 8 月 12 日济南电：《毛主席视察山东农村》，《人民日报》，1958 年 8 月 13 日第 1 版。）

目前形势下，建立农林牧副渔全面发展、工农商学兵互相结合的人民公社，是指导农民加速社会主义建设，提前建成社会主义并逐步过渡到共产主义必须采取的基本方针"。人民公社的规模，"目前一般以一乡一社、2000 户为宜"。"社的规模扩大以后，要实行政社合一，乡党委就是社党委，乡人民委员会就是社务委员会。"决议还宣布："共产主义在我国的实现，已经不是什么遥远将来的事情了，我们应该积极地运用人民公社的形式，摸索出一条过渡到共产主义的具体途径。"

决议公开发表以后，一个大办人民公社的全民运动迅速在全国开展起来。到 10 月末，76 万个农业生产合作社已经为 2.66 万个政社合一的人民公社所代替，入社农户占全国农户总数的 99.1%，每个公社平均拥有 4700 多个农户[①]。至此，人民公社化已在全国范围内实现。

人民公社最初实行"一级核算"即单一的公社所有制，原来的高级社并入公社，它们拥有的土地和其他生产资料都无偿地转归公社所有，实行公社统一经营，统一分配，统负盈亏。农民被编进了公社这个准军事化组织，不但他们的劳动力由公社统一调配，吃饭也要在公共食堂进行。

人民公社化造成了严重后果。1959 年全国共生产粮食 1700 亿千克，比 1958 年的 2000 亿千克减少了 300 亿千克；1960 年粮食产量进一步下降到 1435 亿千克，甚至低于 1951 年的 1437 亿千克。1960 年，全国城乡人均粮食消费量由 1957 年的 203 千克下降到 163.5 千

---

① 苏木：《旭日东升光芒万丈　人民公社威力大张》，《人民日报》，1958 年 12 月 31 日。

克，下降了 19.5%；其中农村的人均消费量下降了 23.4%。植物油的平均年消费量由 1957 年的 2.4 千克下降为 1.85 千克，下降了 23%，其中城市的人均消费量下降了 31%。猪肉的平均年消费量由 1957 年的 5.1 千克下降为 1960 年的 1.65 千克，下降了 70%。其中城市人均消费量下降了 78%。[1]

这样，农业就成为计划经济体制下受伤害最深的部门。由于在全国普遍发生饥荒的情况下封锁消息和缺乏拯救措施，城镇地区广泛出现因营养不良导致的浮肿病，农村地区则造成了大量"非正常死亡"。[2]

由于发生了生产下降、粮食短缺等严重经济困难和社会灾难，政府从 1959 年初开始对经济政策作出调整。从 1959 年 2 月的中共中央政治局郑州会议开始，人民公社实行了"生产队所有制为基础，

---

[1] 林蕴晖、顾训中：《人民公社狂想曲》，郑州：河南人民出版社，1995 年，第 339 页。

[2] 对于"大跃进"和人民公社化后全国非正常死亡人数，参见孙冶方：《加强统计工作，改革统计体制》，《经济管理》，1981 年第 2 期；蒋正华、李南：《中国人口动态估计的方法与结果》，中国社会科学院人口研究室编：《中国人口年鉴（1987）》，北京：经济管理出版社，1988 年；林蕴晖、顾训中：《人民公社狂想曲》，郑州：河南人民出版社，1995 年；李成瑞：《大跃进引起的人口变动》，《中共党史研究》，1997 年第 2 期；曹树基：《大饥荒：1959—1961 年的中国人口》，《中国人口科学》，2005 年第 1 期；杨继绳：《墓碑》，香港：天地图书有限公司，2008 年。也有论者不同意"大跃进"后中国农村出现过大饥荒的说法。例如，徐州师范大学数学学院的孙经先教授就声称，"那种认为我国 1958—1961 年期间出现了全国规模的非正常死亡的说法，是没有科学根据的""重大谣言"。他认为在此期间，只发生了 250 万人"营养性死亡"，其中饿死的只是一小部分。见孙经先：《"饿死三千万"不是事实》，《中国社会科学报》，2013 年 8 月 23 日。

分级所有"的体制,基本核算单位也从公社逐步下移。1962 年 2 月,中共中央发出《关于改变农村人民公社基本核算单位问题的指示》,决定人民公社实行以生产小队(同时将生产小队改称为生产队)为基本核算单位的"三级所有,队为基础"的体制。这种体制一直维持到 1976 年"文化大革命"结束。

多数农民的诉求,是对经济体制做进一步的改造。在土地的集体所有制在政治上不可撼动的条件下,他们往往希望采取一种类似于中国自古有之的租佃制的个体经营方式来找到出路。所以在合作化以后,农民一直存在着一种自发的倾向,就是只要政治上稍有放松,农民就想回到他们熟悉的租佃经营方式上去,采用"土地承包"的方式恢复家庭经营。不过在改革开放以前,每一次包产到户的尝试最终都因为受到严厉的政治批判而归于失败。这就是 1956—1962 年包产到户的"三起三落"。[①]

最后一次大的起落,发生在 1961—1962 年。面对着严重的饥荒,从 1961 年开始,全国许多地方的干部和许多农民为了维护身家性命,要求实行包产到户。这种要求得到一些地方党政领导人的支持。例如,中共安徽省委就在调查研究的基础上,肯定和支持农民自发进行的包工和包产到户的责任制。1961 年 8 月,安徽实行责任田的生产队达到全省生产队总数的 74.8%,10 月又发展到 84.4%。[②] 但他们的意见没有得到中央领导的认可。1961 年 11 月中共中央《关于在农

---

① 陈锡文在《中国农村改革:回顾与展望》一书中对 1956—1962 年"包产到户""三起三落"的过程做了详细叙述(天津:天津人民出版社,1993 年,第 39—49 页)。

② 当代中国农业合作化编辑室:《中国农业合作史资料》,农业部农村经济管理干部学院研究所科研资料室发行,1986 年第 1 期,第 12—15 页。转引自林蕴晖、顾训中前引书,第 356 页。

村进行社会主义教育的指示》中指出："目前在个别地方出现的包产到户和一些变相单干的做法，都是不符合社会主义集体经济的原则的，因此也是不正确的"，"要逐步地引导农民把这些做法改变过来"。①

但是，农村的严酷景况使稍有现实感的领导人都会认识到，这种逆潮流而动的做法只会招致天大的困难。因此，在1962年7月中共召开中央工作会议和八届十中全会前夕，党内高层有不少人主张对农民采取更多的让步，以便较快地实现农业经济的恢复。

首先，长期主管农林工作的中共中央农业工作部长邓子恢在大量调查研究的基础上，明确表示支持"责任田"。1962年5月，他向中共中央报送了《关于当前人民公社若干政策问题的意见》，主张"在农业生产力还处于以人力畜力为主的当前阶段，这种小自由小私有，是最能调动农民劳动积极性和责任心的"。

7月，中共中央政治局常委、中共中央总书记邓小平在中共中央书记处会议上和接见出席共青团三届七中全会的全体人员时多次指出，"生产关系究竟以什么形式为最好，恐怕要采取这样一种态度，就是哪种形式在哪个地方能够比较容易比较快地恢复和发展农业生产，就采取哪种形式；群众愿意采取哪种形式，就应该采取哪种形式，不合法的使它合法起来，就像四川话'黄猫、黑猫，只要捉住老鼠就是好猫'。"②

同月，长期主管经济工作的中共中央政治局常委陈云向毛泽东

---

① 中共中央文献研究室编：《建国以来重要文献选编》第十四册，北京：中央文献出版社，1997年，第765—770页。

② 邓小平（1962）：《怎样恢复农业生产》，《邓小平文选》第一卷，北京：人民出版社，1994年，第323页。

当面提出，用分田到户的办法刺激农民的生产积极性和恢复农业。他认为，包产到户还不够彻底，用分田到户的办法更好。①

与此同时，毛泽东的秘书田家英也向毛泽东提出，全国各地已经实行包产到户和分田到户的农民约占30%，而且还在继续发展。在这种情况下，不如有领导地搞包产到户和分田单干，等生产恢复以后再把他们重新引导到集体经济。②

一些党的领导人也赞成包产到户，使毛泽东赫然震怒。这成为他在1962年7月25日到8月24日召开的北戴河中央工作会议上严厉批判主张包产到户的"单干风"和"重提阶级斗争"的一个主要导火索。他又在9月24日中共八届十中全会的《关于阶级、形势、矛盾和党内团结问题》的讲话中提出："关于阶级和阶级斗争我们可以现在就讲起，年年讲、月月讲，开一次中央全会就讲，开一次党代表大会就讲，全党提高警惕，使我们有一条清醒的马克思列宁主义路线。"③

由于极"左"路线占据了主导地位，从1958年建立人民公社到1978年的20年间，虽然农田水利建设等农业生产条件有了较大改善，但农业生产效率非但没有提高，相反都有降低，据统计，在这20年间，每个劳动力平均粮食产量由1958年的1030千克减少到1978年的962千克，减少7.6%；每百元农业收入的成本费用由36元增加到55元，增加53%；每个劳动力的平均净产值由355元降低

---

① 中共中央文献研究室编：《毛泽东年谱（1949—1976）》第五卷，北京：中央文献出版社，2013年，第108—111页。

② 中共中央文献研究室编：《毛泽东年谱（1949—1976）》第五卷，北京：中央文献出版社，2013年，第110—111页。

③ 同上，第151—152页。

第 3 章　增量改革引领民营经济发展

到 317 元，下降 10.7%。①

这使农业生产长期处于停滞状态。全国粮食产量自 1958 年达到 2 亿吨后，虽然年年都强调"以粮为纲"，但直到 1978 年才达到 3 亿吨，每年增长 2%。棉花产量一直徘徊在 200 万吨左右。②

这样，农民收入的提高极为缓慢。1976 年，全国农村人均年收入在 60 元以下的生产队占 38%，50 元以下的占 27%，40 元以下的占 16%；人均口粮比 1957 年减少 2 千克；旱粮地区人均口粮在 150 千克以下的生产队占 19%，水稻地区 200 千克以下的生产队占 18%。这就是说，全国约有 1.4 亿人口处于半饥饿状态。③

3.2 包产到户的最终胜出

粉碎"四人帮"以后，由于旧的方针路线没有得到清理，农业生产的恢复和发展仍然十分缓慢。农业两种发展路线之争也变得激烈起来。

一方面，奉行"两个凡是"的领导人继续推行"农业学大寨的运动"。④1976 年 12 月，在逮捕"四人帮"后两个月，召开了第二次

---

① 《经济研究参政资料》，1989 年 4 月 30 日，第 66 页；转引自林蕴晖、顾训中：《人民公社狂想曲》，郑州：河南人民出版社，1995 年，第 361—362 页。

② 国家统计局编：《光辉的 35 年》，北京：中国统计出版社，1984 年，第 49 页。

③ 见前引书《人民公社狂想曲》，第 362 页。

④ 直到 20 世纪 70 年代末的解放思想大讨论以后，山西省昔阳县大寨大队"左"的错误才得到清理。1980 年 11 月 23 日，（转下页）

全国农业学大寨会议，号召全国"高举农业学大寨的旗帜，坚持以阶级斗争为纲，把领导权真正掌握在马克思主义者和贫下中农手里，大搞群众运动，大干社会主义"。大寨领导人、时任主管农业的副总理陈永贵在大会上提出要求：充分发挥人民公社"一大二公"的优越性，壮大公社、大队两级经济，为逐步过渡到以大队为基本核算单位准备条件。[①] 在 1977 年 8 月召开的中共第十一次全国代表大会的中央委员会报告里，要求在 1976—1980 年的第五个五年计划期间，把全国三分之一的县建设成为"大寨县"。同年 11 月，中共中央召开了普及大寨县工作座谈会，华国锋在会上说：农村的基本核算单位要开始实现由生产队向大队的过渡，这是过渡到共产主义的必要条件，也是"普及大寨县的标准之一"。座谈会要求当年冬季和 1978 年春季选择 10% 左右的大队"先行过渡"。会议形成一个题为《普及大寨县工作座谈会讨论的若干问题》的汇报提纲。中共中央随即以

（接上页）中共中央批转了山西省委《关于农业学大寨运动中经验教训的检查报告》。山西省委在《检查报告》中指出，大寨和昔阳县"左"的错误的主要内容及其危害是：人为制造阶级斗争，使相当多的干部群众遭到迫害；搞"穷过渡"，阻碍和破坏生产力的发展；不断地"割资本主义的尾巴"，扼杀了集体经济的必要补充部分，阻碍了社会主义经济的全面发展；不断地鼓吹平均主义，破坏按劳分配。中共中央的批语说：山西省委总结了大寨大队从农业战线的先进典型变成执行"左"倾路线的典型的经验教训。各地应认真总结学大寨的经验教训，以利于进一步肃清农业战线上"左"倾路线的影响，更好地贯彻执行三中全会以来中央制定的各项农村政策。（中共中央党史研究室编：《中国共产党新时期历史大事记（1978.12—2008.3）》，北京：中共党史出版社，2009 年，第 48—49 页。）

① 1975 年时任国务院副总理的陈永贵曾经致信毛泽东，要求人民公社从"三级所有、队为基础"过渡到大队所有。毛泽东没有采纳这一建言。但粉碎"四人帮"以后，陈永贵在奉行"两个凡是"的领导人的支持下，重新提出了推行"穷过渡"的要求。

1977 年 "49 号文件" 转发了这个汇报提纲。[①]

　　然而，面对百姓们衣不蔽体、食不果腹的情形，安徽、四川等地采取了与 "49 号文件" 相反的做法。

　　1977 年 6 月，万里被任命为中共安徽省委第一书记。11 月，几乎就在中共中央召开 "普及大寨县工作座谈会" 的同时，中共安徽省委召开了全省农村工作会议。经过激烈的辩论，制定了《中共安徽省委关于当前农村经济政策几个问题的规定（试行草案）》（简称《省委六条》）。《省委六条》主要内容是尊重生产队包括生产自主权、分配自主权、劳动力支配自主权等在内的自主权；可以根据农活的不一建立不同形式的生产责任制，可以组织作业组，也可以责任到人；允许和鼓励农民经营自留地和家庭副业，产品可以拿到集市上出售；等等。《省委六条》下达以后，不少地方认为农业生产责任制应当联系产量，于是提出了联产承包的问题。有些地方开始划分核算单位。肥西县山南公社社员自发搞了包产到户，省委决定不加制止。于是，不少地方悄悄搞起了 "包产到户"。

　　1978 年，安徽全省遇上百年未遇的特大干旱。安徽省委针对这种情况，决定采取 "非常措施" —— "借地渡荒"：凡集体无法耕种的土地，可以借给社员种麦、种油菜，每人借三分地，谁种谁收谁有，国家不征粮，不分配统购任务。

　　这个决定直接引发了安徽全省农民 "包产到户" 的行动。省委

[①]　王伟群：《万里的勇气》，《中国青年报》，2008 年 12 月 18 日。对 1977—1978 年 "普及大寨县" 运动的情况，农业口九位领导人合编的《中国农村改革决策纪实》一书做了生动的记述。见张根生主编（1999）：《中国农村改革决策纪实》，珠海：珠海出版社，2001 年，第 18—27 页。

书记万里还把肥西县山南区山南公社作为省委进行"包产到户"的试点。山南的做法在安徽不胫而走，引来了一些人的质疑甚至问罪。但在安徽省，包产到户已成燎原之势。1978年，实行"包产责任制"的生产队达1200个，次年又发展为38000个，约占全省生产队总数的10%，到1980年底，全省实行"包产责任制"的生产队占总数的70%。[①]

不仅在安徽，贵州、四川、甘肃、内蒙古、河南等省或自治区的一些贫困生产队也实行了这种生产责任制。在理论界，也有一批研究人员在理论与实际密切结合上写出文章为"包产责任制"鼓与呼。[②]

虽然"包产责任制"得到干部群众的热烈拥护和一些省级领导人的支持，反对的力量依然强劲有力，而且在政坛上占据优势。即使在中央的层面上，情况也是如此。1978年12月的中共十一届三中全会虽然否定了毛泽东的"两个凡是"，它审议的《中共中央关于加快农业发展若干问题的决定（草案）》和《农村人民公社工作条例（试行草案）》等两个文件，却按照"左"的思维定式，规定了"不许分田单干"（即不许包干到户）和"不许包产到户"。1979年9月

[①] 关于包产到户在安徽扩展的情况，见张广友、韩钢（1997）:《万里谈农村改革是怎样搞起来的》,《百年潮》,1998年第3期；王伟群:《万里的勇气》,《中国青年报》,2008年12月18日；郑有贵:《农村改革的兴起和发展》,《中华人民共和国专题史稿（四）》,成都：四川人民出版社，2009年，第238页。

[②] 其中有代表性的是陆学艺、贾信德、李兰:《包产到户问题应当重新研究》,《未定稿（增刊）》,1979年11月1日；杨勋:《论包产到户——一个重要的理论政策问题》,《中国农村观察》,1980年第5期。

中共十一届四中全会正式通过的《中共中央关于加快农业发展的若干问题的决定》表示同意"在生产队统一核算和分配的前提下，包工到作业组，联系产量计算劳动报酬，实行超产奖励"；并且把"两个不许"改为"一个不许、一个不要"，即"不许分田单干"和"不要包产到户"。这就是说，"分田单干"即"包干到户"仍然遭到禁止。[①]

1980年2月，中共十一届五中全会决定恢复设立中央书记处，选举胡耀邦担任中共中央总书记。这意味着改革派掌握了实际的领导权。但在各级党政机关仍有不少人奉行"两个凡是"的原则，坚持反对"包产到户"，认为这"无异于背弃社会主义道路"。这时，万里从安徽调任国务院任副总理兼国家农业委员会主任。刚到北京，迎接他的是国家农委的机关刊物《农村工作通讯》上接连发表的两篇文章——《分田单干必须纠正》《包产到户是否坚持了公有制和按劳分配》，对包产到户进行了抨击。[②]

由于中央高层对"包产到户"赞成或反对的力量依然没有分出高下，在省委书记一层，这种分歧更加明显。

就在这时，原来一直在"等待"的邓小平开始讲话，表明自己对"包产到户"的支持态度。[③]1980年4月2日，国务院副总理兼

---

① 1979年9月中共十一届四中全会通过的《中共中央关于加快农业发展的若干问题的决定》指出，可以在生产队统一核算和分配的前提下，包工到作业组，联系产量计算劳动报酬，实行超产奖励。不许分田单干，除某些副业生产的特殊需要和边远山区、交通不便的单家独户外，也不要包产到户。

② 王伟群：《万里的勇气》，《中国青年报》，2008年12月18日。

③ 邓小平后来回忆说：太着急也不行，要用事实来证明。当时提出农村实行家庭联产承包，有许多人不同意，家庭承包还算（转下页）

国家计委主任姚依林向邓小平汇报长期规划会议讨论情况。当姚依林讲到国家农委的同志建议甘肃、内蒙古、贵州、云南等地广人稀、经济落后、生活贫困的地区可以实行"包产到户"时，邓小平说，他赞成这种意见："对于这类地区，政策要放宽，有的可以包给组，有的可以包给个人，不要怕。"[1]

5月31日，邓小平在同中央负责工作人员谈话中，热情赞扬在安徽肥西和凤阳进行的"包产到户"和"大包干"试验[2]。

1980年9月中共中央召开省、自治区、直辖市第一书记座谈会，着重讨论加强和完善农业生产责任制的问题。万里指定中共中央农林工作部秘书长、国家农委副主任杜润生主持起草会议文件。原来希望在文件中直接写入"可以包产到户"或"支持包产到户"的内容。但是，这样的文件稿本连在国家农委的领导层中也无法得到一致同意，在第一书记会议上更引起了激烈的争论，会议几乎到了开不下去的地步。为了解决这个难题，负责起草文件的杜润生和胡耀邦、万里商量，在会议闭幕前两次改写了文件草案，降低了支持包产到户的调子，提出了农村集体经济的经营形式应当"多样化"的观点，为各地的选择留出余地。

按照杜润生的说法，1980年9月27日最后由中共中央印发的中

（接上页）社会主义吗？嘴里不说，心里想不通，行动上就拖，有的顶了两年，我们等待。［中共中央文献研究室编：《邓小平年谱（1975—1997）》（上），北京：中央文献出版社，2004年，第1327页。］

① 杜润生：《杜润生自述：中国农村体制变革重大决策纪实》，北京：人民出版社，2005年，第115页；同见前引《邓小平年谱（1975—1997）》（上），第615—616页。

② 邓小平（1980）：《关于农村政策问题》，载《邓小平文选》第三卷，北京：人民出版社，1983年，第315—316页。

发〔1980〕75 号文件《关于进一步加强和完善农业生产责任制的几个问题——一九八○年九月十四日至二十二日各省、市、自治区党委第一书记专题座谈会纪要》，是一个妥协性的文件。文件一方面强调："集体经济是我国农业向现代化前进不可动摇的基础"；"在一般地区，集体经济比较稳定，现行的生产责任制群众满意或经过改进可以使群众满意的，就不要搞包产到户"。另一方面又规定：要"允许有多种经营形式、多种劳动组织、多种计酬办法同时存在"，"凡是有利于鼓励生产者最大限度地关心集体生产，有利于增加生产，增加收入，增加商品的责任制，都是好的和可行的，都应加以支持，而不可拘泥于一种模式"，"在那些边远山区和贫困落后的地区，长期'吃粮靠返销，生产靠贷款，生活靠救济'的生产队，群众对集体丧失信心，因而要求包产到户的，应当支持群众的要求，可以包产到户，也可以包干到户，并在一个较长的时间内保持稳定"。[1]

就像在中国改革过程中经常发生的那样，虽然作出了一些妥协和让步，这份中央文件毕竟为农民按照自己的意愿自主选择经营方式打开了闸门。在这份中央文件的支持下，"包产到户"和"包干到户"的经营方式迅速发展，其中发展最快的是"包干到户"。[2]

家庭承包经营制度变革之所以能够在极短的时间内突破阻力，推广开来的主要原因是：（1）"承包制"是农民在土地仍归集体所有

---

[1] 以上均见杜润生前引书，第 116—120 页；同见中共中央文献研究室编：《三中全会以来重要文件选编》，北京：人民出版社，1982年，第 507 页。

[2] 参见张广友、韩钢：《万里谈农村改革是怎样搞起来的》，《百年潮》，1998 年第 3 期；杜润生主编：《中国农村改革决策纪事》，北京：人民出版社，2005 年；王伟群：《万里的勇气》，《中国青年报》，2008年 12 月 18 日。

的条件下最愿意接受的一种经营制度安排。在计划经济体制下，农民和"吃大锅饭"的工人不同，他们端的是"泥饭碗"，从来要由自己承担风险，而得不到城市职工那样的福利保障。所以，从集体经济向"包产到户"转变对他们来说完全没有损失。（2）在保持集体所有的土地制度不变的情况下让农民在"包"（租）来的土地上建立自己的家庭农场可以减少意识形态的障碍。（3）在向承包经营制转变中不但农民有得无失，其他社会集团的利益也不会受到大的损害，因此这一变革易于被社会所接受。对农村干部而言，"文化大革命"的巨大灾难使中国经济濒临崩溃，一些务实的农村干部也认为应当支持农民的制度创新。与此同时，"包产到户"不会使他们失去多少权力和利益，相反还会使他们的家庭增加收益，因而不少干部在家庭承包制的制度创新中，采取了支持的态度。

1982年1月，中共中央、国务院发出关于农村经济政策的第一个"一号文件"[①]。文件明确地指出："一般地讲，联产就需要承包。""包工、包产、包干三者中，'包干'取消了工分分配，办法简便，群众欢迎。"这就使"包干"的存在有了正式的政策依据。1982年末，实行"双包"的生产队已占到全国生产队的93%，其中大部分是"包干到户"[②]。"包干到户"成为家庭联产承包制的主流，标志着中国农业由人民公社集体经济制度向农民在"承包"来的土地上

[①] 中共中央批转了1981年12月在北京召开的全国农村工作《会议纪要》，作为这年的中发〔1981〕一号文件下发。以后，又在1982—1986年连续发出推进农村改革的4个"一号文件"，统称"五个一号文件"。

[②] 中国社会科学院农村发展研究所：《中国农村经济体制的改革》，国家经济体制改革委员会编：《中国经济体制改革十年》，北京：经济管理出版社、改革出版社，1988年。

建立的家庭农场制度的过渡。

"包产到户"，特别是"包干到户"的普遍推行极大地促进了农业的发展。以不变价计的中国农业总产值在 1981—1986 年平均每年递增 6.6%，远超过 1953—1978 年的平均年增 2.5%（图 3.1）。

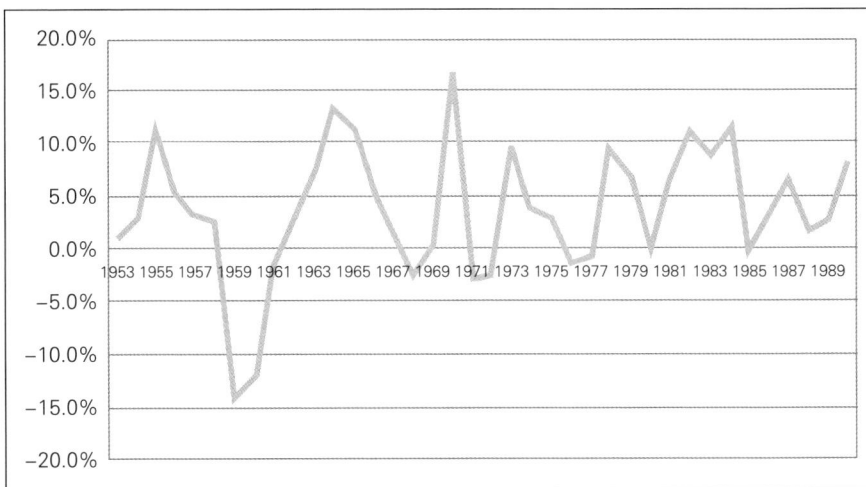

图 3.1　农业总产值增长率（1953—1990）（不变价：亿元）

数据来源：国家统计局

"包产到户"的制度改革，使中国农业生产发生了 1949 年以来从未有过的变化。据经济学家林毅夫的测算，各项农村改革对 1978—1984 年的农村产出增长贡献率总和为 48.64%，其中，承包经营制的贡献为 46.89%[①]。1984 年，全国粮食总产量达到创纪录的 40731 万吨，比 1978 年增长 33.6%，年平均增长 4.95%；棉花总产量达到 625.8 万吨，比 1978 年增长 1.89 倍，年平均增长 19.3%；油料总产量达到 1191 万吨，比 1978 年增长 1.28 倍，年平均增长 14.7%；

---

① 林毅夫：《制度、技术与中国农业发展》，上海：上海三联书店、上海人民出版社，1994 年，第 95 页。

糖料总产量达到 4780 万吨，比 1978 年增长 1.01 倍，年平均增长 12.3%。[①] 除种植业即狭义农业外，改革也为畜牧业和水产业的快速发展提供了动力。

随着农业生产的大幅增长，农民收入也有了大幅度的增长。农村人均纯收入由 1978 年的 133.6 元增加到 1984 年的 355.3 元[②]。

包产到户对农民收入产生的一项具有深远意义的影响，在于农民从没有财产权利到拥有自己的财产权利。

在农村改革以前，公社社员们家徒四壁，除了住宅（不含宅基地）以外几乎没有自己的财产。1978 年全国农业人口平均每户财产估价不超过 500 元。集体财产也少得可怜。1978 年全国农村集体所有经济的固定资产总共有 720 亿元，平均每个劳动力不到 240 元[③]。

实行家庭承包经营制改革以后，我国农民的资产有巨大的增长。改革以后，农民获得了三种形式的财产权。一是私人财产，这主要由存款、私宅、家用生产资料和生活资料构成。二是土地的使用权。土地所有权尽管属于集体所有，但由于其经营权归农民，且给农民长期承包，这使农民获得了前所未有的收益权利。三是农民人力资本的增长。农民获得了支配自己劳动力的权利，因而在流动和择业的过程中，其观念、意识有了很大改变，素质有了很大提高。虽然这种社会结构的变化要经历一段时间才能逐渐显现出来，但它对于中国农村社会的影响无疑是十分深远的。

在共产主义运动中，对于农业的经营形式问题，占有主流地位

---

① 国家统计局编：《中国统计年鉴（1995）》，北京：中国统计出版社，1995 年，第 347—348 页。

② 据《中国统计年鉴》（历年）计算。

③ 国务院研究室编：《调查与研究》，1978 年第 12 期。

的主张一直是大生产优于小生产。在资本主义条件下，农民的家庭农场会被雇佣劳动的大农场代替；在社会主义条件下，它将为公有制的大农场所代替。所以，即使在中国农村普遍实行家庭承包制以后，许多人还是认为，这是在农业生产力水平较低时才需要采取的制度，待到农业生产力有了提高，就要重新实现合作化。

最先对传统主流观点提出质疑的，是重要的农村工作领导人、家庭承包制的主要推手杜润生。他在1982年一篇论证家庭联产承包责任制优越性的文章中指出，农业生产是有生命的物质生产和再生产，它具有以下的特点：（1）农业受自然界变化多端的多种因素的制约，需要有人细心地、随机应变地以高度主人翁的责任感来照管它。（2）农业的收益集中在最终产品上，这就要求把生产者的利益和最终经济成果挂上钩。（3）农业的主要生产资料——土地是一种特殊的生产资料，要努力养地，才能越种越好，这就要求生产者与土地之间建立稳定的切身利益关系，使生产者高度关怀土地。凡此种种，都使家庭承包经营具有强大的生命力。[1]

农业经济学家陈锡文对杜润生的上述思想做了系统论证。[2]他指出，农业生产最突出的特点是：第一，它的生产过程是与动植物的生命过程合二为一的；第二，它受到气温、日照、降水、气流等非人力所能控制而且变动不居的自然过程的决定性影响。这就对业主提出了特殊的要求，即他们必须主持日常经营，以便随时准确地捕捉动植物的生长状况和自然条件变化的信息，并及时采取应对措施。这也就

---

[1] 杜润生（1982）：《家庭联产承包责任制是农村合作经济的新发展》，《杜润生文集》，太原：山西人民出版社，2008年，第84—102页。
[2] 陈锡文：《中国农村改革：回顾与展望》，天津：天津人民出版社，1993年，第57—60页。

决定了有效农业制度安排具有业主与日常经营主持者合一的特点。

如果仅仅是为了适应上述特点，那么，业主自行主持日常经营活动，而直接生产活动则由劳动者进行也是可行的。但是正如陈锡文所说，农业生产中对劳动进行激励的难点在于：由于动植物的生命活动具有连续性，劳动者付出的劳动将体现在最终产量上，因而不可能像工业中那样，分别计算生产过程各个环节上的劳动者付出的有效劳动的数量和质量，而要联系最终的产量来评价劳动者在整个生产过程中的劳动贡献。而且农业劳动工种繁多、作业分散、季节差别大，就更增加了问题的复杂性。如果把这个问题交给家庭去处理，事情就简单多了。由于家庭是一个关系十分紧密的经济利益共同体，家庭成员之间目标差异和利益摩擦不大，很少计较每个人的劳动付出和经济收入，这就大大降低了交易成本。

总之，家庭较之集体和个人都更加适合充当业主和日常经营主持者的角色。正像经济学家林毅夫、蔡昉、李周所说的那样："农业因具有内部规模经济不显著，劳动的监督和度量都极其困难等特点，而成为一个适宜家庭经营的产业。"①

后来，党政领导接受了这种观点。1998 年中共十五届三中全会通过的《关于农业和农村工作若干重大问题的决定》指出：家庭经营"符合农业生产自身的特点，可以使农户根据市场、气候、环境

---

① 林毅夫、蔡昉、李周：《中国的奇迹：发展战略与经济改革》，上海：上海三联书店、上海人民出版社，1994 年，第 123 页。也有一些学者不同意上述观点。他们认为，马克思主义关于农民家庭农场将被资本主义或社会主义的大农场所取代的传统论断是无可辩驳的；农民家庭农场富有生命力的观点，"不仅在理论上是站不住脚的，而且在实践上也是极其有害的"。张新光：《小农经济范畴的历史考察》，《贵州社会科学》，2008 年第 1 期。

和农作物生长情况及时作出决策，保证生产顺利进行，也有利于农户自主安排剩余劳动力和剩余劳动时间，增加收入。这种经营方式，不仅适应以手工劳动为主的传统农业，也能适应采用先进科学技术和生产手段的现代农业，具有广泛的适应性和旺盛的生命力，必须长期坚持"。[1]

3.3 增量改革使民营经济破土而出

"包产到户"改革的更加重要的意义，是使中国找到了一种有别于苏东社会主义国家以国企改革为重点的改革战略。这种战略的特点，是不在国有经济中采取重大的改革步骤，而把改革的重点放到为非国有即民营企业[2]开拓发展空间，因而被称为"体制外先行战略"，或者"增量改革战略"。[3]

在改革开放以前，根据毛泽东"要使资本主义绝种，小生产也绝种"[4]的基本方针，通过一系列的政治运动，私有经济，包括个体

---

[1] 《中共中央关于农业和农村工作若干重大问题的决定》，1998年10月14日中共十五届三中全会通过。

[2] 在中国，"民营企业"通常泛指除国有企业和农业生产合作社等准国有企业之外的所有企业；其外延较之"私营企业"更为宽泛。比如说，它包含产权边界比较模糊的乡镇企业。

[3] 中国在改革初期采取的改革战略在外国文献中常常被说成"渐进改革"（gradualistic reform）。相当一部分中国学者认为这种说法是不确切的，他们把它命名为"体制外先行"或"增量改革"（incremental reform）战略。

[4] 毛泽东在发动农业合作化运动时就曾经说过，在消灭资本主义"这种事情上，我们是很没有良心哩！马克思主义是那么凶（转下页）

劳动者的私有经济，已被消灭殆尽。连农村人民公社社员保持的一小块自留地和一小份家庭副业也被当作"资本主义尾巴"割除。早在 20 世纪 70 年代末期，就有一些学者和政府官员要求突破毛泽东时代的理论和政策，给私营企业一定的发展空间。但在整个 70 年代，这种努力的成效并不很大。

由于毛泽东上述思想的巨大影响，是否允许私有经济的发展，在中国一直是一个在政治上高度敏感的话题。即使在 1976 年以后几年的"拨乱反正"时期，毛泽东时代的教条仍然统治着人们的头脑；因此在改革开始时期，允许非公有制经济的发展只能抓住适当的时机，采取迂回渐进的方式进行。

最先被突破的，是个体劳动者的创业活动。

"文化大革命"结束以后，1000 多万在"文化大革命"期间"上山下乡"①的"知识青年"获准回城，解决他们的就业问题便成为摆在各级政府面前的一个紧迫问题。然而在当时城市中合法存在的国有工商业还没有摆脱萧条处境，私人自行创业又还没解禁，即使做一点商业买卖，也会因为仍然把长途贩运看作"投机倒把"的刑事犯罪而受到惩处。②在这种情况下，曾经长期担任重要领导职务的资深

（接上页）哩，良心是不多哩，就是要使帝国主义绝种，封建主义绝种，资本主义绝种，小生产也绝种"。毛泽东（1955）：《农业合作化的一场辩论和当前的阶级斗争》，《毛泽东选集》第五卷，北京：人民出版社，1977 年，第 196 页。

① 1968 年 12 月，毛泽东发布"最新指示"，动员在"停课闹革命"后无学可上的城市知识青年到农村去，"接受贫下中农再教育"。在之后的近 10 年时间里，有 1600 多万知识青年离开城市到农村和山区落户。1977 年粉碎"四人帮"以后，越来越多的下乡知青强烈要求返回城市。1978 年底开始大批返城。

② 1979 年全国人民代表大会制定的《中华人民共和国刑法》，（转下页）

经济学家薛暮桥在 1979 年 3 月劳动部召开的全国改革工资制度座谈会上提出，应当改变连小商贩的贩运活动都被当作刑事犯罪处理的做法，允许待业人员等个体经营者从事商业活动，以便开辟更多的就业门路。[①]

1979 年 4 月，国务院批转的国家工商行政管理总局的报告接受了这一建议，指示各级工商行政管理局"可以根据当地市场需要，在征得有关业务主管部门同意后，批准一些有正式户口的闲散劳动力从事修理、服务和手工业的个体劳动，但不准雇工"。[②] 1980 年 8 月，《中共中央关于转发全国劳动就业会议文件的通知》确认了"劳动部门介绍就业、自愿组织起来就业和自谋职业相结合的方针"（俗称"三扇门"的就业方针），要求"鼓励和扶植城镇个体经济的发展"。1981 年 6 月，中共十一届六中全会通过的《中共中央关于建国以来党的若干历史问题的决议》肯定了"一定范围内的劳动者个体经济是公有制经济的必要补充"。这才正式承认了个体业主制企业的合法性。

由于"不准雇工"，70 年代末期开设的个体工商户全都规模微小。具有一定规模的民营企业，是在 80 年代初期才开始发展起来的。它们大体上采取了以下几种形式。

1. 乡镇企业的"异军突起"

邓小平在 1987 年会见外宾时谈道：我们"完全没有预料到的最

（接上页）仍然把"投机倒把"列为一种刑事犯罪，直到 1997 年的《刑法修正案》才取消了这一刑项。

① 薛暮桥（1979）：《谈谈劳动工资问题》《关于城镇劳动就业问题的几点意见》，《薛暮桥经济论文选》，北京：人民出版社，1984 年，第 216—235 页。

② 国务院批转工商行政管理总局《关于全国工商行政管理局长会议的报告》，国发〔1979〕102 号文件。

大的收获，就是乡镇企业发展起来了，突然冒出搞多种经营，搞商品经济，搞各种小型企业，异军突起"。[1]

在改革开放中大放异彩的乡镇企业，其前身是1958年组建人民公社时开始出现的社队企业。由于保持着对"小生产者自发资本主义倾向"高度警惕的列宁主义传统[2]，1962年中共八届十中全会通过的《农村人民公社工作条例修正草案》规定，社队企业必须"直接为农业生产和农民生活服务"，它们只能"就地取材、就地加工、就地销售"，不能从事"运输和商品流通等产业，也禁止私人创办企业"。这样，社队企业发展十分缓慢。1978年，社队两级企业共有152万个，平均1924个农村居民才有一个社队企业，社队企业的总产值为491亿元，占农村社会总产值的比重为24.1%，占全社会总产值的比重为7.17%。

改革开放初期，政府已经认识到社队企业对于经济发展的重要作用。1978年12月中共十一届三中全会原则同意、1979年9月中共十一届四中全会正式通过的《关于加快农业发展若干问题的决定》要求："社队企业要有一个大发展，到1985年，社队企业的总产值占三级经济收入的比重，要由现在的百分之二十提高到一半以

---

① 邓小平（1987）：《改革的步子要加快》，《邓小平文选》第三卷，北京：人民出版社，1993年，第238—239页。

② 改革开放以前，对农民兴办工商企业施行限制政策是同防止"农村资本主义自发势力"的政治取向有关的。根据列宁"小生产是经常地、每日每时地、自发地和大批地产生着资本主义和资产阶级的"［列宁（1920）：《共产主义运动中的"左派"幼稚病》，《列宁选集》第4卷，北京：人民出版社，1995年，第135页］的遗训，在粉碎"四人帮"以前，中国甚至对农村集体经济组织兴办的社队企业采取了只能"三就地"（"就地取材、就地生产、就地销售"）以限制其活动范围的政策。这种政策一直延续到粉碎"四人帮"以后。

上。"1979 年 7 月，国务院发布的《关于发展社队企业若干问题的规定》明确了社队企业作为经济行为主体的地位，决定它们所需生产资料和生产的产品，除直接或间接纳入国家计划的以外，允许企业"自行采购""自行销售"，"由买卖双方议定价格"。不过在当时，对社队企业在经营决策、产品价格、招工用人和利润分配等方面仍有许多限制。

乡镇企业的大发展，是在 1982 年"包产到户"全面推行以后发生的。首先，"包产到户"使农业生产效率明显提高，大量农村富余劳动力游离出来，为乡镇企业提供了充裕的劳动力资源。其次，农业生产发展加上农产品收购价的多次大幅度提高，使农民收入增加，部分农民开始具有投资能力。这些都增加了乡镇企业发展的推动力量。

更大的转变发生在 1984 年。

1984 年 3 月，中共中央和国务院转发了农牧渔业部《关于开创社队企业新局面的报告》。这份报告和中共中央、国务院转发这份报告的通知宣布，将"社队企业"改称"乡镇企业"，指出了乡镇企业的竞争优势和发展乡镇企业的重要战略意义；明确乡镇企业不仅包括原来的社（乡）办企业和队（村）办企业，还包括部分社员联营的合作企业和个体企业；要求"对乡镇企业要像对国有企业一样，一视同仁，给予必要的扶持"；"对部分社员联营的合作企业、分散生产联合供销的家庭工业和个体企业，也应热情支持、积极引导和管理，使其健康发展"。

各个地区的乡镇企业有着不同的特色，所有制形式也有比较大的差异，形成了几种主要的经营模式：（1）苏南模式。这种类型的乡镇企业源于"文化大革命"期间发展起来的社队企业。这种由基层政权代表社区建立和拥有的乡镇企业形式虽然被称为"苏南模式"，实际上是20世纪80—90年代全国各地最流行的乡镇企业形式。（2）温台模式。浙江省的温州、台州乡镇企业也很发达，它们主要是由农民、手工业者等私人创立的个体工商户发展起来的。虽然这种"温台模式"的乡镇企业往往由于要寻求保护而"挂靠"到国有企业或集体企业名下（俗称"戴红帽子"），但实际上仍是私营企业。（3）珠三角模式。珠三角的乡镇企业的特点是由港澳台投资者（包括内地在港澳开设的企业，即所谓"假洋鬼子"）拥有，其业务也多为外向型的。

1984年以后，各类乡镇企业无论在企业数量、就业人数，还是在总产值上都大幅度地增加。1985年末，全国乡镇企业数从1983年末的134.64万家增长到1222.5万家，两年间增长了9倍。

2. 外商投资企业的发展

1978年中共十一届三中全会确立了改革开放的方针，决定调整对外经济政策，要求各地、各部门的公有制企业"在自力更生的基础上积极发展同世界各国平等互利的经济合作"。其中一个重要方面，是鼓励外商来华投资，与中国资本合作兴办企业。1979年，中国颁布《中华人民共和国中外合资企业法》，这标志着中国从禁止外商直接投资到积极鼓励外商直接投资的重大转变。

与外商合资的企业只有在良好的市场环境中才有可能生存和发展，而中国全境的"大气候"并不符合这样的要求。所以，中国的对外开放是从培育具有良好经营环境的"小气候"，即营建经济特区等对外开放基地入手。

从1980年起，中国开始从一些沿海城市起步构建对外开放基地：1980年4月，中国政府决定对广东和福建两省实行对外开放的特殊政策和灵活措施，并在深圳、珠海、汕头、厦门试办经济特区，允许华侨、港澳商人和外国厂商投资办厂，实行优惠税率；1984年，决定进一步开放大连、秦皇岛、天津、烟台、青岛、连云港、南通、上海、宁波、温州、福州、广州、湛江、北海（包括防城港）等14个沿海港口城市，给予外资企业与经济特区相类似的某些优惠待遇；1985年，又确定把长江三角洲地区，珠江三角洲地区，闽南的厦、漳、泉三角地区，以及胶东半岛、辽东半岛列为经济开放地区；1988年4月，决定兴办海南经济特区。

这些对外开放地区吸引了大量外商投资开办企业。[1] 截至1990年，全国共批准外商投资企业超过2万家，合同外资金额406.15亿美元，实际使用外资206.92亿美元（表3.1）。

表3.1 来华外商直接投资情况 （亿美元）

年份	合同利用外商直接投资金额	实际利用外商直接投资金额
1979—1982	49.58	17.69
1983	19.17	9.16
1984	28.75	14.19
1985	63.33	19.56
1986	33.32	22.44
1987	37.09	23.14
1988	52.97	31.94
1989	56	33.93
1990	65.96	34.87

数据来源：中华人民共和国商务部

[1] 外商直接投资企业的方式可以划分为三种类型，即合资企业、合作企业和外商独资企业。

这些外资企业不但引进了先进的生产和管理技术，活跃了国内经济，促进了经营环境的改善，也成为对外出口的生力军。1990 年，沿海 12 个省、自治区、直辖市外贸出口额近 400 亿美元，约占全国外贸出口总额的 2 / 3。

3. 私营企业的产生和发展

经过以上的改革，中国经济已在一定限度内向外资企业和个体业主制企业开放，但是存在着"雇工剥削"的私人资本主义工商业仍在禁止之列。1982 年 12 月通过的《中华人民共和国宪法》规定，"中华人民共和国的社会经济制度的基础是生产资料的社会主义公有制，即全民所有制和劳动群众集体所有制"；"在法律规定范围内的城乡劳动者个体经济，是社会主义公有制经济的补充"。它完全没有提到私营经济。

允许私营企业存在的主要障碍，是因为在许多人看来，按照马克思主义的原典，对雇佣劳动者剩余价值的剥削是资本主义剥削制度的核心和实质，因此必须坚持严格禁止雇工的原则。这样，是否允许个体企业雇工，就成为工商业政策争论的焦点。

1981 年初，中共中央书记处研究室的经济学家林子力①在为该研究室起草一份中央文件时用马克思在《资本论》第一卷中的一个算例②说服研究室的领导，个体业主只要拥有的雇工不多于 7 人，就仍

---

① 林子力（1925—2005）从 20 世纪 50 年代初开始致力于中国经济问题和马克思主义经济学说的研究，改革开放以后任中共中央书记处研究室室务委员兼理论组组长，参加过一系列中共中央推进改革的文件，包括中共十二届三中全会《中共中央关于经济体制改革的决定》的起草工作。

② 马克思（1867）：《资本论》第一卷第三篇第九章《剩余价值率和剩余价值量》，《马克思恩格斯选集》第二卷，北京：人民（转下页）

然以本人的劳动所得作为主要生活来源，因而保持着劳动者的身份。这一论证使该研究室领导人同意将文件上报并得到党政领导的认可。接着，国务院在 1981 年 7 月发布《关于城镇非农业个体经济若干政策性规定》，确认个体经营户必要时"可以请一至两个帮手；技术性较强或有特殊技艺的，可以带两三个最多不超过五个学徒"。在 1981 年 10 月 17 日《中共中央、国务院关于广开门路，搞活经济，解决城镇就业问题的若干决定》中，政策性规定被正式表述为："对于个体工商户，应当允许经营者请两个以内的帮手；有特殊技艺的可以带五个以内的学徒。"从此，个体企业不超过 7 人的雇工就合法化了。在 1988 年私营企业也获得合法地位以后，雇工是否超过 7 人就成为"个体企业"和"私营企业"之间的分界线。

在允许雇工的大门打开以后，一些企业的雇工人数很快突破了 7 个人的限额。1983 年初，一些支持旧路线和旧体制的政治家、理论家惊呼，资本主义已经到处发生，要求加以限制和打击。1983 年 1 月 2 日，中共中央在"一号文件"《当前农村经济政策的若干问题》中对于个体企业雇工超过 7 个人的，作为"不宜提倡，不要公开宣传，也不要急于取缔"的"三不"政策规定。但在中共领导机关中还是有些人坚持要求开除那些雇工超过 7 人的小业主的共产党党籍。①

（接上页）出版社，2012 年，第 196 页。

① 20 世纪 80 年代初期任中共中央纪律检查委员会书记处书记的李昌回忆，在 1984 年 2 月中纪委常委会的讨论中，多数常委都坚持认为，共产党员从事个体经营、雇工人数超过 7 个的就是剥削，应当给予开除党籍的处分。不赞成作这种处理的中纪委书记李昌陷于孤立。为了统一意见，中纪委开了 6 次常委会议，由于双方坚持，无法达成统一意见。后经中共中央书记处的干预，才决定（转下页）

于是，雇工超过 7 人是否非法的问题就提到了党政领导人面前。邓小平对这个问题的回答是："不争论"，"放两年再看"①。"看"的结果是，人们逐渐认识到，允许雇工是经济发展的必然趋势，私营企业的发展对社会和劳动者阶级都有利无害。这样，1987 年 1 月 22 日中共中央政治局通过的《把农村改革引向深入》的决定首次肯定了在一个较长时期内，"少量私人企业的存在是不可避免的"。同年 10 月的中共十三大更加明确地指出："目前全民所有制以外的其他经济成分，不是发展得太多了，而是还很不够。对于城乡合作经济、个体经济和私营经济，都要继续鼓励它们发展。"②1988 年 4 月，七届人大一次会议通过的《中华人民共和国宪法修正案》第十一条规定"国家允许私营经济在法律规定的范围内存在和发展。私营经济是社会主义公有制经济的补充。国家保护私营经济的合法权利和利益，对私营经济实行引导、监督和管理"，正式承认了私营企业的

（接上页）按照邓小平的"三不"政策办："不提倡、不阻止、不宣传"，看两年再说。中共中央书记处农村政策研究室主任杜润生在主持起草中共中央 1984 年一号文件《关于 1984 年农村工作的通知》时，也遇到了同样的问题。参见周士元：《李昌传》，哈尔滨：哈尔滨工业大学出版社，2009 年，第 338—342、351 页。

① 邓小平在 1984 年回忆说："前些时候那个雇工问题，相当震动呀，大家担心得不得了。我的意见是放两年再看。"见邓小平（1984）：《在中央顾问委员会第三次会议上的讲话》，《邓小平文选》第三卷，北京：人民出版社，1993 年，第 91 页。"不搞争论，是我的一个发明。不争论，是为了争取时间干。一争论就复杂了，把时间都争掉了，什么也干不成。不争论，大胆地试，大胆地闯。"见邓小平（1992）：《在武昌、深圳、珠海、上海等地的谈话要点》，《邓小平文选》第三卷，北京：人民出版社，1993 年，第 374 页。

② 赵紫阳（1987）：《沿着有中国特色的社会主义道路前进——在中国共产党第十三次全国代表大会上的报告（1987 年 10 月 25 日）》，见《人民日报》，1987 年 11 月 4 日。

合法性。

　　在增量改革战略的引领下，民营经济能够从无到有，逐渐成长。到 20 世纪 80 年代后期，民营经济无论在工业生产中还是在整个国民经济中，都占据了举足轻重的地位。在工业中，民营经济的产出份额已经达到 1 / 3 左右；在零售商业中，民营经济成分的份额增长得更快；与此同时，严格意义上的私营经济（包括外资经济）也开始崭露头角（表 3.2 和表 3.3）。

表 3.2　中国各种经济成分在工业总产值中所占比重（1978—1990）

年份	1978	1980	1985	1990
国有企业	77.6%	76.0%	64.9%	54.6%
集体企业	22.4%	23.5%	32.1%	35.6%
其他 *	0.0%	0.5%	3.0%	9.8%

数据来源：《中国统计年鉴》（各年）
* 其他包括私营企业和外资企业。

表 3.3　中国各种经济成分在零售商业销售额中所占比重（1978—1990）

年份	1978	1980	1985	1990
国有企业	54.6%	51.4%	40.4%	39.6%
集体企业	43.3%	44.6%	37.2%	31.7%
其他 *	2.1%	4.0%	22.4%	28.7%

数据来源：《中国统计年鉴》（各年）
* 其他包括私营企业和外资企业。

合法性。

　　在增量改革战略的引领下，民营经济能够从无到有，逐渐成长。到 20 世纪 80 年代后期，民营经济无论在工业生产中还是在整个国民经济中，都占据了举足轻重的地位。在工业中，民营经济的产出份额已经达到 1 / 3 左右；在零售商业中，民营经济成分的份额增长得更快；与此同时，严格意义上的私营经济（包括外资经济）也开始崭露头角（表 3.2 和表 3.3）。

表 3.2　中国各种经济成分在工业总产值中所占比重（1978—1990）

年份	1978	1980	1985	1990
国有企业	77.6%	76.0%	64.9%	54.6%
集体企业	22.4%	23.5%	32.1%	35.6%
其他 *	0.0%	0.5%	3.0%	9.8%

数据来源：《中国统计年鉴》（各年）
* 其他包括私营企业和外资企业。

表 3.3　中国各种经济成分在零售商业销售额中所占比重（1978—1990）

年份	1978	1980	1985	1990
国有企业	54.6%	51.4%	40.4%	39.6%
集体企业	43.3%	44.6%	37.2%	31.7%
其他 *	2.1%	4.0%	22.4%	28.7%

数据来源：《中国统计年鉴》（各年）
* 其他包括私营企业和外资企业。

102

表 3.4　城市登记私营企业和个体经营情况（1978—1990）[①]

年份	城市就业人口（万人）	城市私营企业（万家）	城市个体企业（万家）	私营企业和个体企业就业人员占城市就业人口比重
1978	9514	—	15.0	0.2%
1979	9999	—	32.0	0.3%
1980	10525	—	81.0	0.8%
1985	12808	—	450.0	3.5%
1990	17041	57.0	614.0	3.9%

数据来源：中国国家统计局（2013c：121）；ISI 新兴市场，CEIC 数据库。

3.4　增量改革的成就和不足

市场取向的改革推动经济发展取得了空前的成就。在 1978—1990 年的 12 年中，国内生产总值年均增长 14.6%，城镇居民家庭人均可支配收入年均增长 5.86%，农村居民家庭人均纯收入年均增长 9.92%（表 3.5 和图 3.2）。

表 3.5　中国经济增长情况（1978—1990）

年代	1978	1980	1985	1990
国内生产总值（亿元）	3624.1	4517.8	8964.4	18547.9
工业总产值（亿元）	4237.0	5154.0	9716.0	23924.0
进出口总额（亿元）	355.0	570.0	2066.7	5560.1
出口总额（亿元）	167.6	271.2	808.9	2985.8
城镇居民家庭年人均可支配收入（元）	343.4	477.6	739.1	1510.2
农村居民家庭人均纯收入（元）	133.6	191.3	397.6	686.3

数据来源：《中国统计年鉴》（各年）

----

① 尼古拉斯·拉迪（2014）：《民有民享：中国私营经济的崛起》，郑小希译，北京：中国发展出版社，2015 年，第 90 页。

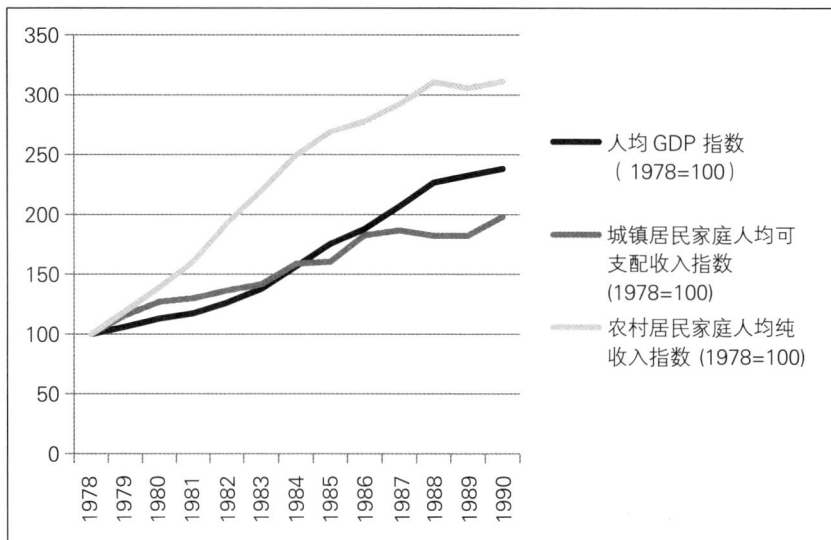

图 3.2　居民家庭人均收入增长情况（1978—1990）

数据来源：国家统计局、CEIC

对于中国改革为何取得很大的成就，而苏联东欧社会主义国家转轨却往往达不到预定目标，学术界在 20 世纪 90 年代初期曾经有过热烈的讨论。当时大多数经济学家把这些国家的改革或转型区分为"休克疗法"（shock therapy）[或称"大爆炸"（big bang）]和"渐进主义"（gradualism）两种主要类型，认为苏联和剧变后的俄罗斯采用前一种做法，结果出现国民经济的严重衰退，随后长期陷于进退维谷的困境；而中国采取后一种战略，却取得了很大的成功。

上面这种以改革速度作为主要标尺的分析方法，至少对于中国经济改革并不具有解释力。只要具体地考察中国各个领域的改革，就可以看到，中国最成功的改革如农村"包产到户"的改革是进行得很快的，而最为"渐进"的国有企业改革却乏善可陈。

匈牙利经济学家科尔奈 2000 年在总结中东欧国家向市场经济转

型的策略时，提供了与上述"休克疗法"和"渐进主义"的二分法完全不同的分析框架 ①。他指出，"休克疗法"和"渐进主义"二分法隐含的标准是变革的速度，而速度快慢显然不应当成为衡量转型成功与否的尺度。他认为，从纯粹形态上说，向市场经济的转型有两种战略：战略 A 又称私有部门有机发展战略（the strategy of organic development），其主要任务被规定为创造有利条件使私人部门能够自下而上地成长起来；战略 B 又称加速国有企业私有化战略（the strategy of accelerated privatization），其主要任务被规定为尽可能快速地把国有企业改制为私有企业。

表 3.6　科尔奈论两种转轨战略的主要特征

战略 A：私有部门有机发展战略	战略 B：加速国企私有化战略
1. 最重要的任务在于创造保护私有产权、市场自由进入等有利条件，使私有部门得以自下而上地成长起来；	1. 最重要的任务是尽快地取消国家所有制； 2. 私有化的主要手段是采用认股权证等形式的无偿分配；
2. 以出售为基本手段，将大多数国家拥有的公司私有化； 3. 反对以任何形式无偿分配国有财产； 4. 必须优先考虑能够产生有核心所有者的企业出售方案； 5. 必须硬化对企业的预算约束，以维持金融秩序，确保市场经济的有效运行。	3. 偏好于形成分散的所有权结构，以便使"人民资本主义"得到发展； 4. 支持私有企业的发展和提升私有部门的地位，但并不予以强调； 5. 认为只要实现私有化，硬预算约束就会自动产生。

数据来源：［匈］雅诺什·科尔奈：《〈通向自由经济之路〉出版十周年之后：作者的自我评价》，班颖杰、王珊珊译，《经济社会体制比较》，2000 年第 5 期。

---

① 参见雅诺什·科尔奈：《〈通向自由经济之路〉出版十年之后：作者的自我评价》，班颖杰、王珊珊译，《经济社会体制比较》，2000 年第 5 期。

科尔奈认为，东欧后社会主义国家转型的经验表明，促进私有部门有机发展（战略 A）是正确的选择。匈牙利转型和波兰转型反映了战略 A 的优点：私有部门的健康发展和预算约束的硬化使企业界经历了一场优胜劣汰的自然选择过程，打断了公司间的债务链条，加强了金融纪律，改善了合约履行和信用状况，银行部门开始得到巩固和加强。所有这一切促进了生产率的提高和失业问题的缓解。与之形成对比的是，俄罗斯为战略 B 的失败提供了最惨痛的例证。它体现了战略 B 的各种特征：大量国有财产被转移到经理人员和特权官僚手中，自然资源尤其是石油和天然气的所有权被"寡头"所掠夺。1998 年，匈牙利的劳动生产率较 1989 年提高 36%，波兰和捷克也分别提高 29% 和 6%，俄罗斯却下降了 33%。

中国在 80 年代采取增量改革战略取得的成绩，正是科尔奈所说的战略 A 较之战略 B 更有优势的一个例证。这种优势的具体表现是：第一，它打开了扼制民间创业活动的闸门，使民营经济从无到有地快速成长起来，逐渐取代国有经济成为国民经济的主要支撑力量，越来越多的居民由此得到实惠，而不致作为国民经济主要支柱的国有经济受到突发冲击造成经济和社会震荡。第二，自主创业的民间企业在激烈竞争中成长，能够培育起大批企业家和职业经理人，他们有可能成为支持现代市场经济的新社会阶层。而在原有的社会政治格局下实现国有企业的急速私有化往往难于避免一部分官员和国有企业领导人通过非法手段蚕食或鲸吞公共财产，成为新的寄生阶层和进一步改革的阻力。第三，无权无势的民间企业家从自己的切身体验中痛切认识到缺乏公平正义的严重危害，因此他们中间的许多人会成为实施依宪治国和建设法治国家的热情支持者。

不过，增量改革战略还是存在很大的局限性。这种局限性主要表现在两个方面：一方面，这种战略的积极作用，只在于给新生的民营经济以生存空间，而对于仍然占有大部分社会资源的国有企业改革来说，虽然由于竞争压力增加而产生了间接的影响，但终究由于国有体制未有变化，效率难以有明显的提高，拖住了国民经济发展的后腿。另一方面，使中国经济出现了在命令经济仍占有统治地位的条件下双重体制并存的状态。

资源配置双轨制在经济上的集中反映，是价格双轨制。

在严格的命令经济条件下，所有的工业和商业都是由国家垄断经营的，行政指令对资源配置起支配作用，货币只是被动跟随在实物分配后面的"影子"，价格只是对企业进行核算的工具。生产资料和消费品都由各级计划部门统一调拨、统一经营和统一定价。在这样的体制下，没有列入原材料供应、流动资金贷款等计划指标和产品销售渠道的民营企业是完全无法生存的。

改革开放初期，政府开始允许机关、事业单位开办自己附属的企业。它们的生产经营不是由计划决定的，产品和服务的价格也是根据市场供求自行决定。此时，对开始萌生的乡镇企业部分放开了"自行采购"和"自行销售"的门路。另一方面，在"扩大企业自主权"的改革中，国营企业、农村人民公社所属的社队企业获得了一定的生产和经营自主权，可以按市场价格出售自己超计划生产的产品。[①] 这样一来，就在计划轨之外开辟了物资流通和价格的"第二轨

---

① 1979 年 7 月国务院发布《关于扩大国营工业企业经营自主权的若干规定》，允许企业自销超计划产品。国务院同时发布的《关于发展社队企业若干问题的规定》也允许社队企业对未纳入计划的生产资料和产品"自行采购"和"自行销售"，"买卖双方议定价格"。1984 年 4 月国务院发布《关于进一步扩大国营工业企业自主权的暂行规定》，进一步规定，除企业分成的产品、超计划生产（转下页）

道"——市场轨。

除生产资料分配和价格的"双轨制"外，还在其他领域形成了多种"双轨制"，如国家银行贷款利率和市场利率的"双轨制"、外汇牌价和调剂市场价格的汇率"双轨制"等。

在开始时期，市场轨的规模很小，影响也不大。随着民营企业的发展和国有企业自主权的扩大，情况发生了变化。到了 80 年代中期，市场轨在国民经济活动总量中开始占有一席之地，在双轨之间进行套利的活动，就变得越来越引人注目了。

类似的"价格双轨制"现象曾经在 20 世纪 50 年代"大炼钢铁"和"三年困难时期"出现过[1]，并引起了政学两界的讨论。例如，经济学家孙冶方在当时就已经指出过，如果计划部分和市场部分、高价的部分和低价的部分"桥归桥，路归路"各不相干，双重价格并不会产生利用差价套利的问题；但是在双轨之间既不可能隔断、又存在"价格落差"的情况下，获得价格优惠的企业把低价产品转移到市场上赚取差价、无法获得这种优惠的企业受到挤压等情况就会不可避免地变得比比皆是，防不胜防。[2]

（接上页）的产品、试制的新产品、购销部门不收购的产品、库存积压的产品外，国家统配的产品可以有一部分自销生产资料的自销价格限定在不高于或不低于国家定价的 20% 的幅度以内。1985 年 1 月，为了抑制商业的中间环节抬价倒卖牟利，国家物价局和国家物资局发布《关于放开工业生产资料超产自销产品价格的通知》，取消了企业自销生产资料 20% 的价格限制。

[1] 参见吴敬琏、赵人伟（1986）：《中国工业中的双重价格体系问题》，《吴敬琏文集》（上），北京：中央编译出版社，2013 年，第 326—327 页。

[2] 参见孙冶方（1962）：《对一个〈报告草稿〉的意见》，《孙冶方选集》，太原：山西人民出版社，1984 年，第 300—301 页；（转下页）

在 20 世纪 80 年代中期市场交易已经发展到相当规模时，双轨制导致的最重要的社会经济后果，是在两个市场之间出现了大量从事倒买倒卖活动的"倒爷"。这些"倒爷"往往能够在很短的时间内成为身价几十万甚至上百万元的富翁。"倒爷"们获得利润的方式并不是倒买倒卖实物（低价购买调拨物资然后拿到市场上去卖高价），而是倒买倒卖有权取得低价资源的官方文件：从调拨物资的"批件"、能够取得官价外汇的"进口配额"，到从国家银行取得低息贷款的信贷指标，都是他们倒买倒卖的对象。由于他们发财的秘密在于某种官方的权力背景，所以当人们看穿了这一秘密时，就把他们统称为"官倒"。

在双轨制的负面效果凸显的情况下，许多人认识到增量改革战略的局限性，于是在 20 世纪 80 年代中期提出了推进全面改革、建立一元化的市场经济体制。

（接上页）孙冶方（1964）：《在社会主义再生产问题座谈会上关于声称价格问题的发言提纲》，同上，第 384—389 页；孙冶方（1981）：《谈谈搞好综合平衡的几个前提条件》，同上，第 731—732 页。

第4章　20世纪80年代对全面改革的探索

　　20世纪80年代初期增量改革的推进促进了城乡民营经济和与之相关的市场拓展，加上对外开放激发出来的活力，使中国经济日趋繁荣。但是，增量改革的局限性也表现得日益突出：首先，占用了大量社会资源的国有企业处于指令性计划束缚之下、严重缺乏活力；其次，日益壮大的城乡非国有经济受到有限活动空间的约束，要求改变政府主要配置资源的状态，建立竞争性的市场体系；再次，双轨制下滋生的腐败招致严重的资源浪费和大众不满，要求铲除产生腐败的根源；最后，从1984年初开始的第二次对外开放浪潮①，也要求国内经济做进一步的改革。所有这些都要求突破"计划经济为主、市场调节为辅"的框架，进行国民经济总体性的改革。

　　这些要求集中到一点，就是需要确立市场经济的改革目标。

---

　　① 1984年3月26日至4月6日，中共中央和国务院召开沿海部分城市对外开放座谈会。会议根据邓小平的提议，决定进一步开放大连、秦皇岛、天津、烟台、青岛、连云港、南通、上海、宁波、温州、福州、广州、湛江、北海14个沿海港口城市，拉开了第二次对外开放的大幕。

4.1 "社会主义有计划商品经济"改革目标的确立

中国经济学界对改革目标的讨论开始得很早。我们在第 3 章里已经谈到过,有一些经济学家早在 20 世纪 70 年代末期和 80 年代初期就已经提出,中国的经济改革应当以建立"商品经济"为目标。他们所说的"商品经济",其实就是现代通称为市场经济的经济制度。

为了改变国有企业的不良经营状况,国务院在 1984 年 5 月沿着过去缘于市场社会主义的"放权让利"思路,发布了《关于进一步扩大国营工业企业自主权的暂行规定》("扩权十条"),给予国有企业在生产经营计划、产品销售、产品价格、物资选购、资金使用、资产处置、机构设置、人员劳动管理、工资奖金和联合经营等十个方面少量的自主权。当时许多人都指出,不对整个经济体制作出改变,"扩权十条"很难得到落实,更何况即使落实了"扩权十条"而不对整个经济体制作出变革,也很难改变国有企业的不良经营状况。

这时,中共中央已经决定要在当年 12 月召开十二届三中全会并作出关于经济体制改革的决定。邓小平在 10 月 4 日会见参加中外经济合作问题讨论会的全体中外代表时明确说明,中共十二届三中全会将会标志中国全面改革的开始。他说:"过去我们从事的主要是农村改革,城市比农村复杂得多,它包括工业、商业、服务业,还包括科学、教育、文化等领域。即将召开的党的十二届三中全会的主题,就是城市和整个经济体制的改革。这意味着中国将出现全面改革的局面。"[①] 在这样一个会议上,当然就需要明确全面改革的主要内

---

① 邓小平(1984):《我们的宏伟目标和根本政策》,《邓小平文选》第三卷,北京:人民出版社,1993 年,第 78 页。邓小平于 1984 年 10 月 10 日会见联邦德国总理科尔时也说道:"过几天(转下页)

容和它要达成的目标。

中共中央在 1984 年 6 月组建了十二届三中全会《决定》起草小组。起草小组用一个多月写出了一个提纲。但是受限于中共十二大关于坚持计划经济为主、市场调节只能发挥辅助作用的决定，很难达到改革领导人的要求。7 月末在北戴河向胡耀邦汇报时，胡耀邦对起草小组制定的提纲很不满意，并为此重新调整了起草班子，改由林涧青负责，充实了郑必坚、龚育之等。①

也正在这个时候，当时任中国社会科学院院长的马洪接受国务院总理赵紫阳交付的任务，组织社会科学院的周叔莲、张卓元和吴敬琏等写了一篇为商品经济翻案的文章②，送请一些老干部试探反应。使得文章作者和赵紫阳喜出望外的是，这篇文章不但没有招来批评，还得到了一些原来以为会持反对意见的老干部的称赞。得知这篇文章探明了道路，赵紫阳就在 9 月 9 日给胡耀邦、邓小平、李先念、陈云等中共中央政治局的其他常委写了《关于经济体制改革中三个问题的请示》③。他在这封请示信中首先肯定了 1981 年中共十一届六中全会

（接上页）我们要开十二届三中全会，这将是一次很有特色的全会。前一次三中全会重点在农村改革，这一次三中全会则要转到城市改革，包括工业、商业和其他行业的改革，可以说是全面的改革。"十二届三中全会决议公布后，人们就会看到我们全面改革的雄心壮志。"见邓小平（1984）：《我们把改革当作一种革命》，《邓小平文选》第三卷，北京：人民出版社，1993 年，第 81 页。

① 吴敬琏、谢春涛（1998）：《关于计划经济和市场经济的论争》，《吴敬琏文集》（上），北京：中央编译出版社，2013 年，第 199 页。

② 后来这篇文章以《关于社会主义制度下我国商品经济的再探索》为标题，发表在《经济研究》1984 年第 12 期上。

③ 中共中央文献研究室编：《十二大以来重要文献选编（中）》，北京：人民出版社，1986 年，第 533—538 页。在收入该文献选编时，标题改为《关于经济体制改革中三个问题的意见》。

《关于建国以来党的若干历史问题的决议》中关于"必须在公有制基础上实行计划经济，同时发挥市场调节的辅助作用"的规定，肯定"中国实行计划经济，不是市场经济"，然后通过一系列复杂的论证，在最后引出要作出的结论，这就是："社会主义经济是以公有制为基础的有计划的商品经济。计划要通过价值规律来实现，要运用价值规律为计划服务。'计划第一，价值规律第二'，这一表述并不确切，今后不宜沿用。"邓小平、陈云分别在 9 月 11 日和 12 日批示同意。虽然不管是论证还是表述改革目标时都带着"有计划"的限制词，但无论如何都把重点落脚到"商品经济"上。从这时开始，十二届三中全会《决定》的起草工作就在新提法的基础上展开了。[①]

1984 年 10 月的中共十二届三中全会通过了《中共中央关于经济体制改革的决定》，正式确立了中国经济改革的目标，启动了全面改革的尝试。

决定最重要的内容，是通过以下的论证把改革的目标确定为建立"社会主义商品经济"："改革计划体制，首先要突破把计划经济同商品经济对立起来的传统观念，明确认识社会主义计划经济必须自觉依据和运用价值规律，是在公有制基础上的有计划的商品经济。商品经济的充分发展，是社会经济发展的不可逾越的阶段，是实现我国经济现代化的必要条件。只有充分发展商品经济，才能把经济真正搞活，促使各个企业提高效率，灵活经营，灵敏地适应复杂多变的社会需求。"

[①] 吴敬琏、谢春涛（1998）：《关于计划经济和市场经济的论争》，《吴敬琏文集》（上），北京：中央编译出版社，2013 年，第 199 页；同见马雅：《马洪和赵紫阳在改革中的一合一分》，《明报》，2008 年 10 月 13 日。

决定还指出，为了发展社会主义商品经济，必须执行以下的方针。第一，"增强企业的活力，特别是增强全民所有制的大、中型企业的活力，是以城市为重点的整个经济体制改革的中心环节"。第二，"要建立合理的价格体系，使价格能够比较灵敏地反映社会劳动生产率和供求关系的变化。""价格体系的改革是整个经济体制改革成败的关键"。第三，"坚持多种经济形式和经营方式的共同发展，是我们长期的方针，是社会主义前进的需要"。

十二届三中全会《中共中央关于经济体制改革的决定》虽然由于意识形态的限制而在某些概念上有模糊的地方，但它毕竟以党的正式文件的形式把"社会主义有计划商品经济"这个改革目标确定下来，为市场取向改革开辟了空间。正因为这样，邓小平对决定做了很高的评价。邓小平说："党的十二届三中全会将在中国的历史发展中写上很重要的一笔。"[①]"什么叫社会主义，什么叫马克思主义？我们过去对这个问题的认识不是完全清醒的。"[②]"这次经济体制改革的文件好，就是解释了什么是社会主义，有些是我们老祖宗没有说过的话，有些新话。我看讲清楚了。"他甚至说，这个决定"是马克思主义基本原理和中国社会主义实践相结合的政治经济学"。[③]

决定对于解放干部的思想，促使各级领导人敢于突破僵化体制的框框，进行改革，作用也十分显著。由于有了决定作依据，各地的市场开始活跃起来，促进了经济的发展，人民生活水平也因此而有了明显的提高。下面这两组简单的数字就很能说明一些问题：从

---

① 邓小平（1984）：《我们的宏伟目标和根本政策》，《邓小平文选》第三卷，北京：人民出版社，1995年，第78页。

② 邓小平（1984）：《建设有中国特色的社会主义》，同上，第63页。

③ 邓小平（1984）：《在中央顾问委员会第三次全体会议上的讲话》，同上，第83、91页。

1979 年到 1983 年的 5 年，以不变价计算的国内生产总值（GDP）每年平均增长 8.05%。从 1984 年到 1988 年的 5 年，每年 GDP 平均增长率已达 12.07%。从 1979 年到 1983 年的 5 年中，扣除物价因素后的城镇居民家庭人均可支配收入年均增长 7.18%，农村居民家庭人均纯收入年均增长 17.03%。从 1984 年到 1988 年的 5 年中，这两项收入的年均增长率分别为 5.20% 和 7.19%，继续保持较高的增长速度。[①]

4.2 对市场经济认识的深化和对总体改革设计的探索

虽然中共十二届三中全会确定了社会主义商品经济的改革目标，并且指出要进行以增进企业效益和使价格能够反映市场供求为目的的改革，但是并没有对商品经济的体制机制作出全面的说明，也没有对达到这一目标的路径作出具体的说明。而这些问题如果得不到解决，全面改革就不可能进行。于是，在 1985 年，许多政府机关和研究机构都加强了对中国经济的深入研究和对改革方案的系统设计。这一年发生了四起最重要的事件。

第一件事：中国政府和世界银行合作对中国经济进行全面考察，提出了产生重大影响的考察报告《中国：长期发展面临的问题和选择》。

根据邓小平本人的提议，世界银行于 1984 年派以主管中国业务的首席经济学家林重庚（Edwin Lim）博士和高级经济学家伍德（Adrian Wood）博士为首的庞大国际专家团队，在中方工作小组的支持下，针对中国未来 20 年面临的主要发展问题对中国经济进行了全

---

① 见《中国统计年鉴》（各年）及国家统计局网站数据库。

面的考察[①]，并在1985年提出了包括题为《中国：长期发展面临的问题和选择》主报告和6个附册（这6个附册的标题分别是教育、农业、能源、经济模型与预测、国际视角的经济结构和交通）的考察报告。这份考察报告不但全面分析了中国经济未来20年面临的主要问题，而且根据对各国经验的比较研究，为达到20世纪末国民生产总值"翻两番"的发展目标提供了一些可选择的建议。世界银行的这份报告得到中国领导人的高度重视。他们不仅自己认真阅读，还组织有关官员进行研究。这对于提高并开拓中国经济学家的眼界和提高中国政府的决策水平起到了良好的作用。

第二件事：拟定了中国第一份专业性的《经济体制改革总体规划》。

在1985年以前，中国也出现过一些经济改革的设想或设计。但是这些设想和设计一则只是用粗线条画出了新体制的轮廓，二则基本使用党政文献习用的政治语言，对经济体制和政治政策的经济学含义难于准确把握。1985年5月，中国社会科学院研究生院郭树清、刘吉瑞、邱树芳三位受过现代经济学训练的研究生上书国务院领导，指出："全面改革是一项巨大的社会系统工程，没有明确的目标模式，不实行配套协调的改革措施，我们就无法前进。"因此，他

---

① 1983年5月26日，邓小平在会见到访的世界银行行长克劳森（Tom Clausen）时说：中国刚刚决定启动一个发展规划，要在1980—2000年实现工农业总产值"翻两番"的目标。他看了世界银行1980年的中国经济的考察报告，觉得很有意思，很有用，请世界银行再组织一次经济考察，针对中国未来20年面临的主要发展问题，根据国际经验做一些可行性研究，提供一些可选择的建议。（林重庚：《序二：中国改革开放过程中的对外思想开放》，《中国经济50人看三十年：回顾与分析》，北京：中国经济出版社，2008年，第35页。）

们建议"制定并实施一个科学的总体规划"。^①在国务院总理赵紫阳的支持下，国家经济体制改革委员会组织了由郭树清、楼继伟、刘吉瑞等九位青年经济学家组成的研究小组，为国家经济体制改革委员会制定了《经济体制改革总体规划构思（初稿）》^②。这一"总体规划构思"提出，中国的经济改革可以分两个阶段进行：第一阶段以实现商品市场的价格改革为中心，配套进行企业改革、财税体制改革、金融体制改革和建立中央银行制度。第二阶段以形成完善的要素市场，取消指令性计划，完成从计划经济到"商品经济"的转型。这成为中国经济改革历史上提出的第一份系统性设计。

第三件事：1985年9月国家经济体制改革委员会和中国社会科学院在世界银行的协助下召开了有多位中外名家参加的宏观经济管理和改革国际讨论会（"巴山轮会议"），对中国改革的重大问题提出建议。这次讨论会对于中国改革具有里程碑式的意义。^③

第一，会议对中国改革宜于选取的体制目标进行了热烈的讨论。在讨论中，匈牙利经济学家科尔奈对世界各国经济体制的分类成为议论的中心。科尔奈把各国的经济体制分为行政协调（bureaucratic

---

① 郭树清、刘吉瑞、邱树芳：《全面改革亟需总体规划——事关我国改革成败的一个重大问题》，《经济社会体制比较》，1985年第1期。

② 郭树清、楼继伟、刘吉瑞（1985）：《关于体制改革总体规划的研究》，载吴敬琏、周小川等著：《中国经济改革的整体设计》，北京：中国展望出版社，1988年，第25—47页。

③ 参加这次讨论会的国际知名专家有凯恩斯主义的货币问题大师托宾（James Tobin）、曾任英国政府经济事务部部长的牛津大学教授凯恩克劳斯爵士（Sir Alexander K. Cairncross）、匈牙利经济学家科尔奈、波兰经济学家布鲁斯、原德国联邦银行行长埃明格尔（Otmar Emminger），中方的参加者有薛暮桥、安志文、马洪、廖季立、项怀诚、高尚全、杨启先等经济官员，刘国光、戴园晨、周叔莲、吴敬琏、张卓元、赵人伟、陈吉元、楼继伟、郭树清、田源等经济学家。

coordination）和市场协调（market coordination）两个大类，前者可以分为直接的行政协调（IA）和间接的行政协调（IB）两个子类；后者可以分为完全自由的市场协调（IIA）和有宏观经济管理的市场协调（IIB）两个子类。他指出，社会主义国家的经济改革可以选择间接的行政协调（IB），也可以选择有宏观经济管理的市场协调（IIB）。匈牙利改革之所以没有取得预期的成效，主要就是长期停留在间接行政协调（IB）的阶段，使企业继续处于软预算约束状态，受到国家的行政保护。[①] 在会议上，外国经济学家扩展了科尔奈对有宏观经济管理的市场经济的优点所做的分析，具备现代经济学素养的中国经济学家也都认同科尔奈的分析和选择，把有宏观经济管理的市场协调（IIB）看作中国经济改革的首选目标。

第二，会议对于转型期间应当采取什么样的宏观经济政策，也进行了热烈的讨论。在中国早期的讨论中，据称代表"主流经济学"

---

① 行政协调的特点是上下级（通常是国家和企业）之间存在从属关系，整个经济呈现集中化的状态。IA 和 IB 的区别在于调节手段的不同：在 IA 模式下，国家以具体的指令性产出指标和投入限额下达命令；在 IB 模式下，国家不依靠直接对企业下达指令来控制企业，而往往是借助手中的"经济杠杆"来调控企业的行为。这样一来，企业决策有着对上级权力机构的纵向依赖和对市场力量的横向依赖的双重约束，其中纵向依赖占主导地位。市场协调的特点是买方和卖方处于同一层次，它们之间不存在从属关系，决策是非集中化的。IIA 和 IIB 的区别在于是否存在宏观经济管理：在 IIA 模式下，没有宏观经济管理，经济过程完全受市场机制自发的盲目的调节和引导；在 IIB 模式下，国家通过规范的宏观经济管理手段对财政收支、货币供应等宏观经济总量进行管理，企业是自主决策和硬预算约束的。见郭树清、赵人伟整理（1985）：《宏观经济管理国际讨论会专题报告（1）：目标模式和过渡步骤》，中国经济体制改革研究会编：《宏观经济的管理和改革——宏观经济管理国际讨论会言论选编》，北京：经济日报出版社，1986 年，第 16—23 页。

观点的"通货膨胀有益论"曾经占有优势地位。在会议上，大多数与会学者通过对中国当时经济情况的深入研究，同意属于不同学派的外国专家的一致意见，即中国在转轨期间应当采取紧缩性的财政、货币和收入政策，应对经济过热和通货膨胀。

在经济学家、经济官员取得共识的基础上，中国在1985年制定的"七五计划"（1986—1990）中确立了经济改革"初战阶段"采取稳健的宏观经济政策，以便为经济改革的顺利推进创造更为宽松的环境。[①]

第四件事：中共全国代表会议确定了中国经济改革的具体目标。

1985年9月末，中共全国代表会议[②]在它作出的《中共中央关于制定国民经济和社会发展第七个五年计划（1986—1990）的建议》中，接受了在《建议（草案）》的讨论中经济学家提出的修改建议[③]，

---

① 1985年9月中共全国代表会议通过的《关于制定国民经济和社会发展第七个五年计划（1986—1990）的建议》在"七五"期间的社会发展必须遵循的基本指导原则一节中提出了两个"坚持"。第一，"坚持把改革放在首位，使改革与建设互相适应，互相促进。从根本上说，改革是为建设服务的。从当前来说，建设的安排要有利于改革的进行"，"为了改革的顺利进行，必须合理确定经济增长率，防止盲目攀比和追求产值产量的增长速度，避免经济生活的紧张和紊乱，为改革创造良好的经济环境"。第二，"坚持社会总需求和总供给的基本平衡，使积累和消费保持恰当的比例"，"做到国家财政、信贷、物资和外汇的各自平衡和相互间的平衡。这是保证经济比例关系协调、经济生活稳定和体制改革顺利推进的根本条件"。[中共中央文献研究室编：《十二大以来重要文献选编》（中），北京：人民出版社，1986年，第798页。]

② 《中国共产党章程》第十二条规定：党的中央和地方各级委员会在必要时召集代表会议，讨论和决定需要及时解决的重大问题。1984年10月20日，中国共产党第十二届中央委员会第三次全体会议根据此条规定，决定于1985年9月召开党的全国代表会议。

③ 参见吴敬琏（1985）：《单项推进，还是配套改革》，摘自中共中央和国务院"《关于制定第七个五年计划的建议（第五次（转下页）

指出:"建立新型的社会主义经济体制,主要是抓好互相联系的三个方面",(1)使企业特别是全民所有制企业"真正成为相对独立的,自主经营、自负盈亏的社会主义商品生产者和经营者";(2)进一步发展商品市场,"开辟和发展资金市场、技术市场","逐步完善市场体系";(3)"国家对企业的管理逐步由直接控制为主转向间接控制为主,主要运用经济手段和法律手段,并采取必要的行政手段,来控制和调节经济运行"。建议要求"围绕这三个方面,配套地搞好计划体制、价格体系、财政体制、金融体制和劳动工资制度等方面的改革",以便在"七五"(1986—1990)期间或者更长一些的时间内,"奠定有中国特色的、充满生机和活力的社会主义经济体制的基础"。①

中共全国代表会议的以上决定,意味着中国领导人大体上接受了具有宏观经济管理的市场经济模式,也就是科尔奈所说的 IIB 模式,作为中国经济改革的目标模式。

4.3 1986 年:配套改革计划及其流产

根据中共十二届三中全会《关于经济体制改革的决定》和中共全国代表会议《中共中央关于制定国民经济和社会发展第七个五年计划(1986—1990)的建议》,中央财经领导小组组长、国务院总理赵紫阳在 1986 年开年时宣布,1986 年的工作方针是:在继续加强和

(接上页)草稿)》座谈会"秘书组编:《讨论制定"七五"计划建议座谈会简报》第七组第 1 号,1985 年 7 月 16 日;首次公开发表于《吴敬琏选集》,太原:山西人民出版社,1989 年,第 435—436 页。

① 中共中央文献研究室编:《十二大以来重要文献选编(中)》,北京:人民出版社,1986 年,第 821 页。

改善宏观控制的条件下改善宏观管理，在抑制需求的条件下改善供应，同时做好准备，使改革能在 1987 年迈出决定性的步伐。[1]

与此同时，国务院领导机关从 1986 年起采取了一系列措施为推进全面改革进行准备。

1986 年初，国务院召集各咨询机构的经济学家对经济形势和下一步改革设想进行了深入的讨论。讨论中，提出了推进改革的不同方案，包括王小强、宋国青的企业包租赁的方案，徐景安的全面价格改革方案，吴敬琏、周小川、楼继伟、李剑阁的企业、市场和宏观调控三环节配套改革方案，以及和华生的企业资产经营责任制方案等。不过，赵紫阳总理在认真听取汇报以后表示，这些方案都不同程度地缺乏可行性。所以人们也就预计不会出台大的改革措施。[2]

但是两个月以后的 3 月 13 日和 3 月 15 日，赵紫阳出人意料地在国务院常务会议和中央财经领导小组会议上发表讲话，提出了在 1987 年开始价格、税收、财政配套改革的计划。他认为：中国经济面临的种种问题，主要缘于"新旧两种体制胶着对峙、相互摩擦、冲突较多"的状况。他强调指出，"这种局面不宜久拖，而应当在 1987年和 1988 年采取比较重大的步骤。要在市场体系和宏观经济的间接调控这两个问题上步子迈大一点，为企业能够真正自负盈亏并在大

---

① 赵紫阳（1986）：《当前经济形势和今年经济工作的任务——在全国经济工作会议上的讲话》，1986 年 1 月 13 日。

② 中国经济体制改革研究所编：《当前经济形势分析和"七五"前两年经济体制改革对策——记第九次国民经济讨论会》，《经济发展与体制改革》，1986 年第 3 期。同见中国经济体制改革研究所编：《中国：发展与改革（1986 年卷）》，成都：四川人民出版社，1987年；中国经济体制改革研究所、北京青年经济学会：《探索者的声音——"经济改革与社会发展联合讲座"报告选》，成都：四川人民出版社，1988 年。

体平等的条件下展开竞争创造条件，促使新的经济体制能够起主导作用"。"具体说来，明年的改革可以从以下三个方面去设计、去研究：第一是价格，第二是税收，第三是财政。这三个方面的改革是互相联系的。""关键是价格体系的改革，其他的改革围绕价格改革来进行。"①

根据国务院和中共中央财经领导小组的决定，成立了以国务院副总理田纪云为首的"经济体制改革方案研究领导小组"。这个负责领导经济改革方案设计的小组下设由来自国务院各部门官员和经济学家组成的经济改革方案设计办公室（"方案办"）②，按照赵紫阳讲话的要求，设计"七五"前期的配套改革方案。

虽然对于价、税、财配套改革的设想不论在政府内部还是在理论界都存在不同的意见③，但是配套改革方案的设计工作仍然按照国

①　赵紫阳 1986 年 3 月 13 日在中共中央财经领导小组会议上的讲话和 3 月 15 日在国务院常务会议上讲话（打印稿）。

②　"方案办"主任由国家体改委副主任高尚全担任，副主任包括体改委委员杨启先、傅丰祥，国务院发展研究中心常务干事吴敬琏和商业部副部长姜习。

③　例如，北京大学的厉以宁教授在 1986 年 4 月 25 日的"北京大学'五四'科学讨论会"上做报告时，提出了"中国的改革如果遭到失败，可能就失败在价格改革上；中国的改革如果获得成功，必然是因所有制的改革获得成功"的论断。这一论断得到政府内外不少人士的支持。［厉以宁（1986）：《经济改革的基本思路——1986 年 4 月 25 日在北京大学"五四"科学讨论会上的报告》,《中国经济改革的思路》，北京：中国展望出版社，1989 年，第 3 页。］国家体改委所属体制改革研究所所长陈一咨在他的回忆录中还说，"价税财联动的改革方案"是吴敬琏、周小川提出的一个"缺乏现实可行性"的设想。他在 1986 年 5 月的匈牙利、南斯拉夫调查和 6 月向赵紫阳的当面汇报中，都提出了自己的反对意见，得到赵紫阳的"很高评价"，并"使热议中的'价财税联动'改革方案降下温来"。（见中国经济体制改革研究所编：《艰难的探索——匈牙（转下页）

务院原来的部署进行。经济体制改革方案研讨小组在 8 月向国务院和中央财经领导小组提交了"方案办"拟定的以价格、税收、财政、金融、贸易为重点的配套改革方案。其中，价格改革准备采取类似于捷克斯洛伐克在 1967—1968 年改革的做法，用"先调后放"的办法实施价格的市场化[1]：先根据计算全面调整价格，然后用一到两年时间将价格完全放开，在"七五"中期实现重要生产资料价格的并轨。在财税体制方面的主要举措，则是将当时实行的"分灶吃饭"体制改革为"分税制"，以及引进增值税（VAT）等。[2]

这个配套改革方案在获得国务院常务会议和中央财经领导小组的通过以后，在 1986 年 9 月 13 日向邓小平做了汇报。邓小平听取中央财经领导小组关于改革方案的汇报以后，对这个配套改革方案作出了很高的评价，要求照此执行。[3]

与此同时，邓小平在 1986 年听取汇报后的讲话中重提进行政治

（接上页）利、南斯拉夫改革观察》，北京：经济管理出版社，1987年，第 1—30 页；见前引《陈一咨回忆录》，香港：新世纪出版社传媒有限公司，2013 年，第 347、351—352 页。）

[1]　当时对于如何从"价格双轨制"过渡到单一的市场价格制度，中国学术界有多种建议，例如"调放结合"的方案、"以放为主"的方案，等等。1986 年中国领导人准备采取的，是捷克斯洛伐克改革时任副总理的锡克 1981 年在北京讲学时介绍的"先调后放"的做法。锡克的讲话见奥塔·锡克（1981）：《论社会主义经济模式》，中国社会科学院经济研究所学术资料室编：《论社会主义经济体制改革》，北京：法律出版社，1982 年，第 105—114 页。

[2]　参见楼继伟、肖捷、刘力群（1986）：《关于经济运行模式与财政税收改革的若干思考》和楼继伟、刘力群（1986）：《改革财政体制解决财政赤字问题的设想》，吴敬琏、周小川、楼继伟等著：《中国经济改革的整体设计》，北京：中国展望出版社，1988 年，第 111—151 页。

[3]　吴敬琏（1999）：《当代中国经济改革》，北京：中信出版社，2017年，第 90 页。

体制改革的问题。他说："不改革政治体制，就不能保障经济体制改革的成果，不能使经济体制改革继续前进，就会阻碍生产力的发展，阻碍四个现代化的实现。"[1] 他还指示建立了以赵紫阳为首的政治体制改革领导小组。

"价税财配套改革"的设想虽然在党内外引起了争论，但在一段时间里，国务院领导还是主张推行这一改革的，以便让企业能够在大体平等的条件下展开竞争，使"新的经济体制能够起主导作用"，然而，由于直到现在还不清楚的原因，赵紫阳在这年秋天改变了态度，提出"放弃价、税、财配套改革方案，转为推行承包经营责任制"。[2] 于是，已经制订的配套改革计划被停止执行，代之以全面推行国有企业的承包制，同时用扩张性的宏观经济政策来维持 GDP 的高速增长。

4.4 80 年代末的大辩论、经济动荡和改革退潮

随着价、税、财配套改革的刹车，改革派内部关于改革的战略和策略，以及在改革过程中如何处理经济增长、宏观经济稳定和改革三者之间的关系的争论也变得激烈起来。大致说来，当时提出了两种很不相同的策略：一种是把国有企业承包放在改革的优先地位，同时用扩张性的宏观经济政策为企业营造宽松的经营环境和支持经济的高速增长。另一种是把实现价格自由化和形成竞争性市场放在

---

① 邓小平（1986）：《在听取经济情况汇报时的谈话》《在全体人民中树立法治观念》《关于政治体制改革问题》，《邓小平文选》第三卷，北京：人民出版社，1993 年，第 160、163—164、176—180 页。

② 赵紫阳：《放弃价、税、财配套改革方案，转为推行承包经营责任制》，1986 年 10 月 14 日在听取杨培新汇报施奈德意见后的讲话（打印稿）。

优先地位，以此为正在兴起的非国有经济（包括农民的家庭农场和城镇的民营经济）创造平等竞争的市场环境。为了给价格改革提供比较宽松的宏观经济环境，需要采取适度紧缩的货币政策，虽然这会放慢短期经济增长速度。

持有第一种主张的经济学家的主要论据是：

第一，价格改革只能为商品经济发展创造适宜的环境，企业改革才真正涉及利益、责任和动力。

北京大学厉以宁教授说："价格改革主要是为经济改革创造一个适宜于商品经济发展的环境，而所有制的改革或企业体制改革才真正涉及利益、责任、刺激动力问题。"[①] 中国当前的经济处于非均衡状态。"在非均衡条件下，价格调节的作用有限，指望通过价格改革来理顺经济关系不具有现实性。我国唯一可以选择的途径是"绕过价格改革，先进行所有制改革"[②]，用15年左右的时间实现所有制改革以后，再进行价格改革。[③] 厉以宁教授强调，他所说的"所有制改革"，并不是要改变国有企业的公有制性质，而是将"股份制"和"承包制"这两种形式结合起来，通过"先包后股""先股后包""又股又包"或"只股不包"等办法，把国有企业改造成为"真正自负盈亏的公有制企业"[④]。

① 厉以宁（1986）:《经济改革的基本思路——1986年4月5日在北京大学"五四"科学讨论会上的报告》,《中国经济改革的思路》,北京：中国展望出版社，1989年，第3页。
② 《加快推进公有制形式的改革》,《金融时报》, 1988年1月18日。
③ 《厉以宁预言中国将必定走股份化的道路》,《理论信息报》, 1986年11月3日。
④ 《深化改革的重点是公有制形式的改革——著名经济学家厉以宁的一次谈话》,《金融时报》, 1987年12月3日。

厉以宁教授还认为，在"非均衡"和企业仍不能自主经营和自负盈亏的情况下，价格是不可能放开的。他指出，在国有企业还不能自主经营和自负盈亏的情况下，"这样的价格改革，只能是'比价回归'，即比价调整以后不久又恢复到原来不合理的比价位置上，但是价格水平却比以前上升了。这对于资源配置情况的改善是起不到什么积极作用的"。[①]

第二，经济体制和价格的"双轨制"在经济上和政治上都具有积极作用，不应急于改变。

华生、何家成等青年经济学家论证说，"双轨制"是中国经济体制改革的伟大创造，它提供了一条具有中国特色的价格改革，乃至整个改革的道路[②]；"双轨制"使中国经济的运行机制发生改变，经济系统的运行开始受到市场的约束，它在增加供给、搞活市场方面的积极作用正在发挥，没有必要过早地加以改变，当前问题的症结在于微观经济基础（或称"微观经济组织"），即企业需要重构。他们认为用推动多种所有制成分的发展去改造现有的国有经济为主的财产关系有很大的弊病，因而推荐一种由经营者对国有企业的资产进行承包（"资产经营责任制"）的办法来改革国有企业的财产制度。[③]

具有很大决策影响力的国家体改委中国经济体制改革研究所的

① 厉以宁：《非均衡的中国经济》，北京：经济时报出版社，1990年，第8页。
② 华生、何家成、蒋跃、高梁、张少杰：《论具有中国特色的价格改革道路》，《经济研究》，1985年第2期。
③ 华生、何家成、张学军、罗小朋、边勇壮等：《经济运行模式的转换——试论中国进一步改革的问题和思路》和《微观经济基础的重新构造——再论中国进一步改革的问题和思路》，《经济研究》，1986年第2、3期。

一份研究报告进一步从社会政治层面论证了"双轨制"的作用。它写道："在双轨经济中有一种能够用行政权力分配资源的机制存在。在一定条件下，这种凭证的货币化会向权力的货币化转化，即分配凭证的权力，实际上是分配货币的权力，也就是说权力本身能够用货币度量了。""这种腐化行为在经济上是非常合理的。只要凭证货币化的机制发挥作用，计划所派生的权力又有所保留时，把对各种资源的分配权力当作一种资本来运用，就完全是一种非常自然的情况。"[①]

第三，紧缩性财政货币政策不利于企业经营和经济增长。

1985—1986 年，中国曾经有过一轮治理通货膨胀的过程，但是1986 年经济过热刚刚降温，又不断有人以这样或那样的理由主张实行扩张性的宏观经济政策，政府从第二季度起开始重新大幅度放松信贷。1987 年以后，甚至出现了"通货膨胀有益无害"的理论，认为通货膨胀、物价上涨是不可避免的，适度的、温和的通货膨胀不仅无害，还有利于经济增长。因此，为稳定经济而实行紧缩是不必要的，货币政策的第一要务是促使经济增长速度上升。[②]

事实上，政府的决策层也受到了这种主张的影响，在实际工作中"错误地以通货膨胀无害论和有益论作为指导"。[③]本来在 1984 年末和 1985 年初出现经济过热时，国务院领导是赞成采取紧缩性宏观

---

① 中国经济体制改革研究所研究报告（1986）：《价格：双轨制的作用和进一步改革的方向》。
② 有关讨论参见徐雪寒、赵效民、陈东琪、王绍飞、杨培新、李成瑞等：《稳定通货、稳定物价——关于我国通货膨胀问题的讨论》，《财贸经济》，1988 年第 3 期。
③ 参见于秀娥、任志江：《1988 年价格闯关失败思考与启示》，《中共中央党校学报》，2011 年第 3 期。

经济政策抑制总需求膨胀的。但在 1986 年 2 月出现了 GDP 零增长态势以后，领导人就决定放松对银行贷款的控制来支持经济增长。因此，从 1986 年第二季度开始，货币供应迅速扩张。1984—1987 年的四年间，国民生产总值年均增长 11.6%。而固定资产投资年均增长 26.3%，城乡居民货币收入年均增长 27.5%，市场货币流通量（M0）年均增长 28.7%，以致 1987 年第四季度通货膨胀进一步抬头。

这种情况，自然引起了一部分学者的担忧，甚至在决策层内部也有不同的意见。例如，中共中央政治局委员、国务院副总理田纪云在 1988 年 1 月的中共中央政治局会议上就明确表达了对于"需求大大超过供给""物价涨势猛而又控制不住"的担忧，以及对于把推行企业承包制作为改革主要措施的保留态度。[①]但党政主要领导人受"通货膨胀无害论"的影响，认为部分物价上涨不是总量问题，而只是由于农业生产的局部问题。于是，1988 年的中央"一号文件"一改历年以农业问题为主题的惯例，把重点放在对宏观经济形势作出解释上，强调 1987 年宏观经济情况良好，实现了有效益的增长，速度快而无通货膨胀的危险。

虽然在政府内外都对第一种主张提出了不同意见，但是这时党政主要领导人支持第一种主张的主意已定，听不进反对的意见了。

在停止价、税、财配套改革的同时，当时的党政主要领导人赵紫阳放弃了建设竞争性市场体系的构想，转而寻求将计划（主要是

---

① 　丁龙嘉：《田纪云 1988 年谈通胀》，《炎黄春秋》，2012 年第 2 期。文章指出："当时经济学界不少人怀着深深的忧虑提出了抑制通货膨胀的各种建议。但也有人提出温和通货膨胀无害的看法，这种看法对决策层有一定的影响。"本书作者在 1986—1988 年间也不止一次听到田纪云在正式会议和私下谈话中发表反对通货膨胀政策和国有企业承包制的意见。

通过选择性产业政策体现的间接计划）与市场结合起来的经济模式。随后，国家计划委员会和国家经济体制改革委员会在 1987 年 3—5 月陆续上报了《计划与市场关系座谈会纪要》《关于改革计划体制的十二条意见》和《计划与市场结合的基本思路》等体制设计文件。[①] 这些文件指出："在相当长的时期里，完善的生产资料市场难以形成，资金市场和其他市场更难以发育健全。在这种情况下，市场调节只能在一定范围和一定程度内运行，不可能调动全社会的经济活动。即使将来市场发育完善了，必要的计划调节和国家干预也是不可少的。"据此，他们建议采取"计划与市场渗透式结合的模式"，也就是国家计委研究机构的一些负责人在 1986 年该委召集的全国宏观经济管理讨论会上提出的"国家调控市场、市场引导企业"或"国家掌握市场、市场引导企业"模式[②]。

上述建议连同国务院发展研究中心效法日韩等国的先例、制定和实施选择性产业政策的建议得到赵紫阳的首肯，决定在引入选择性产业政策来调节市场的条件下，将"国家调节市场、市场引导企业"确定为中国经济体制改革的目标模式。[③]1987 年 10 月，他在中共十三大所作的政治报告中宣布，社会主义有计划的商品经济的"运行机制，总体上来说应当是'国家调节市场，市场引导企业'的机制。国家运用经济手段、法律手段和必要的行政手段，调节市场

① 房维中编：《在风浪中前进：中国发展与改革编年纪事（1977—1989）》第十分册（1987 年卷），2004 年初稿（未刊），第 81—86、158—184 页。
② 桂世镛主编：《论中国宏观经济管理》，北京：中国经济出版社，1987 年，第 18—26、68—81、235—255、361—368 页。
③ 房维中编：《在风浪中前进：中国发展与改革编年纪事（1977～1989）》第十分册（1987 年卷），2004 年初稿（未刊），第 91—112 页。

供求关系，创造适宜的经济和社会环境，以此引导企业进行经营决策"。① 在这一"运行机制"中，以产业政策形式出现的间接计划居于主导地位，而市场则成为政府管控下的市场。

这样，改革的目标模式，也从"有宏观经济管理的市场协调"（即科尔奈所说的 IIB 模式）退回到带有浓厚统制经济色彩的"间接的行政协调"（即科尔奈所说的 IB 模式）。

在前述第一种主张成为主流的情况下，持后一种观点的人还是据理力争。他们主张放慢增长速度，在创造比较宽松的宏观经济环境下，较快地进行价格改革和形成竞争性市场。其中最具代表性的是中国资深经济学家薛暮桥、千家驹和美国经济学家弗里德曼（Milton Friedman）。

薛暮桥历来对于采用扩张性的宏观经济政策（他用自己的表述方法，称之为"国民收入超分配"）拉动经济增长的办法持反对态度；同时主张尽快实现价格改革，使市场机制能够发挥作用。他一再指出："1986 年和 1987 年零售物价指数表面上看上涨不算高，仅为 6% 和 7%，其实，这是假象。在我国当时，物价处于半管半放状态，物价上涨的威胁加重了，就用行政限价来对付，过量货币大部分不能由物价上涨冲销，成为'隐蔽性的通货膨胀'，并导致物价体系新的扭曲。短缺的能源和原材料的计划价格被限制住了，而议价部分则价格猛涨，利用价格混乱从流通中转手倒卖牟取暴利的'官倒''私倒'盛行，扰乱市场秩序"，主张采用"管住货币、放开价格"的办法先用一段时间紧缩总需求，然后逐步做到把大部分价格

---

① 赵紫阳：《沿着有中国特色的社会主义道路前进——在中国共产党第十三次全国代表大会上的报告》，1987 年 10 月 25 日。

放开，使市场发挥作用，"让价值规律自发调节"。

薛暮桥原来一直受到领导人的尊重，但在 1987 年以后，他的经济思想却被认为"已经不合潮流"，都是些"老框框"，"缺新意"，并且薛关于"国民收入超分配"的判断多次被批评为"不科学"，他要求"创造宽松环境再改革"的主张也被说成是"不现实的，不改革怎么会出现宽松环境呢？"①

另外一位资深的经济学家千家驹在 1988 年 4 月的全国政协全体会议上批评价格问题处理失当：一方面"物价上涨幅度超过了工资增长的幅度，引起了部分群众的不满"；另一方面"价格不合理"，"既不反映价值，也不反映市场供求关系"。生产资料"实行价格的双轨制度，计划价格（牌价）与议价两种价格，议价比牌价高好几倍"，"这就给了不法分子以可乘之机。为获得牌价物资的优待，走后门，批条子，请客送礼，贿赂成风。他们以牌价购进各种物资，转手间以市价售出，即可获取厚利。甚或主管部门与不法分子互相勾结，串通一气，狼狈为奸，坐地分赃，这是目前社会风气不易好转的原因之一"。他还指出，改革价格体制，放开价格的最大障碍在于基建投资膨胀和货币超发。为此，他尖锐地批评了"某些主管部门一贯的好大喜功，急于求成，认为只有上基本建设才是经济发展的标志和动力的传统观念与习惯势力"，主张坚决压缩基建投资，消灭赤字财政，把省下来的钱用在支持价格改革，"提高职工工资和教育文化卫生科技事业上"。由于千家驹道出了人们的心声，他的 30

---

① 薛暮桥在他的回忆录"反通货膨胀问题上的争议"一节中对这场争论的情况有详细的描述。见薛暮桥：《薛暮桥回忆录》，天津：天津出版社，1996 年，第 411—418 页。

分钟发言竟获得了全国政协委员们 31 次掌声响应。[①] 然而他的这次切中时弊、深得人心的发言，从领导人那里得到的却是严厉的批评，被叫作"哗众取宠""抹黑共产党的领导"。[②]

弗里德曼 1988 年 8—9 月访问中国时，在给中国领导人赵紫阳的备忘录和跟他的谈话中尖锐地指出，"由于对原材料实行人为的低价，不可避免地导致短缺、凭关系配给和贿赂"，价格双轨制乃是"对腐败和浪费发出的公开邀请"。他建议一方面通过控制货币增长率来制止通货膨胀，另一方面通过快速地全面放开物价和工资控制来改变价格双轨制，尽快实现价格和汇率的自由化。[③]

弗里德曼在北京受到高规格的接待，但他的意见并没有受到重视。

即使在西方国家，长期使用凯恩斯主义的短期政策招致的弊病在第二次世界大战结束后也越来越使更多的人认识到，用通货膨胀维持繁荣是一种饮鸩止渴的办法。因此，越来越多的国家转而采取了控制货币供应量的政策。率先采用这种办法的是联邦德国。1948年，在当时负责经济事务的艾哈德（Ludwig Erhard, 1897—1977）主持下进行的货币改革和有关政策的实施，使联邦德国只用了短短几年就从第二次世界大战后的绝境中恢复过来，并在以后 20 余年中实

① 千家驹（1988）：《关于物价、教育、社会风气的几点意见》，《海外游子声》，香港：天地图书有限公司，1992 年。

② 千家驹：《从追求到幻灭——一个中国经济学家的自传》，台北：时报文化出版公司，1993 年，第 288 页。

③ Milton Friedman (1988). Memorandum from Milton Friedman to Zhao Ziyang（《弗里德曼致赵紫阳的备忘录》）. *Milton and Rose D. Friedman:Two Lucky People*, Chicago: University of Chicago Press, 1998, 607—609. 这份备忘录的中译文见《弗里德曼对中国经济改革的几点意见》，《改革》，1988 年第 5 期。

现了持续发展。这在西方被称为"经济奇迹"。按照弗里德曼的说法："所谓艾哈德的经济奇迹，其实非常简单，就是取消了物价和工资的限制，允许市场自由活动，同时严格限制货币总量。"④ 日本在1955—1973 年经济高速发展的"起飞时期"，也采取了通过控制货币供应量保持物价稳定的政策。这个时期日本批发物价的年平均上升率始终保持在 1.5% 以内。日本中央银行金融研究所所长铃木淑夫指出：市场物价总水平在起飞阶段的基本稳定，是实现经济高速发展的重要条件，如果像有些国家那样实行通货膨胀政策，物价总水平上升，就会因为企业不能根据准确的价格信号作出最优的资源配置决策而导致国民经济整体效益降低，从而无法实现持续的增长。⑤

遗憾的是，这些批评没有为一些领导人接受。

在改革停顿和货币超发的情况下，80 年代中后期中国的经济和社会矛盾变得十分尖锐，这主要表现在以下两个方面：

第一，用扩张性的货币政策和大规模投资来支撑高速增长，不可避免地造成货币超发和严重的通货膨胀。

1988 年 5 月上旬，中共中央政治局常委会在赵紫阳总书记的提议下决定在此后 5 年中进行价格和工资改革"闯关"，实现价格市场化。一些经济学家对采取这一行动的时机提出了不同意见。特别是在 5 月 25—27 日讨论如何执行这一决定的高层会议上，与会的两位经济学家刘国光和本书作者都认为，在采取扩张性宏观经济政策、

---

④ 米尔顿·弗里德曼（1980）：《访华演讲》，米尔顿·弗里德曼：《论通货膨胀》，杨培新译，北京：中国社会科学出版社，1982 年，第33 页。参见路德维希·艾哈德（1958）：《来自竞争的繁荣》，祝世康、穆家骥译，北京：商务印书馆，1983 年。

⑤ 铃木淑夫：《日本的金融政策》，张云方等译，北京：中国发展出版社，1995 年，第 6 页。

通货膨胀蓄势待发的情况下放开价格是不合适的，主张在停止货币扩张和进行一段时间的"宏观经济环境治理"以后再推出价格改革。我们表示反对在当时的宏观经济条件下立即进行"闯关"的主张，依据是：（1）1987年第四季度从农产品开始的涨价风正向其他领域扩散；（2）交通、生产资料供应的"瓶颈制约"日趋严重；（3）各地零星抢购已经发生；（4）4月居民储蓄存款出现了负增长。这些情况都表明，当时通货膨胀压力很大，如不首先进行宏观经济环境的治理，一旦宣布进行价格改革，通胀预期就会在大众中普遍形成，引发严重的通货膨胀和经济波动。因此，我们建议先用一段时间，比如说三年，治理经济环境，控制货币增发数量，然后才能做到把大多数价格放开，让市场发挥调节作用。但是，我们的意见受到了主持会议的领导人的反驳。后者根据几位经济学家去巴西等拉丁美洲国家调查后给他的报告，说拉丁美洲一些国家百分之近千的通货膨胀没有对经济繁荣造成障碍，应当对在高通货膨胀、高增长速度下成功进行物价"闯关"抱有信心。[1]

资深经济学家薛暮桥6月也在杂志上发表文章指出，在隐蔽性的通货膨胀已经十分严重的情况下进行价格改革不是一种正确的做法。[2] 他的提议，也没有得到领导人的正面回应。

接下来3个月的事态发展与领导人的乐观估计完全相反。8月初中共中央政治局会议正式宣布进行物价—工资"闯关"以后，通货

[1] 国家体改委体制改革研究所所长陈一咨后来所写的回忆录中，也印证了这位领导人所说的情况。陈一咨：《陈一咨回忆录》，香港：新世纪出版社传媒有限公司，2013年，第505—510页。

[2] 薛暮桥：《通货膨胀与物价上涨之关系》，原载《改革》，1988年第4期；《论中国经济体制改革》，天津：天津人民出版社，1990年，第401—410页。

膨胀预期迅速形成，全国普遍爆发挤提银行存款和抢购商品的风潮。1988 年下半年零售物价指数比上年同期提高 26.7%[①]，从当年 8 月开始，城市虽然大部分主要商品还是凭票供应的，8 月的商品销售总额还是比上年同期增长了 38.6%，爆发了全国性的商品抢购风潮。

第二，强大的命令经济与处于从属地位的市场经济"双轨制"，以及生产资料价格、利率、汇率"双轨制"，形成了广泛寻租活动的制度基础。

20 世纪 70 年代以来，一些西方学者在分析某些国家的贪污腐败现象时发现，根本的问题在于政府运用行政权力对企业和个人的经济活动进行干预和管制，妨碍了市场竞争的作用，从而创造了少数人通过特权取得超额收入的机会。根据美国经济学家布坎南（James W. Buchanan）和克鲁格（Anne Krueger）的论述，这种超额收入被称为"租金"（rent）[②]。谋求得到这种权力以取得租金的活动，被称作"寻租活动"（rent-seeking activities）。

寻租，就是由于政府对经济活动进行管制，增加官员的干预权力，能够接近这种权力的人利用合法或非法手段，如游说、疏通、

---

① 参见戴根有：《1988 年通货膨胀成因及治理建议》，《中国金融》，1989 年第 5 期。

② "租金"的本意专指地租。但在马歇尔（Alfred Marshall）那里，租金泛指各种生产要素的租金。租金来源于对该种要素的需求提高，而供给却因种种原因难于增加所产生的差价。现代国际贸易理论及"公共选择理论"中，租金仍指由于缺乏供给弹性而产生的差价收入。但是，这里的供给弹性不足，则是政府干预和行政管制（如进口配额、生产许可证发放、物价管制乃至特定行业从业人员的人数限制）抑制竞争造成的结果。为了区分这两种性质不同的租金，有的经济学家把后者叫作"非直接生产性利润"（directly unproductive profit, DUP）。

走后门、找后台等，得到占有租金的特权。由于行政权力可以创造寻租的条件，所以就有人利用权力进行"设置租金"（rent-setting）的活动，以便造成新的寻租的可能性。于是，为了寻求租金，寻租者向官员行贿；从租金中得利的官员，又力求保持原有租金制度和设立新的租金制度，形成行政管制，由寻租到设租，便产生了一个贪污腐化蔓延、因果联系的恶性循环圈。

对于中国在 20 世纪 80 年代起市场化改革中出现的腐败现象，有几种很不相同的认识：（1）腐败是市场经济中司空见惯的正常现象，既然认定了要实行市场取向的改革，就只能容忍它的发展，而不必少见多怪；（2）腐败是市场经济的必然产物，改革开放和市场经济是腐败流行的罪魁祸首，制止腐败行为应当加强行政管制，最好回到计划经济；（3）利用寻租理论和比较经济研究得出，腐败并不是市场经济的必然产物。腐败的根源在于旧的行政权力垄断，它并不是由市场取向的改革所产生，反而是改革不够快和不彻底而造成的。因此，必须把政府的行政管制限制在绝对必要的范围之内，对必要的行政权力进行监督和约束的同时确立平等竞争的市场经济新秩序，才能铲除寻租活动的基础。①

根据经济学家胡和立的估算，1988 年，中国普通商品的价差总额在 1500 亿元以上，国家银行贷款的利差总额在 1138.81 亿元以上，进口所用牌价外汇的汇差总额在 930.43 亿元以上，三项合计约占国民收入的 30%。如果加上其他租金，租金总额高达国民收入的40%。② 巨额租金使利用支配资源的行政权力谋私利的腐败行为迅速

① 《经济社会体制比较》编辑部编：《腐败，货币与权力的交换》，北京：中国展望出版社，1989 年。
② 胡和立：《1988 年我国租金价值的估算》，《经济社会体（转下页）

蔓延，造成了民怨沸腾的局面。[①]

通货膨胀和腐败滋生引起了大众的极大不满，诱发了 1989 年的政治动荡。

不论是 1988 年的经济风波，还是 1989 年的政治风波，其根本原因都在于改革推进不力，然而在这两场风波发生以后，邓小平后来在 1992 年南方谈话中严厉批评的一些"政治家、理论家"却利用这个机会，把矛头指向改革，指称中国的改革从一开始就出现"方向错误"，必须调转方向，回到改革开放前的老体制去。[②]

于是，改革转入了低潮。

（接上页）制比较》，1989 年第 5 期。

① 邓小平是承认这种情况的，他在总结 1989 年春夏之交政治风波的发生原因时指出："这次出这个乱子，其中一个原因，是由于腐败现象的滋生，使一部分群众对党和政府丧失了信心。"又说，"在这次事件中，没有反对改革开放的口号，口号比较集中的是反对腐败。当然这个口号在某些人来说是一个陪衬，其目的是用反腐败来蛊惑人心，但对我们来说，要整好我们的党，实现我们的战略目标，不惩治腐败，特别是党内高层的腐败现象，确实有失败的危险"。他因此提出，"惩治腐败，至少抓一二十件大案"，"我们一手抓改革开放，一手抓惩治腐败，这两件事结合起来，对照起来，就可以使我们的政策更加明朗，更能获得人心"。见邓小平 1989 年 5 月 31 日《组成一个实行改革的有希望的领导集体》和 1989 年 6 月 16 日和中共中央几位负责人的谈话《第三代领导集体的当务之急》，《邓小平文选》第三卷，北京：人民出版社，第 300、313—314 页。

② 邓小平在南方谈话中说："有些理论家、政治家，拿大帽子吓唬人的，不是右，而是'左'。'左'带有革命的色彩，好像越'左'越革命。'左'的东西在我们党的历史上可怕呀！一个好好的东西，一下子被他搞掉了。"见邓小平（1992）：《在武昌、深圳、珠海、上海等地的谈话要点》，《邓小平文选》第三卷，北京：人民出版社，第 375 页。

第 5 章　20 世纪 90 年代经济改革的整体推进

　　20 世纪 90 年代是中国经济发生大变化的十年。1989 年以后，在强调中国经济必须坚持计划经济性质的社会气氛下，各项改革都停顿了下来，甚至在一些重要的方面出现了倒退。但是，不管是对民营经济采取的抑制政策还是对国有经济采取的扶持政策，都没有取得预期的成效。1990—1991 年，取得大量国有银行贷款支持的国有企业继续处于衰退状态，反倒是受到压制的民营经济逐渐展现出自己的活力。

　　在这样的背景下，开始了一场市场取向的改革是否正确的大争论。经过几个回合的较量以后，邓小平 1992 年初的南方谈话在干部和民众的支持下取得了压倒性的胜利，随即在全国范围内掀起了要求重启改革的热潮。邓小平南方谈话激发起的改革浪潮直接导致 1992 年中共十四大确立了社会主义市场经济的改革目标。接下来的中共十四届三中全会制定了推进整体改革的行动纲领：《中共中央关于建立社会主义市场经济体制若干问题的决定》。

　　这一纲领的实施，整体推进了中国经济改革。

5.1 1989—1992 年的改革目标大辩论

从 1989 年中期开始，一些人发动了对中共十三大制定的路线的批判。他们指责中共十三大的中央委员会报告是"资产阶级自由化纲领"。

1989 年 12 月，时任中共中央宣传部部长王忍之在中央党校的党建理论研究班做了题为《关于反对资产阶级自由化》的长篇报告，然后在《人民日报》和《求是》杂志上公开发表，成为全国干部的学习文件。这份文件对 70 年代末期以来的改革进行了全面批判，指责市场取向的经济改革是要"取消计划经济，实现市场化"，政治改革是要"搞三权分立，取消共产党的领导"，总之就是要"改变社会主义制度，实行资本主义制度"。[①]

这种与中共十三大路线相对立的主张，遭到邓小平批驳，但是这并没阻止改变中共十三大方针的活动。邓小平在和新当选的领导人谈话以及接见外宾时郑重指出："十三大政治报告是经过党的代表大会通过的，一个字都不能动"[②]；"十三大制定的路线不能改变，谁改变谁垮台"。[③] 然而事实上，十三大确定的方针做了一些重大的改变。例如，改变中共十二届三中全会和十三大确定的改革目标，将

----

① 王忍之（1990）：《关于反对资产阶级自由化——1989 年 12 月 15 日在党建理论研究班的讲话》，《人民日报》，1990 年 2 月 22 日；《求是》，1990 年第 4 期。

② 邓小平（1989）：《组成一个实行改革的有希望的领导集体》，《邓小平文选》第三卷，北京：人民出版社，1993 年，第 296 页。

③ 邓小平（1989）：《我们有信心把中国的事情做得更好》，《邓小平文选》第三卷，北京：人民出版社，1993 年，第 324 页。

它从"社会主义商品经济"改变为"计划经济与市场调节相结合"[①]，并且由中央报刊组织大规模的讨论；宣传改革目标从商品经济到计划经济的变化。[②]

在对市场化改革进行政治理论批判的同时，还在经济政策上实行一系列开倒车的措施，加强计划管理并对民营经济发展进行抑制：（1）给国有企业"吃偏饭"，进行大力扶植，同时上收国企组建垄断性的集团公司；（2）停止对乡镇企业发放贷款；（3）用严格查处偷税漏税和施以重罚等手段打压私营企业；（4）在农村开展"社会主义教育"运动，在北京远郊区还进行了"二次合作化"的试点。

在一系列强硬的紧缩措施的影响下，货币供应量增速开始下降，物价相应回落，市场需求疲软。

在"左"的舆论压力和政策打击下，民营经济受到严重的冲击。1989 年出现了个体、私营企业大批歇业的风潮。1989 年 6 月末，全国个体户从 1988 年末的 1454.9 万户减少到 1234.3 万户，从业人员从 1988 年来的 2304.9 万减少到 1943.6 万人，分别下降了 15.0% 和

[①] 1982 年中共十二大规定的改革目标是"以计划经济为主"。1984 年的十二届三中全会将这一目标改变为"社会主义商品经济"。中共十三大承续了十二届三中全会的这一决定。邓小平在 1987 年 2 月 6 日同一些领导人讨论十三大的筹备和十三大报告起草等问题时明确指出："我们以前是学苏联的，搞计划经济。后来又讲计划经济为主，现在不要再讲这个了。"中共中央文献研究室编：《邓小平思想年谱（1975—1997）》，北京：中央文献出版社，2004 年，第 1168 页；同见邓小平（1987）：《计划和市场都是发展生产力的方法》，《邓小平文选》第三卷，北京：人民出版社，1993 年，第 203 页。邓小平的这一意见，后来成为中共十三大的共识。

[②] 参见王梦奎、王昭栋主编：《改革的目标——计划经济与市场调节相结合》，北京：经济日报出版社，1990 年。

15.7%。^①到1989年末，私营企业减少了一半左右^②。经济萧条，失业增加，引起群众很大不满。

不过，这种扶植国营经济和压制民营企业的做法没有达到预期的目标，而是"一而鼓，再而衰，三而竭"：一方面国有企业"启而不动"，继续处在增长乏力的状态；另一方面，民营企业虽然由于遇到很大的困难而一度大批歇业，但是经过调整和重组以后很快又重振旗鼓。

从1991年起，在民营经济的带动下，国民经济开始复苏。

在学术界，就社会主义经济应当是计划经济还是市场经济的问题也进行了正面交锋。1990年7月5日，中共中央政治局常委会邀集一些知名的经济学家座谈经济形势和对策。^③会议一开始，就在改革应当"计划取向"还是"市场取向"这个问题上发生了激烈的争论。主张经济体制应当"计划取向"的人们强调，社会主义只能在公有制的基础上实行计划经济。市场调节只应在国家计划许可的范围内起辅助作用，而不能喧宾夺主。他们说，1988年的通货膨胀和1989年的政治风波，都是由于前些年颠倒了这种关系，采取了市场取向改革的错误路线的结果。

主张改革应当"市场取向"的人则据理力争，强调必须坚持十一届三中全会以来的改革路线，维护市场取向的正确方向；并且指出"计划经济与市场调节"的口号是从中共十二届三中全会和十三大

---

① 陆百甫主编：《大重组——中国所有制结构重组的重大问题》，北京：中国发展出版社，1998年，第170页。

② 凌志军：《沉浮——中国经济改革备忘录》，上海：东方出版中心，1998年，第449页。

③ 出席会议的有薛暮桥、刘国光、苏星、吴树青、有林、袁木、许毅、吴敬琏等十多人。

的提法后退，应当恢复原来的提法。薛暮桥不但在会上发了言，还在会后给中央主要领导人写了一封长信，批驳攻击改革路线的言论。他明确指出，东欧剧变的主要原因，是因为未做彻底改革，老是跳不出乱物价、软财政、软信贷的圈子；我们必须认清形势，当机立断，推进以建立在商品经济基础上的经济体制为目标的综合改革，才能克服困难，走向繁荣。①

对市场经济改革的批判和由此引起的倒退，越过了邓小平的底线，使他在 1990 年底开始了反击。

首先，1990 年 12 月 24 日中共十三届七中全会开幕的前一天，邓小平与党和国家的现任领导人进行谈话，提出改革开放要向前推进，"不要怕冒一点风险"，"改革开放越前进，承担和抵抗风险的能力就越强"。在这次讲话中，邓小平还特别讲到了"搞市场经济"的必要性，他说："我们必须从理论上搞懂，资本主义与社会主义的区分不在于是计划还是市场这样的问题。""社会主义最大的优越性就是共同富裕，这是体现社会主义本质的一个东西。""不要以为搞点市场经济就是资本主义道路，没有那么回事。计划和市场都得要。不搞市场，连世界上的信息都没有，是自甘落后。"②

1991 年，邓小平在上海过春节。在 1 月 28 日到 2 月 18 日上海考察期间，邓小平发表了一系列重要讲话。他重申要有勇气推进改革开放。"改革开放还要讲"，"光我一个人说话还不够，我们党要说话，要说几十年"。他再次讲到市场经济问题："不要以为，一说计

① 参见薛暮桥（1996）：《薛暮桥回忆录》，天津：天津人民出版社，2006 年版，第 336—338 页。
② 邓小平（1990）：《善于利用时机解决发展问题》，《邓小平文选》第三卷，北京：人民出版社，1993 年，第 364 页。

划经济就是社会主义，一说市场经济就是资本主义，不是那么回事，两者都是手段，市场也可以为社会主义服务。"[1]"希望上海人民思想更解放一点，胆子更大一点，步子更快一点。"

上海《解放日报》党委书记周瑞金等人在得知邓小平讲话的内容以后，以"皇甫平"的笔名在《解放日报》接连发表四篇文章[2]，传达邓小平要在建立市场经济上寻求新突破的声音。

皇甫平的四篇文章，突破了压抑、沉闷的空气，吹来了一股清新的改革春风。广大读者欢欣鼓舞，奔走相告，期待事态进一步朝向有利于改革开放的方向发展。

但是这四篇文章却激怒了一些捍卫计划经济体制的人，他们对皇甫平传达的改革思想发动了"上纲上线"的批判。中国社会科学院当代中国研究所机关杂志《当代思潮》抓住皇甫平第三篇文章《扩大开放的意识要更强些》中改革开放不要"囿于'姓社还是姓资'的诘难"的提法开了头炮，提出"改革开放可以不问姓社姓资吗？"[3]的质问。接着，各级报刊一拥而上，几乎全国所有主流媒体都参加了对皇甫平的大批判。其间，有重要影响的政治家和马列主义理论家邓力群还在《人民日报》发表题为《坚持人民民主专政，反对和防止和平演变》的长篇文章，提出全国人民面临着阶级斗争和全面建设的"双重任务"，把矛头直接指向"以阶级斗争为纲"向"以经济建设为中心"的转变。这场持续了将近6个月的大批判运动，

① 邓小平（1991）：《视察上海时的谈话》，同上，第367页。
② 皇甫平（1991）：《做改革开放的"带头羊"》《改革开放要有新思路》《扩大开放的意识要更强些》《改革开放需要大批德才兼备的干部》，见《解放日报》，1991年2月15日、3月2日、3月22日、4月12日。
③ 流波：《改革开放可以不问姓"社"姓"资"吗？》，《当代思潮》，1991年第2期。

给改革开放的路线加上了"引向了资本主义邪路""断送社会主义事业""宣扬庸俗生产力论""鼓吹经济实用主义"等一大堆政治帽子，力图扼杀市场取向的改革。

对皇甫平的批判，引起了各界人士的极大反感。尽管表面上声势浩大，但不论在政界还是学界，绝大多数人是同情和支持改革的。这一事件促使官方和民间支持改革开放的人们采取积极的行动起来维护改革。在中国社会科学院 7 月 4 日召开的讨论经济领域重要理论的座谈会上，众多学者提出了对批判者的不同意见。①

在官方采取的行动中，最为重要的是 1991 年 10 月 17 日到 12 月 14 日江泽民总书记主持召开的 11 次中央重要领导人与各部门研究机构负责人和一些经济学家参加的座谈会。江泽民对与会专家提出了三个问题来进行讨论：一是怎样用马克思主义观点看战后资本主义经济的发展和现状；二是苏东剧变的根本教训是什么；三是怎样建设有中国特色的社会主义。这三个议题，是从外到里，最后落脚到第三个问题："怎样建设中国特色的社会主义"。在这个问题上花的时间最多。与会的经济学家从理论和历史相结合的层面深入探讨体制、机制及其效应问题，和领导人进行了平等对话。他们在发言中无一例外地赞成改革的市场取向。有些发言还对市场有效配置资源和建立兼容的激励机制等基本功能作出了经济学的解释。②

影响更大的是，1992 年 1 月 18 日到 2 月 21 日，邓小平在武昌、深圳、珠海、上海直接面对干部群众发表著名的南方谈话，要求加

① 参见《在当前经济学领域若干重要理论问题座谈会上的发言（摘要）》，《经济研究》，1991 年第 8 期。

② 参见陈君、洪南编：《江泽民与社会主义市场经济体制的提出——社会主义市场经济 20 年回顾》，北京：中央文献出版社，2012 年。

快改革开放的步伐。他指出："改革开放迈不开步子，不敢闯，说来说去就是怕资本主义的东西多了，走了资本主义道路。要害是姓'资'还是姓'社'的问题。判断的标准，应该主要看是否有利于发展社会主义社会的生产力，是否有利于增强社会主义国家的综合国力，是否有利于提高人民的生活水平。"[1]他明确指出："计划多一点还是市场多一点，不是社会主义与资本主义的本质区别。"

2月底，中共中央决定将邓小平"南方谈话"纪要作为1992年中央"2号文件"下发，并逐级传达到全体党员干部。3月9日至10日中共中央政治局全体会议讨论了邓小平的"南方谈话"，认为它不仅对中国当前的改革和建设具有十分重要的指导作用，而且对中国整个社会主义现代化建设事业具有重大而深远的意义。会后新华社和《人民日报》发表的新闻稿要求要抓住当前的时机，加快改革开放的步伐，集中精力把经济建设搞上去。[2]

在开始的一段时间，邓小平的讲话没有在内地传媒上公开发表，3月中旬经过海外传媒陆续传回内地以后，得到了广大干部群众的热烈响应，他们以多种形式发表意见，支持邓小平对"左"倾回潮的批判，要求进一步推进市场化改革[3]。一方面是当时的经济和政治状况使"不改革开放，只能是死路一条"的形势显现得十分清楚，另一方面有赞成改革的党政领导人和各界有识之士做了认真的努力，

① 邓小平（1992）：《在武昌、深圳、珠海、上海等地的谈话要点》，《邓小平文选》第三卷，北京：人民出版社，1993年，第372页。

② 《中共中央政治局召开会议讨论我国改革和发展的若干重大问题》，中共中央文献研究室编：《十三大以来重要文献选编（下）》，人民出版社，1993年，第1970—1972页。

③ 参见《反"左"·用资·加速改革开放——中国著名学者一吐肺腑之言》，香港《经济导报》，总第2261期，1992年3月23日。

终于使形势很快地向有利于改革的方向转变。这样，就为将要在当年10月召开的中共十四大定下了进一步推进改革的方向。

5.2 社会主义市场经济目标的确立

在邓小平南方谈话掀起的要求改革热潮的推动下，1992年上半年的政治形势显然有利于市场化改革的推进。但是，由于意识形态惯性的存在，改革派中的许多人还是对于中共十四大是否能够明确宣布市场经济的改革目标持怀疑态度。

6月9日，江泽民在中共中央党校省部级干部进修班为十四大确定基调的讲话中提出了改革目标模式的几种可选方案。他在讲话中系统回顾了1978年中共十一届三中全会以来对计划和市场问题的认识，提出在十四大报告中"总得最后确定一种大多数同志都赞同的有关经济体制的比较科学的提法，以利于进一步统一全党同志的认识和行动，以利于加快我国社会主义的新经济体制的建立"。他说，对于我们所追求的"新经济体制"是什么样的，除了正式文件已有的提法，在最近又有了一些新的提法。大体上包括以下几种，这就是："计划与市场结合的社会主义商品经济体制""社会主义有计划的市场经济体制""社会主义的市场经济体制"。他表示自己倾向于使用"社会主义市场经济"这个提法。[①]

江泽民这样以征求意见的口气提出问题，是因为核心领导层中

[①] 江泽民（1992）：《关于在我国建立社会主义市场经济体制》，《江泽民文选》第一卷，北京：人民出版社，2006年，第198—205页。

的一些人认为在高级干部中可能存在不同意见，担心贸然提出会引起争论。殊不知"社会主义市场经济"的提法非但没有遭到反对，相反得到了与会高级干部的普遍赞同。这样，就为中共十四大确立社会主义市场经济的改革目标定下了基调。

虽然中国的改革者们从一开始就朝着扩大市场作用的方向用力，但是中国要建立什么样的经济体制，一直没有在执政党的领导层中取得共识，还不时出现摇摆甚至反复。因此，1992年10月中共十四大正式确立社会主义市场经济的改革目标具有里程碑的意义。正如一年以后的中共十四届三中全会《中共中央关于建立社会主义市场经济体制若干问题的决定》（简称"50条"《决定》）所指出的那样："十四大明确提出的建立社会主义市场经济体制，这是建设有中国特色社会主义理论的重要组成部分，对于我国现代化建设事业具有重大而深远的意义。"

不仅如此，虽然1984年的中共十二届三中全会《中共中央关于经济体制改革的决定》提出了"社会主义有计划商品经济"的改革目标，却并未对它作出明确的经济学界定，而中共十四大的中央委员会报告明确指出："我们要建立的社会主义市场经济体制，就是要使市场在社会主义国家宏观调控下对资源配置起基础性作用，使经济活动遵循价值规律的要求，适应供求关系的变化；通过价格杠杆和竞争机制的功能，把资源配置到效益较好的环节中去，并给企业以压力和动力，实现优胜劣汰；运用市场对各种经济信号反应比较灵敏的优点，促进生产和需求的及时协调。"[1]

---

① 江泽民（1992）：《加快改革开放和现代化建设步伐，夺取有中国特色社会主义事业的更大胜利——在中国共产党第十四次全国代表大会上的报告（1992年10月12日）》，《人民日报》，1992年10月21日。

5.3 "50条"《决定》的改革总体规划

确定改革的目标模式只是展开建立市场制度大战役的前奏。市场对稀缺资源的有效配置要通过一整套体制机制才能实现。因此，中共十四大确定市场经济的改革目标以后，接下来就要对建设统一、开放、竞争、有序的市场体系进行规划和设计。1993年5月，中共中央着手进行总体规划调查研究工作，组织了25人的文件起草小组。同时派出了由300人组成的16个调查小组进行调查研究。再加上社会上许多研究机构提出的建议，最后，形成了提交中共十四届三中全会的《中共中央关于建立社会主义市场经济体制若干问题的决定》。"50条"《决定》是对十四大报告的具体展开，既是关于社会主义市场经济体制机制的总体设计，又是通过整体改革构建这套体制机制的行动纲领。[①]

和"50条"《决定》相配合的，还有一些单项改革方案。例如，国务院在1993年12月15日、12月25日和1994年1月11日，分别作出《关于实行分税制财政管理体制的决定》《关于金融体制改革的决定》和《关于进一步深化对外贸易体制改革的决定》。

这一套经济改革的总体设计包含以下两个方面的突出内容：

第一，明确提出"整体推进和重点突破相结合"的新的改革战略。在1992年中共十四大以前，中国改革采取的战略是不直接触及国有企业制度改变，而在体制外围进行增量改革。在采取增量改革战略时期，通常的做法是在每一个阶段选择一两项改革作为改革的

---

① 以上均见王梦奎：《参加起草十四届三中全会〈决定〉的回忆》,《中国发展观察》,2012年第5期。

"突破口"，然后经过许多年乃至几代人的积累逐渐形成市场经济体系。在"50条"《决定》起草的调查研究阶段，有的调研组曾经建议沿袭过去的说法，实行"整体渐进、阶段突破"的战略。"50条"《决定》将它修改为"整体推进、重点突破"，虽然只改了三个字，却意味着改革战略的重大变化。这就是说，改革不只要在"体制外"的边缘地带进攻，而且要在国有部门打攻坚战，通过"重要环节取得突破，带动改革全局"。

"50条"《决定》要求运用整体推进、重点突破相结合的战略在20世纪末初步建立起社会主义市场经济制度。它着重指出，以邓小平1992年初的重要谈话和中共十四大为标志，"我国改革开放和现代化建设事业进入了一个新的发展阶段"，"在本世纪末初步建立起新的经济体制，是全党和全国各族人民在新时期的伟大历史任务"。

第二，明确提出改革的基本任务在于"培育和发展市场体系"，"形成统一、开放、竞争、有序的大市场"。我们已经说过，虽然中国政府在20世纪80年代早期和中期都提出过"发挥市场调节的作用""建立社会主义有计划商品经济"等口号，但是并没有对什么是"市场调节"和什么是"商品经济"作出清晰的经济学说明。进入80年代后期，随着经济科学取得了巨大的进步，有关问题也变得越来越清晰。中共十四大明确改革的目标是建立社会主义市场经济，并且对市场经济的实质和功能作出了科学的说明，"50条"《决定》的贡献，是对能够实现资源有效配置职能的经济体制做了进一步的界定。

"50条"《决定》指出："发挥市场机制在资源配置中的基础性作用，必须培育和发展市场体系。当前要着重发展生产要素市场，规范市场行为，打破地区、部门的分割和封锁，反对不正当竞争，创造平等竞争的环境，形成统一、开放、竞争、有序的大市场。"

由于市场是通过反映市场供求的价格信号实现资源有效配置的，建立市场体系改革的重中之重自然就应当落到价格改革即由市场形成价格的机制上来。其中首先是商品价格形成机制的改革。它曾经被一些人认为是十分困难和不应放在优先地位上的，因而是否应当着手进行商品价格改革还曾经成为争论改革顺序的焦点。然而，从1989年到1992年的短短三年时间内，在1989年初开始的严厉货币紧缩条件下和一些具有改革意识的地方政府和相关部门的推动下，除了石油制品以外的商品价格就波澜不惊地放开了（其中，粮食价格在1994年恢复定购制度，再度实行双轨定价）。这样，"50条"《决定》除了要求放开少数仍然存在管制的生产资料价格外，就把改革的重点放在资金、劳动力等生产要素价格的改革上，要求加速要素价格市场化进程。培育市场体系的重点也是发展要素市场，包括金融市场、劳动力市场、房地产市场、技术市场和信息市场等。

根据以上情况，"50条"《决定》确定了以下的改革重点：

1. 积极推进财税体制改革

中华人民共和国成立以后，适应"国家辛迪加"消除了公共部门与私人部门的区别特性，财税体系具有以下四方面的特点：①政府的公共财政与企业财务合一，组成一个包括国家预算、银行信贷和企业财务在内的统一财政体系。②政府运用自己的定价权和国有企业的垄断权，通过税收以外的方式组织大部分预算收入。通过对农产品等低定价将农村创造的剩余转移到国有部门，并通过国有部门的利税上缴把几乎全部剩余纳入国家预算。③不同部门、不同地区和不同企业之间的利税水平差异很大。国有企业作为"国家辛迪加"的一个经济单位，利税都属于国家。而各个企业的税率差别巨大、结构复杂，部门之间与企业之间苦乐不均。④无论财政收入还是财政支出责任，都高度集中。这套体制在 1958 年曾经向行政性分权的方向跨出了不小的步子，但在"大跃进"失败后，通过加强行政集权来救治混乱的过程中，又向统收统支回归了。在改革开放前的大部分时间里始终保持着这种高度集中的财政体制。

改革开始以后，中国政府对公共部门采取了"放权让利"的方针。1979 年，国务院决定除北京、天津、上海三个直辖市仍实行接近于统收统支的办法外，其他省和自治区实行"分灶吃饭"的办法，"划分收支、分级包干"的分级预算制度，开始了长达 13 年的地方财政包干制度。"分灶吃饭"的办法从 1988 年起固化为一种被称为"财政大包干"的正式制度，其特点是将全国 37 个省、自治区、直辖市和副省级"计划单列市"全部纳入"包干"体系，分成"收入递增包干""收入总额分成""总额分成加增长分成""上解额递增包干""定额上解""定额补助"等办法确定地方政府对中央政府的财政关系。同时，政府与企业的财务关系也进行了调整，由过去国有企业税利全部上缴财政和投资全部由财政拨款，改为不同形式的"留成"和"包干"的办法。实行财政承包制，原希望确保中央预算收入的同时明确地方的权利和责任，发挥中央和地方两个积极性。实行这种体制后，地方政府的积极性的确得到了一定程度的发挥，而且促使地方政府保护和支持本地企业（包括非国有企业）的发展。但是，它也带来了一系列消极后果：①财政收入特别是中央财政收入下降过多，使国家财力不足以支持政府履行其社会职责。②分成率不公平造成各地区之间"苦乐不均"，"鞭打快牛"。③强化地方保护主义，加剧市场割据，形成所谓"诸侯经济"。

针对存在的问题，财税改革重点，一是"把现行地方财政包干制改为在合理划分中央与地方事权基础上的分税制"。^①二是"按照统一税法、公平税负、简化税制和合理分权的原则，改革和完善税收制度。推行以增值税为主体的流转税制度，对少数商品征收消费税"。"统一企业所得税和个人所得税，规范税率、扩大税基。"

2. 加快金融体制改革

我国计划经济时期的金融体系具有如下特征：除货币外没有其他金融资产；货币只是作为计价算账工具的所谓"消极货币"；采用"现金管理"等手段对现金使用进行严格限制和控制；工商企业相互之间的信用关系（"商业信用"）被严格禁止；银行只是作为国家的出纳机构存在，采取中央银行与商业银行合一的单一银行体制；银行只承担微不足道的资金跨时间配置功能，对企业的融资限于对"非定额流动资金"（即流动资金的非常年占用部分）信贷；居民个人除了可以在银行开设储蓄存款账户外，不得涉足任何其他金融活动。"文化大革命"期间，这种只具有极其有限功能的银行体系也被废除。中国人民银行成为财政部的一个内设机构。

"文化大革命"结束后，中国政府着手重建银行体系。20 世纪80 年代初期，中国银行、中国农业银行、中国人民建设银行逐步从中国人民银行和财政部中分离出来，加上新建立的中国工商银行，组成了专业银行体系。1983 年，国务院明确中国人民银行专门行使中央银行职能。1984 年以后，地方银行和信托投资公司、金融租赁

---

① "分税制"是在国家各级政府之间合理划分事权的基础上，结合税种的特性，划分中央与地方的税收管理权限和税收收入，并辅之以转移支付的预算管理体制。它是一种仿效大多数市场经济大国采用的分权型预算制度："财政联邦主义"（fiscal federalism）体制。"财政联邦主义"的要点，在于按照各种财政收入和支出责任的性质来确定各级政府的收入和支出结构。

公司等非银行金融机构开始建立。经过这些改革，中国的商业银行体系与市场经济国家的商业银行体系在形式上相似，然而在实质上还有很大的差别。首先，这些"独立"的专业银行和非银行金融机构仍然是行政机关的附属物，政企不分，商业性金融业务与政策性金融业务不分，中央银行也仍然把它们当作自己的行政下属来管理。同时，作为中央银行的中国人民银行，则是职能不清、调控手段陈旧、组织结构不合理，无法有效行使稳定货币的基本职能。

"50条"《决定》的主要要求是：第一，中国人民银行作为中央银行，在国务院领导下独立执行货币政策，从主要依靠信贷规模管理，转变为运用存款准备金率、中央银行贷款利率和公开市场业务等手段，调控货币供应量，保持币值稳定；监管各类金融机构，维护金融秩序，不再对非金融机构办理业务。第二，专业银行要逐步转变为商业银行，并根据需要有步骤地组建农村合作银行和城市合作银行，规范与发展非银行金融机构。第三，实行银行政策性业务与商业性业务分离，组建国家开发银行、中国进出口银行和中国农业发展银行，承担严格界定的政策性业务。

3.改革外汇管理体制

在计划经济时代，与进口替代的外贸政策相衔接，中国一直实行本币价值高估的外汇政策。1979年以后，为了调动出口企业创汇的积极性，国务院于1979年8月颁发了《关于大力发展对外贸易增加外汇收入若干问题的规定》，实行贸易外汇留成办法。所谓外汇留成，是指出口企业将出口收入的外汇卖给国家后，国家按规定给予出口企业和地方一定比例的外汇留成额度，企业可以在自己的留成额度范围内支现留成外汇。

但是，外汇留成制度存在外汇供给和外汇需求错位的问题，即有的单位有外汇留成却并不需要使用外汇，有的单位需要使用外汇却没有外汇留成额度。为了解决这个问题，1980 年 10 月国家外汇管理局批准中国银行在北京、上海等 12 个大中城市办理外汇调剂业务，允许出口企业向需要外汇的进口企业以调剂市场价格出售自己的留成外汇。这样，就形成了外汇调剂市场和官价外汇市场并存的外汇交易"双轨制"。双重汇率制度具有和价格双轨制相类似的积极作用和制度缺陷，亟须加以改变。

"50 条"《决定》对外汇改革只写了短短的一段话，这就是"建立以市场为基础的有管理的浮动汇率制度和统一规范的外汇市场。逐步使人民币成为可兑换的货币"。然而，这却标志着中国外汇管理体制的根本性转变。

4. 建立广覆盖、多层次的社会保障体系

建立完善的社会保障制度是社会主义纲领的一项重要内容。中华人民共和国成立以后，也依照苏联和其他社会主义国家的先例，建立起受益确定①和现收现付制②的社会保障体系。1952 年的《中华人民共和国劳动保险条例》，规定由国家统筹、企业实施对职工和职工家属的全面的劳动保险。根据这一条例，在国营企业建立起了劳

---

① 各国社会保障的支付标准有两种基本的类型。一种是受益按预先规定的标准支付，被称为受益确定（defined benefit，DB）型的社会保障，另一种是受益水平与缴费多少挂钩的缴费确定（defined contribution，DC）型的社会保障。

② 现收现付制（pay as you go），即以当前的收入来支付社保支出，也就是正在工作的下一代人的缴费，直接用于支付当前退休人员的养老金。其特点是，保险金即期给付，无须预先积累；通过转移支付，体现社保的共济性和福利性。它的缺陷是代际转移，上一代用下一代的钱，可能损害工作一代的积极性。在人口老龄化的情况下，社会保障体系将面临较大的财政困难，甚至导致巨额的财政赤字。

动保障制度，在农村，除了对鳏寡孤独等无人赡养的社员提供低水平社会保障外，其他人员基本没有社保。

这套社会保障制度，除了自身存在的代际转移问题，还有由"单位"（机关、企事业单位等）负责实施，"单位"以外的居民和广大的农村居民几乎没有社会保障等多方面的缺陷。不同国有"单位"的保障水平也存在很大差异。而且受益人没有自主选择权和社保管理机构缺乏受益人的监督，难免滋长官僚主义，推高社保营运成本。

随着中国经济改革的进展，旧有的社会保障体系的缺陷暴露得越来越彻底，创建新的社会保障体系就变得十分迫切了。

"50条"《决定》用了较大的篇幅论述了建立包括社会保险、社会救济、社会福利、优抚安置和社会互助、个人储蓄积累保障等内容的多层次社会保障制度的问题。

新社会保障体系的基本原则是：第一，建立广覆盖、多层次的社会保障体系。覆盖面既包括城市也包括农村，既包括国有部门也包括非国有部门，但社会保障方式应有区别。多层次是指这一体系包括现收现付的最低生活保障等社会保障、统账结合的养老和医疗卫生保障体系以及商业性保险等多个层次。第二，"按照社会保障的不同类型确定其资金来源和保障方式"：城镇职工养老和医疗保险金由单位和个人共同负担，实行社会统筹和个人账户相结合；农民养老以家庭保障为主、与社区扶持相结合，发展和完善农村合作医疗制度。第三，建立统一的社会保障管理机构。社会保障行政管理和社会保险基金经营要分开。社会保障管理机构主要行使行政管理职能。社会保险基金经办机构，在保证基金正常支付和安全性流动性的前提下，确保社会保险基金的保值增值。

1993年十四届三中全会提出中国自己的社会保障体系框架，是一个创造性的社保方案。在世界银行 1994 年提出的建立"多支柱养老金体系",即公共养老计划、强制性的养老金计划和个人或企业自愿建立的养老金计划[1],以及 2005 年世界银行在总结前十年各国社会保障经验基础上提出的"五支柱"方案[2]中,都可以看到 1993 年中国方案的影响。

5. 在国有企业中建立现代企业制度

自由进入、自主决策、放开经营、自负盈亏的自由企业制度,是市场经济的微观基础,也是保持市场体系竞争性的必要前提。[3]然而,过去国有企业改革的主要方向是"放活企业",即向国有企业、主要是国有企业经理人员"放权让利"。可是,这类在没有建立起所有者与经营者之间制衡关系条件下向经营者"松绑放权"的措施,并没有达到使企业成为"自主经营、自负盈亏"独立主体和提高国有企业效率的预期目的;相反,造成了相当普遍的"'内部人控制'失控"[4]。"50 条"《决定》对国有企业改革的论述,突出了要从"增强企业活力"转向"着力进行制度创新",建立"现代企业制度"。对

---

[1] 世界银行(1994):《防止老龄危机——保护老年人及促进增长的政策》,北京:中国财政经济出版社,1996 年。

[2] 世界银行(2005):《21 世纪的老年收入保障——养老金制度改革国际比较》,北京:中国劳动社会保障出版社,2006 年。

[3] 在中国改革的早期阶段,一些经济学家就提出过这一重要问题。参见周小川(1989):《外贸体制改革的探讨》,北京:中国展望出版社,1989 年,第 219、478 页。

[4] 早在 1994 年在北京京伦饭店召开的"中国经济体制的下一步改革"国际研讨会上,一批中外学者就尖锐地提出了必须通过建立有效的公司治理机制来控制"内部人控制"的问题(参见吴敬琏、周小川等著:《公司治理结构、债务重组和破产程序——重温 1994 年京伦会议》,北京:中央编译出版社,1999 年)。不过,这方面的改革一直进展缓慢。

于国有企业而言，能够适应市场经济的企业制度，只能是现代公司制度，或者用"50条"《决定》的语言来说，就是"产权明晰、权责明确、政企分开、管理科学的现代企业制度"。

5.4 财税、金融、社保等领域改革的进展

按照中共十四届三中全会的"50条"《决定》，从1994年初开始，中国在财税、金融、社会保障体系和国有企业等方面采取了一系列措施来推进改革。不过在往后几年中，它们的改革进度有很大的差异。在"50条"《决定》和相关文件预定进行的改革中，财税体制大体上按照预定方案进行，使中国的财税体制进入了新的轨道。外汇改革进展得最为顺利，提前实现了"50条"《决定》所规定的在经常账户下实行"有管理的浮动汇率制"的目标。其他方面，特别是新社会保障体制的建立和国有企业改革虽有一定进展，但仍未达到"50条"《决定》的要求。

1. 推进财税体制改革，建立全财税体系

1993年12月，国务院发布《国务院关于实行分税制财政管理体制的决定》，要求从1994年1月1日开始在全国范围内实行以"分税制"取代"包干制"的改革，主要内容包括：①调整中央与地方的事权、财权划分。调整后，中央财政主要承担国家安全、外交和中央国家机关运作所需经费，负责调整国民经济结构、区域协调发展、宏观调控等所需的支出。地方则承担本地区政权运转即本地区经济、社会事业发展所需支出。②调整中央与地方收入权的划分。根据事权与财权相结合的原则，将维护国家权益、实施宏观调控的

税种划分为中央税；将同经济发展直接相关的主要税种划分为中央与地方共享税；将适合地方征管的税种划分为地方税。③实行税收返还。为减少实施的阻力，对于地方按照新体制计算的上划收入超过一定基数的部分，返还地方。

1994年的财税体制改革着眼于促进政府之间财政分配关系的更加规范和公平，进行了地区之间利益关系的巨大调整，就整体而言，调整进行得还比较顺利。经过这次改革，建立了适合于市场经济的财政税收制度的基本框架，积极效应得到了初步显现。首先，分税制理顺了中央与地方政府间的关系。分税制改变了原财政包干体制下多种体制并存的格局，政府间财政分配关系相对规范化，建立了各级政府各司其职、各负其责、各得其利的约束机制和费用分担、利益分享的归属机制，强化了对地方财政的预算约束，初步规范了各级政府间的责权关系。中央财政转移支付的力度大大加强，形成了较为合理的纵向财力分配机制。

其次，按照"50条"《决定》"统一税法、公平税负、简化税制、合理分权"的原则规范税制，以建立起符合市场经济要求、改善分配、促进企业间平等竞争的税收制度。改革的主要要求是：①建立以增值税为主体的流转税制度；②对所有的企业统一按照33%的名义税率计征企业所得税；③简并个人所得税；④开征农业特产税、土地增值税，简并消费税、资源税；⑤划分国家税务局和地方税务局，加强税收征管。

1994年的财税体制改革，建立起了适合于市场经济的财税体制的基本框架。但是，这一财税体制还存在若干明显的漏洞和缺陷，有待于通过进一步的改革加以消除。①政府间财政关系失衡。1994年的财税改革没有改变中央、地方两级政府之间的事权（支出责任）

划分，县乡基层政府承担着许多全国性的公共服务责任，例如普及九年义务教育、公共卫生，支出责任较大，却没有相应的收入来源，尤其是财政收入来源匮乏的地区，公共服务的提供更是不足，公共服务水平差距巨大。地方政府为了"广开财源"，"乱收费"屡禁不止，通过"地方融资平台"等借债，隐性债务风险很大。同时，地方政府对土地出让收入的依赖越来越大，"土地财政"的问题日益凸显，也间接推高了房地产价格。②计划经济遗留下来的"生产性财政"或"建设性财政"依然存在。政府继续将大量财政资源投入竞争性领域的国有企业和各种"形象工程""政绩工程"，扰乱了公平竞争的市场秩序。而本应由政府承担的义务教育、公共卫生等公共服务，却因财力不足或被挤占而供给不足，人民群众在就医、就学、住房、社会保障等方面的不满情绪有所增加。③转移支付体制尚未理顺。其中，最重要的是各级政府的事权和支出责任没有明确的界定，转移支付缺乏明确的规则，专项转移支付往往以领导"批条子"确定，不利于各地区间公共服务的均等化，也刺激了地方政府"跑步（部）前（钱）进"的积极性，强化了寻租活动的制度基础。

2. 推进金融体制改革，建立金融市场体系

1992—1994 年的这一轮经济过热和高通货膨胀，暴露了我国金融系统存在的严重问题，促使中国政府加深了对金融体系改革迫切性的认识。从 1994 年开始，按照中共十四届三中全会"50 条"《决定》和国务院《关于金融体制改革的决定》对金融体系进行了以下改革：

首先，建立了中国人民银行在中央政府领导下独立执行货币政策的中央银行体制。中国人民银行运用法定存款准备金率、中央银行贷款、再贴现利率、公开市场操作、贷款限额、中央银行存贷款利率等常规货币政策工具调控货币供应量，对商业性银行实施资产负债比例管理和资产风险管理。

其次，建立了对金融市场分业监管的体系。1992 年，国务院证券委员会和中国证券监督管理委员会成立。1997 年，中央金融工作会议确定了银行业、证券业、保险业"分业经营、分业监管"的原则。1998 年 4 月，证券委撤销，人民银行的证券经营机构监管职能划归证监会，11 月保监会成立。2003 年，中国银行业监督管理委员会成立，我国分业监管的格局基本形成。

第三，完善银行体系和发展非银行金融机构。为把国家专业银行改造成国有商业银行，实现专业银行政策性业务与商业性业务的分离，另行组建国家开发银行、中国进出口信贷银行和中国农业发展银行三个政策性银行，承接原来由专业银行承担的政策性业务。建立和完善由城市合作银行和农村合作银行组成的合作银行体系，服务中小企业、农业和地区经济。大力发展保险公司、信托投资公司、证券公司等非银行金融机构。

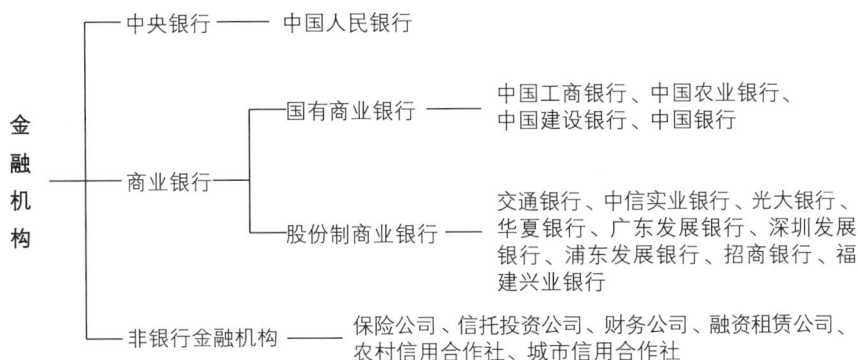

图 5.1　20 世纪 90 年代中期的中国金融体系

数据来源：中国人民银行《中国金融展望》（1994）。

第四，建立统一、开放、有序竞争、严格管理的，由货币市场和资本市场组成的金融市场体系。①货币市场由拆借市场、票据贴现市场、回购市场等组成。根据中国人民银行制定存、贷款利率的上下限，希望通过市场形成均衡的资金价格，逐步实现利率市场化，逐步形成以中央银行利率为基础的市场利率体系。②资本市场由债券市场和股票市场组成。银行间债券市场以及上海证券交易所和深圳证券交易所，为债券和股票等金融产品的发行和交易提供市场基础设施，并对市场的运行实行自律监管。③衍生品市场。1993年，在规范治理的基础上，形成了由郑州商品交易所、上海期货交易所、大连商品交易所组成的商品交易所市场，之后建立的上海金融期货交易所、上海黄金交易所等，组成了中国的商品和金融衍生品交易市场。

金融改革的一项重要内容，是改革外汇管理体制，这将在第6章详细论述。

20世纪中国银行体系改革的重大缺陷，是没有进行银行本身的现代企业制度改造。由于没有进行产权制度的改革和法人治理结构的改革，国有商业银行的商业化经营就成为无源之水和无本之木，国有银行经营效率低下和不良资产积累的痼疾也难以根除。在这种情况下，中国政府对国有专业银行进行公司改造。中国建设银行、中国银行、中国工商银行和中国农业银行四大国有商业银行都在21世纪初通过国家注资和不良资产剥离进行财务重组，然后通过公司化改组和引入境外战略投资者完善股东结构，在境内外股票市场相继上市，成为上市的商业银行。

3. 建立广覆盖、多层次的社会保障体系

（1）推进养老保险制度改革

按照中共十四届三中全会的部署，新社会保障体系的建设从

1995 年开始，以城镇企业职工基本养老保险制度为重点向前推进。

按照中共十四届三中全会的决定，在各项社会保障制度中，首先应当建立"社会统筹与个人账户相结合"的养老保险。但是从一开始，新养老保险制度的建立就遇到了困难。推行这种养老保险制度的最大困难，在于业已退休的老年职工和行将退休的中年职工（他们分别被称为"老人"和"中人"）的账户中没有基金积累。经济学界在 1993—1995 年讨论社会保障制度改革实施方案时，就已提出了将现有国有资产"切一块"①和由财政发行"认可债券"②这两种补偿办法。但是，由于受到一些政府职能部门官员的反对，补偿未能实现。于是就只有用从企业收取的"社会统筹"，借"新人"的钱养"老人"，"新人"个人账户的资金被大量挪用，使一些省市的个人账户变成了"空账"，中央政府不得不以每年数百亿元的预算资金来填补基本养老保险的收支缺口。

2001 年 7 月，国务院决定按照劳动与社会保障部提出的降低由个人缴费形成的个人账户资金的比重，使养老保险以社会统筹为主的思路，在辽宁省进行完善城镇社会保障体系试点。它的主要内容是，个人账户和社会统筹分账管理，个人账户实账运行。个人账户

---

① 所谓"切一块"是指划拨现有国有资产归还政府对于国有企业老职工养老金的隐性负债。在 1993 年拟定社会保障方案时，不少经济学家提出了这样的建议。参见周小川、王林（1993）：《社会保障：经济分析和体制建议》，《改革》，1994 年第 6 期；吴敬琏等：《建设市场经济的总体构想与方案设计》，北京：中央编译出版社，1996 年，第 211—258 页。

② "认可债券"是智利政府在 1981 年养老金改革时发行的政府债券，用以偿还政府对那些退出政府养老金计划、加入新养老金计划的职工的隐性负债。

全部由个人缴费形成，缴费率从受益人工资的 11% 调减为 8%；企业缴费比例保持为基本工资的 20% 不变，全部记入社会统筹基金。

在总结辽宁省试点经验的基础上，2003 年，中共中央、国务院决定在黑龙江和吉林两省进行扩大完善城镇职工养老保险制度试点工作。个人账户缴费率进一步降低到受益人工资的 5%—6%。2005 年 12 月，国务院发布《关于完善企业职工基本养老保险制度的决定》，从 2006 年起将试点范围扩大到除东三省之外的八个省、自治区、直辖市，包括天津、上海、山东、山西、湖北、湖南、河南和新疆。

采取以上办法使试点地方养老保险体系的财务状况有所改善，但是由于基金积累规模不大，投资收益又低[①]，这种改善最终是以中央财政加大转移支付力度为条件的。而且，即使财政能够承担所需的巨额费用，建立起来的也将是一个很难长期维持的、以现收现付为主的养老金保险体制。一些欠发达地区和老工业基地基金缺口较大，难以靠自身力量实现养老金的收支平衡。同时，由于统筹层次低，基金不能互相调剂，一些外来劳动力多的新兴城市，保险基金充盈，费率较其他省市低，形成了基金缺口与部分地区基金结余并存的现象。

除了企业职工之外，还有一个重要的养老金受益群体，就是在机关事业单位等公共部门就业的人员。大部分人员的养老保险费用一直实行现收现付方式，而受益标准比一般居民高得多，公众对于养老保险"双轨制"，机关事业单位人员不缴费、待遇高等问题多有诟病。从 20 世纪 90 年代初开始，一些地方不同程度地开展了机

---

① 由于社会保障基金投资范围限于无风险的银行存款等，其收益率很低。

关事业单位养老保险制度改革试点。2008 年，发布《事业单位工作人员养老保险制度改革试点方案》，与事业单位分类改革配套推进。2015 年初，国务院发布《关于机关事业单位工作人员养老保险制度改革的决定》，实施机关事业单位与企业养老保险的并轨。

改革开放以来，农村的社会保障体系一直滞后于城市的发展进程。由于城乡差别在短期内不可能得到根本性消除，农村社会保障制度必定会与城镇社会保障制度有所不同。1986 年 10 月，民政部决定在农村经济比较发达的地区实行以社区为单位的农村养老保险。1991—1993 年建立了一些县级农村社会养老保险制度试点。1999 年 7 月，国务院指出农村尚不具备普遍实行社会养老保险的条件，决定对已有的业务实行清理整顿，引导有条件的地区逐步向商业保险过渡。2003 年 7 月，劳动和社会保障部发出通知，要求积极稳妥地推进农村养老保险事业的健康发展。此后，一些地区以不同方式进行了建立农村养老保险制度的试验。2009 年，国务院发布《国务院关于开展新型农村社会养老保险试点的指导意见》，决定开展新型农村社会养老保险（新农保）试点，建立个人缴费、集体补助、政府补贴相结合的筹资模式，养老待遇由社会统筹与个人账户相结合，与家庭养老、土地保障、社会救助等其他社会保障政策措施相配套，由政府组织实施的社会养老保险制度。

城镇居民社会养老保险是覆盖城镇户籍非从业人员的养老保险制度，2011 年国务院发布《国务院关于开展城镇居民社会养老保险试点的指导意见》，实施范围与新农保基本一致。至此，中国覆盖城乡居民的社会养老保障体系基本建立。2014 年，人社部、财政部印发《城乡养老保险制度衔接暂行办法》，首次明确城乡居民养老保险和城镇职工养老保险之间可以转移衔接。

养老金改革需要解决的一个突出矛盾，是前已述及的职工个人账户的"空账"问题。在实行现收现付养老金制度的条件下，国有企业实行低工资制，养老金基金在发放工资时预先扣除，由国家拿去投资，形成国有资产。在实行个人账户制的条件下，国家无疑应当将这部分资金归还给职工。因此，有些经济学家建议将一部分国有资产划归社会保障基金，填补老职工养老金资金缺口。[①] 1997 年国务院体改办曾经组织进行政府对国有企业职工养老金欠账规模的测算。世界银行的估计是年度 GDP 的 46%—69%，一些经济学家的估计规模为 71%—94%[②]，国务院体改办课题组的估计则高达 145%。在过去的经济体制下，一直实行的是低工资制，劳动者创造的价值由国家拿走，投资形成了国有资产。划拨国有资产补偿老职工退休金的方案提出后，有三次尝试，前两次被中途叫停[③]。第三次是在

---

① 周小川、王林（1993）：《社会保障：经济分析与体制建议》，《改革》，1994 年第 6 期；吴敬琏、周小川等：《建设市场经济的总体构想与方案设计》，北京：中央编译出版社，1995 年；郭树清等（1995）：《国有存量资源的重组与社会保障负债的补偿》，郭树清：《改革攻坚的思考》，北京：经济管理出版社，1997 年；郭树清：《养老基金的筹集与隐性债务的补偿》，《经济社会体制比较》，2000 年第 5 期。

② 吴敬琏：《什么是国有股减持要解决的主要问题》，《财经》，2002 年第 1 期。

③ 第一次是 1995 年。在财政部、国家体改委、国家经委正准备开列划拨清单的时候，劳动部门的负责人成功说服了党政领导人而被叫停。第二次是 2000 年酝酿的上市公司国有股减持。2001 年，财政部部长项怀诚宣布，中国政府计划适时开拓社会保障制度新的融资渠道，包括把一部分国有资产变现用于社会保障。2001 年 6 月，国务院发布了《减持国有股筹集社会保障资金管理暂行办法》，办法第五条规定，新发、增发股票时，应按融资额的 10% 出售国有股。这项规定因股市大幅下跌，在当年的 10 月停止执行。（转下页）

2009 年。这年 6 月，财政部、国资委、证监会、全国社保基金理事会联合发布《境内证券市场转持部分国有股充实全国社会保障基金实施办法》，对 2006 年 6 月股权分置改革新老划断后，凡在境内证券市场首次公开发行股票并上市的含国有股的股份有限公司，按首次公开发行时实际发行股份数量的 10% 转由全国社会保障基金会持有。这当然不错，但相对于养老金的隐性欠账，还是杯水车薪，不足以解决养老金个人账户的"空账"问题。

另一个问题是社会统筹的层次太低。中国的社会保险法规定养老保险应当实现全国统筹，但事实上，实现省级统筹的省和直辖市也是凤毛麟角。这样，养老保险就很难实现地区之间的转移。这使人员流动受到严重限制，影响了人力资源有效配置。

2013 年中共十八届三中全会《关于全面深化改革若干重大问题的决定》明确要求"划转部分国有资本充实社会保障基金"，为解决社保基金"空账"难题确定了可行的途径。现在的任务，就是要排除困难，把这一决定落到实处。

（2）推进医疗制度改革

1993 年中共十四届三中全会以后，中国开始在江苏镇江和江西九江进行以"社会统筹与个人账户相结合"为核心内容的城镇职工医疗保障制度改革试点。在试点基础上，1996 年 4 月，国务院批准下达了国家体改委等四部委提出的《关于职工医疗保障制度改革扩大试点的意见》，并在全国 50 多个城市扩大试点，拟建立多层次的

（接上页）2002 年 6 月国务院决定，除企业海外发行上市外，对国内上市公司停止执行《减持国有股筹集社会保障资金管理暂行办法》中关于利用证券市场减持国有股的规定，并不再出台具体实施办法。这次努力就草草收场了。

医疗保障制度，即"以'低水平、广覆盖'的基本医疗保险为基础、企业的补充医疗保障制度和商业养老保险制度为补充、社会医疗救助来兜底"的包含四个层次的医疗保障体系。在各城市试点的基础上，中共中央和国务院在1997年1月作出了《关于卫生改革与发展的决定》，要求到2000年初步建立起包括卫生服务、医疗保障、卫生执法监督的卫生体系，基本实现人人享有卫生保健，国民健康水平进一步提高。接着，国务院在总结各地经验基础上，于1998年12月发布《关于建立城镇职工基本医疗保险制度的决定》，用以指导即将全面进行的城镇职工基本医疗保险制度改革。决定指出，医疗保险制度改革的主要任务，是"适应社会主义市场经济体制，根据财政、企业和个人的承受能力，建立保障职工基本医疗需求的社会医疗保障制度"。据此，决定要求本着"低水平、广覆盖"原则建立社会统筹和个人相结合的基本医疗保险基金，基本医疗费由用人单位和职工双方共同负担，城镇用人单位都要参加基本医疗保险，按属地管理。

任何国家的社会医疗保障体系都应包含两个主要组成部分，分别处理医疗费用的筹措和医疗服务的提供问题。1998年国务院决定对医疗服务的提供方，即医疗机构应当如何改革，除多次提及"形成竞争机制"外，没有提出具体的意见，但对于如何建立基本医疗保障基金则有清晰的设计。因此，从1999年开始在国务院领导下进行的城镇职工医疗改革，主要集中在基本医疗保险体系的建立上，关于医疗机构的改革，则由地方政府自选方案进行实验。

新一轮医疗改革进行不久，适逢政府换届，社会上一部分人对前期医疗改革的大方向提出质疑，于是引发了持续数年的大争论。

2003年初，国务院发展研究中心社会发展研究部与世界卫生组织合作，进行了"中国医疗卫生体制改革"的课题研究。2005年7月《中国青年报》以"目前中国的医疗卫生体制改革基本上是不成功的"醒目标题报道了研究报告得出的结论："现在医疗卫生体制出现商业化、市场化的倾向是完全错误的，违背了医疗卫生事业的基本规律。"[1]与此同时，新华社公开发表卫生部部长高强在形势报告会上所做《发展医疗卫生事业，为构建社会主义和谐社会做贡献》的专题报告全文。这个报告也认为医疗改革问题很多，不能算成功。报告着重批评了公立医疗机构运行出现了"市场化的倾向"，强调必须坚持政府主导和卫生事业的公益性质。

对1999年开始的新一轮医疗改革的对应观点，引发了一场关于医疗改革的大争论。争论的焦点是，对居民的医疗服务，应该由政府直接通过公立医院提供，还是在政府的资费补贴下通过市场提供。

2006年10月中共中央政治局集体学习，探讨医疗卫生事业的发展，由一直主张"中国应采用政府主导型的医疗体制"[2]的北京大学中国经济研究中心副主任李玲教授讲解。在政府主导的支持者看来，以这次政治局委员集体学习会"为标志，正式确立了以公益性为方向、强化政府责任的基调"，"迎来了我国医改的转折点"[3]。

不过，主张医疗服务通过市场提供的人们并没有被说服。他们继续进行申辩。而且，按照卫生部门的设想，由政府通过公立医疗

① 《国务院研究机构最新报告说"中国医改不成功"》，《中国青年报》，2005年7月29日。

② 见李玲的同名文章，《中国与世界观察》，2005年第6期，第156—162页。

③ 李玲（2009）：《透过争论看医改》，《健康强国：李玲话医改》，北京：北京大学出版社，2010年；李玲、江宇：《2006：我国医改的转折点》，《中国卫生经济》，2007年第4期，第5—9页。

免费向全民提供医疗保障，也是国家财力所无法支撑的。因此，国务院在 2006 年 6 月，决定成立由国家发展改革委和卫生部共同牵头委托世界银行、世界卫生组织、国务院发展研究中心、北京大学、复旦大学、麦肯锡（中国）公司和北京师范大学，10 多个部门参加的深化医药卫生体制改革部门协调工作小组等中外课题组平行研究，进行中国医药卫生体制改革总体思路和框架设计。

从工作小组组织的讨论会可以看到，在如何为基本医疗筹资的问题上并没有太大分歧，各方都认为政府应当承担"托底"的责任。主要的分歧在于医疗服务应当由政府通过公立医院免费提供，还是通过市场提供。问题就聚焦于以下的选择：①由基本医疗保险基金（即所谓"第三方"）"补需方"，为患者向医疗机构购买服务；②由国家财政"补供方"，由公立医院免费提供医疗服务。据知情人透露，大多数课题组都支持前一种做法，支持后一种做法的只有一个半课题组。①

这样，由国家发展改革委牵头，在 9 个方案的基础上形成了以补需方为主的《关于深化医药卫生体制改革的意见（征求意见稿）》，上报给国务院审批。在对这一"征求意见稿"做了许多修改，强化政府责任以后，《中共中央、国务院关于深化医药卫生体制改革的意见》的正式文件和《2009—2011 年深化医药卫生体制改革实施方案》在 2009 年 3 月公布实施。

从过去 30 余年医疗改革的经验可以看到：如果一方面坚持医疗服务具有公共品的性质，要求政府通过公立医院向全民提供基本免费的医疗服务，另一方面又无法足额拨付公立医院的经费，这样的

---

① 肖华：《中国医改 U 形大回转？》，《南方周末》，2007 年 9 月 21 日。

医疗体系是无法稳定运行的。对于提供全国 85% 左右医疗服务的 1 万余家公立医院来说，目前政府直接投入只占它们运管成本的 5%—10%，其余都要从市场取得①。如果不建立起健全的医疗服务市场，使医疗机构在市场的激励和约束下运行，"看病难""看病贵"的问题就很难得到解决。

最后，在养老保险和医疗保险推进缓慢、很难在短期内全面建立的情况下，中国政府决定首先加快建设作为社会保障基本支柱的居民最低生活保障制度。

1997 年，国务院发布《关于在全国建立城市居民最低生活保障制度的通知》，要求在"九五"期间在全国城镇建立起城市居民最低生活保障制度，使城市居民的基本生活得到保障。在 21 世纪初城市低保制度取得突破以后，2007 年国务院下发《关于在全国建立农村最低生活保障制度的通知》，要求在全国农村普遍建立最低生活保障制度，将符合条件的农村贫困人口纳入保障范围。据统计，2008 年，全国城市领取保障金的人数为 2334 万人，全国农村低保对象为 4284.3 万人。②这样，就为城乡贫困人口获得最低生活保障筑起了一道最后的防线。

在农村医疗保险制度改革方面，随着农村家庭联产承包责任制的推广，原来人民公社合作医疗（"赤脚医生"）的体系随之瓦解。虽然 1994 年之后中央和地方做了一些努力，但由于缺乏经济来源和有效的制度设计，坚持下来的农村合作医疗也只是分布于沿海发达

① 蔡江南：《如何才能将医改进行到底？》，"中欧卫生管理与政策中心"微信公众号，2017 年 7 月 27 日。
② 中华人民共和国人力资源和社会保障部：《中国劳动和社会保障年鉴（2008）》，北京：中国劳动社会保障出版社，2009 年。

地区。2002年10月，中共中央、国务院发布《关于进一步加强农村卫生工作的决定》，决定从2003年开始，在全国农村逐步建立以大病统筹为主的新型农村合作医疗制度（简称"新农合"）和医疗救助制度。2003年1月，国务院办公厅转发卫生部等部门《关于建立新型农村合作医疗制度的意见》，要求到2010年，实现在全国建立基本覆盖农村居民的新型农村合作医疗制度的目标，减轻农民因疾病带来的经济负担，提高农民健康水平。按照"十一五"规划的要求，新型农村合作医疗到2010年的覆盖面达到农村的80%以上。2014年4月25日，财政部、国家卫生计生委、人力资源社会保障部发布《关于提高2014年新型农村合作医疗和城镇居民基本医疗保险筹资标准的通知》，提高了各级财政对新农合和居民医保人均补助标准，达到320元。个人缴费标准在2013年的基础上提高20元，全国平均个人缴费标准达到每人每年90元左右。截至2014年底，全国参加新型农村合作医疗人口数达7.36亿人，参合率为98.9%。[①]部分城市统一实行城乡居民基本医保制度，参合人数有所减少。2016年1月，国务院发布《关于整合城乡居民基本医疗保险制度的意见》，要求推进整合城镇居民基本医疗保险和新型农村合作医疗两项制度，逐步在全国范围内建立起统一的城乡居民基本医疗保险（简称"城乡居民医保"）制度。

社会保障体制改革未能顺利推进，个人账户"空账"运行形成了巨额的隐性负债；同时，社会保障统筹还停留在省市一级的低层次上，地区间社会保障基金的规模差距大，新兴城市的结余多，而

---

① 国家卫生计生委规划与信息司：《2014年我国卫生和计划生育事业发展统计公报》，2015年11月5日。

老工业基地则是严重的空账，甚至养老金无法足额发放，存在退回到现收现付制的可能。养老、医疗成为人民群众的沉重负担，这既影响社会和谐和公平正义，也阻碍消费的增长，严重困扰着 21 世纪经济社会的发展。

第6章 对外开放为改革和发展增添了动力

　　1978 年 12 月召开的中共十一届三中全会在决定"把全党工作的着重点和全国人民的注意力转移到社会主义现代化建设上来"的同时指出：为了实现现代化，必须"采取一系列新的重大的经济措施，对经济管理体制和经济管理方法着手认真的改革，在自力更生的基础上积极发展同世界各国平等互利的经济合作"。[①] 这一方针，后来被概括为"对内改革、对外开放"，并成为中国的基本国策。

　　中国改革以后经济发展的一个显著特点，在于对内改革和对外开放，也就是市场取向改革和对世界市场开放同时进行和相互促进。改革需要对旧有的命令经济体制进行根本改造，而且需要当权者放弃一些既有的权力；开放则可以通过与成熟市场经济的对接比较便捷地获得投资、市场、技术（包括管理技术）等收益。因此，开放往往比改革所遇到的阻力更小，因而容易走到改革的前头，成为推进改革的重要力量。通过与国际市场的贸易和投资活动来促使国内经济活动市场化、国际化和法治化，或者说"以开放促进改革"，就成为中国近 40 年来经济发展的重要特征。在本章中，我们将沿着中国开放的道路，观察开放与改革之间的互动过程。

---

　　① 《中共十一届三中全会公报》，1978 年 12 月 22 日通过。

6.1 从内向型经济转向外向型经济

当代的世界是一个开放的世界。15 世纪末的地理大发现，为西欧新兴国家开辟了广大的活动领域。市场的扩大又激发了从 18 世纪中期的英国开始，然后遍及西欧各国的第一次产业革命。一个世纪以后，就像马克思和恩格斯所说："资产阶级，由于开拓了世界市场，使一切国家的生产和消费都成了世界性的了。""（新的）工业所加工的，已经不是本地的原料，而是来自极其遥远的地区的原料；它们的产品不仅供本国消费，而且同时供世界各地消费。旧的、靠本国产品来满足的需要，被新的、要靠极其遥远的国家和地带的产品来满足的需要所代替了。过去那种地方的和民族的自给自足和闭关自守状态，被各民族的各方面的互相往来和各方面的互相依赖所代替了。"①

进入 20 世纪以后，全球化的进程加速进行。除了商品的国际贸易，又开始了资本的国际流动。第二次世界大战结束以后，资本国际化又有了新的发展，除了商品资本和货币资本的国际化，生产资本的国际化也迅速发展起来。

于是，如何处理对外经济关系，就成为发展中国家必须面对的重大战略问题。

第二次世界大战以后，发展中国家处理本国经济与国际经济的关系有两种基本的范式：内向型经济和外向型经济。前一种经济的初始状态是闭关自守，避免与西方国家进行交往。然而在全球经济高速发展的时代，闭关自守是完全不可能的，于是早在战后初期，

---

① 马克思、恩格斯（1848）：《共产党宣言》，《马克思恩格斯选集》第 1 卷，北京：人民出版社，1972 年，第 254—255 页。

发展中国家就纷纷放弃闭关自守政策，开始同发达国家做生意。不过，其中多数国家与发达国家做生意的目的，并不是各自发挥自己的比较优势、共同发展，而是通过引进国外设备和技术，尽早用自己生产的产品取代原来的进口品。后来的历史经验表明，采取这种"进口替代"战略并没有能够达到预期的目的。所以到 20 世纪后期，多数发展中国家效法日本和亚洲"四小龙"（韩国、新加坡、中国台湾和香港）的成功做法，从内向型经济转向外向型经济。外向型经济也有低级形态和高级形态之分。其中的低级形态是在适度保护下努力增加出口，被称为"出口导向经济"，高级形态则是充分实现贸易和投资便利化（自由化）的开放经济。

表 6.1　对外经济关系的分类

	内向型	外向型
高级形态	进口替代	完全开放
低级形态	闭关自守	出口导向（相对开放型）

进口替代（import substitution）战略和出口导向（export oriented）战略都是后进国家在追赶先进国家时采取的战略。从表面上看，这两种对外经济战略只是关注的重点有所不同，但是它们在配套政策，主要是贸易保护政策和汇率政策上有着各自鲜明的特点（表 6.2），所取得的结果有极大的差别。

表 6.2　两种对外经济战略的配套政策

	进口替代	出口导向
贸易保护政策	高度保护	适度保护
汇率政策	本币高估	本币低估

具体来说，进口替代的基本做法是：根据历年进口数量，确定具有庞大国内市场的进口产品。然后，鼓励本地生产者运用引进的技术进行生产。最后，通过设置关税和非关税壁垒，同时辅之以本币高估的外汇政策，用政府优惠政策降低国内生产的高额创业成本，使目标工业的投资者有利可图，使本国生产的产品取代进口品。

出口导向战略着眼于在政府适度扶持下，促进本国具有比较优势的产品赢得国际市场。它的主要做法是：第一，通过周期性地进行本国货币贬值，维持一个使国内生产者在国际市场出售农产品、制成品和劳务时有利可图的低汇率；第二，对某些出口产品提供补贴，引导生产者在扩大出口能力方面进行投资，同时以免税、出口退税、零部件进口税返还、降低利率以及其他办法补偿出口商，帮助其克服进入国际市场的障碍；第三，采取"适度"而非"高度"保护的贸易政策，使国内企业不至于因过度保护而放弃开拓出口的努力，转向价高利大的国内市场。

中国是世界上文明出现最早的国家之一，历史上同世界各国有广泛的经济和文化交流。载入史册的"丝绸之路"就是中国对外开放的丰碑。但是，从明朝第一位皇帝朱元璋在洪武四年（1371）颁布禁海令起，明朝就把实施海禁作为基本国策，严禁军民人等从事海外贸易，甚至规定"寸板不得下海"，违者处以杀头等重刑。16世纪，西欧国家开始了航海时代，但逐渐衰落的明朝却实行了严厉的闭关自守政策①。到了清朝，继续实行闭关锁国政策，施行"海禁"，

---

① 有些人认为，1405—1431年，明朝皇帝朱棣命令三保太监郑和七次"下西洋"，意味着朱棣废止了明朝初年的"海禁"，以便开展对外贸易。然而许多历史文献表明此说不确。郑和奉命下西洋，目的是寻访朱棣夺嫡篡位时逃亡无踪的建文帝的下落，或者是（转下页）

176

禁止船只、人员、货物的出入。

明清两代近 500 年的闭关自守，严重阻碍了中国吸收世界文明进步的成果。而这一期间，西欧封建制度瓦解，资本主义各国国内市场的形成和国际市场的开辟，极大地促进了生产力的发展，与中国的停滞落后形成了鲜明的对比。1793 年，产业革命已经在西欧国家兴起。英国国王派出以马嘎尔尼（George Macartney）伯爵为首的使团出访中国，要求与中国建立通商贸易关系。中国的乾隆皇帝回答，"天朝物产丰盈，无所不有，原不借外夷货物以通有无"，拒绝了通商的要求。[①]

乾隆皇帝对英国通商要求采取这种拒斥态度，除了无知，还自恃在清王朝统治下，中国经济发展到前所未有的高度。从 17 世纪中后期到 18 世纪末期，康熙、雍正和乾隆三位皇帝统治下的中国被称为"康乾盛世"。殊不知这只是专制国家的落日余晖。而在同一时期，西欧国家经历了由启蒙运动促成的思想大解放和经济社会体制的深刻变革。在制度变革的推动下，以英国为先导，在 18 世纪中期开始了席卷西欧的产业革命，完全改变了有关国家的社会经济面貌。中国也从此告别了世界第一经济大国的地位，逐渐沦落为"东亚病夫"。

邓小平曾经这样来总结这一段历史："如果从明朝中叶算起，到鸦片战争，有 300 多年的闭关自守。如果从康熙算起，也有近 200

（接上页）"宣扬国威"，而与开展国际贸易无关。在朱棣当政期间，海禁比朱元璋时更加严苛。

① 《乾隆给英王乔治三世的信》，中国第一历史档案馆编：《英使马嘎尔尼访华档案史料汇编·上谕档》，北京：国际文化出版公司，1997 年。

年。长期闭关自守，把中国搞得贫穷落后，愚昧无知。"[1]

在中华人民共和国成立前，中国共产党的领导人并没有设想要建立一个完全封闭的经济。毛泽东在 1949 年 7 月 1 日《论人民民主专政》说"我们要做生意"，就强调要与西方国家进行贸易往来[2]。1950 年 6 月朝鲜战争爆发，10 月中国人民志愿军进入朝鲜，1951 年 5 月联合国通过了对中国实施禁运的美国提案。中国与西方国家的经济往来几乎全部中断。

1956 年以后，随着集中计划体制的建立，中国按照列宁"对外贸易全部实行国有化"[3]的外贸垄断制的原则，建立了以国家高度垄断为特征的对外贸易体制，即由在各个行业中建立的国营进出口总公司[4]统一经营所属行业的进出口业务；进出口按国家计划委员会下达的计划进行，出口商品实行计划收购，进口实行计划调拨，盈亏由国家财政统一承担。在这种体制下，进出口贸易的功能被定位在"互通有无"和"调剂余缺"上。

1958 年开始"大跃进"以后，特别是 60 年代初同苏联的同盟

---

[1] 邓小平（1984）：《在中央顾问委员会第三次全体会议上的讲话》，《邓小平文选》第三卷，北京：人民出版社，1994 年，第 90 页。

[2] 毛泽东（1949）：《论人民民主专政》，《毛泽东选集》第四卷，北京：人民出版社，1991 年，第 1473—1474 页。

[3] 即对外贸企业所有权、外贸管理权、外贸经营权实行"全部国有化"。1918 年 4 月 22 日，列宁签署的《关于对外贸易国有化》的法令是列宁关于外贸垄断制的思想的实质体现。转引自周国仿：《如何理解列宁的外贸垄断制》，《社会科学》，1987 年第 6 期。

[4] 直属中央对外贸易部的垄断性外贸企业包括中国粮油食品进出口总公司、中国土产畜产进出口总公司、中国纺织品进出口总公司、中国丝绸进出口总公司、中国轻工业品进出口总公司、中国工艺品进出口总公司、中国化工进出口总公司、中国机械进出口总公司、中国五金矿产进出口总公司，等等。

关系破裂以后，中国与苏联及东欧社会主义国家的贸易往来也大大减少。中国领导人愈发强调"自力更生"，在国内鼓励各个地区建立"独立经济体系"，在对外经济关系上更是进一步采取了闭关自守的政策，中国的对外贸易缩小到占世界贸易总额 1% 以下的极小范围以内。

"文化大革命"时期，中苏对立日益加剧，直到兵戎相见，发生军事冲突 [①]。毛泽东开始改变在国际斗争中以美国为假想敌的战略，一方面加紧战备，防备遭受来自北方的突然袭击；另一方面谋求改善与以美国为首的西方国家的关系。而美国等西方国家也有与中国恢复外交关系的要求。1971 年 7 月美国国务卿基辛格访华，同年 10 月中华人民共和国成为联合国安理会常任理事国。1972 年 2 月美国总统尼克松访华，中美两国在上海签署了《上海公报》，奠定了两国关系正常化的基础。随着中美关系转变，中国与主要西方国家，如英国、日本、澳大利亚等在 1972 年先后建立外交关系（中美两国直到 1979 年才正式建交）。

中国在与美国签署《上海公报》以后，开始从闭关自守转向与西方国家发展贸易关系。在 1977—1978 年华国锋主政时期，还进口了许多套大型工矿设备，出口贸易也有了比较快的发展。但是在这时，中国发展对外贸易的目的并不是建设开放经济，而是执行进口替代战略，希望通过进口关键设备和技术，自行生产原来需要进口的产品，建立"独立自主、自力更生"的经济体系。

此时中国的对外贸易虽然有所恢复，但还停留在很低的水平上。中国对外贸易总额占世界贸易总额的份额继续处在不到 1% 的水平上。

---

① 1969 年 3 月苏联军队入侵黑龙江中国一侧的珍宝岛，中国边防部队被迫进行自卫反击。8 月，苏军在中国新疆的铁列克提地区伏击中国边防巡逻队，致使中方官兵 28 人全部阵亡。

邓小平在 1975 年复出以后，就开始谋求采取扩大对外开放的政策。他在国务院讨论国家计划委员会起草的《关于加快工业发展的若干问题》时，提出"引进新技术、新设备，扩大进出口"的"大政策"，要求"多出口一点东西，换点高、精、尖的技术和设备回来，加速工业技术改造，提高劳动生产率"。[①] 这一方针，遭到仍在党政决策中起举足轻重作用的"四人帮"的坚决反对。他们在 1976 年"反击右倾翻案风"的运动中给邓小平加上了"崇洋媚外""卖国主义"等帽子。中国的对外贸易再次萎缩。

总之，从 20 世纪 60 年代初期到 20 世纪 70 年代后期，中国的对外经济关系基本上处于徘徊不前的状态（表 6.3）。

表 6.3　中国对外贸易总额占世界贸易总额的比重（1953—1977）

年份	中国对外贸易总额（亿美元）	占世界贸易总额的份额
1953	23.7	1.5%
1957	31.1	1.4%
1959	43.8	1.9%
1962	26.6	0.9%
1970	45.9	0.7%
1975	47.5	0.8%
1977	148.0	0.6%

数据来源：关贸总协定《国际贸易》，转引自 N. Lardy (1994)：*China in the World Economy*（《世界经济中的中国》），Washington, D. C: Institute of International Economics, 1994, p.2。

从内向型的对外经济政策转向外向型的对外经济政策，是在粉碎"四人帮"以后才得以实现的。

① 邓小平（1975）：《关于发展工业的几点意见》，《邓小平文选》第二卷，北京：人民出版社，1994 年，第 29 页。

6.2 80 年代：从"进口替代"转向"出口导向"

"文化大革命"结束以后，中国领导人和高级官员获得了较多的各国经济发展的知识，特别是过去和中国经济发展水平相近、现在已经跻身于新兴工业经济体的"四小龙"的发展经验使他们认识到，只有坚定地实行融入世界经济体系的外向型经济政策，才能与发达国家共享文明成果，促进本国现代化的实现。1978 年 10 月 10 日，邓小平在会见联邦德国新闻代表团时说了一段意味深长的话："我们过去有一段时间，向先进国家学习先进的科学技术被叫作'崇洋媚外'。现在大家明白了，这是一种蠢话。""60 年代前期我们同国际上科学技术水平有差距，但不很大，而这十几年来，世界有了突飞猛进的发展，差距就拉得很大了。同发达国家相比较，经济上的差距不止是十年了，可能是 20 年、30 年，有的方面可能是 50 年。到本世纪末还有 22 年，22 年以后，世界是什么面貌？""我们的四个现代化，要在本世纪末达到你们现在的水平已不容易，要达到你们 22 年后的水平就更难了。所以，要实现四个现代化，就要善于学习，大量取得国际上的帮助。要引进国际上的先进技术、先进装备，作为我们发展的起点。"[1]

根据这一分析，邓小平提出了"实行开放政策"的方针。

邓小平倡导的对外经济战略和 20 世纪 70 年代中期开始执行的以替代进口品为目标的战略不同，而是与日本和亚洲"四小龙"相类似的出口导向战略。在粉碎"四人帮"以后的初期，中国领导人

---

[1] 邓小平（1978）：《实行开放政策，学习世界先进科学技术》，《邓小平文选》第二卷，北京：人民出版社，1994 年，第 132—133 页。

就为东亚地区的日本和"四小龙"发展外向型经济、推动整个经济高速成长的经验所吸引，决定采取出口导向的政策，充分发挥中国在劳动资源上的比较优势，以引进外资、发展劳动密集型产业、扩大制成品出口来带动本国经济的发展。

这样，在1978—1993年，中国的对外经济活动逐步从进口替代转向出口导向。

向出口导向转轨的主要标志，一是逐步打破对外贸易垄断制，弱化关税和非关税壁垒；二是部分放开外汇市场，实行双重汇率制度。

第一，采取措施以渐进的方式逐步打破外贸垄断制，包括：将外贸审批权下放到省市一级政府；批准成立了各工业部所属的外贸专业总公司，授予一批国有大中型企业以外贸自营权；赋予外商投资企业自营外贸权，即外商投资企业有权经营企业自用的原材料、零部件等的进口和产品的出口。逐步取消进口配额和许可证限制。20世纪80年代初期，中国还广泛使用配额、许可证等手段来限制进口，以后就逐渐减少。到80年代末期，保留进口许可证的商品还剩53类，受管制商品贸易额占进口商品总额的46%。与此同时，逐步降低关税保护水平。1982年中国关税平均法定税率高达56%，1992年下降到43.2%。

第二，改革外汇管理体制，部分放开外汇市场。在传统内向型计划经济体制下，进出口等对外经济活动由计划调节，外汇由行政分配，汇率由行政规定，为了与进口替代的投资政策要求相配合，通常采取本币高估的政策。改革开放开始时，人民币的官定汇率处于1.5元人民币兑换1美元的高位。1980年10月，国务院决定允许国有企事业单位通过中国银行在人民币内部贸易结算价（2.8元人民币兑换1美元）±10%的浮动幅度内进行外汇调剂交易。1985年以后，首先在深圳等特区，随后在其他省市普遍设立了外汇调剂中心。同时，允许外商投资企业通过外汇管理部门买卖外汇。调剂市场也逐步放开汇率浮动幅度限制，完全由供求情况决定。这样就形成了官方汇率和调剂市场汇率并存的汇率双轨制。

除了逐步打破对外贸易的行政垄断和降低关税和非关税贸易壁垒，中国在执行对外开放战略时采取的另一项重大战略措施，就是效法东亚一些国家的做法，开辟经济特区，大力引进境外投资，大规模建设出口产品生产基地。

中国在确定以出口导向为核心的对外开放战略以后，遇到的首要问题，是执行的出口导向政策需要有能够大量生产适合于发达国家市场需要的出口产品的生产基地。中国虽有丰富的劳动力资源，却缺乏拥有所需先进技术和先进管理的生产企业，而先进的企业只有在良好的制度环境中才有可能产生和发展。中国幅员广大、长期实行计划经济制度，要在短时期内形成国内市场并全面实行对外开放是不可能的。面对这种困难，中国领导人从新加坡等东南亚国家建立经济特区的成功做法得到启发①，决定采取建立经济特区的办法来实施对外开放政策。这就是说，在全国统一市场（integrated market）尚未形成的条件下，利用中国深圳等沿海城市毗邻港澳台和海外华侨、华人众多的优势，营造"经济特区"的"小气候"，实现与国际市场的对接。以沿海地区为战略重点，分阶段、分层次地逐步推进。

---

① 邓小平1978年10月访问日本，11月访问泰国、马来西亚和新加坡三国。其中，新加坡的裕廊工业园区引入外资设厂发展外向型经济的做法给了邓小平深刻的印象。这使他坚定了对外开放的信心，并酝酿在毗邻香港的沿海城市建立经济特区。参见李巨川：《裕廊山上那棵海苹果树》，《苏州日报》，2008年5月13日。

1979年中国政府确定对广东、福建两省实行"特殊政策、灵活措施"，其特点：一是财政和外汇收入实行定额包干；二是物资、商业适当利用市场；三是在计划、物价、劳动工资、企业管理和对外经济活动等方面扩大地方权限；四是试办出口特区，积极吸收侨资外资，引进国外先进技术和管理经验，增加出口。1980年，将原拟的"出口特区"更名为"经济特区"。然后，全国人民代表大会常委会作出决定，设立了深圳、珠海、汕头、厦门等四个经济特区，全面实施主要由市场调节的特殊政策。1985年，决定开放沿海14个港口城市。1992年，再开放一批沿海、沿江、沿边地区和内陆省会城市，逐步形成了有一定纵深的开放地带。这些对外开放地区有效地利用国际资源，积极参与国际竞争，成为中国对外开放的先行地区。

这些改革措施，促进了中国对外经济关系的划时代进步。

1. 对外贸易迅速发展

对外开放政策促使的对外经济关系进步，首先表现为中国的对外贸易由徘徊不前转向迅速扩张。外贸高速增长的基本原因，除了中国经济规模扩张并由此导致的国际竞争力提高以外，更重要的原因在于依托于对外贸易的加工制造业的迅猛发展。

从20世纪70年代末期开始，中国采取"三来一补"[①]的贸易方式，在产业基础极其薄弱的条件下利用境外设备、技术和资金发展本国的加工制造业。在早期，这种产业主要以国内市场为对象，生产产品替代进口品。随着有利于出口的经济体制和政策的强化，进口替代的成分就逐渐消退，重点转向了出口。

随着出口导向战略的实施，加工贸易迅速发展。其典型形式是

---

① 即来料加工、来样加工、来件装配和补偿贸易。

深入参与全球产业分工，并在产业价值链中占据低附加值的加工制造环节，出口企业依靠国外进口的设备和本地廉价的劳动力，从日本、韩国等地进口中间投入品后，在本地组装后再出口到美国、日本和欧洲市场。

1979—1993 年，中国的进出口总额由 293.3 亿美元增加到 1957 亿美元，全国进出口贸易额年均增长速度达到了 14.5%。随着对外贸易的发展，中国在世界贸易中的地位明显提高。1978 年中国货物进出口总额只有 206.4 亿美元，居于世界第 32 位，占世界货物贸易总额的 0.79%；1993 年中国货物贸易总额增长 8.5 倍，达到 1957 亿美元，占世界货物总额的比重上升到 2.56%，位次也上升到第 11 位。

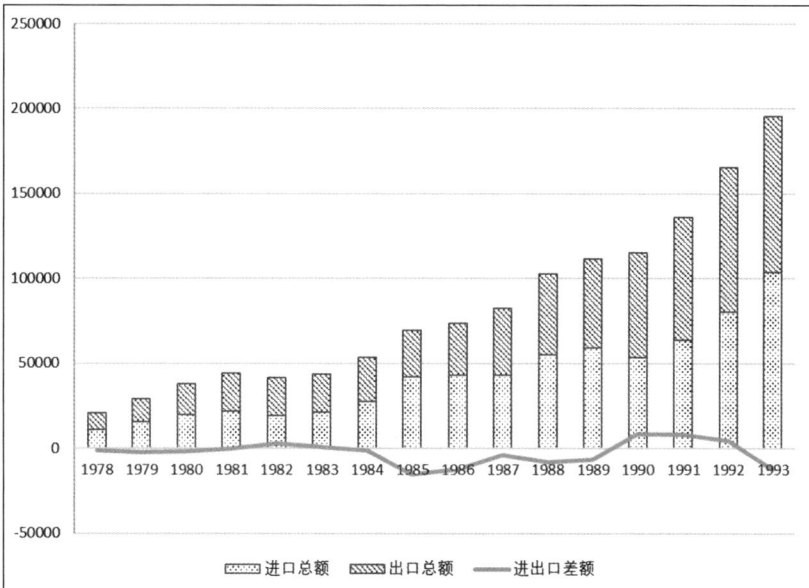

图 6.1　中国的进出口贸易（1978—1993）（单位：百万美元）

数据来源：国家统计局

在出口总额迅速增长的同时，出口产品的结构也有明显的改善。中国历来大宗出口的是价低利薄的农产品、原油、煤炭等初级产品。

1980 年，初级产品出口额为 91.14 亿美元，占出口总额的 50.3%。随着引进国外投资、国外技术和出口特区建设取得进展，工业制成品在出口商品中所占份额逐步增加。1993 年在出口商品构成中，初级产品所占比重下降到 18.2%，工业制成品上升到 81.8%。从出口商品的结构看，中国已于 20 世纪 90 年代初期实现了从初级产品为主到工业制成品为主的转变。

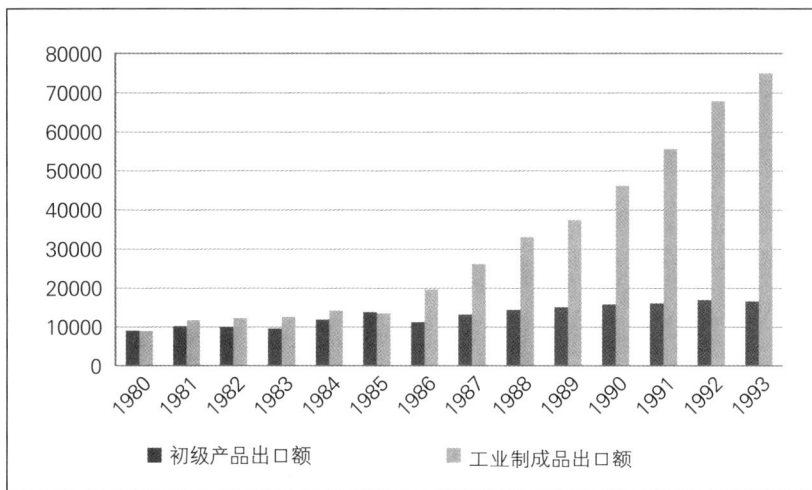

图 6.2　中国的出口组成：初级产品 vs 工业制成品（1980—1993）
（单位：百万美元）

数据来源：国家统计局

2. 经济特区的构建和开放地区的扩展

在中央政府的强力领导和各部门的政策支持下，对外开放基地的建设取得了长足的进展。据统计，1980—1990 年，深圳等四个特区 10 年累计完成基建投资超过 300 亿元。

这些地区的对外开放有力地促进了经济的快速发展，成为区域经济中最具活力的高速增长区。大开放推动了大外贸，大外贸带来了大发展。其中最突出的如深圳市，转眼之间就从一个偏远的渔村成长为现代化的都市。最早建立的四个特区，1985年工业总产值只有55亿元，到1990年就达495亿元，5年增长8倍，平均每年以50%的高速增长。

中国营建对外开放基地的核心任务，在于引进国外资金、引进先进的技术、获得国外企业在长期发展中积累的经营管理经验以及世界市场的营销渠道。14个沿海开放城市在"七五"期间（1986—1990），外商直接投资超过100亿美元，投产中外合资经营企业、中外合作经营企业和外资企业等"三资企业"2000多家。对外资开放促进了外向型经济的强劲发展。

在经济特区的带领下，全国范围内的引进外资工作取得了巨大的成就。尤其是1992年初邓小平的南方谈话后，中国经济迅速发展，投资环境不断改善，外商纷纷来华投资，投资地域由南向北、由沿海向内陆发展，来华投资的国外大企业、知名的跨国公司明显增多，投资领域拓宽，规模较大、技术水平较高的投资项目比重上升，投资合作的方式趋于多样化。1979—1993年，中国吸收外资协议总金额为3142亿美元，实际利用外资1378亿美元。其中，对外借款协议金额858亿美元，实际使用718亿美元，全国累计批准外商直接投资项目17.4万家，协议外资金额为2219亿美元，实际投入外资为618亿美元。1993年外商投资企业全年出口额252.4亿美元，占中国出口总额的比重达27.5%。[①]

---

① 国家统计局综合司：《中华人民共和国国家统计局关于1993年国民经济和社会发展的统计公报》，1994年2月28日。

表6.4　来华外商直接投资情况（1983—1991）　　（单位：亿美元）

年份	合同利用外商直接投资金额	实际利用外商直接投资金额
1983	17.32	9.2
1984	26.51	14.2
1985	63.33	19.56
1986	33.3	22.44
1987	37.09	23.14
1988	52.97	31.94
1989	56	33.92
1990	65.96	34.87
1991	119.77	43.66
1992	581.24	110.08
1993	1114.36	275.15

数据来源：国家统计局

3. 对外开放更重要的作用，在于促进了国内经济体制改革的进程

市场经济制度是一个经过数百年的演化而成的高度复杂和高度精巧的巨系统，要将现存的统制经济制度改造成为法治基础上的市场经济制度，是一项十分艰巨复杂的工程。80年代的对外开放和与国际上成熟的市场经济的对接，推动了中国进行国内经济体制的改革。

第一，对外贸易对于国内经济体制改革的促进作用，突出地表现在使国内价格体系发生与国际市场价格体系相适应的变化，引导国内市场价格结构向市场均衡价格靠拢。价格机制是市场机制的核心。市场经济之所以具有效率，主要原因就在于：在市场竞争中形成并反映资源稀缺程度的价格在资源配置中起着决定性的作用。然而，在统制经济制度下形成的价格体系存在严重的扭曲。例如，行政定价要服从产业政策的要求，向工业特别是重工业倾斜。这种

"重重、轻轻"的价格政策造成了初级产品价格被压低、加工制成品价格被抬高的扭曲状态。在中国改革初期，领导层始终没有下决心进行主动式价格改革、放开价格以矫正扭曲的情况下，对外开放导致了被动式的价格变化。对外贸易的放开经营、进出口的扩大和外资企业的引入都具有提高初级产品价格、抑制制成品价格、矫正价格扭曲、使国内市场的价格结构与成熟市场价格结构相趋近、实现价格市场化的正面作用。[1]

第二，外国直接投资企业的发展，对中国市场体系的形成和市场制度的完善起到了积极的推动作用。外资企业在成熟的市场经济条件下经营，对于良好的经营环境有很强的诉求。在中国改革开放的初期，各级政府主要靠对外资企业实行优惠政策来回应这种诉求。但是，长期只对外商实行优惠政策，一方面意味着把本土企业视为二等公民，在商品市场和要素市场上对本土企业产生"挤出效应"；另一方面也并不符合外商企业建立透明的竞争规则和法治的经营环境的要求。[2]内外企业的这种要求，也成为促进中国进行经济政治改革的重要推动力量。

第三，建设对外开放基地的一项重要作用在于使特区和沿海开放地区成为建立现代市场经济制度的试验场。它们汲取发达市场经济的经验，大胆探索新的经济制度和政府管理经济的新体制，为全

----

[1] 参见周小川、杨之刚（1992）：《价格改革：类型区别与效果分析》，《改革》，1992年第3期。作者在这篇分析主动式价格改革与被动式价格变化不同效果的论文中，详细讨论了进口竞争和出口竞争对矫正国内价格结构扭曲的明显作用。

[2] 联合国贸发会议跨国公司与投资司编著（1999）：《1999世界投资报告：外国直接投资和发展的挑战》，北京：中国财政经济出版社，2000年，第11—12页。

国性的经济体制改革积累了经验，树立了样板，提供了借鉴。

总之，对外开放给中国带来的最重要的好处是形成促进国内改革的推力。由此，形成了以后中国改革过程中屡试不爽的"以开放促改革"做法。

当然，这方面成效的取得，最终还取决于中国自身对改革要求的响应和推进努力。否则，如果仅仅满足于对外开放所取得的直接利益而不思进取，不去改变落后的体制，这种从技术上模仿先进国家得益的"后发优势"就会转变为"后发劣势"，妨碍社会经济的长远发展。[①]

6.3 1994 年的外汇改革和出口导向政策的全面实施

1980—1993 年中国的对外经济政策处在一种从内向型经济到外向型经济、从进口替代到出口导向的过渡状态。其重要表征，是实行官定汇率和市场汇率并存的双重汇率制度。外汇市场的开放，对外商企业投资环境的改善和中国对外贸易的发展起了积极的作用。但是，双轨制的存在也导致了获得官价外汇的企业（主要是国企）和无法获得这种优惠的企业之间的不平等竞争，同时造成了巨大的寻租空间。

为了缓解双轨制造成的问题，外汇市场的双轨制通过两条途径

[①] "后发劣势"的概念，是已故经济学家杨小凯在 2000 年 12 月的一次演讲中提出的。他指出，如果后进国家满足于从对先进国家的技术模仿中得到的利益，而不注意以先进国家为榜样，改进自己的制度，它们的后发优势就会转变为后发劣势。（参见杨小凯：《不要用技术模仿代替制度变革》，《经济观察报》，2002 年 9 月 17 日。）

向单一市场并轨：一是官价汇率逐步升值。到 1993 年末，人民币官方汇率升值为 5.80 元人民币兑换 1 美元。二是调剂市场的成交额占全国贸易外汇成交额的比重不断提升。到 1993 年末，该比率达到 80%。1993 年 11 月中共十四届三中全会通过的《关于建立社会主义市场经济体制若干问题的决定》要求，分别针对国内企业和国外企业，分两个步骤取消双重汇率制，实现汇率并轨和经常项目下人民币有管理的可兑换。

经过周密的准备，中国人民银行受权宣布从 1994 年 1 月 1 日起取消官定汇率，实行"以市场汇率为基础的、单一的、有管理的人民币浮动汇率制"，实现汇率的市场化并轨。国内企业和个人按市场汇率向银行买卖外汇，银行进入银行间外汇市场进行交易，形成市场汇率。中央银行只在汇率波动超过它所设定的浮动范围时入市买卖外汇以保持人民币汇率的稳定。1994 年 1 月 1 日启动汇率为 8.72 元人民币合 1 美元，低于汇改前调剂市场的低端汇率，比官定汇率 5.76 元人民币合 1 美元贬值 51%。1996 年，又将外商投资企业也纳入银行的结售汇体系。这样，就把有管理的浮动汇率制建立起来。从那时起直到 1997 年 10 月亚洲金融危机爆发，人民币兑美元的汇率有所升值，达到 8.28 ：1 的水平。在亚洲金融危机爆发后，许多国家的本币大幅度贬值，为了防止发生竞相贬值的风潮，中国采取了人民币不贬值政策，并在平息东亚金融危机中发挥了重要作用。

1994 年正式实施的外汇管理体制改革，在建立有管理的人民币浮动汇率制度之外，最重要的举措是实行经常项目强制结售汇制度。除国家规定的外汇账户可以保留外，企业和个人的外汇收入必须卖给外汇指定银行，而外汇指定银行必须把高于国家外汇管理局批准头寸的外汇在市场上卖出。这一制度将企业和个人的外汇收入及时足额汇入国家外汇储备，以为进口付汇提供保障。强制结售汇制度不仅使得人民币汇率形成机制无法真正放开，而且对我国的货币供给和宏观经济产生了深远影响。2008 年，《外汇管理条例》修订，明确企业和个人可以按规定保留外汇，才改变了强制结售汇制度。

1994 年外汇改革以来全面实行的出口导向战略，对 20 世纪 90 年代中后期中国出口和外汇收入盈余的迅猛增长起到了有力的推动作用。

1994 年以前，中国对外贸易一直是顺差和逆差互见，而且多数年份是存在逆差的。而在 1994 年以后中国出口持续快速扩张，进出口贸易一直保持大额顺差。2004 年以后，中国贸易顺差更是急剧扩大，从 2004 年的 319.8 亿美元快速增长到 2007 年的 2622 亿美元（图6.3）。国际收支经常项目和资本项目也一直保持双顺差的局面。而且除 1997 年受到东亚金融危机和人民币坚持不贬值的影响国际收入盈余有所下降外，一直保持增长的态势。

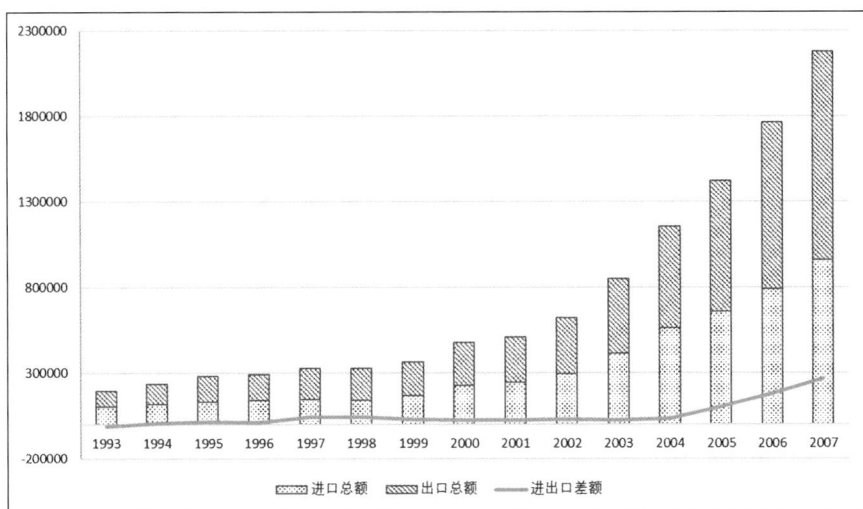

图 6.3　1993—2007 年的中国进出口贸易（单位：百万美元）

数据来源：国家统计局

出口贸易的高速增长使中国能够充分发挥拥有数量大、素质好、低成本劳动力的比较优势，对实现农村剩余劳动力向城市非农产业的转移、人民生活水平的提高和实现国民经济的整体繁荣起了重要作用。与此同时，出口的快速扩张使中国经济在投资率超过 40%、甚至接近 50% 的情况下，没有因国内消费需求不足而出现经济萧条，在既有增长方式下的高速增长得以延续十多年的时间。

对外开放的另一个重要作用，是通过引进外国的先进装备和先进技术，在大规模人力资源投资还没有发挥作用的条件下，迅速缩小了中国与先进国家之间在过去 200 多年间积累起来的巨大技术水平差距，使高速增长得到技术进步的有力支撑。

在上述力量的推动下，从 20 世纪 90 年代下半期开始，直至 2006 年，中国经济呈现出高增长、低通胀的良好态势（图 6.4）。

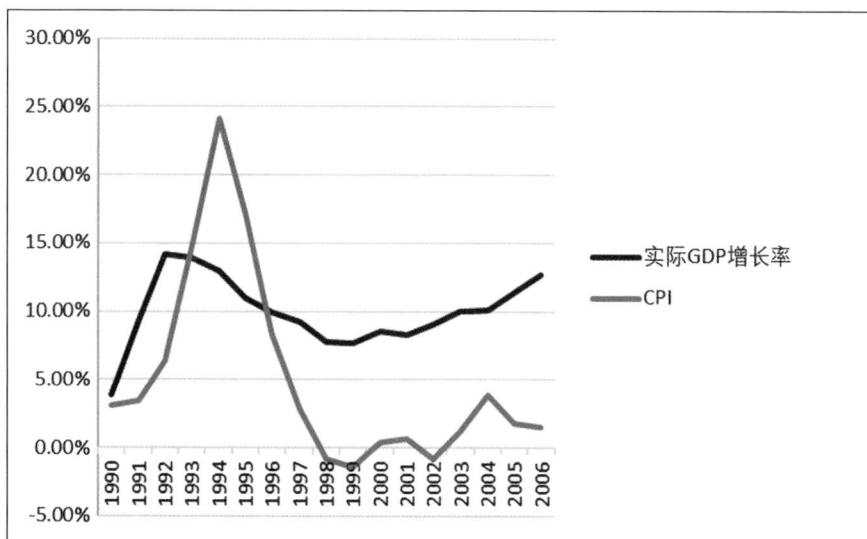

图 6.4　1990—2006 年的中国经济增长

数据来源：CEIC

6.4 走向全面开放

20 世纪 90 年代我国对外开放取得了很大成绩，但仍然处于外向经济的低级阶段——出口导向，政府仍然通过对国内市场进行一定程度的保护、本币汇率低估来促进出口。

1994 年外汇改革以后，原本预计通过逐步降低中央银行的干预频度和扩大汇率浮动范围使人民币逐渐接近外汇市场的供求均衡点。但是，1997 年亚洲金融危机爆发后，许多东亚国家采取本国货币贬值的措施来应对危机，同时它们希望人民币汇率稳定，以免引起各国货币的竞争性贬值。中国政府果断地采取了人民币不贬值的方针，对稳定亚洲经济和平息金融危机作出了重要贡献。然而，要在许多邻近国家货币纷纷贬值的情况下维持人民币的币值稳定，中国的中央银行只得经常入市干预。这使人民币汇率实际上变成了盯住美元的固定汇率。从那时起直到 2005 年 7 月，美元兑人民币的汇率一直维持在 1∶8.27 左右，上下虽略有浮动，但浮动的范围极为狭小。在亚洲金融危机过后，随着中国出口能力的增强，人民币低估状态显得越来越明显。

从世界各国的经验来看，出口导向是一种利弊互见的对外贸易战略（表 6.5）。这种战略指导下的出口贸易扩展到一定程度，它的负面效应就会凸显，有必要调整政策，转向全面开放。正如东亚实行这种所谓"新重商主义"政策的国家和地区在 20 世纪 90 年代所遇到的情况那样，中国在实施出口导向政策十来年以后，也渐渐显现出问题。[①] 除与贸易对象国之间的摩擦加剧外，还表现在以下方面：

---

① 本书作者在《中国增长模式抉择》（2005）一书中根据日（转下页）

表 6.5　进口替代战略与出口导向战略的优缺点比较

	进口替代	出口导向
优点	帮助发展中国家获得实现现代化所必需的某些技能	1. 需求不受本国收入的限制 2. 较高的竞争水平对效率和现代化起促进作用 3. 与外国生产者的竞争提供了强有力的市场检验
缺点	1. 贸易壁垒可能保护落后和鼓励腐败 2. 贸易壁垒通常一经设置就难以消除 3. 对产品的保护提高了使用部门的成本并降低该产品的竞争能力	1. 有可能导致劳动密集型产品的专业化，削弱长期增长的潜力 2. 发展出口市场可能并不容易 3. 在出口以外的部门维持不发达水平

数据来源：J. 斯蒂格利茨：《经济学》（第二版），北京：中国人民大学出版社，2000 年。

第一，从微观经济方面说，正如斯蒂格利茨（Joseph Stiglitz）所说，出口导向战略固然使需求不再受本国收入的限制，但在国际市场的激烈竞争中却可能"迫使低工资的发展中国家的专业化集中在劳动密集型产品这种有比较优势的领域中"，削弱了长期增长的潜力[①]。也就是说，出口导向政策的长期延续，鼓励了劳动密集型和资源密集型产品的出口，巩固了粗放经济增长模式，成了为外国企业的"打工专业户"，付出了大量资源，却只能取得微薄的收入。

在 20 世纪末期我国农村还存在大量剩余劳动力需要就业、土地等资源还比较充裕的情况下，充分发展劳动密集型的加工业还是利

（接上页）本及中国大陆和台湾的实际情况分析了出口导向政策的实施效果和负面影响。北京：中信出版社，2017 年，第 161—172 页。

① J. 斯蒂格利茨：《经济学》（第二版），梁小民等译，吴敬琏校，北京：中国人民大学出版社，2000 年，第 891—892 页。

大于弊的。而在 21 世纪初期条件发生了变化，"刘易斯转折点"[①]已经或者将要出现，本国技术力量已经成长起来的时候，这一战略不利于本国企业技术创新和升级的缺陷就日益暴露了。

20 世纪 80 年代中国大力发展"三来一补"以后，加工贸易增长速度一直远高于其他贸易。自加工贸易额 1996 年首次超过一般贸易额以后，一直是第一大的出口贸易方式。不仅如此，加工贸易还构成了贸易顺差的主体；加工贸易顺差持续高于当年贸易顺差总额。2005 年及 2006 年，加工贸易顺差额与贸易顺差总额之间的比率分别为 139.82% 和 106.43%，2007 年比重有所下降，但依然高达 95.06%。[②]

在出口导向政策的保护下，以加工贸易为主的贸易结构的长期保持，使中国虽然从出口额看似乎成了世界工厂，其中大部分却处在价值链的低端，缺乏自己的技术创新，实际上是 Assembled in China（中国组装），而不是 Made in China（中国制造）。[③]中国企业为国外企业做"代工"（Original Equipment Manufacturer, OEM）的产品卖价很低，通常只有销售商卖价的 1/4 乃至 1/10，代工企业得到的

---

① 根据诺贝尔经济学奖获得者刘易斯（William Arthur Lewis）的剩余劳动力模型，在工业化实现以前的二元经济中，由于农村存在大量剩余劳动力，劳动力是无限供应的，所谓"刘易斯转折点"是指劳动力供求形势变化，发生了劳动力供应紧缺的情况。中国经济学家蔡昉在 21 世纪初期作出刘易斯转折点已经出现的判断，引发了一场大争论。到 21 世纪的第二个 10 年，普通劳动者的短缺和工资上涨已是明显的事实。参见蔡昉：《刘易斯转折点——中国经济发展新阶段》，北京：社会科学文献出版社，2008 年。

② 张莉：《我国贸易顺差的结构分析及影响评估》，《中国对外贸易》，2008 年第 9 期。

③ iPhone 和 iPad 不像有些在中国组装的产品那样标注为 Made in China（中国制造），而是如实地标注为 Assembled in China（中国组装）。

只是微薄的加工费。

《华尔街日报》2004年1月的一篇评论文章举出一家瑞士和美国合资的罗技国际集团公司（Logitech International）的例子，说明中国在全球分工体系中扮演的角色。这家总部位于美国加州的公司在苏州的工厂每年向美国出口2000万只旺达（Wanda）牌无线鼠标，该鼠标在美国的销售价格约为40美元。其中，罗技拿走8美元（占20%），批发商和零售商拿走15美元（占37.5%），罗技的零配件供应商，如美国的摩托罗拉（Motorola）和安捷伦（Agilent Technologies）拿走14美元（占35%），剩下的3美元（占7.5%）归中国，而这3美元还要用来支付苏州4000名职工的工资以及能源、运输和其他管理费用。罗技在加州的450个销售人员的收入总额，远远超过苏州工厂内4000名中国员工的收入总额。《华尔街日报》的这篇文章评论道：罗技公司的苏州货仓，可以说是"当前全球经济的一个缩影"。[①]

2011年美国加州大学的几位教授对在中国内地组装的苹果iPhone和iPad的价值链做了分解。其中苹果公司得到的利润分别占iPhone和iPad总价的58.5%和30.1%，中国内地企业和企业员工所得基本上只是员工工资[②]，分别占两种产品总价的1.8%和1.6%。[③]

---

① Andrew Higgins (2004). As China Surges, It also Proves a Buttress to American Strength（《中国的崛起加强了美国的霸权》）. *Wall Street Journal*, 2004-1-30 (A1).

② 当时，这两种产品都是由台资企业富士康在大陆组装。由于富士康的母公司鸿海集团（Foxconn）注册地在台湾，所以没有计入大陆企业所得。

③ 见 K.Kraemer, G. Linden and J. Dedreck (2011). Capturing Value in Global Networks: Apple's iPad and iPhone.（《在全球网络中获利：苹果的iPad和iPhone》）［Accessed 2 Feb 2012］。

由于出口产品附加价值和盈利率过低，中国许多出口企业只能"以量取胜"，靠增加出口数量来维持。而这种出口战略不可避免地导致贸易摩擦、倾销诉讼的增多和增加出口的困难。

于是，就出现了这样的情况：我们"消耗了大量不可再生资源，承受着环境的污染，背负着'倾销'的恶名，可是利润的大头却不在自己手里"。[①]

第二，从宏观经济方面说，与投资驱动增长模式相配合的出口导向政策的消极影响也日益显露出来，出现外部经济失衡的局面。它的主要表现，是这一政策的成功实施造成了巨额贸易盈余，使中国与贸易对象国家之间的贸易摩擦加剧，并形成本国货币升值的巨大压力。

如果这时候进行汇率形成机制的市场化（或称自由化），盈余国家的本币会自然升值，从而恢复国际收支平衡。但是，采取这种办法必然对出口企业形成进行技术创新和产品升级的巨大压力；而原有利益格局的惰性，往往使汇率改革政策不能及时推出。为了保持本币的低汇率，中央银行不得不通过入市干预，大量购买外币。这样做的后果是造成货币超发，流动性泛滥，甚至形成泡沫膨胀以及最后爆破的局面。本书的第 10 章会对有关问题做进一步的讨论。

以上情况表明，在新的形势下，中国的对外开放战略需要进行重大调整，从原来的多出口、少进口，增加"出口创汇"，通过出超来增加需求，向更加平衡的对外经济关系转变。在贸易关系上，并不是降低进出口总额，而是通过平衡贸易改善本国的资源配置和更

[①] 吴敬琏：《破解增长模式新课题》，《文汇报》，2005 年 3 月 9 日，第 8 版。

充分地利用全球资源，推动中国的经济发展。

中国走向全面开放的一个决定性行动，是加入以实现自由贸易为宗旨的世界贸易组织（以下简称 WTO）。

1986 年，中国提出恢复关贸总协定缔约国的地位。这一行动意味着中国决定进一步对外开放和融入世界经济体系。经过 15 年的艰苦谈判，中国在 2001 年 11 月正式获准加入 WTO。

在历时 15 年的谈判过程中，为了适应于 WTO 实现贸易便利化，或称自由化的要求，中国大幅度降低了关税壁垒，废止了进口配额，贸易保护程度大为降低。随后，按照加入 WTO 的协议，中国从 2002 年 1 月 1 日起，降低了 5300 多个税号商品的进口关税，平均关税由 15.3% 降低至 11.3%。

加入 WTO 以后，中国作为成员国，还要自觉遵循 WTO 的九项基本原则，即：（1）无差别待遇原则；（2）最惠国待遇原则；（3）国民待遇原则；（4）透明原则；（5）贸易自由化原则；（6）准入原则；（7）互惠原则；（8）对发展中国家和最不发达国家优惠待遇原则；（9）公平、平等处理贸易争端的原则。为此，中国需要对外贸体制和外贸政策进行进一步的改革。例如，更大幅度地降低关税和非关税壁垒、废止进口限制、退出中央银行对外汇市场的常态式干预、完善法律和执法系统，乃至对外资企业进入实行负面清单管理，等等。不仅如此，加入 WTO 更重要的意义在于通过与全球经贸规则接轨，倒逼中国的经济管理体制朝着更加市场化、法治化的方向演进。这就为 21 世纪初包括外资企业和民营经济在内的中国非公有经济的进一步发展奠定了制度基础。

我们也要看到，实现这些并非易事。一方面，是由于这些改革往往涉及一些企业和行政当局的既得利益，因此推行起来就会遇到阻力。另一方面，成功实现从外资驱动、外需拉升的出口导向战略向全面开放战略转化的关键，在于中国整体效率的提高。加入 WTO 后，进出口贸易的迅速增长使得市场化需求在拉动中国经济增长中的贡献不断上升，为效率更高的非公有经济的进一步崛起创造了条件，从而有助于中国宏观经济的平稳增长。然而，国有企业改革的不时停顿和反复依然给中国经济带来不利影响。要全面提高经济效率，就需要国有经济部门的进一步市场化改革。显然，这些都不是不经过长期艰苦的努力就可以一蹴而就的。

第 7 章　世纪之交：市场力量推动中国经济崛起

　　20 世纪 90 年代上半期市场取向改革的整体推进，使市场经济的轮廓日渐显现出来，原来一统天下的国有经济和准国有的"集体经济"在国民经济中所占份额下降到 50% 以下。

　　但是直到这时，市场的产权制度基础还不明确。占比很大的"民营经济"产权关系模糊，其中日益壮大的私有经济的正式地位只是"公有制经济的补充"。为了取得生存空间，不少私有企业依附于国有或集体企业，靠让渡部分控制权和给公有制企业缴纳"管理费"来换取一顶"公有制企业下属单位"的"红帽子"。

　　现实的经济发展与苏式社会主义基本经济制度框架的矛盾在持有不同观点的人群中引起了极不相同的反应。两种观点之间的碰撞终于在 1996 年末、1997 年初引发了一场中国应当采取什么样的基本经济制度的大争论。

　　虽然苏式社会主义观念还有不少政治支持者和巨大的意识形态影响力，但是毕竟"形势比人强"。回到僵化、停滞和贫困的苏式社会主义是完全不可想象的。争论的结果，是 1997 年的中共第十五次全国代表大会取得了重大突破，确定以"公有制为主体、多种所有制经济共同发展"作为"至少 100 年的社会主义初级阶段"的"基本经济制度"。

根据十五大的要求，中国在 20 世纪末期进行了大规模的所有制结构调整，并在这种调整的基础上初步建立起市场经济体制。市场经济的建立，使中国民间久受压抑的创新精神和创业能力能够发挥出来；大量原来没有得到充分利用的人力、物力资源得到了更有效的利用，由此推动了中国经济迅速发展壮大。

7.1 争议"基本经济制度"

所谓市场交换，说到底，无非是在不同所有者之间进行的产权交换。然而观察从 20 世纪 70 年代末期到 90 年代初期的中国经济改革，会发现一个独特的现象，就是不论是理论论述还是政策讨论，都以市场的建构为主要内容，而很少涉及市场的产权制度基础。究其原因，乃是传统观念仍然统治着人们的头脑。许多人仍然以为，公有制，特别是它的"高级形式"——国有制——天经地义地是社会主义国家唯一的经济基础。任何离开这一训条的想法，都属于离经叛道。

关于社会主义的基本经济制度，在斯大林的亲自指导下由苏联科学院经济研究所编写的《政治经济学教科书》说得十分清楚。它写道："生产资料公有制是社会主义生产关系的基础"，"在社会主义条件下，公有制在国民经济的一切领域内都占有绝对统治地位"。"社会主义公有制有两种形式：（1）国家全民所有制；（2）合作社集体农场所有制。"其中，"国家所有制是社会主义社会中占优势的、起主导作用的所有制形式"，体现着"最成熟、最彻底的"社会主义生产关系；国有制"这一社会主义所有制的高级形式，在整个国民经济中起着领导的和决定的作用"；集体所有制是在农业生产力发展水平不够高的情况下作为一种权宜之计保留下来的，当农业生产力得到一定程度的提高，集体所有制就应当逐步向"全面的全民（国家）所有制"过渡。[1]

苏联的制度模式对社会主义阵营中各国的经济制度产生了决定性的影响，在相当长的时间内根深蒂固，不容任何怀疑和讨论。早在 1953 年毛泽东修订的《过渡时期总路线宣传提纲》中就明确指出："这条总路线的实质，就是使生产资料的社会主义所有制成为我们国家和社会唯一的经济基础。"[2]在国有制和准国有的集体所有制成为唯一的经济基础以后，又制定了"穷过渡"的方针，要求早日过渡到"全面的全民所有制"，即全面的国有制上去。[3]

为了避开来自传统意识形态的巨大政治障碍，邓小平等改革领导人采取了种种变通政策和"不争论"等策略手段，缓步松动国有经济的绝对控制，使民间创业行为获得一定的活动空间。我们在前面的篇章中谈到过这一空间扩大的过程。在 1979 年，中国政府宣布

① 苏联科学院经济研究所编（1958）:《政治经济学教科书》（修订第 3 版），北京：人民出版社，1959 年，第 114—117、352—356 页。
② 中共中央宣传部（1953）:《为动员一切力量把我国建设成为一个伟大的社会主义国家而斗争——关于党在过渡时期总路线的学习和宣传提纲》，《社会主义教育课程的阅读文件汇编》（第 1 编上册），北京：人民出版社，1957 年，第 341—374 页。
③ 1958 年 8 月中共中央政治局通过的《关于在农村建立人民公社的决议》要求集体经济在"五六年或者更长一些的时间"内过渡到全民所有制，也就是实现"全面的全民所有制"即单一的国有制。4 个月以后，中共八届六中全会《关于人民公社若干问题的决议》把这个时限展延到"十五年二十年或者更多一些的时间"。此后仍然不断提出，要加快向全面的"全民所有制"过渡的进程。

允许外国投资者在中国设立合资企业，同时允许个体劳动者在一定
范围内开展活动。然后允许个体业主在不超过 7 个人的限度内少量
雇工。与此同时，在农村允许包产到户，使农民家庭农场得以普遍
建立，继之以乡镇企业的发展。

不过直到 20 世纪 80 年代初期，私人企业仍在禁止之列。1982
年 12 月通过的《中华人民共和国宪法》规定："中华人民共和国的
社会经济制度的基础是生产资料的社会主义公有制，即全民所有制
和劳动群众集体所有制。""国营经济是社会主义全民所有制经济，
是国民经济中的主导力量。国家保障国营经济的巩固和发展。""在
法律规定范围内的城乡劳动者个体经济，是社会主义公有制经济的
补充。"这部宪法完全没有提到私营经济。

但是在 1981 年，不超过 7 人雇工的限定大门打开以后，私营企
业雇工人数很快突破了 7 个人的限额，使雇佣劳动的私营经济实际
上开始发展。虽然邓小平主张"看一看，不要贸然禁止"，一些地方
政府也由于私营企业具有活跃地方经济、解决就业问题等方面的积
极作用，往往对它们采取默认乃至暗中鼓励的态度，但在相当长时
间内，私营企业的活动处于不合法或半合法的状态，许多私营企业
只能采取投靠公有制企业，戴"红帽子"的办法来取得自己的生存
空间。

直到 1987 年 10 月，中共十三大宣布"私营经济一定程度的发
展，有利于促进生产，活跃市场，扩大就业，更好地满足人民多方
面的生活需求，是公有制经济必要的和有益的补充"[①]，私营企业才正

---

① 赵紫阳（1987）：《沿着有中国特色的社会主义道路前进——在中国
共产党第十三次全国代表大会上的报告（1987 年 10 月 25 日）》，《人
民日报》，1987 年 11 月 4 日。

式取得了合法地位。接下来，1988年全国人民代表大会通过的《中华人民共和国宪法修正案》把"国家允许私营经济在法律规定的范围内存在和发展"写进了宪法。这时，作为公有制经济补充的私营经济的合法地位得到了法律的正式确认。不过，直到这时，私营经济仍然被限制在"公有制经济的补充"的范围内，谨慎地使民营经济的发展不致影响到"公有制为主体，国有制为主导"地位的稳固。

虽然对于私营经济的发展有种种限制，但是私营企业凭借它们的适应性和竞争力，仍然在与国营经济的竞争中逐步壮大。与之相对应，国有企业在工业总产值中的占比，也从1978年的78%下降到90年代初期的55%左右。[①]

这时，党政领导开始意识到，需要对"公有制为主体、国有制为主导"的老提法作出某些新的解释，以便给予非公有制经济更大的活动空间。这样1993年中共十四届三中全会通过的《中共中央关于建立社会主义市场经济体制若干问题的决定》对这一提法在解释上做了少许松动。它写道："就全国来说，公有制在国民经济中应占主体地位，有的地方、有的产业可以有所差别"，"公有制的主体地位主要体现在国家和集体所有的资产在社会总资产中占优势，国有经济控制经济命脉及其对经济发展的主导作用等方面"；"国家要为各种所有制经济平等参与市场竞争创造条件，对各类企业一视同仁"。

然而，这一新阐释尽管十分小心谨慎，仍然引起了一些坚持国有经济统治地位和质疑民营经济发展的政治家、理论家的不满。他

[①] 国家统计局：《中国统计年鉴（1992）》，北京：中国统计出版社，1992年，第26页。

们在 1995—1997 年，先后写了四份基本倾向一致、内容和侧重点有所不同的长篇文章（俗称"万言书"），对改革开放以来的方针政策提出了强烈质疑。[1]特别是在 1997 年初中共十五大召开前夕，他们发表了"第三份万言书"《关于坚持公有制主体地位的若干理论和政策问题》[2]，对发展多种所有制经济的改革方针进行了批判。这份"万言书"认为，中共十四届三中全会对"公有制为主体"和"国有制为主导"的新阐释"相当普遍地被接受"，"是一个不幸的事实"；同时，全面论证了自己对社会主义基本经济制度的主张，即"社会主义把全民所有制（即国有制）作为公有制的高级形式和必须追求的目标"。

文章说，要坚持社会主义就必须做到：第一，"国有经济，主要是几十万个大、中、小型独立核算的工业企业以及国家经济命脉部门保持统一完整的体系"；第二，"国有经济必须主导集体经济"；第三，"公有经济必须将非公有经济置于补充地位"。

这份"万言书"还尖锐指责政府听任非国有工业的增长势头大于国有工业，"使国有工业的比重大幅下降"。它声称，如果集政权与所有权于一身的社会主义国家不能用政权的力量保卫国有企业，就无异于在执行一种"戈尔巴乔夫式的错误路线"。

[1] 马立诚、凌志军：《交锋：当代中国第三次思想解放实录》，北京：今日中国出版社，1997 年。该书对有关"万言书"的论战做了详细介绍。

[2] 《当代思潮》特约评论员：《关于坚持公有制主体地位的若干理论和政策问题》（1996 年 12 月 21 日至 1997 年 1 月 20 日修改定稿），打印稿。其中主要观点见《当代思潮》特约评论员：《以公有制为主体的基本标志及怎样才能坚持公有制的主体地位》，《当代思潮》，1996 年第 4 期。

主张市场经济改革的人们对"万言书"给予了正面的回应。

首先作出回应的，是深圳市前市委书记厉有为。他在中共中央党校学习班上的一次讲话中说，要把全民所有制与国家所有制区分开来。在社会主义初级阶段，由全社会占有生产资料的全民所有制是一种"理想化的、不实际的占有形式"，因为国有企业职工以外的人民群众并没有任何财产处置权和收益分配权；而国家所有制则是以统治阶级的国家为代表的占有形态。国家所有制与其他形式的公有制或私有制可以同时并存，互为条件，互相依存，公平竞争。无产阶级的国家所有制，更适宜于从事社会效益为主、公益性为主的行业和事业，属于市场竞争性的行业，不宜由国家所有制垄断或占主导地位。

在他的心目中，社会主义初级阶段的公有制，与马克思、恩格斯预言的由全社会占有生产资料的全民所有制形式不同，表现为多数人占有多数生产资料的占有形式。具体地说，多数人占有多数生产资料的公有制可以有以下几种实现形式：各级政府所有的公有制，统称为国家所有制；社区集体形成并集体拥有的资产，可称为社区所有制；劳动者个人投资集合成的集体资产，即集体所有制；社团投资形成的资产，可称之为社团所有制；劳动者在大公司购入股权因而转化为不可分割的集体资本，可称之为社会占有制；把技术作为资本投入形成的技术资本和把科学管理能力作为资本投入形成的经营资本等。除了以上公有制形式外，私人资本、单独经营、私人所有的私有制经济在社会主义初级阶段也允许存在和发展。"上述各种所有制经济互相融合形成的经济实体，则为混合所有制。随着生产力的发展和生产的社会化，混合所有制的实现形式会越来越多，越来越普遍。"①

国务院发展研究中心"国有经济的战略性改组"课题组对"第三份万言书"作出了更加深入和全面的回应。②

他们从理论和实际两个方面提出自己的观点：

从理论方面说，他们指出，社会主义作为一种社会理想，本质在于追求社会公正和共同富裕。"一个国家是否具有社会主义的性质，并不是由国有经济所占份额决定的……只要共产党采取正确的政策有效地防止了财富分配的两极分化，我们国家的社会主义性质都是有保证的。""第三份万言书"所谓"社会主义把国有制作为公有制的高级形式和必须追求的目标"，无非苏联《政治经济学教科书》关于社会主义基本经济特征的旧调重弹。这些观点已经成为进一步推进改革开放的主要障碍，十分有必要"摆脱苏联模式和《政治经济学教科书》的束缚，对社会主义作出更明确的定义"。

他们指出，由于不恰当地规定国有制的地位和作用，已经出现了国有经济布局太广、"十个指头按不住几百个跳蚤"的情况，因此应当从"一般性竞争领域"退出，集中到"国家必须管的战略性部门"上去③。

① 厉有为（1996）：《关于所有制问题的思考》，《经济学动态》，1997年第11期。

② 吴敬琏、张军扩、刘世锦、陈小洪、王元、葛延风等（1997）：《国有经济的战略性改组》，北京：中国发展出版社，1998年；吴敬琏（1997）：《关于社会主义的再定义问题》和吴敬琏、张军扩、吕薇、隆国强、张春霖（1997）：《实现国有经济的战略性改组》，载《吴敬琏文集》，北京：中央编译出版社，2013年，第183—191、596—611页。

③ 吴敬琏（1997）：《国有经济：十个指头按不住几百个跳蚤》，见吴敬琏：《改革：我们正在过大关》，北京：生活·读书·（转下页）

与此同时，"应当鼓励对多种公有制形式（如各种形式的基金和基金会、各种形式的合作组织、社区所有制）的探索和开拓"；"除公有制经济外，适应现代生产力的多层次性和个人创造性的重要作用，应当支持和鼓励各种非国有经济成分，包括合作社经济、民营经济以及外资经济的发展"；"国家应当对各种经济成分采取一视同仁的政策……着力营造平等竞争的环境，实现在市场规则面前人人平等"。"而不能将它局限于国家所有制和苏式'集体所有制'，更不能把国家所有制看作'公有制的最高形式和社会主义必须追求的目标'。"①

与思想领域的辩论相伴而行的，是实际经济发生的新变动。常言道，"形势比人强"。经济体制的实际运行状况比理论论证更加雄辩有力。

中国经济在 20 世纪 90 年代中期出现的一个突出问题，是仍然占有中国经济半壁江山和主导地位的国有企业陷入了困境。

随着 90 年代初期全面改革的启动和民营经济的发展，一方面供给增加使供不应求的卖方市场转变为供过于求的买方市场，另一方面民营经济从"拾遗补缺"的补充地位逐渐壮大成为国民经济举足轻重的组成部分。这两方面的变化，都使市场竞争日趋激烈，而不能适应这种变化的国有企业逐渐陷入困境。到 90 年代中期，国有企业亏损增加，效率和盈利每况愈下。

从国有企业的状况看，1988 年国有工业企业的亏损面为 10.7%，到了 1995 年亏损户已达到国有工业企业总量的 33.3%，1998 年进一

（接上页）新知三联书店，2001 年，第 89—92 页。
① 吴敬琏（1997）：《关于社会主义的再定义问题》，载《吴敬琏文集》（上），北京：中央编译出版社，2013 年，第 183—191 页。

步发展到 47.4%[①]。1998 年，国有企业累计剥离下岗职工[②] 总数达到 1350 万人[③]。从全部国有企业的状况看，1993 年国有企业还有 1667.3 亿元的净盈利，之后就逐年下降，1997 年降到 539.8 亿元，1998 年甚至出现了 78 亿元的净亏损[④]。从地域上看，辽宁、吉林、黑龙江东北三省作为老工业基地，成为国有经济陷于困境的重灾区。其中尤为突出的是作为我国工业重镇的辽宁省：到 1997 年，全省国有企业已经连续三年净亏损。当时的 926 户国有大中型企业中，有 491 户是亏损户，亏损面高达 53%，一大批企业处于停产、半停产状态。由于国有企业亏损严重、涉及面广，引起国内外广泛关注，被称为"辽宁现象"。[⑤]

与国有企业状况形成鲜明对照的是：民营企业（非国有企业）在存在多重限制的情况下，快速发展（表 7.1 和表 7.2），在国民经济中占有举足轻重的地位。

表 7.1　全国个体工商业发展情况（1990—1997）

年份	户数（万户）	从业人员（万人）	资金数额（亿元）	总产值（亿元）
1990	1328.3	2092.8	397.4	642.4

---

① 中国财政年鉴辑委员会编：《中国财政年鉴（1999）》，北京：中国财政杂志社，1999 年，第 486 页。

② "下岗职工"是指已经不再上岗工作，但并未解除与企业之间的劳动合同，仅发给基本工资的国有企业职工。

③ 杨宜勇：《进一步完善国有企业下岗职工再就业工作》，《经济研究参考》，2000 年第 36 期，第 2—7 页。

④ 同上，第 482、486 页。

⑤ 邵宁主编：《国有企业改革实录（1998—2008）》，北京：经济科学出版社，2015 年，第 49 页。

年份	户数 （万户）	从业人员 （万人）	资金数额 （亿元）	总产值 （亿元）
1991	1416.8	2258.0	488.2	782.2
1992	1533.9	2467.7	601.0	926.2
1993	1766.9	2939.3	854.8	1386.9
1994	2186.6	3775.9	1318.6	1637.5
1995	2528.5	4613.6	1813.1	2791.2
1996	2703.7	5017.1	2165.4	3538.6
1997	2850.9	5441.9	2574	4552.7

数据来源：成思危主编（2007）：《中国非公有制经济年鉴（2007）》，北京：民主与建设出版社，2007年，第754页。

面对国有企业亏损面扩大引发的一系列严重问题，1997年7月时任国务院常务副总理的朱镕基到辽宁视察国有企业时，提出"国有企业三年摆脱困境"的要求。[①] 1997年9月的中共十五大确认了这一要求，从1998年起启动了以降低国企亏损为主要目标的"三年脱困计划"。

表7.2　私营企业发展情况（1990—1997）

年份	雇工人数 （万人）	增长率	注册资本额 （亿元）	增长率	总产值 （亿元）	增长率
1990	147.8	3.7%	95	13.10%	121.8	
1991	159.8	8.1%	123	29.50%	146.6	20.4%

① 朱镕基1997年7月18—24日在辽宁视察国有企业时提出，"要用三年左右"的时间，通过改革、改组、改造和加强管理，使大多数国有大中型企业摆脱困境，力争到20世纪末大多数国有大中型骨干企业中初步建立起现代企业制度。

（续表）

年份	雇工人数（万人）	增长率	注册资本额（亿元）	增长率	总产值（亿元）	增长率
1992	201.5	26.1%	221	79.70%	205.1	39.9%
1993	321.3	59.5%	681	208.10%	421.7	105.6%
1994	559.4	74.0%	1448	112.60%	1154	173.7%
1995	822	46.9%	2622	81.10%	2295.2	98.9%
1996	1000.7	21.7%	3752	43.10%	3226.6	40.6%
1997	1145	14.4%	5140	37.00%	3922.5	21.6%

数据来源：国家工商行政管理总局办公室编：《工商行政管理统计汇编》（各年）。

1997 年 7 月从泰国开始，接着向周边国家蔓延的亚洲金融危机加剧了困难。中国作为东亚各国的近邻，与发生危机的各国有着密切的贸易和金融联系，因而不可避免地受到危机的影响。由于东亚国家经济萎缩和货币大幅度贬值，中国的外贸出口增长速度急剧回落，GDP 增长速度也出现了减慢的趋势。这更加剧了国有企业的困难。

正是现实经济生活中的矛盾和困难，推动中共十五大提出了调整和完善所有制结构的重大方针。

7.2 中共十五大的重大决策："调整和完善所有制结构"

1997 年 9 月召开的中共第十五次全国代表大会作出了具有历史意义的决定，把"公有制为主体、多种所有制经济共同发展"确定为"至少 100 年"的社会主义初级阶段的"基本经济制度"。①

正如前面说过的,"公有制为主体、国有制为主导"和"多种所有制经济共同发展",都是十五大以前就已经有过的提法。十五大报告的特点是,对老提法作出了进一步的解释,并且把重新解释过的提法提高到基本经济制度的高度。

第一,"要全面认识公有制经济的含义"。十五大报告指出:"公有制经济不仅包括国有经济和集体经济","要努力寻找能够极大促进生产力发展的公有制实现形式","一切反映社会化生产规律的经营方式和组织形式都可以大胆利用"。这样,就为拓宽公有制的外延给出了很大的空间,并使"公有制为主体"具有更大的包容性。

第二,"要从战略上调整国有经济布局"。十五大报告沿袭了1993 年中共十四届三中全会的说法,指出:"公有制为主体、国有制为主导"这是就全国而言,"有的地方、有的产业可以有所差别"。并且进一步指出:"关系国民经济命脉的重要行业和关键领域国有经济必须占支配地位";至于"在其他领域,可以通过资产重组和结构调整,以加强重点、提高国有资产的总体质量";只要坚持这些原则,"国有经济比重减少一些,不会影响我国的社会主义性质"。

由于如何界定"关系国民经济命脉的重要行业和关键领域"的范围事关重大,且有不同意见,1999 年的中共十五届四中全会《关于国有企业改革和发展若干重大问题的决定》把"国有经济需要控制的行业和领域"进一步规定为以下三个行业和一个领域,这就是:

①　以下均见江泽民(1997):《高举邓小平理论伟大旗帜,把建设有中国特色社会主义事业全面推向二十一世纪——在中国共产党第十五次全国代表大会上的报告(1997 年 9 月 12 日)》,《人民日报》,1997 年 9 月 22 日。

（1）涉及国家安全的行业；（2）自然垄断的行业；（3）提供重要公共产品和服务的行业；以及（4）支柱产业和高新技术产业中的重要骨干企业。

此外，十五大报告用"非公有制是我国社会主义市场经济的重要组成部分"的规定去代替"私营经济是公有制经济的有益补充"的旧提法，这是一项有重大意义的突破。有了这项突破，1998年，中共十五大的上述决定被写入《中华人民共和国宪法修正案》："国家在社会主义初级阶段，坚持公有制为主体、多种所有制经济共同发展的基本经济制度。""在法律规定范围内的个体经济、私营经济等非公有制经济，是社会主义市场经济的重要组成部分。""国家保护个体经济、私营经济的合法的权利和利益。"

这些决定，绘制出了以多种所有制经济共同发展为基础的社会主义市场经济的蓝图。

十五大进一步决定把按照这一蓝图调整和完善所有制结构作为经济工作的首要任务。调整所有制结构的基本原则是："一切符合'三个有利于'的所有制形式都可以而且应该用来为社会主义服务。"[①]

具体说来，调整包括三项主要内容：（1）"有进有退"地调整

---

① "三个有利于"的判断标准是邓小平1992年在南方谈话中提出的。他说："改革开放迈不开步子，不敢闯，说来说去就是怕资本主义的东西多了，走了资本主义道路。要害是姓'资'还是姓'社'的问题。判断的标准，应该主要看是否有利于发展社会主义社会的生产力，是否有利于增强社会主义国家的综合国力，是否有利于提高人民的生活水平。"邓小平（1992）：《在武昌、深圳、珠海、上海等地的谈话要点》，《邓小平文选》第三卷，北京：人民出版社，1993年，第372页。

国有经济的范围，退出一般竞争性领域，向关系国民经济命脉的重要行业和关键领域集中；（2）寻找能够促进生产力发展的多种公有制实现形式，发展多种形式的公有制经济；（3）鼓励个体私营等非公有经济的发展，使之真正成为"社会主义市场经济的重要组成部分"。

"调整和改善所有制结构"与"国有企业三年改革和脱困计划"的结合进行，使多种所有制经济共同发展的格局逐步形成起来。

"三年脱困"原来所针对的是国有大中型企业，让国企"减员增效"。但在执行中人们却发现，没有国有企业改制和非国有经济的发展，国有经济无法通过"瘦身健体"较快地提高效率，国企下岗职工没有就业的出路，"减员增效"很难实现。因此在之后的三年中，中国国有经济的改革和脱困取得了不小的进展，与此同时，多种所有制经济共同发展的格局的形成也加快了速度。这构成了中国经济在世纪之交迅速崛起的体制基础。

对于大型企业和小型企业，国有企业改革采取不同的方法。

国有大型企业的改革不再以兼并重组成大型企业集团为主要形式，而是按照中共十五大决定和中共十五届四中全会通过的《关于国有企业改革和发展若干重大问题的决定》进行。对于大中型国有企业，主要采取了以下步骤推进公司化改制：（1）把作为社会管理者的职能和作为所有者的职能合为一体的"行政性公司"的双重职责分开，将它们的行政职能移交给行政管理部门行使，剥离了行政职能的公司就成为单纯的企业。（2）采取分拆改组的办法，打破一个行业或一个子行业只有一个垄断性企业的状况，形成竞争局面。（3）把原来的国有全资企业改组为多元持股的混合所有制上市公司。

以电信产业为例，在改革开放以前，国家设立邮电部垄断经营邮政和电信业务。为了打破垄断和促进竞争，1994 年将邮电部以外从事电信业务的国营单位合并成立中国联通公司，从事基础电信服务。2000 年，中国联通在香港进行首发，改组为股份有限公司，并在香港和纽约上市。1997 年将移动通信业务从电信总局剥离，建立中国电信股份有限公司（后更名为中国移动通信股份有限公司）在香港首发和上市。

对于包含某些具有自然垄断性质的行业，则采用近年来各国改革垄断行业的成功做法，把竞争性业务放开，只把垄断经营限制在最必要的范围中，并使这类垄断性业务在社会的监管下运营。1999 年，由邮电部电信总局组建而成的中国电信集团公司所属的寻呼、卫星和移动业务被剥离出去，中国电信专注于带有垄断性质的固定电话网业务。2001 年，中国电信再次进行分拆，产生了北方的网通、南方的中国电信，以及从铁道部门剥离出来的铁通等六个电信公司。2008 年，电信业进行全面重组，将固网业务分别搭配到移动电话公司，组建为 3 家兼营固网和移动通信的全业务电信运营商。其他行业也采用类似的办法形成竞争的局面。

在公司化改制时，采用了"剥离上市"的办法①，将原有企业的

---

① 针对原有国有企业机构臃肿、冗员众多、债务沉重、资产质量很差的情况，它们的公司化改制可以选用两种不同的方法：一种方法是先用分拆、退休、介绍就业等方式对它们的非核心资产和多余人员进行处理，然后对核心资产进行重组、首发和上市。这种办法，在中国被称为"整体上市"。另一种方法是将核心资产从原企业中剥离出来进行重组，然后首发和上市，而将非核心资产、不良债权、富余人员等保留在原来的老企业中，以保证新设立的企业在账面上有良好的财务业绩并确保上市成功。这种办法在中国被称为"剥离上市"。

核心资产剥离出来，重组为股权多元化的股份有限公司①，然后在国内外股票市场上首发（IPO）和上市（listing）。

对小型国有企业，中国政府采取了不同的方针。20世纪90年代中期中国领导人提出了对国有企业"抓大放小"的方针，但把重点放在"抓大"上，而改革派的经济学家把政策的重点放在"放小"，即"放小搞活国有中小型企业"上。只不过由于受到意识形态上的限制，以及被指责为"搞资本主义私有化"，除了广东顺德、山东诸城等地的小规模试验，"放小"并没有在全国开展起来。中共十五大确定社会主义初级阶段的"基本经济制度"和把非公有制经济"升格"为"社会主义市场经济的重要组成部分"，就使"放小"有了政治上的依据，小型国有企业（包括苏南模式的乡镇企业）的改制就在全国开展起来。

在国有企业"三年脱困"的过程中，民营小企业的发展成为国有企业脱困的重要支持力量。

国有大中型企业"三年脱困计划"的一项主要内容，是"鼓励兼并，规范破产，下岗②'分流'，减员增效，实施再就业工程"。"下岗分流"的具体做法，则是效法上海市的先例，让分散在各企业的下岗职工分批进入在各个行业中（或一个地区中）设立的再就业中心，逐步分流。

---

① 中共十五届四中全会《关于国有企业改革和发展若干重大问题的决定》要求国有大中型企业"要通过规范上市、中外合资和企业互相参股等形式，改为股份制企业，发展混合所有制经济"，"除极少数必须由国家垄断经营的企业外，要积极发展多元投资主体的公司"。

② 由于国有企业中冗员多达数千万人，中国政府在国有经济改组过程中没有采取解雇的办法，而是让这些失去工作岗位的员工留在企业内，并发给基本生活费。这些员工被称为"下岗职工"。

从 1995 年开始，上海市在一些行业中建立了国有企业下岗职工再就业中心，吸纳行业所属国有企业的下岗职工分批流动。由于当时上海开始了由浦东开发带动的产业振兴，创造了不少新的工作岗位，这些再就业中心得以顺利运行。1995 年流入下岗职工 86 万人，当年安排就业 66 万人。1996 年流入和流出同为 20 万人。但是，将这一做法运用到其他地区，在全国普遍建立再就业中心，由于多数地方缺乏新就业单位，很快就出现了再就业中心人满为患的现象。

为了解决这一问题，国务院决定在 1998 年 6 月召开国有企业下岗职工分流的工作会议。工作会议以前，国务院和全国政协常委会在 1998 年 4 月共同召开了如何化解再就业中心壅塞难题的专题讨论会。在会上，众多来自企业界、政界和学界的代表根据过去几年不同所有制企业新增就业岗位的情况（表7.3）一致主张，把"民营中小企业作为国企下岗职工分流的主渠道"，依靠民营企业为国有企业下岗职工创造就业岗位。这一建议得到国务院领导的采纳，决定采取有力措施大力扶持民营中小企业的发展。[①] 中共中央和国务院 5 月召开的全国国有企业下岗职工基本生活保障和再就业工作会议和 6 月发出的《关于切实做好国有企业下岗职工基本生活保障和再就业工作的通知》，都把大力发展民营中小企业作为解决国有企事业下岗职工再就业问题的主要手段。

---

① 参见吴敬琏（1998）：《关于国有企业下岗职工再就业问题的几点意见》，载《吴敬琏文集》（中），北京：中央编译出版社，2013 年，第 612—617 页。

表 7.3　不同所有制企业新增就业岗位（1992—1996）　　（单位：万个）

年份	国有	集体	外国和港澳台	个体私营
1992	225	–7	57	78
1993	31	–228	66	278
1994	294	–108	118	442
1995	47	–138	107	448
1996	–7	–131	27	284

数据来源：牛仁亮：《国有企业职工下岗的原因及建议》，《人民日报》，1998 年 5 月 28 日。

　　为了支持民营中小企业的发展，中国政府在以下几方面采取了措施：（1）消除妨碍私营企业发展的意识形态障碍，包括大力宣传中共十五大关于私有企业是"社会主义市场经济重要组成部分"的新定位，纠正各种歧视和排斥私有经济的做法。（2）在原国家经济贸易委员会设立中小企业司，专门帮助中小企业解决发展中遇到的各种困难，促进它们的健康发展，许多地方政府也建立了类似机构来促进中小企业的发展。（3）要求各商业银行设立中小企业信贷部，改善对中小企业的信贷服务；放宽银行对中小企业贷款利率的浮动范围。（4）组织带有某种政策性金融性质的中小企业信贷担保机构。（5）对中小企业采取一系列减免税的优惠措施，例如将中小企业的增值税税率由 6% 降到 4%，等等。（6）改进政府和社会对民营企业的服务，为中小企业提供管理信息、技术信息、产业发展情况、世界市场的供求情况等。

　　以上措施综合地发挥作用，解除了一系列制约民营经济发展的障碍，使个体和私营企业迅速发展壮大。

　　民营经济的发展创造了大量新就业岗位，使"再就业工程"得以进行下去。据报道，1997—2003 年，在国有企业的 2780 万名下岗职工中，有 1850 万人实现了再就业，再就业率达到 67%。[①]

1978 年"文化大革命"结束时，中国全国的个体私营企业的从业人员数量微不足道，才 15 万人。此后，城市个体经济从业人数开始攀升，1985 年增加至 450 万人，2010 年达到 4467 万人。私营企业就业人数在 1990 年以后迅速增加，2010 年已经达到 6071 万人（表 7.4）。

表 7.4　城市登记私营企业和个体就业情况（1998—2010）

年份	城市就业人口（万人）	城市私营企业（万人）	城市个体经营（万人）	私营企业和个体经营占城市就业人口比重
1978	9514	—	15	0.2%
1980	10525	—	81	0.8%
1985	12808	—	450	3.5%
1990	17041	57	614	3.9%
2000	23151	1268	2136	14.7%
2001	24123	1527	2131	15.2%
2002	25159	1999	2269	17.0%
2003	26230	2545	2377	18.8%
2004	27293	2994	2521	20.2%
2005	28389	3458	2778	22.0%
2006	29630	3954	3012	23.5%
2007	30953	4581	3310	25.5%
2008	32103	5124	3609	27.2%
2009	33322	5544	4245	29.4%
2010	34687	6071	4467	30.4%

数据来源：《中国统计年鉴（2013 年）》。

① 邵宁主编：《国有企业改革实录（1998—2008）》，北京：经济科学出版社，2014 年，第 223 页。

7.3 多种所有制经济共同发展格局的形成

20世纪末期，在市场化改革的推动下，中国东南沿海的大片地区在世纪之交首先形成了多种所有制经济共同发展的格局，出现了长江三角洲和珠江三角洲两个巨大的"增长极"。

首先出现这种局面的是浙江。

改革开放以前，浙江是一个中等发达程度的省份。1980年，浙江的全部工业总产值只有201亿元。其中，民营工商业尤其落后，全省民营中小企业完成工业总产值700万元，约占全省工业总产值的0.035%。1981—1985年是浙江民营中小企业起飞发展的时期。浙江的民营企业大多是从千家万户的家庭作坊和"前店后厂"的小企业开始，形成以专业化市场为依托的企业集群（clusters）和特色产品，在全国市场乃至世界市场上销售。1985年已经有26.4万户农民个体企业和农民联户企业。

在城市工商业发展的支持下，浙江省5年间城市居民可支配收入从1980年的429.72元增加到1985年的839.56元，年均增长14.33%，农村居民年人均纯收入从1980年的219.21元增加到1985年的548.6元。[①]

1985年以后，浙江的民营中小企业继续迅猛发展。2000年，城乡民营企业实现工业增加值已经占到全省工业增加值的49.0%。从1981年到2000年的20年中，浙江农业劳动力占全社会劳动力的比重，已经从1980年的67.7%降低到2000年的37.2%，下降了30.5个百分点。城市化率也从1980年的14.9%提高到2000年的48.7%，

---

① 见《浙江统计年鉴》（历年）。

共提高了 33.8 个百分点，比全国平均水平高出 12.5 个百分点。[①]

到 20 世纪末，浙江省的年人均国民生产总值和年人均收入都仅次于上海、北京等大城市，居于全国其他省级单位的首位。

广东是中国一个老的改革实验地区，以外向型的乡镇企业见长，早就形成了多种所有制经济并存的格局。不过在 20 世纪末期，由于国有经济改革和法治环境的改善滞后，它在对内对外经济上的表现都较长江三角洲地区有所逊色。广东有些地区已经在改善投资环境、推进国有企业改革等方面急起直追。如果能在与香港特区经济整合的过程中实现优势互补，其前途是不可限量的。

江苏的经济发展经历过一些曲折。20 世纪 80 年代，"苏南模式"的乡镇企业较之当时占统治地位的国有企业曾经一马当先，显示出很大的竞争优势。然而到了 90 年代初期，这些由基层政府控制的社区所有制企业虽然规模有了发展，却日益表现出类似于国有企业的缺点，出现了效率下降、增长乏力的趋势。过去，中国国民经济每一次出现衰退，江苏总是最先走出逆境，增长速度大大领先于全国各省。但在 21 世纪之交中国经济出现转机时，江苏的表现甚至差于国内许多地区，并被浙江所超过。因此，"苏南模式"的乡镇企业需要进行制度改革成为各界人士的共识。但是，"放小"很快出现了两个问题：一是掌权的人用很低的价格把企业"半卖半送"或"明卖暗送"给自己人。二是在改制成股份合作制的时候，不但不对原有的职工社员就劳保欠账作出补偿，还强迫他们交钱入股，否则扫地出门。这种不合理的做法引发了职工的强烈反应。针对这种偏差，国家经贸委发出通知要求"刹住这股风"，于是，有些地方停止了"放小"。停止"放小"的地方，经济更加恶化，以致这些地方在日子实

---

① 见《浙江统计年鉴》（历年）。

在过不下去的情况下掀起了向温州、台州学习的热潮，借鉴了后者的企业制度，进行了产权重组，绝大部分都改制为个人独资或公司制企业。[①] 从那以后，苏南的经济形势发生了急剧变化，GDP增长、工业生产回升，投资非常活跃，表现出方兴未艾的活力。特别是它的外向型经济，情况很好。

苏南的外向型经济原来不及广东强大。1994年中国和新加坡合资建设的苏州工业园区引进了新加坡政府管理的全套"软件"（即规章制度），并向江苏的各个开发区移植，使江苏省的投资环境大为改善。加之苏南地区邻近中国最大的商贸、金融中心——上海，境外投资大量涌入。

总之，到了世纪之交，中国东南沿海经济较为发达的省份，私营经济的规模和质量都得到了很大的扩展和提高，成为支持各地区经济增长的重要力量（表7.5）。

表 7.5　浙江、江苏、广东经济增长速度（同比）

年份	GDP				出口总额			
	浙江	江苏	广东	全国	浙江	江苏	广东	全国
1997	11.1%	12%	10.6%	9.2%	25.7%	21.4%	25.6%	20.5%
1998	10.1%	11%	10.2%	7.8%	7.5%	11.1%	1.4%	0.4%
1999	10%	10.1%	9.5%	7.7%	18.5%	16.9%	2.7%	6.1%
2000	11%	10.6%	10.8%	8.5%	51.1%	40.8%	18.3%	27.7%
2001	10.5%	10.2%	9.6%	8.3%	18.2%	12.6%	3.8%	6.7%
2002	12.5%	11.6%	11.7%	9.1%	28%	33.3%	24.1%	22.4%

数据来源：各省统计局年鉴（各年），《中国对外经济统计年鉴》（各年），及世界银行数据库。

---

① 关于20世纪末期江苏乡镇企业的情况，见新望：《苏南模式的历史终结》，《中国经济时报》，2000年12月30日。该文记录了围绕苏南地区集体企业的改革重组而产生的种种争论。

在沿海地区具有极大活力经济的带动下，中西部和其他地区也逐步形成了多种所有制经济共同发展的格局。到20世纪末，中国民营经济已经成为国民经济中所占份额最大的经济部门，成为名副其实的社会主义市场经济的重要组成部分（表7.6）。

表7.6　民营经济占比

年份		1990	1995	1997	1998	1999	2000
GDP	国有	47.7%	42.1%	38.4%	38.9%	37.4%	37.3%
	集体	18.5%	20.2%	22.1%	19.3%	18.4%	16.5%
	民营	33.8%	37.7%	39.5%	41.9%	44.2%	46.2%
固定资产投资	国有	66.1%	54.4%	52.5%	54.1%	53.4%	50.1%
	集体	11.7%	16.4%	15.4%	14.8%	14.5%	14.6%
	民营	22.2%	29.1%	32.1%	31.1%	32.0%	35.3%
城镇就业人数	国有	60.7%	59.1%	53.1%	41.9%	38.2%	35.0%
	集体	20.8%	16.5%	13.9%	9.1%	7.6%	6.5%
	民营	18.5%	24.3%	33.0%	49.0%	54.1%	58.5%

数据来源：《中国统计年鉴》(各年)；许小年、肖倩：《另一种新经济》，中国国际金融有限公司研究部报告，2003年。

7.4　令人瞩目的成绩和未竟之业

市场经济体制的初步建立和国内市场与国际市场联系的加强，使中国经济增长的驱动力量大大加强。经济增长的主要驱动力量无非以下几项：（1）新的劳动力投入；（2）新的资本形成；（3）效率

（TFP）提高。改革开放以来，中国继续保持高人口增长率和高投资率，但和过去不同的是，改革开放使资源投入转化为新增生产力的比率，例如投资到资本形成的比率提高了，新生产能力的使用效率也大大提高了。

改革开放通过以下路径增强了经济增长的动力：

第一，最重要的是，市场制度的建立为平民创业开拓了空间，解放了长期为旧体制所压制禁锢的民间积极性和创造力。改革开放前，在"全面专政"体制下，私人从事工商业经营被视为"资本主义复辟"活动，遭到无情镇压。20世纪80年代中期以后，政府逐步松动了对私人创业的准入限制。特别是1997年中共十五大认可"非公有制企业是社会主义市场经济的重要组成部分"，给予了民营经济一定的活动空间。随着中国民间长期被压抑的企业家精神和创业积极性喷薄而出，到20世纪末，中国已经涌现了3000多万户民间企业。它们乃是中国出人意料的发展最基础的推动力。

民营经济不仅数量巨大，而且具有很大的素质优势。事实表明，民营经济是市场经济的基础和最活跃的成分，是维护经济和社会稳定的基础性力量，也是技术创新的重要源泉。它在1997年东南亚金融危机后抗击经济衰退、促进经济回升中大显身手，担当了城市下岗职工再就业的主渠道，为化解农村贫困、提高农民收入开辟了道路，同时推动着中国市场经济向纵深发展。

从世纪之交不同地区民营经济在经济中所占份额大小与该地区GDP增长快慢之间的相关性可以看到，民营经济所占份额越大的地方，GDP的增长越快（图7.1）。

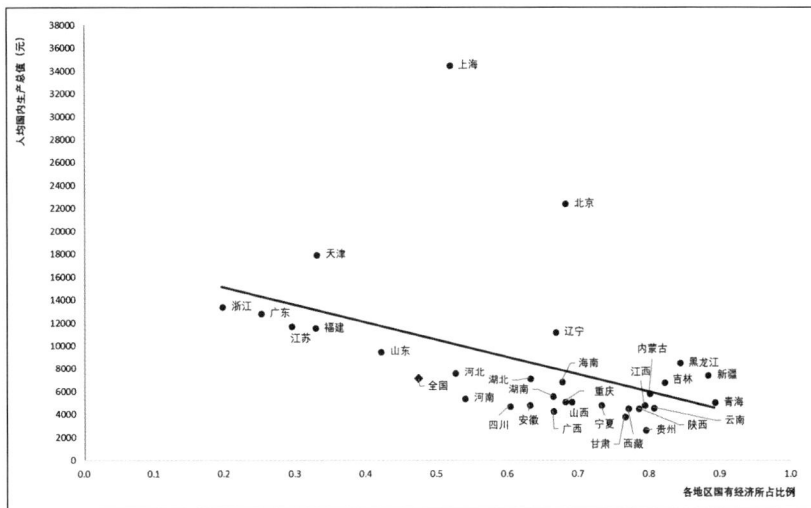

图 7.1　民营经济促进经济增长（以 2000 年为例）[1]

数据来源：《中国统计年鉴（2001）》。

　　第二，改革开放使发展经济学所说的"库兹涅茨过程"[2]大大加速。大量原来没有得到充分利用的人力、物力资源得到了更有效的利用。在命令经济的条件下，国家工业化是在城乡隔绝的状态下通过国家动员资源和强制投资的手段进行的。连农村公社社员进城都要事先得到批准的管制，大大限制了工业化、城市化的进度和经济整体效率的提高。当市场经济制度建立和民间创业活动活跃起来时，生产要素就可以比较顺畅地从效率较低的产业向效率较高的产业流动。在改革开放后的年代中，中国有高达 2 亿处于低就业状态的农

---

① 由于各省年鉴关于民营经济的统计口径不统一，本图以国有经济相关数据反证。

② 所谓"库兹涅茨过程"（Kuznets Process）的原意，是指劳动力从低效率农业部门向高效率的城市部门转移造成的效率提高。在中国的条件下，它还应包括土地资源从农村的低效利用到城市高效利用的转移。

村剩余劳动力转移到城市中从事工商业活动，还有相当于爱尔兰国土面积的约 7 万平方千米的农用土地转为城市用地。

第三，开放对中国的技术进步和效率提高提供了有力的支持。在中国和国外技术水平差距很大的条件下，通过对外开放，引进外国设备和外国技术，很快地提升了中国制造业的技术水平。

经济史家安格斯·麦迪森（Angos Maddison）对中国经济增长来源的分解核算，清晰地表现出是哪些因素的变化构成了 GDP 的增长。他估算了从 1952 年到 2003 年中国要素投入和全要素生产率（Total Factor Productivity，TFP）的变化情况（表 7.7）[1]。对比 1952—1978 年和 1978—2008 年的情况，他发现，在毛泽东时代，劳动生产率有了一定的增长，但是，资本生产率却出现了大幅度的下降，全要素生产率（TFP）的年增长率为负数，即 -1.37%。

表 7.7　中国基本经济增长核算（1952—2003）[2]

	中国年均复合增长率	
	1952—1978 年	1978—2003 年
人口	2.02%	1.20%
GDP	4.39%	7.85%
人均 GDP	2.33%	6.57%
劳动投入	2.57%	1.89%

[1]　安格斯·麦迪森（2007）：《中国经济的长期表现：公元 960—2030 年（修订版）》，伍晓鹰、马德斌译，上海：上海人民出版社，2016 年，第 71 页。在麦迪森的计算中，劳动质量的改进是作为投入的增加，而非全要素生产率的提高。

[2]　原注：在估计 TFP 时，总劳动投入的比重假定为 0.65（简单劳动和作为人力资本的教育各为 0.325），资本为 0.35。

（续表）

	中国年均复合增长率	
	1952—1978 年	1978—2003 年
教育	4.49%	2.63%
质量调整过的劳动投入	4.87%	3.23%
非居民资本存量	7.72%	7.73%
劳动生产率	1.78%	5.85%
资本生产率	−3.09%	0.11%
每个劳动力资本存量	5.02%	5.73%
全要素生产率（TFP）	−1.37%	2.95%
出口	2.6%	14.42%

数据来源：安格斯·麦迪森（2007）：《中国经济的长期表现：公元 960—2030 年（修订版）》，伍晓鹰、马德斌译，上海：上海人民出版社，2011 年，第 71 页。

从表 7.7 可以清楚看到，改革开放前 26 年和改革开放后 30 年的经济发展情况形成了鲜明的对比：劳动力投入的增长率下降了，人力资本存量的增长率放慢了，资本投入的增长率保持了同上个时期相同的增长速度，而 GDP 的增长明显加快了，劳动生产率的增长速度大大超过改革之前的速度，资本生产率也摆脱了负增长，因此，全要素生产率（TFP）一改过去逐年下降的状况，以每年 2.95% 的速度增长。这极为显著地说明了改革时期效率的改善。

珀金斯和罗斯基（Perkins and Rawski）报告了类似的结果。他们指出，在改革开放前的 1952—1978 年，全要素生产率（TFP）的年平均增长率只有微不足道的 0.5%，而且其中的 1965—1978 年不但没有增长，反而是下降的。而改革开放后的 1978—2005 年，全要素生产率（TFP）年均增长达到 3.8% 的水平，对于经济增长的贡献高达

40%。[1]

中国经济学家白重恩和张琼分别从技术效率、要素有效使用和配置效率三个维度考察中国的生产效率变化情况。[2] 他们得出的结论与前两项研究得出的结论相类似，1979—2007 年中国生产效率平均改善速度达到了 3.78% 左右的高水平。

在各项经济增长动力的支持下，中国的经济和社会发展都取得了令人瞩目的成就。在从低收入国家步入中等收入国家行列的过程中，中国全面普及了义务教育，扩大了中高等教育的机会，显著拓宽了医疗保险覆盖面。劳动力流动性增强，越来越多的农民工进城务工。以国有企业为基础的"铁饭碗"式社会保障体系转变为不断扩大和完善的社会化保障体系。[3]

根据麦迪森的计算，1978—2003 年的 25 年间，中国人均国内生产总值（GDP）的年均增长率从 1952—1978 年的 2.33% 提高到 6.57%。[4] 这个速度不但大大快于美国和西欧，而且超过了几乎所有其他亚洲国家的历史数据，相当于世界平均水平的 4 倍（表 7.8）。

① Dwight H. Perkins and Thomas G. Rawski (2008). Forecasting China's Growth to 2025 (《2025 年中国经济增长预测》). Loren Brandt and Thomas G. Rawski (eds), *China's Great Economic Transformation* (《中国的伟大经济转型》). Cambridge University Press.

② 白重恩、张琼：《中国经济减速的生产率解释》，《比较》辑刊，2014 年第 9 期。

③ 世界银行和国务院发展研究中心联合课题组著：《2030 年的中国：建设现代、和谐、有创造力的社会》，北京：中国财政经济出版社，2013 年，第 52 页。

④ 安格斯·麦迪森（2007）：《中国经济的长期表现：公元 960—2030 年》（修订版），伍晓鹰、马德斌译，上海：上海人民出版社，2011 年，第 71 页。

表7.8 14个国家和地区人均GDP增长率（1913—2003）

	1913—1952年	1952—1978年	1978—2003年
中国	−0.1%	2.3%	6.6%
中国香港地区	1.6%	5.4%	3.9%
印度	−0.2%	1.7%	3.3%
印度尼西亚	0.02%	2.5%	2.9%
日本	1.3%	6.7%	2.1%
新加坡	1.5%	4.8%	4.2%
韩国	−0.1%	6.3%	5.6%
中国台湾地区	0.9%	6.6%	4.7%
澳大利亚	0.9%	2.4%	2.1%
法国	1.3%	3.7%	1.6%
德国	0.6%	4.3%	1.4%
俄罗斯	1.8%	3.1%	−0.6%
英国	0.9%	2.3%	2.1%
美国	1.7%	2.2%	1.8%

数据来源：安格斯·麦迪森（2007）：《中国经济的长期表现：公元960—2030年（修订版）》，伍晓鹰、马德斌译，上海：上海人民出版社，2016年，第63页。

中国占世界经济总量的比重从1978年的不到5%提高到2003年的15%。这就为2010年中国国内生产总值（GDP）超过日本，成为世界第二大经济体奠定了基础（表7.9）。

从1978年到2003年，中国的人均GDP水平从世界平均水平的22.1%提高到73.7%。2012年中国人均GDP突破6000美元（以现价美元计），被世界银行列为中等偏上收入国家。[①]

① 见世界银行网站。

表 7.9　中国在世界地缘政治中的地位（1820—2003）

	1820 年	1890 年	1913 年	1952 年	1978 年	2003 年
占世界 GDP 的比重	32.9%	13.2%	8.8%	4.6%	4.9%	15.1%
占世界人口的比重	36.8%	26.2%	24.4%	22.5%	22.3%	20.5%
同世界平均水平相比的人均 GDP（世界 =100）	90.0	50.3	41.7	23.8	22.1	73.7
在世界各国 GDP 的排名	1	2	3	3	4	2
占世界出口额的比重	—	1.7%	1.6%	1.0%	0.8%	5.9%

数据来源：[英] 安格斯·麦迪森（2007）：《中国经济的长期表现：公元 960—2030 年（修订版）》，伍晓鹰、马德斌译，上海：上海人民出版社，2016 年，第 61 页。

　　人民生活水平的提高和减贫也取得了巨大成果。过去 30 年中，中国经济的快速增长使得大部分民众从中获益。中国的减贫取得了历史性的伟大成就，贫困人口减少了 5 亿多，[1] 贫困率大幅下降。按照家庭消费以及人均每天 1.25 美元（购买力平价）的贫困线来衡量，1981 年中国的贫困人口比例为 84%，到 2005 年，这一比例下降到 16%[2]（图 7.2）。

　　中国人的预期寿命从 1982 年的 67.6 岁延长到 2001 年的 72.6 岁 [3]（图 7.3）。

---

① 世界银行和国务院发展研究中心联合课题组：《2030 年的中国：建设现代、和谐、有创造力的社会》，北京：中国财政经济出版社，2013 年，第 53 页。

② 数据来源于世界银行数据库，转引自世界银行和国务院发展研究中心联合课题组：《2030 年的中国：建设现代、和谐、有创造力的社会》，北京：中国财政经济出版社，2013 年，第 53 页。

③ 世界银行数据库。

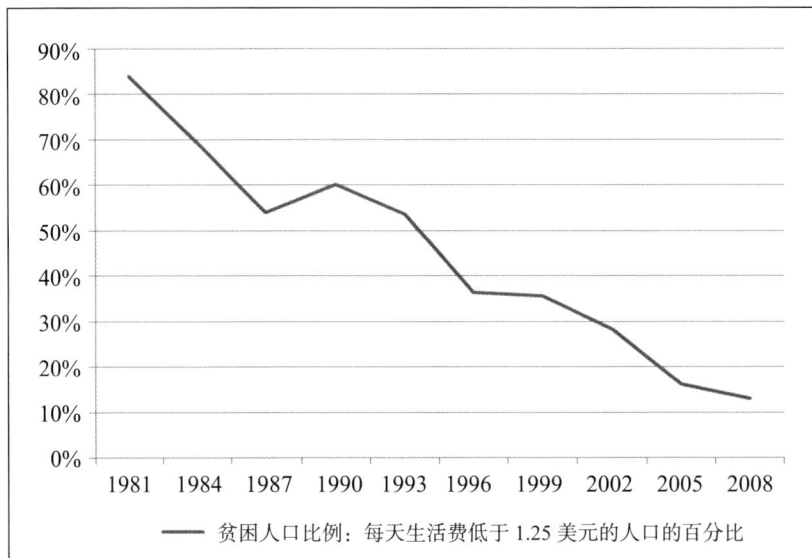

图 7.2　中国贫困人口比例（1981—2008）

注：每天生活费低于 1.25 美元是按照 2005 年国际价格衡量。
数据来源：世界银行数据库

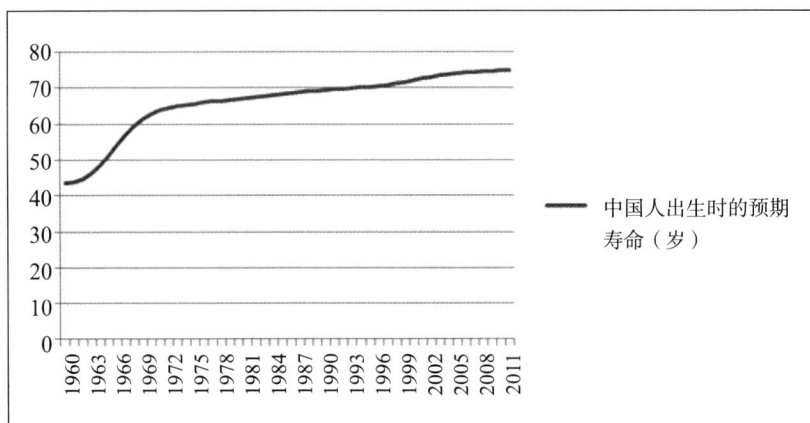

图 7.3　中国人出生时的预期寿命（1960—2011）

数据来源：世界银行数据库

识字率也大幅度提高。1949 年，大约有 1/3 的儿童进入小学，成人的识字率为 20%。1982 年识字率增长到 65.5%，2000 年这一比率已达 90.9%（图 7.4）。[①] 1952 年至 2003 年，15 岁及 15 岁以上的中国人口平均受教育程度从 1.7 年增长到 10.2 年，增长了 5 倍[②]。

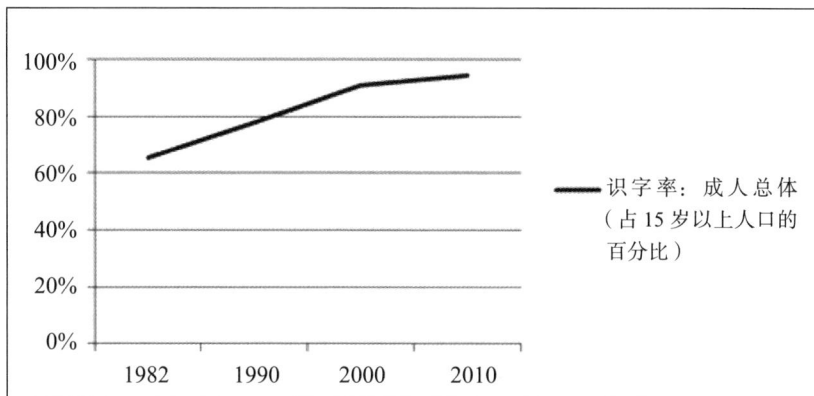

图 7.4　中国人的识字率（1982—2010）

数据来源：世界银行数据库

高等教育在 20 世纪 60—70 年代经历了重大波折。高等学校在校人数从 1960 年的 96.2 万人下滑到 1970 年的 4.8 万人。虽然后来得到一定的恢复，但是直到 1978 年仍然没有恢复到 1960 年的水平。经济改革时期，高等学校在学人数迅速增长，从 1978 年的不到 100 万人提高到 2005 年的 1600 万人。同时，出现了海外留学热潮，到西方国家留学的留学生人数，从毛泽东时代的几乎为零，增加到 2005 年的 11.85 万人（从 20 世纪 70 年代起计算，总留学人数已经

---

① 世界银行数据库。
② 安格斯·麦迪森（2007）：《中国经济的长期表现：公元 960—2030 年（修订版）》，伍晓鹰、马德斌译，上海：上海人民出版社，2016 年，第 67 页。

达到 100 万人以上)。[①]

表 7.10　10 个国家和地区 15—64 岁人口的人均受教育年限（1950—1992 ）[②]
（不同教育水平换算为同等小学教育年限）

	1950 年	1973 年	1992 年		1950 年	1973 年	1992 年
法国	9.58	11.69	15.96	中国	1.60	4.09	8.50
德国	10.40	11.55	12.17	印度	1.35	2.60	5.55
英国	10.84	11.66	14.09	日本	9.11	12.09	14.86
美国	11.27	14.58	18.04	韩国	3.36	6.82	13.55
西班牙	5.13	6.29	11.51	中国台湾地区	3.62	7.35	13.83

数据来源：［英］安格斯·麦迪森（2007）：《中国经济的长期表现：公元 960—2030 年（修订版）》，伍晓鹰、马德斌译，上海：上海人民出版社，2016 年，第 68 页。

中国在世纪之交建立起来的社会主义市场经济初步框架，推动了经济的高速发展。高速增长的势头一直延续到 21 世纪初期。但是改革还没有取得完全的成功，旧体制的遗产还在许多领域顽强地存在。

这首先集中表现为国有企业公司化改制的停顿。我们在前面已经说过，世纪之交这一改革在子公司的层面上取得了很大的进展。多数二级公司已在国内外股票市场上市。按照原来的计划，改革应当进一步延伸，对上市公司的控股公司——行政性的集团公司及其所属"存续企业"进行改革。然而要以 1997 年中共十五大和

[①] 安格斯·麦迪森（2007）：《中国经济的长期表现：公元 960—2030 年（修订版）》，伍晓鹰、马德斌译，上海：上海人民出版社，2016 年，第 67 页。

[②] 原注：根据国际上劳动者受教育程度与收入关系的经验，将小学教育的权重定为 1，中学教育的权重定为 1.4，高等教育的权重定为 2。

1999 年中共十五届四中全会所要求的混合所有制公司体制去改造以内部人控制为特色的行政性公司却是困难重重的。这样，作为整个国有经济改革的基础——控股公司的公司化改制就出现了所谓"中梗阻"。

其次，它表现为非公有经济部门在产业布局和要素市场上依然面对着大量的国家干预乃至歧视性政策，从而无法充分发挥其竞争优势。这甚至在一定程度上助长了许多民营企业在经营策略上的机会主义倾向，追逐短期利益，不注重技术投入，热衷于结交官府，寻求租金，因而在事实上形成一种"半市场、半统制"的体制格局，导致中国经济发展继续呈现出一些与过去类似的重要缺点，如粗放经济增长模式的延续、腐败蔓延等都难以得到解决。这表明中国能否保持持续稳定发展的态势，在很大程度上取决于能否继续推进改革，把市场化和法治化的改革进行到底。

第8章　国有企业改革与国有经济布局调整

20世纪80年代初期以"扩大企业自主权"为核心的国有企业改革退潮以后，中国经济改革的重点转到"体制外"即非国有经济领域，并取得了重大进展。然而，支配着一些重要产业和占有大量资源的国有企业的低效率，仍然使人们难以释怀，所以国企改革一直是一个在中国改革日程上悬而未决的问题。

如何对国有企业进行改革，对于各个社会主义国家都是一个难题。在市场社会主义式的"扩大企业自主权"不可能取得预期的成效几乎已经成为社会共识的情况下，把农村承包制的成功经验运用到国有工商企业中，就成为一种很有吸引力的想法。于是在国有企业主管机关的倡导和国有企业负责人的支持下，形成了一整套通过企业承包制实现国有企业自主经营、自负盈亏、自我发展、自我约束的改革思路。在20世纪80年代中后期，大部分国有企业实行了承包。

问题在于，企业承包制这种制度安排具有本质性的缺陷。它非但没有使企业的产权界定变得清晰，相反使承包企业中发包人和承包人这两个实际上的所有者之间的相互侵权行为变得更容易发生。承包企业行为短期化、用损害所有者利益的方式扩大自己的利益以及企业负责人独断专行、损公肥私等问题表现得日益明显。

在企业承包制没有取得成效的情况下，把国有大型企业改组为规范的现代公司制度的呼声变得强烈起来。1993 年 11 月的中共十四届三中全会决定用现代企业制度即现代公司制度改造国有大中型企业。12 月，中国颁布了力求与国际惯例接轨的《中华人民共和国公司法》，并且决定按照这部法律把大型国有企业逐步改组为股份有限公司。

如果说以上这些改革都没有正面涉及公司制企业的产权制度基础，那么，1997 年的中共十五大就正面提出了中国所有制结构的调整和完善问题。特别是两年以后的中共十五届四中全会要求把绝大部分国有改制公司建设成为多元持股的混合所有制企业，进一步明确了公司制企业的产权制度基础。

然而，国有企业的制度变迁涉及复杂的意识形态和实际利益问题，因而在改革的道路上仍然免不了曲折和起伏。

本章将按照时间顺序，对不同阶段国企改革的理论和实践作出说明。

8.1 企业承包制：独具中国特色的国企改革之路

在扩大企业自主权改革停顿下来以后，面对国有企业激励机制存在的严重缺陷，中国迫切地需要建立一种能够把企业的责、权、利紧密结合起来，既有利于保证国家有稳定的财政收入，又有利于调动企业和职工积极性的企业经营管理制度。1981 年 10 月，国务院批转的国家经济委员会和国务院体制改革办公室《关于实行工业企业经营责任制若干问题的意见》提出"利润留成""盈亏包干"和

"以税代利，自负盈亏"等三种不同类型的国有企业经营责任制供企业选择。

曾经成功推动了农村承包制改革的中共中央书记处的领导人更加倾向于在国有经济中实行企业承包制。1983年1月，他们提出要仿效农村的包产到户，在城市工商业中推行企业承包制。在企业承包制下，企业的所有者作为发包人，将企业财产交给承包者（一般是国营企业经理或厂长）经营，承包者向发包人缴纳约定的利润基数，超额利润由承包者享有或者按约定的比例分成；在承包期内，发包人对承包者的经营活动不予干预。

在领导人的大力倡导和"包字进城、一包就灵""层层承包、一包到底"口号的鼓动下，全国国营企业在短短两三个月内就普遍实行了承包制。在当时商品普遍短缺的情况下，国营工商企业利用自己拥有的垄断权力，纷纷提高产品售价来增加自己的盈利和滥发奖金，于是很快就出现了经济秩序的混乱和物价上涨。这引起了大众的不满和领导层内部的争论。

1983年3月，中共中央和国务院作出决定，停止在国有企业中推行承包经营责任制，转而进行使财税体制与企业"自主经营、自负盈亏"相适应的"利改税"改革①。

70年代末、80年代初，已经先后在18个省市的几百户国营企业中进行过"利改税"的试点。改革的基本内容，是废弃过去将国营企业的绝大部分盈利以"利润上交"的形式上缴给国家财政的做法，将一部分利润改变为依法定税率计征的所得税，税后利润归企

---

① 参见田纪云（1983）：《关于加快推行"利改税"的意见》，《经济管理》，1983年第1期。

业支配。根据 1983 年 3 月中共中央和国务院的决定，这项改革分两步实施。1983 年 6 月实行第一步"利改税"，国有企业按毛利的 55% 缴纳所得税后，税后利润一部分上缴国家，一部分留给企业。1984 年 10 月，进行了第二步"利改税"。国有企业的税后利润全部留给企业。当时的想法是，实现两步"利改税"之后，企业按统一的税法缴税，就处于平等竞争状态，企业就可以按照商品经济的一般规范，自主经营、自负盈亏。

可是人们很快发现，在价格没有放开和不同产品税的税率相差悬殊的状况下，仅仅实行"利改税"并不能保证企业的利润水平反映它们各自的经营状况。国务院原想通过"价、税、财配套改革"为企业建立起平等竞争环境。但是，1986 年秋季国务院领导决定停止执行这一改革计划。企业面对不同的外部条件，盈利水平相差悬殊，不得不采用一户一率的"调节税"来加以调节。而调节税率决定的非客观性质，就使"利改税"完全无法达到原来预想的目标。

力主国有企业实行承包经营制的国家经委主任袁宝华评论道："两步利改税改革毕竟是在其他方面尤其是价格改革不配套的情况下进行的。从实施结果来看，显然与原先预期的为企业创造出国家征税、资金付费、独立核算、自负盈亏和平等竞争的条件的目标有相当大的距离。"而且，在企业不处在同一起跑线上的条件下采用非规范的手段（例如一户一率的"调节税"）来进行调节，使企业之间原有的不平等进一步加剧，出现更加严重的"苦乐不均"。[①] 在两步利

---

① 袁宝华（1988）：《论社会主义企业管理》，《袁宝华文集》第 7 卷，北京：中国人民大学出版社，2013 年，第 108—109 页。

改税实施后，全国国有企业利润连续 22 个月下滑。[1]

在"利改税"遭到普遍反对、价格改革无限推迟的情况下，把扩大企业经营者权力放到首位的意见再次抬头。国务院主要领导人在 1986 年 10—11 月决定停止价、税、财配套改革的同时，提出要靠给予经营者充分的自主权来增强企业活力。[2]为达到这一目的，国务院加快了制定有关法规的过程。在这个过程中，形成了一套具有特色的企业改革理论观点和制度安排。它们对之后国企改革的进程产生了深远的影响。

（1）其中最重要的理论观点，是对"所有权与经营权分离"作出了新的解释，以便彰显国有企业和企业经营者（厂长、经理）的权力。

在现代公司中存在的股东集体掌握的所有权与高层经理人员掌握的控制权分离的现象，是美国法学家伯利（Adolf Berle）和米恩斯（Gardier Means）1932 年在《现代公司与私有产权》一书中阐明的[3]。他们指出，由于现代公司规模巨大、结构复杂，所有者在不具有管理的专门技能的情况下，就需要聘请职业经理人负责日常经营，因而在绝大多数公司中，都出现了上述"两权分离"的现象。

不过后来的实践表明，当许多大公司把全部控制权交到高层经理人员手中以后，相当普遍地出现了高层经理人员专权和损害股东

[1] 邵宁主编：《国有企业改革实录（1998—2008）》，北京：经济科学出版社，2015 年，第 20 页。
[2] 见房维中编：《在风浪中前进：中国发展与改革编年记事（1977—1989）》第九分册（1986 年卷），2004 年初稿（未刊），第 136—141 页。
[3] 阿道夫·A. 伯利、加德纳·C. 米恩斯（1932）：《现代公司与私有财产》，甘华鸣等译，北京：商务印书馆，2005 年。

权益的情况。为了克服这种弊端，从上世纪 90 年代初期开始，在发达国家兴起了以强化所有者在公司中最终控制权为目标的"公司治理运动"。在建立了有效治理机制的公司中，所有者并没有把全部控制权让渡出去。他们托付给职业经理人去行使的，只是行业惯例和经理人员任职合同所规定的特定控制权。与此同时，公司股东通过股东大会、董事会等公司治理机构行使职权，保持对特定控制权规定范围外的活动的控制权，即剩余控制权（residual control），或称最终控制权 。[①]

但在 20 世纪 40 年代的苏联，出现了对"两权分离"的另一种解释。

在苏联建国初期，按照列宁建立"国家辛迪加"的设想，把国民经济建成一个囊括整个国家、由政府垄断经营的大公司。在这种条件下，苏联只承认单一的、作为一个整体的国家所有制，而不承认任何非公所有制的合法性，以致直到已经开始执行新经济政策、正式恢复市场经济运作的 1922 年，列宁还在对制定民法典的绝密指

[①] 20 世纪 70 年代以后形成的企业理论（the theory of the firm），分析了作为团队生产制度安排的企业，指出企业为了进行团队生产，就要与众多的生产要素所有者签订合同，进行交易，才能筹集到各种必需的生产要素。为了防止生产要素的所有者发生机会主义行为，在团队中就必须有一个核心签约人，即企业主要资产的所有者对其他签约人进行监督。而为了使监督人也不致偷懒，就要把企业总收入中其他要素所有者取得的合同中明确规定的收入，例如利息、租金和工资等之后的剩余收入归属于这个监督人。换句话说，企业所有者拥有该企业的剩余索取权（residual claim）。

哈佛大学的哈特（Oliver Hart）教授对公司制企业的产权制度安排做了进一步的分析。他指出，较之剩余索取权，更为重要的是企业所有者手中握有的剩余控制权。哈特教授由于在有关问题上的理论贡献于 2016 年获得诺贝尔经济学奖。

示信中强调，"我们不承认任何'私人'性质的东西，在我们看来，经济领域中的一切都属于公法范畴，而不是任何私人性质的东西"。[①]

这样的制度安排显然与新经济政策不相适应，因此，为了使苏联法律能够适应经济恢复和各类企业都要实行商务核算的大趋势，当时居于主流地位的"商品交易学派"的"班首"帕舒卡尼斯（Evgeniy Bronislavovich Pashukanis）在 20 年代中期提出了国营企业与国家"分享所有权学说"。20 年代末期斯大林在联共党内斗争中取得胜利并发动对所谓"右倾机会主义反党集团"的斗争以后，这种观点却被以"反对国家所有制的统一性"的罪名定性为"具有暗害性"的反动观点。随后帕舒卡尼斯和他的追随者都在 1937—1938 年的"大清洗"中遭到镇压。于是，确保国家所有权的统一性和唯一性，就成为苏联立法不可动摇的原则[②]。这一套规定显然与企业拥有一定自主权的原则相矛盾。于是在 20 世纪 40 年代，以维涅吉克托夫（Anatoly Vasilyevich Venediktov）为首的一批法学专家创意地用"经营管理权"的新提法来缓解矛盾，他们把所有权的占有、使用和处分等三个主要权能从所有权剥离出来，将它们命名为"经营管理权"，然后在"所有权与经营权适度分离"的名号下，将它们授予国营企业的厂长、经理。经过这一番推演，重新定义的"两权分离"，既在名义上维护了国家所有制的统一性，从而避免受到政治指责的风险，又给予国有企业一定程度的独立性，给了经理阶层很大的权

---

① 列宁（1922）:《关于司法人民委员部在新经济条件下的任务》,《列宁全集（第 2 版）》第 42 卷，北京：人民出版社，1990 年，第 424—429 页。

② 参见苏联《苏维埃国家和法》杂志 1988 年 1 月召开的圆桌会议纪要:《苏联法学界讨论改革时期的国家（全民）所有权问题（一）》，陈汉章译，载《法学译丛》，1988 年第 5 期。

力，因此很快被苏联高层接受。苏联 60 年代的《民事立法纲要》和《苏俄民法典》都规定国有企业具有占有、使用和处分等"经营管理权"。[①] 当许多大公司把全部控制权交到高层经理人员手中以后，相当普遍地出现了高层经理人员专权和损害股东权益的情况。1961 年，中国经济学家孙冶方在陈述他的经济体制设想时，也沿用苏联学者的说法，把"两权分离"解释为"所有权与经营管理权的分离"："所有权属于一个主体，占有、使用、支配权属于另一个主体"，以之作为他所设计的"全民所有制经济管理体制"的产权制度基础[②]。在这种思想的影响下，1984 年《中共中央关于经济体制改革的决定》提出，不应把全民所有同国家机关直接经营企业混为一谈，"根据马克思主义的理论和社会主义的实践，所有权同经营权是可以适当分开的"。

1987 年 11 月，当时的党政主要领导人在对国家体改委、国家经委和政治改革研讨小组办公室负责人的讲话中确定了对"两权分离"的新界定。他说，经营权有广义和狭义之分。所谓"狭义的""不完整、不全面"的理解，是把它理解为处理日常经营活动的权能；"广义的""马克思的理解"，则是"把经营权同占有权、使用权、支配权作为同一个概念"，"企业如何经营、如何活动、如何发展和扩大，都应由经营者去做"。他还指示正在参与《中华人民共和国全民所有制工业企业法》（以下简称《企业法》）草案修改定稿的三人小组把他的上述观点写入该法的总则，说是"如果不明确规定这一条，企

---

① 鄢一美：《析俄罗斯联邦新民法典对"企业"范畴的界定》，《中外法学》，1998 年第 4 期。

② 孙冶方（1961）：《关于全民所有制经济内部的财经体制问题》，《孙冶方选集》，太原：山西出版社，1984 年，第 241 页。

业法就失去了灵魂"。[①]

（2）通过将厂长（经理）确定为企业的"法定代表人"或称"法人代表"，赋予他们对企业的剩余控制权。

国有企业改革将国有企业转变为具有民事行为能力和独立承担民事责任的企业法人，这没有什么问题。问题在于，所谓法人是一个由出资人在出资基础上组成的团体，而不应当由个人作为它的当然代表。可是，1983 年以后的多部法规反复强调"企业是法人，厂长是法人代表。企业对国家规定由它经营管理的国家财产依法行使占有、使用和处分的权利"[②]；"企业的法定代表人为厂长，负责代表法人行使职权"[③]；"全民所有制工业企业的厂长（经理）是一厂之长，是企业法人的代表，对企业负有全面责任，处于中心地位，起中心作用"[④]。

（3）强调承包制是中国实现"两权分离"的最可行的形式。

国务院于 1986 年 12 月发布的《关于深化企业改革增强企业活力的若干规定》提出，要把国有企业改革的重点转到"实行多种形式的承包经营责任制、给经营者以充分的经营自主权"方面。到了 1987 年初，党政主要领导人对于在国有企业中全面推行承包制采取了更加积极的态度。

① 赵紫阳（1987）：《企业管理体制改革问题》，见房维中编：《在风浪中前进：中国发展与改革编年记事（1977—1989）》第十分册（1987 年卷），2004 年初稿（未刊），第 335—342 页。
② 《国营工业企业暂行条例》，1983 年 4 月 1 日国务院发布。
③ 中共中央、国务院：《全民所有制工业企业厂长工作条例》，1986 年 9 月 15 日发布。
④ 中共中央、国务院：《关于认真贯彻执行全民所有制工业企业三个条例的补充通知》，1986 年 11 月 11 日发布。

1987 年 4 月，国家经委受国务院的委托召开了全国承包经营责任制座谈会，要求各地区、各部门进一步推行承包责任制。同年 11 月，前述党政领导人在对国家体改委、国家经委和政治改革研讨小组办公室等负责人讲话时重申"承包制落实了，企业的经营权落实了，经济效益才可能提高"。说"承包制不规范""承包后容易出现短期行为"等都是不对的。"搞理论的，搞实际工作的，都应集中力量去完善承包制，发展承包制。"[①]到 1987 年底，全国 78% 的预算内国有企业实行了承包经营责任制，大中型企业达到 80%。[②]

国务院于 1988 年 2 月发布的《全民所有制工业企业承包经营责任制暂行条例》规定，要按照所有权与经营权分离的原则，以承包经营合同的形式，确定国家与企业的责权利关系，使企业做到自主经营、自负盈亏"。通过企业与主管机关一对一谈判订立的合同要为每个企业规定合理的上缴基数，承包企业的收入则按照"确保上缴、超收多留、欠收自补"的原则分配。

1988 年 4 月，全国人民代表大会颁布《中华人民共和国全民所有制工业企业法》，将这一套具有中国特色的国企改革思想以法律形式确定下来。《企业法》规定："企业的财产属于全民所有，国家依照所有权和经营权分离的原则授予企业经营管理。企业对国家授予其经营管理的财产享有占有、使用和依法处分的权利。""企业依法取得法人资格，以国家授予其管理的财产承担民事责任。""企业实

---

① 见赵紫阳（1987）：《企业管理体制改革问题》，载房维中编：《在风浪中前进：中国发展与改革编年记事（1977—1989）》第十分册（1987 年卷），2004 年初稿（未刊），第 338—342 页。

① 见赵紫阳（1987）：《企业管理体制改革问题》，载房维中编：《在风浪中前进：中国发展与改革编年记事（1977—1989）》第十分册（1987 年卷），2004 年初稿（未刊），第 338—342 页。

② 袁宝华（1988）：《论社会主义企业管理》，《袁宝华文集》第 7 卷，北京：中国人民大学出版社，2013 年，第 112 页。

行厂长（经理）负责制"，"厂长是企业的法定代表人"。长期主持国企改革工作的国家经委主任袁宝华在对《企业法》做解读时指出，这部法律的规定"包括两个方面的含义：一是企业财产的所有权属于全民不能改变，但全民所有不可能由全民经营，必须把经营权交给企业经营者来掌握。二是两权分离，要弱化所有权，强化经营权。国家在保持企业财产所有权的条件下，赋予企业的是广泛的经营权，包括对企业财产的占有权、使用权和处分权"。"两种权力的分离，是企业法的灵魂，也是中国经济体制改革的基本理论和实践。"①

中国党政官员对这一套具有中国特色国有企业制度作出了极高的评价，认为它是"中国人民的伟大创造"②。

然而，这一套制度无论在理论上还是在实践中都存在不小的问题。

第一，这套制度并没有使企业摆脱对政府的纵向从属关系。从表面上看，在承包制度下，政府和企业之间通过承包合同明确了各自的权利及责任，企业不再像指令性计划条件下那样无条件地对上级主管机关绝对服从。但在另一方面，承包人与发包人之间的行政隶属关系没变，它们之间仍旧保持着上下级关系。承包人的经营条件在很大程度上还是要由发包人决定。这样，承包制企业就陷入匈牙利经济学家科尔奈所说的"双重依赖"之中。它一方面"纵向从属"于上级主管机关，另一方面，横向从属于市场③。 在承包制企

---

① 袁宝华（1988）：《论社会主义企业管理》，《袁宝华文集》第7卷，北京：中国人民大学出版社，2013年，第130—135页。

② 袁宝华（1988）：《论社会主义企业管理》，《袁宝华文集》第7卷，北京：中国人民大学出版社，2013年，第136页。

③ 见亚诺什·科尔奈（1985）：《国有企业的双重依赖——匈牙利的经验》，邱树芳、刘吉瑞译，《经济研究》，1985年第10期。

业中，企业的利润水平首先取决于承包人和发包人（即上级主管机关）之间谈判确定的上缴基数；其次，取决于承包企业与各种政府机关之间的关系，和它能取得多大的税收、贷款、物资分配等的优惠。

第二，承包合同谈判的交易费用很高。承包合同谈判最重要的内容就是确定承包基数。根据原来的设想，承包基数应当反映所有与企业本身经营努力无关的因素对收入的影响，以便使企业留利水平能够反映它们的工作绩效。然而由于企业的经营环境、技术装备、原材料和产品价格等千差万别，确定公允承包基数的难度极大。于是承包合同往往用历史数据作为基数。然而由于企业的经营条件经常发生变化，历史数据也很难反映企业的真实经营成果。而且由于利润完成情况较好的企业可能面临下一个承包期承包基数更高的问题，又会导致"鞭打快牛"和"棘轮效应"。[①]因此承包人通常会尽可能地隐藏即期利润、压低承包基数，以取得对自己有利的承包条件。

总之，这种承包人与自己的上级主管机关之间一对一谈判决定的承包合同，存在很大的随意性，无法避免"苦乐不均"的情况，显然无法以此为基础建立起公平竞争的市场秩序。

第三，承包合同的执行成本也很高。按照企业承包制支持者的设想，在确定"承包基数"的情况下，企业"超收自留，欠收自补"就实现了企业"自主经营、自负盈亏"的理想。实际上，由于承包人并不是有大宗财产的承租人，而只是受雇于一个国有企业的经理

---

① "鞭打快牛"，即由于即期的良好成绩会加重未来的上缴负担，这种只能进、不能退的"棘轮效应"（ratchet effects）就必然导致企业"见好就收"，不会尽力提高盈利水平。

人，当他完不成承包任务的时候，难以真正"负亏"。即使有的企业实行过承包人缴纳一定保证金的"风险抵押承包"，希图强化对承包人的约束，但个人缴纳的保证金与企业的规模相比只是杯水车薪，难以弥补企业的亏损。据国家体改委 1992 年对 6 省市 898 家国有大中型企业的调查，160 家亏损企业中，处理亏损的情况是，采取财政补贴方式的占 7.1%，采取调低承包基数和其他方式的各占 5.1%，采取企业自补方式的占 35.5%，而没有一家采取破产关闭和兼并的方式。采取自补的，除一家用自有资金补足全部亏损外，其他企业只弥补了部分，甚至是少部分亏损。"它们的负亏程度是相当低的。"[①]

企业承包制的最大问题，是动摇了企业的产权制度基础。承包者就用过度消耗现有资产和不恢复固定资产原值的办法来增加虚假的剩余收入，而不会进行增加所有者（国家）资本权益方面的投资或者创新。所以承包制企业里，掌握着剩余控制权的承包人通常不会有投资于长期发展的积极性，往往还倾向于用不提折旧或少提折旧和进行"掠夺式开发"等方式，损害资本存量来增加现期盈利。于是，企业的"短期行为"普遍流行。

此外，承包制给予了承包者剩余控制权，意味着企业法人出现了两个主人：一个是在场的承包人，另一个是不在场所有者。于是承包人就能够名正言顺地控制企业。一位美国学者在研究了《全民所有制工业企业法》之后得出的印象是：这部法律赋予厂长（经理）的权力超过了任何一部西方国家公司法，把厂长（经理）的权力推

---

① 转引自周叔莲：《从计划经济到市场经济》，北京：经济管理出版社，1994 年，第 22—24、108—109 页。

到了顶点。^①在经营者拥有过大的权力而现代企业所必须具有的公司治理机制又没有建立起来的情况下，"内部人控制"失控就呈蔓延之势。^②

1987 年承包制实施之初，在增加利润留成的刺激下，企业表现出很大的增产增收积极性。但是，就在全国推行企业承包制的第二年，承包制的弊端就日益明显地表现出来，企业经营效益很快出现了滑坡。据统计，1987 年，全民所有制独立核算工业企业的总产值增长了 11.3%，实现利税增长 12.9%，上缴利税增长了 12.2%。1988 年国有工业企业的总产值增长 12.6%，实现利税增长 17.2%。但是这两年物价分别上涨了 7.3% 和 18.5%，扣除物价因素之后，实际利税 1987 年只增加了 5.2%，1988 年则下降了 1.1%，上缴利税下降得更多。^③

在承包制度下，承包者获得了承包期间包括剩余控制权在内的全部控制权，同时获得了超过上缴利润基数的收入的索取权。在这样的产权制度安排下，所有者很难行使自己的剩余控制权，承包者就会通过侵蚀所有者权益的方式扩大自身收益。

在这样的产权制度安排下，一些企业承包人利用手中的控制权

---

① W. H. Simon (1996). The Legal Structure of the Chinese "Socialist Market" Enterprises（《中国社会主义市场经济中企业的法律结构》）. *The Journal of Corporation Law*, 21(2), 267–306.

② 法学家方流芳指出，国有企业"法定代表人"贪污、受贿、侵占公司财产的大案频频发生，在相当程度上与"法人代表"和"法定代表人"这种法律规定有关（见方流芳：《国企法定代表人的法律地位、权力和利益冲突》，《比较法学》，1999 年第 21 期）。

③ 吴敬琏：《现代公司与企业改革》，天津：天津人民出版社，1994 年，第 160、161 页。

谋取私利成为司空见惯的事情。"三类人搞承包，吃喝嫖赌全报销"甚至写进了 20 世纪 80 年代一首名为《十类人》的流行民谣。[①] 至于在首都钢铁公司这样著名的"承包为本"的企业中贪污大案频繁，也就不足为奇了。

20 世纪 90 年代以后，领导上不再认定承包制是国企改革的可行形式，但承包制所体现的主流思想的影响并没有消退。1992 年 7 月国务院以"国务院命令"形式发布的《全民所有制工业企业转换经营机制条例》，仍然沿袭了这种思想。条例指出，国有企业转换经营机制的目标，是"使企业成为自主经营、自负盈亏、自我发展、自我约束的商品生产和经营单位，成为独立享有民事权利和承担民事义务的企业法人"。"企业对国家授予其经营管理的财产享有占有、使用和依法处分的权利。"《条例》还明确规定了企业享有生产经营决策权等 14 个方面的"经营权"，同时"对其法定代表人和其他工作人员以法人名义从事的经营活动承担民事责任"。

1993 年 11 月的中共十四届三中全会通过了《中共中央关于建立社会主义市场经济体制若干问题的决定》。这个具有改革里程碑意义的重要决定虽然一方面提出了国有企业的改革方向是制度创新，建立现代企业制度，即现代公司制度；但另一方面又指出，"要继续贯

---

① 著名作家贾平凹描写 20 世纪 80 年代中国城市生活的畅销小说《废都》记录的这首民谣是："一类人是公仆，高高在上享清福。二类人作'官倒'，投机倒把有人保。三类人搞承包，吃喝嫖赌全报销。四类人来租赁，坐在家里拿利润。五类人大盖帽，吃了原告吃被告。六类人手术刀，腰里揣满红纸包。七类人当演员，扭扭屁股就赚钱。八类人搞宣传，隔三岔五解个馋。九类人为教员，山珍海味认不全。十类人主人翁，老老实实学雷锋。"贾平凹（1993）：《废都》，北京：作家出版社，2009 年。

彻《全民所有制工业企业法》和《全民所有制工业企业转换经营机制条例》，把企业的各项权利和责任不折不扣地落到实处"。以致在《公司法》颁布 12 年后的 2005 年，在 169 家中央管理的国有企业中，按照《公司法》注册、建立了规范的现代企业制度的只有 21 家，其余都是按照《企业法》注册的，实行总经理负责制。[1]

总之，对国有企业改革方向的认识仍没有完全统一，"两权分离"的思想长期对国有企业改革发生着影响。

8.2 现代企业制度的提出与实施

早在 20 世纪 80 年代初期的企业筹资扩大规模的热潮中，一些人听说用发售股票筹资也是一种集资的便利的方法，于是就尝试发行股票。1984 年 11 月，上海飞乐音响公司委托中国工商银行上海分行证券部公开向社会发行股票，这是改革开放后中国公开发行的第一支股票。但这些企业多半是把股票当作融资债券来发行的，有的企业发行的股票还可以还本付息。

1985 年，世界银行中国经济考察团在他们的考察报告《中国：长期发展的问题和方案》[2] 中正式提出了将国有企业改组为现代公司的建议。他们认为，国有企业改革需要解决的根本问题在于建立国家和企业之间的恰当关系，可以将国有企业的财产划分为股份，分散给若干不同的公有机构持有，就可以将国有企业改制为以若干种

---

[1] 参见郭大鹏、杜亮（2006）：《央企董事会革命》，载《中国企业家》2006 年第 9 期，2006 年 2 月 28 日出版。
[2] 参见该书中文版，北京：中国财政经济出版社，1987 年。

公有机构持股为主的公司制企业。

在中国，最早系统地提出用现代公司制度改造国有大中型企业的，是两位受过现代经济学训练的年轻经济学家金立佐、吴稼祥。他们在1985年写出《股份制：进一步改革的一种思路》一文①，建议分三步实现这一改造：第一步，保持现有行政机关代表国家行使所有权形式，通过资产折股，将企业分给若干主管部门和地方政府共同占有，形成初级形式的国有股份公司；第二步，成立国营控股公司或投资信托公司等机构取代政府部门成为国家所有权的代表；第三步，让国有股份有限公司的股票上市，向社会开放。

这些关于公司化的讨论，打开了人们的思路。他们认识到，要真正理顺企业和政府之间的关系，深化国有企业改革，公司化是一条值得探索的路子。但是，在绝大多数国民没有见过现代公司，也不知道什么是现代公司的情况下，这类建立现代公司的建议并没有得到实际的响应。

北京大学的厉以宁教授1986年9月发表的《我国所有制改革的设想》，打开了对国有企业进行"股份制改革"的局面。他在论文中从理论上详细论述了以"股份制"为主要形式进行国营企业所有制改革的必要性和具体方案，主张把原来国有国营的企业改组为公有制的股份制企业。② 同年12月，国务院发布《关于深化企业改革增强企业活力的若干规定》，指出"各地可以选择少数有条件的全民所有制大中型企业进行股份制试点"。中国大中型企业"股份制试点"

---

① 金立佐、吴稼祥：《股份化：进一步改革的一种思路》，《经济发展与体制改革》，1985年第1期。
② 厉以宁：《所有制改革和股份制企业的管理》，《中国经济体制改革》，1986年第12期。

从此全面展开。

不过在当时，学术界和政府主管部门中的大多数人对于现代公司制度的机制机理都缺乏透彻的认识，因此，试点公司的体制设计存在不少缺陷。在股份结构上，公司总股本一般由国家股、企业股、社会公众股和职工个人股组合而成。其中的企业股是从承包制企业分账管理下的"企业自我累积资金"或称"企业资金"沿袭下来的。这部分股本的所有者主体（企业）模糊不清，加之公司贯彻"弱化所有权、强化经营权"的原则，而不注重建立能够在所有者和经营者之间建立起制衡关系的公司治理机制，却沿袭企业承包经营责任制的说法，把董事长确定为公司的"法定代表人"，甚至"法人代表"或"法人"。这种规定显然违背了法人的"代表机关"应当是受股东信任托管的公司董事会，而不是受雇的经理人这一民法原理。[1]这样一些制度安排，使有效的公司治理机制难以建立，并为内部人控制打开了大门。

理论界在对各国国有企业改革经验进行总结、对现代企业制度进行系统研究的基础上，提出了以建立规范的现代公司为目标的国有企业改革思路。

1993 年 8 月 24 日，《经济日报》发表了吴敬琏和钱颖一《关于公司化》的文章。文章提出，将现有的非公司类型的企业（特别是原来的国有国营的大中型企业）改组成为公司法人组织。公司法人以股东出资形成的公司法人财产独立承担民事责任，自负盈亏。文章着重指出，建立公司治理结构是公司化的核心。公司治理在所有

---

① 方流芳：《国企法定代表人的法律地位、权力和利益冲突》，《比较法学》，1999 年第 21 期。

者、董事会、执行管理部门之间形成制衡关系。股东大会是公司的最高权力机构，股东出于信任推选董事。董事是股东的受托人，承担信托责任（fiduciary duties）。董事会由董事组成。股东大会和董事会之间是信任托管关系（fiduciary relationship），董事会受股东的信任和委托，负责经营公司的法人财产。董事会制定公司的重大经营战略并监督检查经理人员的执行情况。董事会与公司经理人员之间是委托代理关系，经理人员受聘于董事会，在授权范围内拥有对公司事务的管理权，负责处理公司的日常经营事务。公司对经理人员是一种有偿委任的雇佣，经理人员有义务和责任依法经营好公司事务，董事会有权对经营人员的经营绩效进行监督。董事会也需要建立一套对经理人员的激励机制，使经理人员受到商品或服务市场竞争、资本市场竞争和经理人市场竞争等的多重约束时，仍保持经营的积极性。公司制度使经理人员有职、有权、有责任、有约束、有激励地自主经营，发挥他们在企业运营中的独特作用。

文章还提出，在公司化的过程中，可以通过"债权转股权"和社会保障基金持股等方式，实现公司股权的多元化。

一些熟悉现代企业组织方式和运作规则的企业界领导人也深感进行规范化的公司化改制的必要性。国家经委副主任陈清泰担任中共十四届三中全会文件起草小组的企业改革调研组组长，他在对国企改革做深入调研基础上，也得出了要用现代公司制度改造国有大中型企业的结论。1993年8月，时任中共中央总书记的江泽民接受了这种意见。他在东北考察大中型国有企业期间，在大连召开了华北、东北部分国有大中型企业负责人座谈会。座谈会上，江泽民指出，"现代企业制度是社会化大生产和商品经济发展的结果，是生产力发展的内在要求，建立产权关系明晰，责任制度明确的适应社会主义市场经济发展要求的现代产业制度,是搞好国有大中型企业的关键"。

1993 年 11 月,中共十四届三中全会召开,会议作出了《中共中央关于建立社会主义经济体制若干问题的决定》,首次提出了国有企业改革的方向,是建立"现代企业制度"。这一改革目标的提出,标志着中国的国有企业改革从长期以来在基本企业制度不变下进行的"放权让利",转到了按照社会主义市场经济体制的要求,着力于建设现代企业制度即现代公司制度的新的阶段。

不过,令人感到遗憾的是,这一《决定》并没有对现代公司制度作出明确界定,特别是没有提及建立作为现代公司核心架构的公司治理机制的必要性,而是用"产权清晰、权责明确、政企分开、管理科学"这样四句话来对现代企业制度的特点加以概括。公司制度运作的经验表明,针对现代公司所有与控制分离的特点,必须通过一套公司治理机制在所有者和经营者之间形成有效的制衡关系①。

---

① 公司治理(Corporate Governance)是一系列指导、约束公司管理、运行、控制及决策的"基本原理、规章制度、自律机制、主动的承诺以及由一个国家特殊的环境、历史和传统形成的商业习惯"(OECD:《OECD 公司治理准则》,2004 年,第 18 页)。它的基本功能是在公司的所有者与经营者之间形成制衡。进入 20 世纪 70 年代以后,随着对企业问题研究的深入,经济学对于现代公司的"所有与控制分离"所带来的代理人问题有了越来越深刻的认识。同时,随着公司股权越来越分散,投资者"搭便车"问题凸显,由于内部人控制导致的公司财务丑闻和破产事条件频频发生,对经理层的监督也成为保护所有者权益的重要关注点。20 世纪 80—90 年代,无论是公司自身,还是各国证券市场监管机构都越来越重视公司治理问题。1998 年,英国伦敦证券交易所制定了第一个《公司治理综合准则》(Combined Code on Corporate Governance)。经济合作与发展组织(OECD)也在 1999 年发布《公司治理准则》,并在全球发起了改善公司治理的运动。

虽然 1987 年 10 月在北京钓鱼台国宾馆召开的国有企业改革和组织国际研讨会（"钓鱼台会议"）上，世界银行的研究报告提出在国有企业改革而成的公司里建立有效公司治理的重要性，引起了中国理论界一些人的注意，但是，这一概念却在相当长时期中以难以为广大干部群众理解为由被拒之门外，直到 20 世纪末才被写进有关国企改革的文件。

为落实中共十四届三中全会决定，李鹏总理在 1993 年 12 月 1 日至 4 日国务院召开的全国经济工作会议上的讲话中提出，"明年要认真组织 100 家国有大中型企业建立现代企业制度的试点"。① 在体改委和经贸委试点方案草案的基础上，经过反复研究，国务院在 1994 年 11 月批准了《关于选择百家国有企业进行现代企业制度试点的方案》，并且从 1995 年开始进行试点。其中，国家经贸委负责 70 家，国家体改委负责 30 家。②

这次试点，由于受制于当时对公司制度的性质和特点缺乏共识，特别是建立有效公司治理的重要性完全没有进入领导人的视野，没有进行股权结构的调整，更没有建立起有效的公司治理机制，绝大多数企业仍保持了国有独资或者国有绝对控股，仅仅是形似而神不似的"翻牌公司"。作为"授权投资机构"的母公司对改制后的公司仍然保持着行政主管的身份，改制后的公司也仍然由行政任命的"领导班子"和"一把手"全权管理。

---

① 李鹏（1993）：《加快社会主义市场经济体制的改革步伐，保持国民经济持续、快速、健康发展》，1993 年 12 月 1 日在全国经济工作会议上的讲话。

② 邵宁主编：《国有企业改革实录（1998—2008）》，北京：经济科学出版社，2014 年，第 347—363 页。

试点启动一年以后，国家经贸委和国家体改委发布《国务院确定的百户企业建立现代企业制度工作试点阶段目标要求》[1]并进行检查。到 1996 年底，100 户试点企业中，除 1 户解体、1 户被兼并外，有 11 户改造为股权多元化的股份有限公司，6 户改造为有限责任公司，由工厂制改造成国有独资公司的 69 户，由政府主管部门改成的国有独资公司的 10 户，实行资产重组的 2 户[2]。检查结果很不理想，几乎没有一户试点企业达到现代公司的标准。其中最主要的问题是：虽然以国家经贸委 1995 年 11 月发布的《百户现代企业制度试点工作的组织实施意见》作为主要任务，要求试点企业"建立符合《公司法》规定的法人治理结构"，试点中也有 84 户设立了董事会，但是它们依旧按照"企业是法人，厂长（现在是董事长）是法人代表"的老章程进行公司管理。董事基本由企业内部人士充当，董事长和总经理往往是由一人担任，仍旧是厂长负责制下的"一把手"，董事会要么有名无实，要么与党委会、经理班子高度重合，无法建立起董事会承担受托责任的法律制度，也没有建立起董事会对经理层的监督和激励机制。"两权分离"后助长的"内部人控制失控"与上级控股集团公司日常干预并存。

时任国家经贸委企业司司长、后任国务院国资委副主任的邵宁对 1995—1997 年现代企业制度试点的总体评价是："由于实际出资人不到位，搭了一个公司制度的架子，但在决策、执行、监督等几个关键的方面，机制并没有建立，内部人控制的问题没有真正解

---

① 邵宁主编：《国有企业改革实录（1998—2008）》，北京：经济科学出版社，2014 年，第 385—389 页。

② 董辅礽主编：《中华人民共和国经济史（下卷）》，北京：经济科学出版社，1999 年，第 396 页。

决"，或者"由于当年大多数企业仍以国有独资为主，实现产权多元改造的公司制企业极少，造成改制只有'公司'皮毛，'形似神不似'，更有的甚至是'新瓶装旧酒'，体制和机制未能如预期那样发生根本变化"。[①] 原国家经贸委主任、国务院国资委主任李荣融说得更严重：2002 年"党的十六大之前没有实质意义的董事会"，而且"完全按《公司法》建设董事会的央企迄今尚未出现"。[②]

8.3 世纪之交国有企业的公司化改制浪潮

用规范的现代公司制度改造国有企业的要求，在很大程度上是由 20 世纪末期国有经济财务状况急剧恶化促成的。

以"弱化所有权、强化经营权"为主要内容的"改革"无助于建立起有效的企业制度，使国有经济的财务状况每况愈下。在 1988 年以前，国有企业的亏损面一般不超过 20%。但到 20 世纪 90 年代初，国有企业出现了盈亏"三三制"，即三分之一亏损，三分之一虚盈实亏，只有三分之一还赚钱的状况。到了 1995 年，亏损面即亏损户占国有企业总户数的比重已达到 40%，1997 年上半年进一步发展到 43%。如果再进一步比较国有企业的全部盈利额和全部亏损额，问题的严重性就更加明显。1994 年两相比较，国有企业总体上还有净盈利 900 多亿元，1995 年就基本持平了，1996 年上半年出现了国有部门净亏损 130 多亿元的情况，下半年因商业银行两次降低贷款

① 邵宁主编：《国有企业改革实录》，北京：经济科学出版社，2014 年，第 383 页。
② 《央企董事会试点十年考》，《财经》杂志，2014 年 6 月 30 日。

利率才有所好转，但 1997 年第一季度净亏损 20 多亿元，1998 年全年净亏损 78 亿元（表 8.1）。[①]

表 8.1　全国国有企业盈利亏损状况（1990—1998）　（单位：亿元）

年份	国有工业企业亏损面	亏损国有企业亏损额	全部国有企业实现利润
1990	30.3%	932.6	491.5
1991	28.0%	925.9	744.5
1992	22.7%	756.8	955.2
1993	29.8%	479.4	1667.3
1994	32.6%	624.5	1608.0
1995	33.3%	802.1	1470.2
1996	37.5%	1127.0	876.7
1997	43.9%	1420.9	539.8
1998	47.4%	1960.2	−78.0

数据来源：《中国财政年鉴》（各年）

一些国有经济占比较高的省份情况更加突出。例如，在国有工业重镇辽宁省，到 1997 年全省国有工业企业已经连续 3 年净亏损。当时 926 户国有大中型企业中，亏损户达 491 户，还有一大批企业处于停产、半停产状态。由于国有企业亏损最严重，涉及面广，被称为"辽宁现象"。[②]

面对着国有经济的严峻状况，中国领导一方面提出了国有企业

① 参见谢春涛：《国有企业改革的曲折与前景——专访中国经济体制改革研究会副会长杨启先》，《百年潮》，1997 年第 6 期；《中国财政年鉴》（各年），北京：中国财政经济出版社。

② 参见邵宁主编：《国有企业改革实录（1998—2008）》，北京：经济科学出版社，2014 年，第 49 页。

"三年脱困"的要求^①，另一方面加快了建设规范化的现代公司制度的步伐。

1999 年中共十五届四中全会通过的《中共中央关于国有企业改革和发展若干重大问题的决定》进一步明确了公司化改制的规范，特别是强调了"公司法人治理结构（即公司治理机制）是公司制的核心"，要求国有企业改制时在多元持股的基础上建立有效的公司治理。

《中共中央关于国有企业改革和发展若干重大问题的决定》对于国有大中型企业的公司化改制提出的主要新要求是：第一，除极少数必须由国家垄断经营的企业外，"积极发展多元投资主体的公司"；国有大中型企业"要通过规范上市、中外合资和企业互相参股等形式，改为股份制企业，发展混合所有制经济"。第二，"能够在所有者和经营者之间建立起制衡关系的法人治理结构是公司制的核心"，要求改制后的公司都要建立有效的公司治理。这是第一次在中共中央和国务院的文件中出现"公司治理"（当时称为"法人治理结构"）的概念和对公众公司提出建立有效的公司治理的要求。

这样，对世纪之交新建立的公司就提出了更高的要求。1998 年以后的国有大中型企业的公司化改制，大体上包含了三个互相衔接的步骤。

第一，实现政企职责的分离。

在计划经济时期，政府作为社会管理者的职能和作为所有者的

---

① "国有企业三年脱困"，是时任国务院总理的朱镕基 1997 年 7 月在考察辽宁国企时提出的。1998 年 3 月的全国人民代表大会正式通过决定，要求"通过改革、改组、改造和加强管理，用三年左右的时间，使大多数国有大中型亏损企业摆脱困境"。

职能是集于一身的。"国营公司""集团公司"等经济组织既是行政机关，又是所谓的"企业"。为了把政企职责分开，由不同的组织行使，1998 年就任的新一届政府采取了一项重大措施，将中央政府所属的兼有政企两方面职能的部级机构改组为由国家经贸委管理的仅承担行政管理职能的"国家局"，外贸行业和电信行业的行政管理职能由对外经济贸易合作部（MOFTEC）和信息产业部（MII）分别行使。[①] 随后又将这些"国家局"撤销，有关行政职能并入经贸委的各职能司[②]。那些原来的"行政性公司"取消了行政机构的地位，成为不具有行政职能的企业。

第二，打破行业垄断，促进竞争。

在计划经济条件下，为了追求规模最大化，通常一个行业或一个子行业只建立一个具有垄断性的企业。1998 年以后，中国政府采取了分拆改组的办法来打破垄断，形成竞争局面。以石油工业为例，在改革开放以前，国家设立石油工业部和石油化学工业部，分别管理其上游业务和下游业务。随后这两个部又分别改组为中国石油化工总公司（SINOPEC）和中国石油天然气总公司（CNPC）这两个兼具行政职能和企业职能的"行政性公司"。1998 年 6 月，这两个公司的行政职能移交给国家经贸委的国家石油工业局以后，政府决定将它们都改组为综合性石油公司。具体办法是：将北方地区中石化的炼油、零售等下游装置移交给中石油，将南方地区中石油的油田移

---

① 《关于国务院机构改革方案的说明》，《人民日报》，1998 年 3 月 7 日；《国务院决定组建国家有色金属工业局》，《人民日报》，1998 年 4 月 25 日。

② 《国家经贸委和委管国家局机构进行重大改革》，《人民日报》，2001 年 2 月 20 日。

交给中石化，并允许它们在对方地域内投资和营运。这两个公司再加上原来从事海上石油开采的中国海洋石油公司（CNOOC），中国就有三个相互竞争的综合性的石油公司。其他行业也采用类似的办法形成竞争的局面。

对于某些具有自然垄断性质的行业，也采用近20年来各国改革垄断行业的成功做法，放开竞争性的环节，把垄断经营限制在最必要的范围中，并使这类垄断企业在社会的监管下运营。例如，电信行业中的固定电话具有自然垄断性质，而移动通信并不具有这样的属性。因此中国建立了中国移动、中国电信和中国联通三个移动通信公司，而把固定电话业务分解开来，分别配属于这三家公司。电力部门采用"网厂分开，竞价上网"的方针，将发电和售电两个环节放开，至于输电和配电两个环节则组织垄断性公司，让它们在国家电力监管委员会的监管下经营。

第三，企业重组上市。

在"整体上市"和"剥离上市"两种办法中，前一种办法的效果较好，但是需要比较长的时间；后一种方法见效快，但遗留的问题比较多。中国国有工商企业的重组多半采用后一种办法。例如，1999年10月中国石油集团（CNPC）将其采油—冶炼—化工—零售的核心资产剥离出来，改组为中国石油天然气股份有限公司（Petro China，简称"中国石油"），并在香港和纽约进行首发公募和上市。在CNPC的154万原有员工中，106万人由"存续企业"保留，其余48万人受雇于中国石油天然气股份有限公司。后者于2000年3月通过首发公募引进部分公众投资者和战略投资者，改变全资国有的性质，并分别在香港证券交易所和纽约证券交易所以H股和存托股（ADR）的形式首发和上市。世纪之交，原有的国有大型企业在海内外证券市场陆续上市的有：青岛啤酒（1993 年香港 H 股，同年上海 A 股）、中国移动（1997 年香港红筹股）、中国石油（2000 年香港 H 股，2007 年上海 A 股）、中国联通（2000 年香港红筹股，2002 年上海 A 股）、中国石化（2000 年香港 H 股，2001 年上海 A 股）、宝钢股份（2000 年上海 A 股），等等。

采用后一种方法进行国有企业改革，国有部门就形成了一种"三层次"的架构：第一层次是政府层次。在这里设立一个国有资产管理委员会，集中行使所有者的职能。第二层次是所谓国有资产的"经营机构"，这就是 1993 年公司法第 64 条中所说的"国家授权投资机构"。[1]"国家授权投资机构"的具体形式包括"国家投资公司、国家控股公司、国有资产经营公司、具备条件的企业集团的集团公司"等。[2] 这些机构在第三层次的改制公司中行使股东权利。

这种国有资产经营架构框架存在一些重要的制度缺陷。

第一，绝大多数"国家授权投资机构"没有经过公司制改造，更没有建立起有效的公司治理。它们的"领导班子成员"既是国家股东的全权代表，又是受雇的职业经理人员，违背了公司治理的基本原则，成为导致"内部人控制"和腐败的温床。

第二，上市公司作为"国家授权投资机构"的"下属企业"，受到国家授权投资机构的控制，国家授权投资机构的派出人员对上市

---

[1] 全国人大常委会法制工作委员会经济法室编：《中华人民共和国公司法条文解释及法律适用》，北京：中国民主法制出版社，2000 年，第 122 页。

[2] 洪虎：《〈关于选择一批国有大中型企业进行现代企业制度试点的方案〉（草案）的说明》，国家经贸委企业司编：《全国建立现代企业制度试点工作会议文件汇编》，北京：改革出版社，1995 年，第 85 页。

公司经营活动的干预成为常态，上市公司很难具有企业法人理应具有的经营独立性。

在采取"剥离上市"办法的情况下，原企业未被剥离的资产仍被保存在原有"授权投资机构"中，俗称为"存续企业"。由于"存续企业"集中了大量非核心资产和富余人员，它们必须不断从自己的母公司即已经改称为"集团公司"等的"授权投资机构"获得资源供应，否则就难以生存。而作为上市公司控股股东的"授权投资机构"也有足够的条件用在市场上发行价格不菲的新股、操纵存续企业与上市公司的关联交易等方式从资本市场和上市子公司取得资源。于是就出现了不少大型国有企业从股市"圈钱"和从上市公司抽取利益的事件。

第三，上市公司最突出的问题是出现了对"内部人控制"的失控。

"内部人控制失控"是社会主义国家经济转轨中常常遇到的问题。日本经济学家青木昌彦在研究了这些国家的企业制度后指出，"内部人控制"是"转轨过程中所固有的一种潜在可能现象"，必须采取措施加以控制。[①] "内部人控制失控"现象也广泛地存在于在中国转轨过程中获得了经营自主权却没有建立起有效公司治理机制的企业、承包制企业以及"股份制企业"中。由于中国在国有企业改革问题一直存在对国企经理层放权让利的指导思想，在公司化改制中也出现了种种不规范做法，例如前面讲到的为公司设立固定的

---

① 青木昌彦（1994）：《对内部人控制的控制：转轨经济中公司治理结构的若干问题》，青木昌彦、钱颖一编：《转轨经济中公司治理结构：内部人控制和银行的作用》，北京：中国经济出版社，1995 年，第 15—36 页。

"法定代表人"或"法人代表"的法律规定等，都使内部人控制更容易畅行无阻。[1] 我国上市公司国有股等非流通股本占总股本的比重很高，如2000年底为63.4%[2]，这些股份不能流通，内部人控制问题难以受到公司控制权市场的约束。

针对上市公司公司治理存在的问题，中国证监会在2000年制定了《上市公司治理准则》。准则充分考虑了中国转型经济中上市公司治理结构的特殊情况，特别强调了控股股东对上市公司及其他股东负有诚信义务，上市公司应保持其独立性不受控股股东影响，控股股东与上市公司之间实行人员、资产、财务分开，机构、业务独立。2002年1月，证监会和国家经贸委联合发布了《上市公司治理准则》。准则明确了六项原则，即平等对待所有股东，保护股东合法权益；强化董事的诚信与勤勉义务；发挥监事会的监督作用；建立健全绩效评价与激励约束机制；保障利益相关者的合法权利；强化信息披露，增加公司透明度。《上市公司治理准则》成为上市公司建立现代企业制度的指导纲领，也成为其他公司完善治理的重要制度。

2003年10月中共十六届三中全会通过的《中共中央关于完善社

---

[1] 时任国资委主任的李荣融2005年在一个国有独资公司董事会运作试点研讨班上的讲话中指出：国有企业现代企业制度建设的一个突出问题，是"法人治理结构不健全"。相当一批国有大型企业是按照《中华人民共和国企业法》登记，没有建立董事会，而建立了董事会的国有独资公司和国有控股公司中，相当一部分公司的董事会没有很好地发挥作用，"内部人控制"现象比较严重。"董事会成员与经理人员高度重合，实际上还是总经理负责制；董事长、党委书记、总经理三职一肩挑，权力过大，一个人说了算"。见李荣融（2005）：《董事会试点改革意义不亚于"神州六号"》，李荣融：《遵循规律办企业》，北京：中国经济出版社，2013年，第159页。

[2] 童道驰：《上市公司治理结构指引辅导讲座》（打印稿），2002年。

会主义市场经济体制若干问题的决定》明确指出，要"按照现代企业制度要求，规范公司股东会、董事会、监事会和经营管理者的权责，完善企业领导人员的聘任制度。股东会决定董事会和监事会成员，董事会选择经营管理人员，形成权力机构、决策机构、监督机构和经营管理者之间的制衡机制"。但是，限于国有部门整体架构存在的问题，健全公司治理和克服内部人控制的问题一直没有得到很好的解决。

8.4 国资委建立后的国有经济改革

国有企业建立现代企业制度面临的一个重要问题，是国有企业长期存在的所有者缺位问题。1988年设立了国有资产管理局，专司国有资产管理职责。但是，国有资产管理局作为一个管理机关，职能是行政管理，不可能按照资本运营机构的要求进行管理，再加上对国有企业的人事、计划等的管理存在政出多门的问题，并没有实现国有企业管理体制的实质性转变。

1998年，为实现政企分开，国务院组成部门进行了全方位的机构改革，冶金、机械、化工、内贸等行业部不再行使企业行业主管职责，而是改组为隶属国家经贸委的9个"国家局"。同时成立中共中央大型企业工作委员会（简称"大企业工委"），负责管理原来由国务院直接管理的163户企业的领导班子。这就形成了国有企业管理"五龙治水"的局面，国家经贸委指导国有企业的改革与管理，财政部负责国有企业资本金管理，劳动和社会保障部负责收入分配管理，国家计委负责企业的发展和项目审批，组织部门根据党管干部原则管理人事任免。

为了解决国有企业管理"五龙治水"的问题，2002年的中共十六大提出，"改革国有资产管理体制"，组建各级国资委，"代表国家履行出资人职责"。2003年3月，全国人大决定设立国务院国有资产监督管理委员会（简称"国资委"），在中央所属非金融国有企业中代表国家履行出资人职责，地方国有企业由省、市两级政府的国资委负责管理。

国资委一成立，就有经济学家提出，《中华人民共和国公司法》是规范公司制企业行为的基本法律，国资委在已改制公司中应当依照《中华人民共和国公司法》行使所有者权利，其代表国有股东行使职权，也必须在《中华人民共和国公司法》规定的公司治理框架内进行①。但是，国资委直接管理的"国家授权投资机构"，即中央企业的母公司，绝大多数是由《中华人民共和国全民所有制工业企业法》调节的国有独资企业。截至2008年底，在国资委管理的143户中央企业中，按照《中华人民共和国全民所有制工业企业法》进行工商注册的国有独资企业达109户。早在2000—2002年，一批在1993年公司法颁布后依法设立了董事会的国有独资公司，甚至又都撤销了董事会，按照《中华人民共和国全民所有制工业企业法》依然实行厂长（经理）负责制。②

在没有建立起规范的公司治理机制的情况下，国资委只能直接

---

① 吴敬琏（2003）：《对于国资委成立后国有经济改革的若干建议——2003年7月10日代表全国政协经济委员会"国有企业改革与国有资产管理体制改革"专题组在全国政协常委会会议上的大会发言》，《吴敬琏文集》（中）：北京：中央编译出版社，2013年，第648—655页。

② 邵宁主编：《国有企业改革实录（1998—2008）》，北京：经济科学出版社，2014年，第501、507页。

对这些企业"管人、管事、管资产"。国务院 2003 年 5 月发布的《企业国有资产监督管理暂行条例》规定，国资委的主要职责包括：（1）履行出资人职责，指导推进国有企业改革和重组；（2）代表国家向部分大型企业派出监事会；（3）对企业负责人进行任免、考核并根据其经营业绩进行奖励；（4）对企业所管国有资产的保值增值情况进行监督；（5）拟定国有资产管理的法律、行政法规和制定规章制度，依法对地方国有资产管理进行监督指导。这些规定在许多方面超越了《中华人民共和国公司法》规定的出资人的职权。[①]

2008 年，《中华人民共和国企业国有资产法》颁布实施，该法规定出资人代表机构"对国家出资企业依法享有资产收益、参与重大决策和选择管理者等出资人权利"，对国资委"管人、管事、管资产"职权做了进一步强化。

由于没有建立起有效的公司治理机制，虽然国资委成立后加强了对国有公司领导成员的直接监督考核，但仍然不能避免由内部人控制造成的严重治理问题。2004 年的陈久霖"中航油期货"巨亏事件[②]以

[①]　吴敬琏（2003）：《对于国资委成立后国有经济改革的若干建议——2003 年 7 月 10 日代表全国政协经济委员会"国有企业改革与国有资产管理体制改革"专题组在全国政协常委会会议上的大会发言》，《吴敬琏文集》（中）：北京：中央编译出版社，2013 年，第 652—653 页。

[②]　"中航油期货"巨亏事件：2004 年"中航油"在海外石油贸易和期货市场交易的博弈中，一下子损失 5.5 亿美元。从表面看来，这是一起在石油期货衍生品操作上的失误，但深究之下，则是一起公司治理丑闻。一是违反政府禁令。新加坡公司从事的石油期权投机是中国政府明令禁止的。国务院 1998 年 8 月发布的《国务院关于进一步整顿和规范期货市场的通知》中明确规定："取得境外期货业务许可证的企业，在境外期货市场只允许进行套期保值，不得进行投机交易。"二是违规做场外交易，且超过了现货交易总（转下页）

及2007年的中石化总经理陈同海腐败大案①，都说明了问题的严重性。

面对国有独资公司和国有控股公司存在的严重问题，国资委的领导人认识到，"完善公司法人治理结构，建立规范的董事会，是国有企业改革的核心问题"。②

2004年6月，国资委印发了《关于中央企业建立和完善国有独资公司董事会试点工作的通知》③，开始了"建立和完善国有独资公司董事会试点"。试点的内容包括：一是实行外部董事制度；二是加强董事会制度建设，对内部人担任董事长等做法作出调整；三是完善国资委与董事会、经理层和外派监事会的工作协调机制等④。

（接上页）量。1999年6月，国务院令发布的《期货交易管理暂行条例》第四条规定："期货交易必须在期货交易所内进行。禁止不通过期货交易所的场外期货交易。"第四十八条规定："国有企业从事期货交易，限于从事套期保值业务，期货交易总量应当与其同期现货交易量总量相适应。"此事反映出监管系统的全面"失控"：新交所没有发现，中国航油集团公司的内部监督控制机制也没有起到作用。

① 1999—2007年，中国石化集团公司原总经理陈同海利用职务便利，在企业经营、转让土地、承揽工程等方面为他人谋取利益，收受他人钱款共计折合人民币1.9573亿余元。2009年7月，陈同海被判死刑，缓期二年执行，剥夺政治权利终身，并处没收个人全部财产，成为那一时期国企高管腐败案中级别最高、掌管企业规模最大、涉案金额最多的人。

② 李荣融（2007）：《中央企业董事会试点是公司治理的革命》，李荣融：《遵循规律办企业》，北京：中国经济出版社，2013年，第163页。

③ 《关于中央企业建立和完善国有独资公司董事会试点工作的通知》，明确了第一批试点企业名单，包括神华集团、上海宝钢、中国铁通、中国诚通、中国医药集团等。

④ 李荣融：《遵循规律办企业》，北京：中国经济出版社，2013年，第163—165页、第173—174页。

2008 年 10 月，国资委党委和中共中央组织部联合印发《关于董事会试点中央企业董事会选派高级管理人员工作的指导意见》，这是组织部门第一次把中央企业高管的选聘权交给董事会，推进了出资人选派董事、董事会选聘和监督管理层的国有企业领导者分层分类管理制度的建立。[①]

但是，董事会改革的进展缓慢，直到 2010 年 140 户中央国企中参加试点的也只有 24 户。有关规定的落实更是困难重重。

为了克服"内部人控制"的弊端，还有一种国人更为熟悉的方法，这就是加强国有企业中党组织（党委或党组）在经营决策和人员任免中的领导作用。

从 1949 年到 50 年代中期，中国国有企业都模仿苏联实行"厂长负责制"。1956 年中共八大提出改为"党委领导下的厂长负责制"。从 1966 年"文化大革命"开始到 70 年代末，国营企业由"革命委员会"或者党委直接领导。

"文化大革命"结束后，拨乱反正，许多人赞成恢复"文化大革命"前的企业领导制度，即党委领导下的厂长（经理）负责制。不过，有鉴于"文化大革命"前党组织陷于企业日常事务和"党不管党"的教训，邓小平在 1980 年 8 月 18 日中共中央政治局会议上的讲话《党和国家领导制度的改革》[②]中提出了另一种加强共产党对企业领导的办法。他指出："为了使党委摆脱日常事务，集中力量做好思想政治工作和组织监督工作"，要"有准备有步骤地改变党委领导

---

①　李荣融：《在国资委直属机关深入学习实践科学发展观活动总结大会上的讲话》，2009 年 2 月 23 日。

②　邓小平（1980）：《党和国家领导制度改革》，《邓小平文选》第二卷，北京：人民出版社，1994 年。

下的厂长负责制、经理负责制，经过试点，逐步推广，分别实行工厂管理委员会、公司董事会、经济联合体的联合委员会领导和监督下的厂长负责制、经理负责制"。虽然邓小平的这个讲话得到了中共中央政治局的批准，但是由于国有企业改革进行得比较缓慢，邓小平提出的企业领导制度在1987年的中共十三大以后才开始试行，将原来执行企业领导职能的国有企业党委按照党的基层组织属地化管理原则划归企业所属地区党委管理，执行监督党员和保证党的路线方针政策贯彻的职能。

1989年政治风波之后，政策有了调整。8月，《中共中央关于加强党的建设的通知》明确指出，"企业党的基层组织处于政治核心地位，发挥政治核心作用"，"企业党委要参与讨论企业的重大问题并提出意见和建议"。

1993年10月，十四届三中全会明确了国有企业建立现代企业制度的改革方向，实行公司制改制后的国有企业中党委与董事会的关系问题，再次成为国企改革讨论的重点问题之一。《红旗》杂志下属的《内部文稿》在1995年第13期上登载了中央组织部一位干部撰写的《从战略高度看当前国有大中型企业的党建问题》[①]一文。文中提出，中国工人阶级主要分布在国有大中型企业中，这就决定了这些企业必须置于党的领导之下，控制了这些企业就控制了整个国家的经济实力。党控制企业就是要规范决策程序，"党委会决策在前，董事会决策在后"。

1997年1月24日，中共中央发布《关于进一步加强和改进国有

---

① 韩旭：《从战略高度看当前国有大中型企业的党建问题——兼与吴敬琏同志商榷》，《内部文稿》(现刊名《红旗文稿》)，1995年第13期。

企业党的建设工作的通知》，强调党对国有企业的领导以及国有企业党的工作要贯穿于生产经营的全过程。①

1999 年 8 月，江泽民总书记在大连主持召开东北和华北地区八省区市国有企业改革和发展座谈会。他在讲话中提出："目前，绝大多数国有控股公司都既有股东会、董事会、监事会，又有党委会、工会、职工代表大会，可考虑采取双向进入的办法，处理好它们之间的关系。在国有及国有控股公司中，党委负责人和职工代表可按照法定程序进入董事会，还可按法定程序进入监事会；董事长、监事会负责人和总经理可按党章和有关规定进入党委会；党委书记和董事长可由一人兼任。通过这些措施，形成公司对重大问题的统一决策机制。"他同时指出："企业党组织要认真贯彻党的基本路线和方针政策，围绕生产经营开展工作，参与企业重大问题决策，支持股东会、董事会和经理（厂长）依法行使职权。"

2010 年 7 月，中共中央办公厅、国务院办公厅印发了《关于进一步推进国有企业贯彻落实"三重一大"决策制度的意见》，要求凡属重大决策、重大人事任免、重大项目安排和大额度资金运作（简称"三重一大"）事项必须由国有企业党委会（党组）、董事会和未设董事会的企业经理班子等决策机构集体决策，"董事会、未设董事

---

① 根据这一通知，在国企，党组织参与决策的重大问题包括：企业的经营方针、发展规划、年度计划、重大技术改造、技术引进方案、财务决算和资产重组；中层以上管理人员的选拔使用和奖惩；企业重要改革方案和重要管理制度的制定、修改；涉及广大职工切身利益的重要问题。在"公司制企业"，党委参与重大问题决策的范围，一般是指公司提交股东会、董事会审议决定的问题；厂长（经理）、董事会在对重大问题决策之前，应听取并尊重党委的意见；重大决策的执行情况，应向党委通报。

会的经理班子研究'三重一大'事项时，应事先与党委（党组）沟通，听取党委（党组）的意见。进入董事会、未设董事会的经理班子的党委（党组）成员，应当贯彻党组织的意见或决定"，"重要人事任免，应当事先征求国有企业和履行国有资产出资人职责机构的纪检监察机构的意见"。

国资委的另一项主要任务，是根据中共十五大和十五届四中全会国有企业"有进有退"的决定，对国民经济的所有制结构进行调整。一些企业要从自己不具有优势的领域中有步骤地退出，腾挪出资源用以改善政府的公共服务，加强关系国民经济命脉的重要行业和关键领域，以及非国有经济不愿进入的领域。

21 世纪第一个 10 年，情况发生了变化。

2002 年 5 月江泽民总书记在重庆围绕党建和西部大开发进行调研，22 日考察西南铝业集团有限责任公司时，在 3 万吨模锻水压机前听完公司负责人的介绍后，江泽民说："我国的综合国力和国际地位，很大程度上取决于许多这样具备很强技术能力的国有企业，一定要下大气力把企业办好、办强。"[1] 这样，2002 年 11 月召开的中共十六大提出了"两个毫不动摇"的重要方针，即"必须毫不动摇地巩固和发展公有制经济"和"必须毫不动摇地鼓励、支持和引导非公有制经济发展"。

但是，很快就出现了对"两个毫不动摇"方针的不同解读[2]。某些不赞同中共十五大和十五届四中全会调整所有制结构方针的论者

---

① 《2002 年 5 月江泽民在重庆调研》，新华网，2002 年 5 月 26 日。
② 参见吴敬琏（2004）：《深化国有企业改革需要澄清的几个原则问题》，载吴敬琏：《呼唤法治的市场经济》，北京：生活·读书·新知三联书店，2007 年，第 34—35 页。

宣称，由于国有企业是共产党执政的经济基础，就决不能把它们和私营企业等量齐观，同等对待，而必须大力发展，做强做大。

2003 年 2 月，一份内部材料反映，一些省份在国有资产从一般竞争性领域退出过程中出现了刮风苗头，还出现了国有资产转让过程中的资产流失。有些企业管理层暗箱操作，少数管理层收购，成为侵吞国有资产的工具。党政领导作出批示，要求对国有企业改制中存在的问题进行调查和研究。①

2004 年初，一场质疑和否定改革开放的大争论在国有经济改革领域爆发。一些人不仅提出"放小"造成了中小型国有企业改制过程中出现的国有资产流失等现象，还把贪污腐败蔓延和贫富两极分化的原因归结为市场化改革，有的人提出要恢复国有经济的统治地位。

2004 年夏天，香港中文大学教授郎咸平连续发表论文和讲演，指责 TCL、海尔、格林柯尔等著名民营企业在国有企业改制过程中侵吞国有资产。从海外携资归国投资的格林柯尔董事长顾雏军进行了反击，于是"郎顾之争"迅速升温。郎咸平的主张得到大批"左"翼人士的坚决支持。顾雏军则在 2005 年 9 月被正式拘捕，并在 2008 年以虚假注册罪和挪用资金罪被判处十年有期徒刑。

这场大争论的结果是，国有经济改革和布局调整的步伐慢了下来。

为了"做大做强"国有企业，国资委按照"合并同类项"原则实施了一系列的重组。从 2004 年中国科学器材进出口总公司并入中

---

① 邵宁主编：《国有企业改革实录（1998—2008）》，北京：经济科学出版社，2014 年，第 413 页。

国生物制品总公司、中国药材集团公司并入中国医药集团总公司等开始，到 2011 年，中央企业减少到 118 户，其中通过划入和新成立增加 4 户，划出和注销减少 2 户，通过重组方式减少了 76 户。但是，这种国有企业数量的减少，与国有经济集中在关系到国计民生和国家安全的重要领域和关键行业的目标还有相当距离，无论是中央企业还是地方国企，大部分仍分布在一般竞争性领域。

通过合并"打造企业航母"，虽然企业规模扩大了，进入"世界 500 强"[①]的国有企业从 1998 年的 3 家增加到 2010 年的 50 家（含金融机构），但大而不强的问题一直存在。有的企业长期亏损，三分之一多的企业亏损。2010 年，亏损企业共计 4.35 万户，亏损面达 35.0%，亏损企业亏损额达到 4353 亿元。

虽然大企业在合并，数量在减少，但是经过多次的合并，原来企业集团内的子公司、孙公司也一起合并，导致企业内部法人层级长、管理层级多，业务分散、主营业务不突出等严重的结构性问题。2006 年国家发布《关于推进国有资本调整和国有企业重组的指导意见》，特别强调了要简化企业组织机构，对层级过多的下属企业进行清理、整合，通过关闭、破产、撤销、合并、取消企业法人资格等措施，原则上将管理层次控制在三级以内。但是这个问题一直困扰着中央企业内部管理机制的建立和完善，也制约着企业经营效率和竞争力的提高。[②]

---

① "财富世界 500 强"（Fortune Global 500），简称"世界 500 强"（Global 500），是美国《财富》杂志每年评选的全球 500 家最大公司的排行榜。由于它以营业额的大小作为排行标准，将 Global 500 译为"世界 500 大"可能更为确切。

② 肖亚庆：《国资委提速央企"瘦身健体"》，2016 年 11 月 1 日。"目前中央企业所属企业共有 51573 户，超过 1000 户的有 12 （转下页）

　　21 世纪初期政府主持的"产业结构调整"进一步拉长了国有经济战线。在 2004 年"治理经济过热"的浪潮中，政府采取了"有保有压、有扶有控"的政策对经济结构进行调整。由于产业政策向大企业倾斜，国有经济进一步扩张。例如，2004 年 2 月发布的《水泥工业产业发展政策》，要求淘汰直径在 2.8 米以下的机立窑、各种干法中空窑、湿法窑等技术装备落后和年产量小于 20 万吨的企业。2004 年 5 月发布的《汽车产业政策》，要求提高产业集中度，力争大型汽车企业集团在 2010 年跨入世界 500 强企业的行列，规定新建汽车生产企业的投资项目投资总额不得低于 20 亿元人民币，其中自有资金不得低于 8 亿元人民币；并且对各类汽车最低生产规模也做了规定。2005 年 6 月发布的《成品油批发企业管理技术规范（征求意见稿）》规定成品油批发企业设立必须具备从事两年以上成品油零售经营业务，并拥有 30 座以上自有或控股加油站。2005 年 7 月发布的《钢铁业发展政策》要求通过兼并、重组，扩大骨干企业集团规模，提高产业集中度，国内排名前 10 位的钢铁企业集团钢产量占全国产量的比例 2010 年要达到 50% 以上，2020 年要达到 70% 以上。2005 年 12 月《关于加强煤炭基本建设项目管理有关问题的通知》，强调要"上大压小"，继续推进大型煤矿基地建设，同时加快整合改造小煤矿，关闭布局不合理、不具备安全生产条件的小煤矿。2006 年初国家发展和改革委员会的官员宣布，中国将加速建成 13 个大型煤炭基地。到 2010 年，这些基地年产量将达 17 亿吨标准煤，占全国煤炭产量的 78%[①]。

　　（接上页）家。法人层级最长的达到 17 级，管理层级最长的达到 8 级，大大降低了管理效率"。

① 见《中国新闻周刊》记者：《关注"再国有化"》,《中国新闻周刊》,2006 年第 11 期，2006 年 3 月 27 日出版。

这些产业政策的新规定，改变了中共十五大和十五届四中全会关于"有所为、有所不为"地对所有制结构进行调整的要求，使国有经济的规模在非关系"国民经济命脉的重要行业和关键领域"趋于扩大。

2006年12月5日，国务院办公厅转发了国资委《关于推进国有资本调整和国有企业重组的指导意见》。这个指导意见要求"进一步推进国有资本向关系国家安全和国民经济命脉的重要行业和关键领域集中，加快形成一批拥有自主知识产权和知名品牌、国际竞争力较强的优势企业"，并要求"有关部门要抓紧研究确定具体的行业和领域，出台相应的产业和企业目录"。

12月18日，国资委主任李荣融宣布国资委根据上述指导意见对加强中央企业控制力作出的具体部署。李荣融说，中央企业根据业务范围大体分布在三个领域：（1）关系国家安全和国民经济命脉的关键领域；（2）基础性和支柱产业领域；（3）其他行业和领域。对不同领域，中央国企的控制力度有所不同。对于"关系国家安全和国民经济命脉的关键领域"，包括军工、电网电力、石油石化、电信、煤炭、航空运输、航运等行业，国有经济要保持绝对控制力。对于"基础性和支柱产业领域"，包括装备制造、汽车、电子信息、建筑、钢铁、有色金属、化工、勘察设计、科技等行业，国有经济要对它的重要骨干企业保持较强控制力，行业内有较强影响力和带动力的重要骨干企业由国有资本绝对控股或有条件地相对控股。对于"其他行业和领域"，主要包括商贸流通、投资、医药、建材、农业、地质勘察等行业，国有经济也要保持必要影响力，表现为国有资本对一些影响较大的行业排头兵企业，以及具有特殊功能的医药、农业、地质勘察企业保持控股。①

在这些部署之下，民用航空、高速公路、钢铁、煤炭、成品油批发等行业出现了国企兼并民企的潮流，财政部统计的全部非金融类国有企业的资产在2003—2006年也增加了54%②。在能源、原材料、交通、通信等行业，中央企业形成了强大的垄断优势。2007年，国资委管理的中央企业的资产总额达到14.6万亿元，比2002年翻了一番。

2008—2009年"国进民退"或称"再国有化"也进入了高潮。

山西煤矿企业的兼并重组和山东钢铁集团兼并日照钢铁公司被舆论界称为"国进民退"的标志性事件。2008年9月2日，山西省政府发布《关于加快推进煤矿企业兼并重组的实施意见》，要求按照一个矿区由一个主体开发、一个主体可以开发多个矿区的原则对煤矿企业进行由地方政府主导的整合和集中。省政府制定的实施方案指定了8家国有企业集团作为"法定兼并主体"，凡未达到新设规模标准的企业，一律在重组中出局或成为被兼并的主体。在并购过程中，民营煤矿的合法采矿权的补偿价款计算方法由山西省政府决定，大部分民营煤矿的并购价格不到其实际价值的50%，有报道指出，并购使民营煤矿企业主的财产蒸发400亿—600亿元。③

2007年7月，山东省政府发布《关于进一步加快钢铁工业结构

①　参见《我国明确七大行业将由国有经济控制》，人民网，2006年12月18日。
②　参见《中国财政年鉴》（各年）。
③　《关于加快推进煤矿企业兼并重组的实施意见》规定可以存在企业的规模标准，是至少有一个年产90万吨或以上的矿井支撑，这个标准是2006年允许民营企业开采煤矿时设定标准的10倍。参见钟瑞庆：《对山西煤矿兼并重组方案的合法性分析》，《法学》，2010年第1期。

调整的意见》，提出由国有的济南钢铁、莱芜钢铁牵头，组成山东钢铁集团，由它整合省内钢铁企业，包括民营钢铁巨头日照钢铁。日照钢铁盈利能力很强，而山东钢铁是一个亏损企业，因此前者不愿被后者兼并。但是迫于压力，还是在2008年11月签订协议，山钢在新公司中占股67%，日钢占股33%。这项兼并协议由于山钢拿不出那么多资金来收购日钢而不了了之，但是，一个亏损的国企兼并盈利的民企，仍然在全国造成了很大的影响。

2008年，全球金融危机爆发。为稳定经济增长，国家发展改革委与工业和信息化部组织协调编制《重点产业调整和振兴规划工作方案》，并先后发布了钢铁、汽车、船舶、石化、纺织、轻工、有色金属、装备制造、电子信息以及物流业十个行业的振兴规划。政府实行"扩需求、保增长"的方针，实施4万亿元投资，2009年新增的近10万亿元贷款，以及补贴、税收优惠等大部分都给了国有企业，主要是中央管理的国有企业。

国有企业依托占有公共资源和行政垄断地位获取了巨额利润，而这些利润又不需要向国家这个大股东分红，而是留在这些国有企业，由它们自行支配。资金雄厚的国有企业，除了在能源、原材料、交通、通信、金融等行业建立了强大的垄断优势外，还大举进入原来认为国有企业不应广泛涉足的领域，例如房地产行业。2010年，123家中央企业中，除16家以房地产为主业的以外，有78家也建立了自己的房地产子公司共227家。它们往往不惜以"天价"拍得一些城市的"地王"，使业界为之哗然。为此，国有资产管理委员会在2010年3月下令它们限期退出。[①]不过，《人民日报》的子报《国际

---

① 《每日经济新闻》，2010年4月9日。

金融报》报道，直到 2012 年末，遵令退出的不到 1/4，甚至有一些企业不但没有退出，还利用中央企业的融资优势，逆势扩张拿地。[①]

这一时期，"国进民退"的另一个原因是对国有企业考核机制的激励扭曲。国资委建立之后，就着手建立考核制度以及薪酬与绩效挂钩的制度，对国有企业的考核分为年度考核与任期考核。年度考核的指标主要是利润总额和企业税后利润减去资本成本所计算出来的经济增加值，三年为一任期的考核，考核的基本指标是国有资本保值增值率，即考核期末的国有资本及权益同考核初期的比率，以及总资产周转率。按照"国有企业做强做优做大，不断增强国有经济活力、控制力、影响力"的要求，"大"成了考核的重点，再加上考核期较短，就造成了两个方面较大的激励扭曲。一是规模扩张。国有企业改革不到位，计划经济体制下遗留下的"软预算约束""投资饥渴"犹在，这种考核取向进一步刺激了扩张冲动。特别是 2009 年之后，又形成新一轮的以银行负债扩大投资规模的高潮，国有企业普遍加杠杆，到 2013 年，全国国有企业资产负债率又上升到 66.7%，森林工业和仓储业都超过 80%。到 2015 年，中央企业的负债率上升到 65% 以上，有 40 多家的负债率超过 70%。其中，煤炭、钢铁的负债率最高，过剩产能也最严重，有的企业负债率超过 80%。建筑业、电力、航空等行业，负债率也高达 70% 以上。

在以上因素的综合作用下，国有经济的规模迅速扩大。2002 年至 2011 年，中央企业资产总额从 7.13 万亿元增加到 28 万亿元，营业收入从 3.36 万亿元增加到 201 万亿元。2012 年国有企业增加值总

---

① 《国际金融报》，2012 年 12 月 9 日。

量约为 13.08 万亿元，占当年国内生产总值的 25.2%。其中，在制造业中，国有企业增加值达 33014 亿元，占行业增加值的 20.7%；在金融业中，国有企业增加值达 25850 亿元，占行业增加值的 90%；在采掘业中，国有企业增加值为 17259 亿元，占行业增加值的 95.8%。电力、电信、燃气、水、建筑、交通运输、仓储等也都是国有企业占比较高的行业。

各级政府以"有形的手"把资源优先配置给国有企业，增强国有经济的控制力和影响力。政府部门直接配置资源和利用行政权力设置租金，造成了土地、信贷等要素在国有企业和民营企业之间实际上的"双重价格"。清华大学的白重恩教授把这种向国有企业倾斜政策形成的经济称为"新二元经济"，[①]其不仅导致了资源配置的低效率，还导致了寻租和腐败的蔓延。

---

① 白重恩：《经济"新二元结构"催生四大反常现象》，财新网，2016年 1 月 14 日。

第9章　经济增长模式转变步履维艰

从 1953 年开始实施第一个五年计划（1953—1957）以来，由粗放经济增长带来的结构失衡和效率低下问题就一直困扰着中国的经济社会发展。改革开放以后，中国政府也曾作出了种种努力去改变这种状况，但一直没有能够取得显著的成效，直到第九个五年计划（1996—2000）提出要在实现从计划经济到市场经济的体制转变的同时，实现从粗放经济增长方式到集约经济增长方式的转变。随着 1993 年中共十四届三中全会以后经济体制改革的整体推进，转变经济增长方式的努力取得了一定的进展。然而没过多久，形势出现了逆转。

正如古语所说，"福兮祸之所伏"，20 世纪末期中国经济的高速增长和国力的迅速增强，使得人们放松了提高经济效率的努力，回到用粗放增长方式发展经济的老路。

进入 21 世纪以后，用海量投资支持 GDP 高速增长的大潮迭起，由此引起的社会经济矛盾使风险逐渐积累起来。为了克服矛盾、防止系统性风险的发生，"十一五"（2006—2010）和"十二五"（2011—2015）重新把实现经济增长方式的转型规定为规划期间经济工作的"主线"。但是由于改革推进不足，阻碍转型的体制性障碍仍然严重存在，这就使得提高经济效率、实现经济增长模式转型成为一项紧迫的任务。

9.1 苏式经济增长模式的引进

中华人民共和国的有计划经济建设，从一开始就以苏联为榜样进行。它的第一个五年计划，是在苏联专家的帮助下制定的。虽然计划对于各个部门发展的具体安排反映了中国自身的特点，但是它所规定的经济发展方针和工业化道路则是完全模仿了苏联在20世纪30年代确立的模式。回顾苏联经济增长模式，有助于理解中国经济增长模式的弊病所在。

经过在"新经济政策"的市场体制下4年的努力，苏联的工农业生产在1924年大体上恢复到了1917年革命前的水平。同年，列宁去世。这时，在俄共（布）领导层中就经济政策问题开展了一场被后世称为"工业化论战"的大论战。论战的导火线，是苏联工业化的方法和速度问题，但它的实质却是苏联应当继续执行"新经济政策"，通过市场经济制度推动俄国的发展，还是应当重新回到集中计划经济制度。在争论中，俄共（布）领导层分成三个派别，分别是以托洛茨基①为首的"左派"、以布哈林②为首的"右派"和以斯大

---

① 列夫·托洛茨基（Lev D. Trotski, 1879—1940），俄国十月革命的主要领导人之一。国内战争时期任革命军事委员会主席。作为俄共党内的"左派"，托洛茨基反对斯大林"一国建成社会主义"的理论，主张推进世界革命。1927年被开除出党。1937—1938年托洛茨基被苏联最高人民法庭三次缺席判处死刑。1940年被苏联派出的杀手暗杀。

② 尼古拉·布哈林（Nikolai I. Bukharin, 1888—1938），列宁逝世后苏联共产党的主要领导人之一。他的《过渡时期经济学》（1920）、《共产主义ABC》（与普列奥布拉任斯基合著，1921）等著作曾对中国共产党的老一代革命家有重要影响。在20世纪20年代末期苏共党内大辩论中，他是维护"新经济政策"的"右派"首领。（转下页）

林为首的"中派"。

"左派"主张结束"新经济政策",并凭借国家的强制力量从农民取得高额积累,以便保证工业的高速发展。正如当时争论的参与者之一费尔德曼所说:"无产阶级成了生产的主体,可以在生产资料生产和消费资料生产之间任意分配自己的力量。"这样,就能够通过提高生产资料生产部门的比重,以极高的速度实现工业化。[①]"右派"主张在新经济政策体制下保持工农业的平衡发展。布哈林说:"农民的实际需求越大,我们的工业就会发展得越快。随着农民经济积累速度的加快,我们工业的积累速度也会更快。"为了与农民结成联盟,就必须继续实行"新经济政策"和保留市场制度。

斯大林在党内斗争中先后击败了"左派"和"右派"。清洗了"迷信市场自发力量"的布哈林等"右倾机会主义者"之后,他采取了较托洛茨基"左派"更为激进的方针,在1929年掀起了强制集体化运动,在国家大公司体制的基础上推行他的优先发展重工业的工业化路线。

本来,靠均衡发展来保持经济的稳定增长和巩固与农民的联盟,还是优先发展重工业来增强国防力量,都是苏联在当时情况下需要慎重评比选择的可选方案。但是斯大林为了在政治上压倒党内争论

（接上页）1938年被作为"间谍和破坏分子"处决。1988年,苏联最高法院为布哈林和相关人员平反和恢复名誉。

① 格里高利·费尔德曼（Grigorii A. Feldman, 1884—1958）,1923—1931年在苏联国家计划委员会工作。他关于国民收入增长的报告成为苏联第一个五年计划（1928—1932）的理论基础。参见章良猷:《苏联六十年来社会主义政治经济学若干问题的争论》,《经济研究》编辑部编:《中国社会主义经济理论问题争鸣（1949—1985）》下册,北京:中国财政经济出版社,1985年,第597—599页。

对手，把这种经济发展方式的选择提升到两个阶级、两条路线之争的政治高度，说只有优先发展重工业的发展方式，才是区别于"资本主义工业化路线"的"社会主义工业化路线"，否则就是"右倾机会主义路线"。他断言："不是发展任何一种工业都是工业化。工业化的中心，工业化的基础，就是发展重工业（燃料、金属等）。"[1] "苏维埃的国家工业化方法，与资本主义的工业化方法根本不同。在资本主义国家，工业化通常都是从轻工业开始。……共产党当然不能走这条道路。……因此我国共产党也就拒绝了'通常的'工业化道路，而从发展重工业开始来实行工业化"。[2] "高速度发展整个工业特别是发展生产资料的生产，是国家工业化的主要基础和关键，是在社会主义发展的基础上改造我国整个国民经济的基础和关键"。"高速度发展工业是什么意思呢？这就是说，尽量增加工业的基本建设投资。"[3]

在斯大林"社会主义工业化路线"的指引下，苏联从第一个五年计划（1928—1932）开始就以巨额投资去发展以军事工业为核心的重工业，强制集体化和让农民为工业化缴纳"贡款"严重损害了农业，而满足人民消费需要的轻工业和商业被置于从属地位。虽然重工业的发展对于赢得战争胜利起了一定的作用，但是轻工业发展缓慢、农业衰退和农民大规模非正常死亡使苏联人民付出

① 斯大林（1926）：《关于苏联经济状况和党的政策》，《斯大林选集》上卷，北京：人民出版社，1979年，第462页。
② 斯大林（1946）：《在莫斯科市斯大林选区选举前的选民大会上的演说》，《斯大林选集》下卷，北京：人民出版社，1979年，第496页。
③ 斯大林（1929）：《论国家工业化和联共（布）党内的右倾》，《斯大林选集》下卷，北京：人民出版社，1979年，第17页。

了沉重代价。①

在斯大林最后的著作《苏联社会主义经济问题》中，还把"社会主义工业化路线"的两个要点，即"在扩大再生产下生产资料的增长占优先地位"和"积累（即投资）是扩大再生产（即增长）的唯一源泉"提升为"马克思主义再生产理论的基本原理"和具有客观必然性的"经济规律"。

实际上，主要靠投资拉动经济增长，只是在第一次产业革命发生后一个时期的阶段性现象，而不是各历史阶段的通例。

萨缪尔森（Paul A. Samuelson）、库兹涅茨（Simon Kuznets）和波特（Michael E. Porter）等经济学家把先行工业化国家的经济发展历程划分为以下几个阶段：（1）主要依靠自然资源如土地的开发实现增长的"起飞前"阶段；（2）用机器代替人工的"早期经济增长"阶段；（3）主要依靠技术进步和效率提高驱动的"现代经济增长"阶段；（4）用信息通信技术（ICT）改造整个国民经济的信息时代。②

在 18 世纪后期，由第一次产业革命开启的早期经济增长阶段，这些国家的经济增长主要靠用机器代替手工劳动。为此，就要大量生产机器、工作母机以及煤、钢等重工业产品。重工业属于资本密集型产业，因此，这个时期的经济增长自然只能主要靠投资驱动。这种经济增长模式的确推动了西欧国家 19 世纪的高速增长。先行工业化国家早期增长模式的理论概括，是英国经济学家哈罗德（Roy F. Harrod）和波兰裔美国经济学家多马（Evsey D. Domar）分别于 1939

---

① 参见左凤荣、沈志华：《俄国现代化的曲折历程》，北京：社会科学文献出版社，2009 年，第 55—105 页。

② 本书作者根据相关论述综合整理。参见吴敬琏（2006）：《中国增长模式抉择》，北京：中信出版社，2017 年，第 19—46 页。

年和 1946 年提出的哈罗德—多马增长模型：

$$g = i / v$$

其中，g 代表增长率，i 代表投资率，v 代表资本—产出比率。哈罗德—多马模型的基本假设是资本—产出比率长期保持不变。在这样的条件下，一个国家产出总量的大小就取决于资本存量的多少，因此，产出总量增长速度也就取决于投资率的增长速度。斯大林所谓投资是增长的唯一源泉的"马克思主义再生产理论的基本原理"，其实与马克思主义无关，而只是哈罗德—多马增长模型另一种方式的表述而已。

与斯大林的论断相反，马克思正是从对于这种增长模式的分析中，得出了采取这种增长模式的资本主义即将灭亡的结论。

马克思在《资本论》中是这样论证的："资本积累的历史趋势"，是投资率的不断提高和消费率的不断降低。而这种马克思称为"资本有机构成不断提高"的历史趋势，必然导致生产过剩的经济危机、无产阶级贫困化和阶级斗争尖锐化。这些矛盾的激化，使得"资本主义私有制的丧钟就要敲响了。剥夺者就要被剥夺了"。[1]

马克思关于资本主义即将灭亡的论断没有为后来的历史所证实，原因并不在于他的理论论证存在瑕疵，而是因为在 19 世纪后期开始的第二次产业革命发生后，以科学为基础的技术得以广泛运用，发达国家进入了现代经济增长的新时期。在这个新时期中，经济增长主要不是靠资本数量的增长即投资驱动，而是靠技术进步和效率提高驱动。进入 20 世纪以后，发展得最快的并不是工业，更不是重工

---

① 马克思（1867）：《资本论》第一卷，北京：人民出版社，1975 年，第 688 页。

业，而是服务业和往往隐含在工业中的研发、设计等生产性服务。与此同时，体现先进生产力的中等收入阶层（白领工人）的兴起，使西方国家的社会结构向"橄榄型"的方向发展，也使 19 世纪与 20 世纪之交一度变得十分尖锐的社会矛盾得到一定程度的缓解。

先行工业化国家经济增长模式的革命性转变，也在经济学理论上得到了反映。首先，诺贝尔奖获得者索洛（Robert M. Solow）1956 年和 1957 年发表的两篇经典论文对哈罗德—多马模型提出了质疑[①]。他指出，如果单纯依靠增加资本投入实现增长，在其他因素不变的情况下，必然引起投资收益的递减和增量资本产出率（incremental capital/output ratio, ICOR）的提高。这就是说，为保持一定的增长率，投资率必须不断提高。然而这是任何国家都做不到的。事实上，20 世纪初期以来，西方国家的投资率并没有提高，长期的增长率也没有降低。为什么会发生这种情况？索洛的解释是，支持经济增长的，除资本、劳动力等资源投入外，更重要的是"技术进步"即效率提高。索洛对 20 世纪上半期美国经济发展数据的分析完全证实了这一理论。1909—1949 年，美国人均收入增长的 7/8 要归因于技术进步，只有 1/8 归因于投资。

根据索洛的这一分析，生产函数（产出总量与各种驱动因素之间的关系）就应当写作：

$$Y = A \cdot K^a \cdot L^{1-a}$$

---

① R.M. Solow (1956). A Contribution to the Theory of Economic Growth （《关于经济增长理论的文稿》）. *Quarterly Journal of Economics*, 70 (Feb), 65—94. R. M Solow (1957). Technical Change and Aggregate Production Function （《技术变化和总生产函数》）. *The Review of Economics and Statistics,* 39(Aug.), 312—320.

其中，Y代表产出总量，K代表资本总量，L代表劳动力投入。A则是K和L贡献之外的余值，它被称为"索洛余值"，也就是以全要素生产率（TFP）度量的"技术进步"贡献。[1]

斯大林优先发展重工业的"社会主义工业化路线"，不过是西方国家早期增长模式在苏联条件下的复制。

尽管苏联的发展模式和工业化道路无论在理论上还是实践中都存在严重的缺陷，但在斯大林和苏联的影响下，后起的社会主义国家，都把苏联模式奉为圭臬，在自己的经济建设过程中采取了以投资驱动和优先发展重工业为基本特征的粗放型经济增长模式。

中国自然也不例外。正如时任国务院副总理兼国家计划委员会主任的李富春在向全国人民代表大会做第一个五年计划报告时所说："我国要实现的国家工业化，是社会主义的工业化，是以苏联为榜样并在苏联和各人民民主国家直接帮助下的工业化，而不是资本主义的工业化。"他接着就强调指出："社会主义工业化的中心环节，则是优先发展重工业，只有建立起强大的重工业，即建立起现代化的钢铁工业、机器制造工业、电力工业、燃料工业、有色金属工业、基本化学工业等，我们才可能制造现代化的各种工业设备……才能够显著地提高生产技术，提高劳动生产率，能够不断地增加农业和消费品工业的生产，保证人民的生活水平的不断提高。由此可见，优先发展重工业的政策，是使国家富强和人民幸福的唯一正确的政策，实行这个政策，将为我国建立起社会主义的强大的物质基础。"[2]

---

[1] 关于索洛的增长理论，可以参看威廉·伊斯特利（2002）：《经济增长的迷雾：经济学家的发展政策为何失败》，姜世明译，北京：中信出版社，2016年，第25—64、135—159页。

[2] 李富春（1955）：《关于发展国民经济的第一个五年计划（转下页）

毛泽东亲自主持写作的纲领性文件《关于党在过渡时期总路线的学习和宣传提纲》，直接引用斯大林的话来论证优先发展重工业路线的正确性和中国执行这一路线的必要性。文件写道："斯大林说：'不是说随便怎样发展工业都是工业化。工业化的中心、它的基础，就是发展重工业（燃料、冶金等等），归根到底，就是发展生产资料的生产，发展本国的机器制造业。'（《论苏联经济状况和党的政策》）只有建立了重工业，才能使全部工业、运输业以及农业获得为发展和改造所必需的装备。因为我国过去重工业的基础极为薄弱，经济上不能独立，国防不能巩固，帝国主义国家都来欺侮我们，这种痛苦我们中国人民已经受够了……所有这一切都说明国家社会主义工业化的中心必须是发展重工业。资本主义国家从发展轻工业开始，一般是花了五十年到一百年的时间才能实现工业化，而苏联采用了社会主义工业化的方针，从重工业建设开始，在十多年中（从 1921 开始到 1932 年第一个五年计划完成）就实现了国家的工业化。苏联过去所走的道路正是我们今天要学习的榜样。"[1]

（接上页）的报告——在 1955 年 7 月 5 日至 6 日的第一届全国人民代表大会第二次会议上》，《中华人民共和国第一届全国人民代表大会第二次会议文件》，北京：人民出版社，1955 年，第 160—161 页。

[1]　中共中央宣传部（1953）：《为动员一切力量把我国建设成为一个伟大的社会主义国家而斗争——关于党在过渡时期总路线的学习和宣传提纲》，《社会主义教育课程的阅读文件汇编》第 1 编，北京：人民出版社，1957 年，第 341—344 页。斯大林认为，工业总产值占工农业总产值的比重达到 70% 以上就意味着实现了工业化。他在 1933 年所作的《第一个五年计划的总结》中认为，苏联的第一个五年计划（1928—1932）四年完成，已经使苏联"由农业国变成了工业国，因为工业产值的比重和农业产值的比重相比，已经由五年计划初（1928 年）的 48% 提高到五年计划第四年度（1932 年）的 70%"。《斯大林全集》第 13 卷，北京：人民出版社，1956 年，第 164 页。

在 1953 年提出过渡时期总路线和开始第一个五年计划的时候，中共中央和毛泽东曾经设想用三个五年计划或者更长一点时间完成社会主义改造和国家工业化，"把中国建成为一个伟大的社会主义国家"。20 世纪 50 年代上半期经济发展取得的巨大成功，使毛泽东认为过渡的过程可以大大加快。

1955 年夏季，毛泽东决定从批判农业领导部门的"右倾保守思想"开始，加快进行对农业、手工业和资本主义工商业的社会主义改造。《人民日报》1956 年元旦社论传达了中共中央根据毛泽东指示对经济工作提出的新要求，这就是"多快好省地办一切事业，提早完成和超额完成'一五'计划，提早完成社会主义工业化"。[①]

在这样的政治氛围下，经济建设上的"跃进"空气就迅速形成。计划指标定得过高，基本建设投资规模过大，造成了财政紧张，钢材、水泥、木材等严重不足；生产建设片面追求数量，忽视质量，忽视安全；在农业中，合作社的规模过大，对社员的干涉过多，农民负担过重。所有这些，都引起了干部和群众的不满。

面对着这种严峻的经济形势，周恩来、陈云等领导人提出了"既反保守，又反冒进"的口号。

与此同时，毛泽东也在 1956 年 4 月的《论十大关系》讲话中提出了"在优先发展重工业的条件下，发展工业和农业同时并举，发展重工业和发展轻工业同时并举"的方针。他认为，"重工业是我国建设的重点。必须优先发展生产资料的生产，这是已经定了的。但是决不可因此忽视生活资料尤其是粮食的生产"；"我们现在的问题，

---

① 《人民日报》社论：《为全面提早完成和超额完成五年计划而奋斗》，1956 年 1 月 1 日。

就是还要适当地调整重工业和农业、轻工业的投资比例，更多地发展农业、轻工业。这样，重工业是不是不为主了？它还是为主，还是投资的重点。但是，农业、轻工业投资的比例要加重一点"。

毛泽东一方面认识到需要适当调整重工业、轻工业和农业之间的比例关系，另一方面又对周恩来、陈云等领导人提出的"既反保守，又反冒进"的口号进行了严厉的政治批判。[①] 1958 年毛泽东在发动"大跃进"运动时，提出了"以钢为纲"的方针，要求集中人力、物力、财力发展以钢铁工业为代表的重工业，认为只要"钢铁元帅升帐"，就能带来"一马当先，万马奔腾"的局面。1956 年在"反冒进"的气氛下，曾经长期担任财政部部长的薄一波曾在中共第八次全国代表大会上提出控制国家预算规模和控制积累（投资）规模的经验法则。他说，根据前几年的实践经验，在以后若干年内，中国国民收入中积累部分的比重，以不低于 20% 或者略高一点为宜，这"既可以保证我国的工业特别是重工业的迅速发展，又可以保证人民消费水平的逐步提高，使我国人民的生活一年比一年过得更好些"。[②] 可是"大跃进"一来，这些比例关系完全被打破，进而将畸形的经济结构推到了极端。20 世纪 50—60 年代，低收入国家平均投资率为 20%—30%，而 1958—1960 年，中国的平均投资率高达 39.1%，而且投资主要投向了重工业。

这场企图以海量投资带动经济超高速增长的"大跃进"运动，

① 参见史唯：《冒进·反冒进·反反冒进》,《党的文献》，1990 年第 2 期。

② 薄一波（1956）：《正确处理积累和消费的比例关系——在中共第八次全国代表大会上的发言》,《薄一波文选（1937—1992）》，北京：人民出版社，1992 年，第 255 页。

使中国经济状况极度恶化，造成了巨大的财富乃至生命损失。然而，即使造成了这样大的灾祸，传统的工业化战略却始终没有得到纠正。1964 年，毛泽东提出"备战、备荒、为人民"的方针，主张农工轻重次序要"倒过来""违反一下"，"吃穿用不要降低现在水平，每年略有增加就好"，要集中人力物力财力大搞以"备战"为目标的重工业，特别是军事工业建设。[①]

这种集中力量发展重工业的做法，成为从第一个五年计划到 1976 年"文化大革命"结束后的几十年里中国经济发展的基本特征（参见表 9.1）。

表 9.1　中国基本建设投资的分配（1953—1980）

	1953—1957	1958—1962	1963—1965	1966—1970	1971—1975	1976—1980
农业	7.1%	11.3%	17.7%	10.7%	9.8%	10.5%
工业	42.5%	60.4%	49.8%	55.5%	55.4%	52.6%
其中：重工业	36.1%	54.0%	45.9%	51.1%	49.6%	45.9%
地质勘探	2.4%	1.2%	0.4%	0.5%	0.7%	1.3%
建筑业	3.7%	1.3%	2.1%	1.8%	1.6%	1.8%
交通、邮电、电信	15.3%	13.5%	12.7%	15.4%	18.0%	12.9%
商业	3.6%	2.0%	2.5%	2.1%	2.9%	3.7%
科学、教育、卫生	7.6%	3.8%	5.7%	2.8%	3.1%	5.4%
城市公用事业	2.5%	2.3%	2.9%	1.8%	1.9%	4.1%
其他	15.3%	4.2%	6.2%	9.4%	6.6%	7.7%

数据来源：丸山伸郎（1988）：《中国工业化与产业技术进步》，高志前、梁策、王志清译，北京：中国人民大学出版社，1992 年，第 59 页，表 2-7。

---

① 参见中共中央文献研究室编：《毛泽东年谱（1949—1976）》（第五卷），北京：中央文献出版社，2013 年，第 500—501 页。

9.2 从经济结构调整到增长模式转型

在经历了十年动乱之后，决策层普遍有一种要把被"文化大革命"动乱耽误的时间抢回来的急切心情，而问题的根源在于体制性弊病则被广泛忽视了。[①] 当时中国经济得到较快的恢复。这种恢复性增长使许多领导人以为，在消除了"四人帮"干扰的条件下，组织"新跃进"的时机已经到来。

1978 年 2 月，全国人民代表大会通过的《1976 年到 1985 年发展国民经济十年规划纲要》要求，在 1978—1985 年新建和续建 120 个大型项目，在全国形成 14 个大型重工业基地，全国基本建设投资相当于过去 28 年的总和。为了实现新的跃进，1978 年 7—9 月举行的国务院务虚会强调要大量引进国外先进技术设备。在那以后的几个月中，同国外签约引进耗资 160 亿元的 9 套大型化工项目，以及宝山钢铁厂、100 套综合采煤设备等 22 个耗资 600 亿元的项目。如此巨大的投资规模，这样多的大型项目同时进入建设高峰，对于国民经济形成了很大的冲击。经过"文化大革命"的十年动乱，中国经济已是"重病之躯"，加上新的"折腾"，就出现了新一轮的经济波动。

当时，也有不少头脑冷静的政府官员和经济学家对"洋跃进"的做法有所保留，主张要先进行调整再稳步地发展。例如，陈云在 1978 年 12 月 10 日的中共中央工作会议的东北组小组会上提出引进

---

① 长期参与中央政府经济领导工作、时任国家经委副主任的袁宝华回忆说："当时华国锋同志总有个想法，就是把'文革'耽误的时间抢回来。"《"文革"结束后国民经济的恢复工作——访袁宝华同志》，《百年潮》，2002 年第 7 期。

项目要循序渐进，不要一拥而上。生产和基本建设都不能有材料缺口，这样实际上挤了农业、轻工业和城市建设。[1] 1979年3月，他又和时任国务院副总理的李先念联名致信中共中央，提出"前进的步子要稳，不要折腾"；"现在国民经济没有综合平衡，比例失调的情况严重"；"要有两三年的调整时期"。[2] 在陈云等人的推动下，中共中央和国务院在1979年4月作出了用三年时间进行国民经济"调整、改革、整顿、提高"的部署，要求压缩工业投资规模，提高农业和轻工业的比重。但是，由于苏式增长模式在经济工作领导干部中保持着深刻的影响，调整方针执行得很不得力。因此，当时任国家计委经济研究所顾问的老一代经济工作领导人薛暮桥在若干内部讲话中批评国民经济的调整工作进展缓慢。国家计委领导决定对他的"泼冷水"言论进行批判。[3]

鉴于国民经济已陷入财政赤字增加、通货膨胀压力加大的困境，1980年3月中共中央政治局常委会决定建立由赵紫阳总理任组长的中央财经领导小组，任命姚依林为国家计划委员会主任，调整经济工作的方针。在接着召开的"国务院长期计划座谈会"上，陈云、邓小平等领导人发表了一系列与高投资、高增长方针完全不同的意见，其中包括：（1）将积累率降到25%左右，基本建设投资总额两三年内控制在500亿元左右，同时相应提高消费的比重；（2）放慢经济增长速度，工业生产年增长率放慢到7%—8%，甚至5%—6%；

①　陈云（1978）：《关于当前经济问题的五点意见》，《陈云文选》第三卷，北京：人民出版社，1995年，第237页。
②　陈云、李先念（1979）：《关于财经工作给中央的信》，《陈云文选》第三卷，北京：人民出版社，1995年，第248页。
③　薛暮桥（1996）：《薛暮桥回忆录》，天津：天津人民出版社，2006年，第262—267页。

（3）调整经济结构使农业、轻工业发展得更快；（4）在城乡所有制问题上，要搞得更松动一些；（5）各项工作都要进行效果的比较；（6）要在很大程度上利用对外贸易，促进国内经济的发展；等等。[①]这里就蕴含着改变早已习以为常的粗放增长方式的重要内容。也正因为如此，又经过了一年多的讨论，在1980年12月的中央工作会议上，才正式把"进一步调整国民经济"确定为经济工作的总方针。

经过1979年和1981年的两次调整，经济结构有了一定程度的改善，经济效率有了一定程度的提高。以往受到破坏的农业有所发展，发展滞后的轻工业也有所加强。这样，农民极度贫困的问题有了缓解；农产品和消费类工业品开始扭转长期存在的供应短缺状态。以消费性服务为主的服务行业如商业、餐饮、旅馆业等增长较快，以生产性服务为主的行业如外贸、运输、金融业等也开始有所增长。

1980—1981年，中国政府和所属研究机构对造成经济困境的原因和救治的方法进行了全面研究，形成了后来被称为《经济建设十大方针》的系统思路。这套思路于1981年12月得到第五届全国人民代表大会第四次全体会议的批准，正式成为中国政府的施政方针。[②]

《经济建设十大方针》提出，为了求得中国经济的健康发展，"不仅要通过国民经济的调整，迅速达到经济全局的稳定"，还要"切实

[①] 中国经济体制改革研究会编写组：《中国开放改革大事记（1978—2008）》，北京：中国财政经济出版社，2008年，第33页。

[②] 以下均参见赵紫阳：《当前的经济形势和今后经济建设的方针（1981年11月30日和12月1日在第五届全国人民代表大会第四次会议上的政府工作报告）》，北京：人民出版社，1981年。

改变长期以来在'左'的思想指导下的一套老的做法，真正从我国实际情况出发，走出一条速度比较实在、经济效益比较好、人民可以得到更多实惠的新路子"。

《经济建设十大方针》进一步指出，这条新路子的"核心问题"，在于"千方百计提高生产、建设、流通等各个领域的经济效益"；而"我国整个国民经济中的产业结构、产品结构、技术结构、企业结构、组织结构、工业布局和经济布局都不很合理"和"经济管理体制也存在着许多弊病"，则"是提高经济效益的最大障碍"。

《经济建设十大方针》指出，围绕着改善经济结构和提高经济效益，必须贯彻执行下列十项方针：（1）依靠政策和科学，加快农业的发展；（2）把消费品工业的发展放到重要地位。进一步调整重工业的服务方向；（3）提高能源的利用效率，加强能源工业和交通运输业的建设；（4）有重点有步骤地进行技术改造，充分发挥现有企业的作用；（5）分批进行企业的全面整顿和必要改组；（6）讲究生财、聚财、用财之道，增加和节省建设资金；（7）坚持对外开放政策，增强自力更生的能力；（8）积极稳妥地改革经济体制，充分有效地调动各方面的积极性；（9）提高全体劳动者的科学文化水平，大力组织科研攻关；（10）从一切为人民的思想出发，统筹安排生产建设和人民生活。

《经济建设十大方针》的确立，意味着中国希望从苏联式发展模式的影响下解放出来，寻找一条经济发展的新路。

不过，"十大方针"的主要内容只是对过去的政策造成的结构扭曲进行补救，而没有触及产生这些后果的本源，即重速度、轻效率、依靠投资驱动的经济增长模式，对从苏联引进的工业化路线及其体制基础进行更深刻的反思。

坚信斯大林工业化路线正确性的人们很快就发动了反击。这一方面是由于斯大林的工业化路线和他所谓"马克思主义再生产理论"在中国影响深远，另一方面是由于改变工业化道路和经济增长模式会损害一些权力机构和大企业的利益。这样第二次调整国民经济开始不过一年，中共中央的机关刊物《红旗》杂志以三期篇幅连载长时期主管意识形态工作的中国社会科学院副院长邓力群的长文《马克思主义再生产的基本原理必须坚持》，搬出已被学界否定的斯大林"马克思主义再生产理论的基本原理"[①]，批评不赞成优先发展重工业和力主调整国民经济的经济学家否定了"马克思主义再生产的基本原理"，要求"纠偏"[②]。这样，在意识形态和实际利益的双重夹击下，国民经济调整尚未到位，靠投资拉动经济增长的旧有增长方式又在一定程度上复归。

由于增长方式粗放的问题并没有从根本上得到解决，1984—1985年和1992—1993年就一再出现经济过热和通货膨胀的风潮。1995年在总结1992—1993年经济过热的教训和研究制定"九五"计划（1996—2000）时，国家计划委员会向中央领导提出了需要进行经济增长方式转变的建议。

[①] 斯大林所称"马克思主义再生产理论的基本原理"之一的"积累（即投资）是扩大再生产（即增长）的唯一源泉的原理"，把增长更为重要的动力——效率提高撇在一边，因而并不成立，已经是经济学的常识。与此同时，所谓"在扩大再生产下生产资料生产的增长占优先地位的原理"，也在20世纪70—80年代的再生产问题讨论中为一些经济学家的严密论证所否定。参见贺菊煌：《关于生产资料优先增长的问题》，《经济研究》，1979年第9期；余永定：《试论生产资料优先增长问题》，《改革与战略》，1985年第4期。

[②] 邓力群：《马克思再生产理论的基本原理必须坚持》，《红旗》，1982年第5、6、7期。

实现经济增长方式从粗放增长到集约增长转变的问题，最早是苏联人在 20 世纪 60 年代后期提出的。在这以前的 1959 年，苏共领导根据苏联长期保持比西方高得多的增长率的情况，制订了用 3 个五年计划的时间赶上和超过美国的计划。可是到了 60 年代后半期，情况变得十分清楚：苏联和美国之间经济活动总量的差距的确有所缩小，但是苏联的增长率正在降低，如果这种趋势持续下去，用 3 个五年计划赶上和超过美国的计划就可能落空。更加严重的是，苏联和美国之间技术水平和生活水平的差距不但没有缩小，还有所扩大。问题出在什么地方呢？苏联经济学家研究了这个问题。他们得出的结论是，主要的问题在于增长方式的区别。西方国家的经济增长主要依靠效率提高，而苏联的高速度增长却是靠大量投入维持的。他们从马克思在《资本论》第二卷中关于扩大再生产的两种形式的论述，找出"外延增长"（extensive growth，现在通常译为粗放增长）和"内涵增长"（intensive growth，现在通常译为集约增长）这两组词汇来描述这两种不同的经济增长模式①，并要求进行从粗放增长到集约增长的经济增长方式转型。

从现代经济学的生产函数看，这两种增长方式的经济学含义就可以看得十分清楚。

经济增长可以由两种不同的因素推动：一是要素投入数量的增加，二是要素使用效率，即全要素生产率（TFP）的提高。苏联、东欧经济学家把按照前一种方法实现的增长叫作"粗放增长"，就是指

---

① 马克思那一段论述的原文是：在规模扩大的再生产中，"如果生产场所扩大了，就是在外延上扩大；如果生产效率提高了，就是在内涵上扩大"。见马克思（1867）：《资本论》第二卷，北京：人民出版社，1992 年，第 192 页。

由投入增加驱动的增长；把按照后一种方法实现的增长叫作"集约增长"，则是指由全要素生产率提高驱动的增长。[①]

在制定"九五"计划（1996—2000）的研究中，中国汲取了苏联未能克服体制障碍因而无法实现经济增长方式转变的教训，认识到只有在实现体制变革的基础上才有可能实现经济增长方式的转变。因此，《中共中央关于制定第九个五年计划和2010年远景目标的建议》提出了"实现两个根本性转变"，即"经济体制从传统的计划经济体制向社会主义市场经济体制的转变"和"经济增长方式从粗放型向集约型转变"的要求。

1996年第八届全国人民代表大会通过的《国民经济和社会发展"九五"计划和2010年远景目标纲要》把"实现两个根本性转变"规定为"九五"计划（1996—2000）期间经济工作的主线。

"九五"期间，正好是按照1993年11月中共十四届三中全会制定的《关于建立社会主义市场经济体制若干问题的决定》推进整体改革的时期。在改革的推动下，经济增长方式转变取得了进展。因此，中国在"九五"期间才能在亚洲金融危机的冲击下，仍取得了GDP年平均增长8.3%的好成绩。

[①] 对于粗放和集约这两种经济增长方式，科尔奈做了如下解释：增长，一种是生产要素投入带来的效果，例如资本存量和劳动总量增多导致的产量增长；另一种是资本和劳动等生产要素使用效率提高导致的产量增长。在苏东国家，前者被称为外延增长，后者被称为内涵增长（参见科尔奈：《社会主义体制——共产主义政治经济学》，张安译，北京：中央编译出版社，2007年，第171—178页）。在中国报刊上，有人把增长方式的转变说成是从投资驱动的增长转变为消费驱动的增长。这显然是一种误读。

9.3 "十五"期间粗放增长方式的回潮

"九五"计划得到了较好的执行，但是，经济发展取得的成功也有它的负面效应，就是"好了伤疤忘了痛"，"十五"计划（2001—2005）期间出现了粗放增长方式的回潮。

首先，"十五"计划不再像"九五"计划那样把实现经济增长方式的转变作为经济工作的主线，而是提出"把结构调整作为主线"。[①]

需要注意的是，"经济结构"是一个十分宽泛的概念，一切资源的误配置都可以说是"结构问题"。症结在于，被扭曲了的经济结构由谁来调整、用什么方法调整和向什么方向调整。结构调整，意味着经济资源的再配置。在现代经济中，资源配置和再配置不外有两种基本方式：一种是以市场作为资源的基础性的配置者，对通过市场竞争形成并能够灵活地反映各种资源的相对稀缺程度的价格体系进行配置和再配置；另一种是由政府充当资源的基本配置者，通过它的行政指令和金融、财政、价格等间接调控手段来进行配置和再配置。在前一种情况下，稀缺资源在自由交换中流向可以获得更高效率的地方；而在后一种情况下，资源配置则反映官员的意志和要求。当行政官员的想法出现了偏差（事实上人的想法不可能不出现这样或那样的偏差），其结果就不免使经济结构恶化。

在中国，当人们讲到"调整结构"的时候，它的隐含主语通常就是政府。而由于政府不可能预见到什么是最优的经济结构，由政

---

① 《中华人民共和国经济和社会发展第十个五年计划纲要》，2001年3月15日第九届全国人民代表大会第四次会议批准。这份五年计划只在第二篇第四章"加快工业改组改造"一节中提了一句"加快工业增长方式转变"，就再没有出现转变经济增长方式的字眼。

府按照自己的设想、通过选择性产业政策实现的结构调整非但不能达成改善经济结构和提高资源配置效率的目标，相反还会导致负面的结果。"文化大革命"后期以来，越来越多的有识之士认识到，经济结构之所以出现严重的扭曲，最根本的原因就是政府和长官的意志在资源配置中起了过大的作用。因此，中国必须进行市场化改革，产业政策也应当实现由选择性产业政策向功能性产业政策的转化。[①]主流思想的这种转变，导致了1992年的中共十四大要求使市场在资源配置中起"基础性作用"和1995年制定的"九五"计划要求实现经济体制和经济增长方式的"两个根本转变"。

21世纪初，在中国市场化改革远未完成、各级政府还保留着很大的资源配置权力的条件下，出现了一些新的情况，使各级政府对经济活动的干预大大加强，也使经济增长方式转型的进程发生逆转。

发生逆转的一个重要契机，是政府主导的城市化的加速。

在改革开放以前，中国城市化的速度十分缓慢。直到1978年，中国的城市化率（城市居民占总人口的比率）只有17.92%。改革开放以后城市化有所加速，但和相同经济水平的国家相比较，仍然是比较慢的。据国家统计局的报告，1978年到1996年的18年中，城市化率仅仅平均年增0.74个百分点。世纪之交，城市化开始加速。1997年以后，城市化率年均增速上升到1.5个百分点左右。21世纪初期也一直维持这样的速度。

[①] 参见刘鹤（1995）：《走向大国开放经济条件下我国产业政策的依据和特点》，见刘鹤：《结构转换研究》，北京：中国财政经济出版社，2002年，第182—192页；吴敬琏（2017）：《产业政策面临的问题：不是存废，而是转型》，《中国经济50人论坛丛书·中国经济新时代：构建现代化经济体系》，北京：中信出版社，2018年，第349—370页。

在中国的体制条件下，快速城市化所需要的海量投资，主要是靠所谓"土地财政"获得的。中国现行的土地产权制度使各级政府通过从农村集体征购土地掌握了巨额的资源。这是因为，按照中国现行法律，农村土地属于集体所有，城市土地属于国家所有。[①] 政府可以按照农业产值低价从农村集体征用土地，而批租土地却是按照城市用地计价，由此形成了超过 10 万亿元的土地差价。[②] 再加上可以用土地向银行抵押贷款[③]，各级政府可以用来营造自己的政绩的资源，简直可以说是不计其数。

通过"城市化"营造政绩的活动主要采取了两种形式，一是营造"形象工程"的"造城运动"；二是营造"政绩工程"的"重化工业化运动"。

城市化的要义在于人口的城市化。通过人口在城市的聚集和互动，产生在新理念、新技术、新制度的创造上的规模经济。[④] 土地城

① 20 世纪 50 年代的"农业合作化"使原来属于农民的土地转归集体所有。1982 年《中华人民共和国宪法》第十条规定："城市的土地属于国家所有。农村和城市郊区的土地，除由法律规定属于国家所有的以外，属于集体所有；宅基地和自留地、自留山，也属于集体所有。国家为了公共利益需要，可以依照法律规定对土地实行征用。任何组织或者个人不得侵占、买卖、出租或者以其他形式非法转让土地。"
② 根据国土资源部《中国国土资源公报》的记载，2003—2012 年各级政府共获得国有土地出让金 14.49 万亿元。转引自路乾：《"土地财政"是中国伟大的制度创新吗？》，《财新网》，2017 年 10 月 9 日。
③ 21 世纪初，随着土地开发成本上升，土地抵押贷款成为各级政府利用土地筹资的流行方式。2007 年土地抵押贷款超过 1 万亿元。2015 年该项贷款金额达到 11.33 万亿元。参见刘守英：《土地依赖性发展模式的形成与困境》，爱思想网站，2017 年 1 月 24 日。
④ 吴敬琏（2013）：《全面深化改革与新型城镇化》，《直面大转型时代》，北京：生活·读书·新知三联书店，2014 年，第 140—148 页。

市化只是为人的聚集提供物质基础。但在中国近年来各级政府主导的城市化过程中，土地城市化却成了问题的核心，许多地方掀起了"造大城""造新城"的热潮。据国土资源部 2004 年报告，在 2000 年前后的几年里各级政府建立各级开发区 6866 个，占用土地 3.86 万平方千米（57.9 万亩）。[①] 巨型楼堂馆所、巨型广场、大面积的开发区遍地开花，只盖一层厂房、动辄占地上千亩的"花园工厂"随处可见。土地城市化的速度大大地超过了人口城市化的速度。1990—2011 年，中国包括非常住户籍人口在内的城市人口增加 2.29 倍，而城市建成区面积却扩大了 3.39 倍。[②] 建起了许多"空城""鬼城"，投资和土地资源的浪费十分惊人。城市居民的人均占地面积和工商业万元产值耗用的土地面积都超过发达国家许多倍。还远没有实现城市化，许多地方已经闹起了土地荒。[③]

由于片面追求规模而忽视专业化，城市化的创造效应受到了抑制。与此同时，造城运动不但导致了投资和土地资源的极大浪费，还使建成的城市运营效率降低，交通拥堵、环境恶化、生活质量降低和生活费用提高等负面效应凸显。

这里显现出由政府主导的城市化所导致的失衡。从源头看，城市或者由"城"（都邑），即政治中心发展而来，或者由"市"（市场）即商品集散地发展而来。在近代，多数国家的城市化过程是由市场主导的，而中国的城市化过程则是由政府主导的。在市场主导的城

---

① 国土资源部：《2003 年我国耕地净减近四千万亩》，《国土资源》，2004 年第 3 期，第 47 页。

② 参见《人口城镇化滞后于土地城镇化》，《中国经济周刊》，2013 年12 月 31 日。

③ 吴敬琏（2012）：《我国城市化面临的效率问题和政策选择》，《吴敬琏文集》（中），北京：中央编译出版社，2013 年，第 864 页。

市化过程中，城市的发展会自发地在城市化的正面效应和负面效应之间取得平衡。例如，像汽车制造业这样的制造业企业在 20 世纪初期刚刚发展起来的时候，往往需要设立在底特律这样的大型城市中才能得到足够多的技工和其他方面支持。但是到了 20 世纪中期，汽车制造业已经成为一般的常规技术，继续待在大城市中，由于生活费用和工资成本过高，就变得不合算了。于是发生了制造业工厂迁出大城市、分散到中小城市的潮流。而在政府主导的城市化过程中，由于规模越大的城市化拥有越高的行政级别，行政级别越高的政府拥有越大的支配资源的权力，于是就形成了各级政府都尽力动员和投入资源扩大本市规模的单方向运动。

支持造城运动的，是所谓的"土地财政"。政府付出很低的征购费用取得土地所有权，然后通过招标、拍卖、挂牌等出让程序将土地转为城市建设用地，并收取高额土地出让金，从中获得高额收益。土地收益成为各级地方政府财政收入的主要来源，激励了各地方政府争相"圈地扩张"，并以土地出让金和土地抵押贷款支持大规模的造城运动。由于地方政府可支配收入的高低取决于土地价款，只有通过房价的不断攀升，地方政府才能获得高额土地出让金，并偿还用于大规模城市建设的土地抵押贷款。这样就等于把各级政府财政捆绑在房价上，房价飙升会引起一般居民的不满；房价低落又会造成地方政府的财政困难。

除造城运动外，经济增长方式转型在 21 世纪初期发生逆转的另一种表现，是许多地区掀起经济"重型化"的浪潮，争相投资于资本密集型的重化工业。在理论界，一些经济学家引用德国经济学家霍夫曼（Walther G. Hoffman）1931 年提出的"霍夫曼经验定理"①，称中国进入了"重化工业化"的新阶段。与这个"新阶段"的基本特征相适应，要用大量的投资去建设资本密集型的重化工业项目，实现产业结构的"重型化"。②

由于汽车制造、石油化工等重化工业产值高、利税多，"重型化"的主张也得到许多地方党政领导的支持。于是，许多地方不顾本地是否具有发展这类工业的基本条件和比较优势，运用自己手中的资源配置权力，用经济"重型化"或"重化工业化"的办法来提高本地生产总值的增长率。于是在世纪之交很快掀起了大规模投资、"铺摊子、上项目"的热潮。如同 2005 年 2 月的一篇传媒报道所说，2000 年以来，中国的"经济增长方式已出现明显的'重型化'特征，各省市纷纷有了从轻工业向重化工业转型的愿望与趋势。甚至像经营 IT 产业最成功的深圳，以及中小企业非常发达的浙江这样的省市也准备转向重型工业发展"。③这些"愿望与趋势"在 21 世纪之初汇

---

① 霍夫曼在 1931 年的著作《工业经济的增长》中，根据工业化意味着资本深化的原理，将"工业化初期阶段"和"工业化中期阶段"的产业发展趋势简单外推到"工业化后期"，预言在这个阶段中，资本品（即马克思所说的生产资料）将优先增长。这个预言被一些经济学家引申为"工业化后期阶段是重化工业化阶段"的"霍夫曼经验定理"。但是由于在 19 世纪后期发生了以电的广泛运用为特征的第二次产业革命，在 20 世纪中期发生了以信息化为特征的第三次产业革命，发达国家的工业化过程并没有表现出这一"定理"的存在。在这个阶段增长得最快的，不是重化工业，也不是工业，而是服务业，特别是为生产者服务的"生产性服务业"。参见吴敬琏（2006）：《中国增长模式抉择》，北京：中信出版社，2017 年，第 31—33 页。

② 吴敬琏（2006）：《中国增长模式抉择》，北京：中信出版社，2017 年，第 127—128 页。

③ 王擎（2005）：《重化工业之争》，《中华工商时报》，2005 年 2 月 4 日。

成了席卷全国的大潮流。

正像发展经济学在分析早期增长模式时揭示的那样，这种靠过度投资拉动的增长造成了投资率的节节上升。中国投资在 GDP 所占的份额由改革开放初期的 25% 左右，提高到 2004 年的超过 44%，大大超过了世界各国经济发展史上的最高水平[①]和中国经济发展史上的最高水平（图 9.1）。

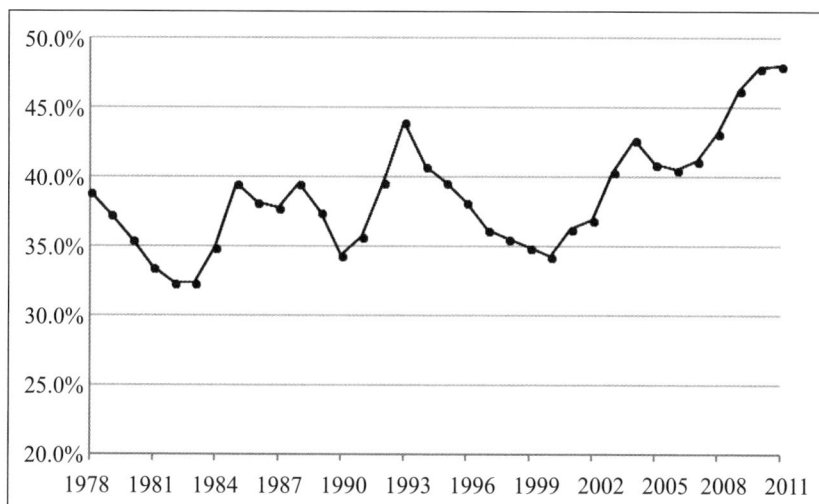

图 9.1　中国投资率的不断提高

数据来源：CEIC

就像过去的历次经济过热一样，这次过度投资热潮很快就在 2004 年造成了煤、电、油、运的高度紧张状态，使政府不得不进行宏观调控来抑制经济过热。

世纪之交经济发展模式转型出现的倒退趋势，引发了 2003—

[①] 这个数字大大超过了带有过度投资倾向的日本在高速增长时期的最高水平（32%）。至于美国，即使在 19 和 20 世纪之交的高速工业化时期和二战后恢复时期，其投资率也从来没有超过 20%。

2005 年关于"十一五"规划（2006—2010）期间经济发展方针的大争论。

2003—2005 年关于经济增长模式大讨论还有一个重要成果，是分析了"十五"期间转变经济增长方式的情况不能令人满意的深层原因，也就是 2003 年《中共十六届三中全会关于完善社会主义市场经济体制若干问题的决定》所说的，"生产力发展仍面临诸多体制性障碍"。上述大讨论把转变经济增长方式遇到的体制性障碍，归纳为四个方面。[①]

第一，对土地、矿藏、资金（如银行信贷）等重要资源的配置权力仍然在很大程度上掌握在各级党政领导手中。第二，把 GDP 和"物质生产领域"产值增长速度作为衡量各级党政领导干部政绩的主要标准，使得各级政府官员运用动员和支配资源的权力以粗放增长的方式来营造 GDP 高速增长。第三，现行财税体制使各级政府官员必须去追求 GDP。从财政收入看，一半的财政收入来自生产型增值税，而生产型增值税的增长又在很大程度上依赖物质生产部门 GDP 的增长；从财政支出来看，很多应该由中央政府承担的支出责任（在中国被称为"事权"）被下放给了地方政府，各地地方政府必须努力通过 GDP 的数量扩张来筹集足够的资金才能够承担起它的支出责任。第四，从计划经济沿袭下来和改革开放后形成的人为压低生产要素价格的扭曲价格体系，鼓励高资源投入、低经济效率项目的扩张，助长了浪费资源、破坏环境的行为。

"十五"期间粗放增长造成的资源浪费、环境破坏、内部和外

---

① 吴敬琏（2006）：《中国增长模式抉择》，北京：中信出版社，2017年，第 124—125 页。

部失衡，说明粗放增长是不可持续的。为了克服上述社会经济矛盾，必须从靠资源投入支撑的粗放增长模式转变到靠技术进步和效率提高驱动的集约增长模式。这样，2005年《中共中央关于制定"十一五"规划的建议》和2006年全国人民代表大会批准的"十一五"规划，都规定了要以转变经济增长方式作为"十一五"的主线。

不过，由于改革没有达到原定的要求，直到"十一五"最后一年，经济增长方式转型并没有明显的进展。因此，中共中央提出"转变经济发展方式刻不容缓"的口号。中共中央关于制定"十二五"规划（2011—2015）的建议提出"要以加快转变经济发展方式为主线，贯穿经济社会发展全过程和各领域，确保转变经济发展方式取得实质性进展"。

9.4 增长模式转型失利带来的恶果

粗放的经济增长虽然依靠高投资和高消耗在一段时间内实现了产值的高增长，但其消极后果从21世纪初期逐渐凸显，到21世纪的第二个十年更是严重恶化。

第一，粗放增长的不良后果，首先表现为土地、淡水、能源及其他稀缺资源趋于枯竭，生态环境加速恶化。

中国作为一个人均自然资源禀赋不宽裕、生态环境脆弱的国家，本应采取尽量节约资源和提高资源使用效率的发展模式，然而中国的实际做法恰恰相反，不惜大量耗费资源来维持高速增长，使资源过快衰竭。即使能够由国外贸易输入石油、矿石等资源，也因为采购量过大而使世界市场价格飙升，本土企业的成本激增。

表9.2　中国人均资源占有情况与世界平均水平的比较

资源种类	中国人均占有水平	对世界人均水平的比率
耕地	0.1 公顷	42%
淡水	2257 立方米	27%
森林	0.12 公顷	20%
矿产保有储量潜在总值 其中：	0.93 万美元	58%
煤炭（探明可采储量）	98.94 吨	53%
石油（剩余储量）	2.7 吨	11%
天然气（探明可采储量）	769 立方米	3%

数据来源：史斗、郑军卫：《我国能源发展战略研究》，《地球科学进展》，2000 年第 15 期。

　　据国家发展和改革委员会主任徐绍史向全国人民代表大会报告，2012 年中国 GDP 约占世界 GDP 总量的 11.6%，而资源消耗在世界资源总消耗量中所占的比例却成倍地高于上述 GDP 的比例（表9.3）。在某些地区，空气、水源和土地等污染已经严重到无法保证人类生存基本要求的程度。

表9.3　2012 年中国资源消耗量占世界总消耗量的比重

能源	钢材	水泥
21.3%	45.0%	54.0%

数据来源：徐绍史：《国务院关于节能减排工作情况的报告——2014 年 4 月 21 日在十二届全国人民代表大会常务委员会上》，中国人大网，2014 年 4 月 21 日。

　　国家环境保护部和相关机构编制的中国环境状况公报指出，由于主要污染物排放量大大超过环境自净能力，中国生态环境在 21 世纪初的十年里持续恶化。工业固体废物产生量由 2000 年的 8.16 亿吨上升到 2004 年的 32.56 亿吨，其中 4.5 亿吨未得到处理。淡水污染十分普遍。在全国 423 条主要河流、62 座重点湖泊的 968 个月控地表水监测点位中，大部分河段不同程度地遭到污染；其中，水质良好的Ⅰ类点位只占3.4%，轻度污染、经常规处理可以生活饮用的Ⅱ类点位占30.4%，遭受污染、经过处理后也可以供生活饮用的Ⅲ类点位占29.3%，Ⅲ类以下水质恶劣、不能作为饮水水源以及不宜人体直接接触的Ⅳ类和Ⅴ类点位占36.9%。在全国4896个地下水监测点中，水质优良的监测点占10.8%，良好级的占25.9%，较好级的占1.8%，较差和极差级的占61.5%。在全国470个城市中，酸雨城市占比29.8%。全国水土流失面积达294.91万平方千米，约占国土面积的30.6%。[1]

上述公报还指出，空气污染的情况极其严重，在2012年开展国家空气质量标准监测的地级以上161个城市中，只有舟山、福州、深圳、珠海等16个城市达标，其余北京、上海、天津、广州等145个城市全都超标。首都北京的PM2.5年均浓度为85.9微克/立方米，超过国家标准（35微克/立方米）145.43%。[2]

在一些地区，水资源的状况也未可乐观。例如，华北平原是一个严重缺水的地区，但是多年来，北京、天津两市和河北、山西等省都在大力发展高度耗水的煤、钢、汽车等工业。河北一省就投资建成超过2.5亿吨钢的生产能力，其中相当一部分是高耗费和高成本、高污染的小型冶炼装置[3]。即使规模较大、技术条件较好的钢厂

---

[1] 以上均见中华人民共和国环境保护部等编：《2014中国环境状况公报》，2015年6月5日。

[2] 2012年中国颁布了新的《环境空气质量标准》，采用了WHO的"过渡时期Ⅰ"的标准，这个标准较之WHO"空气质量准则值（AQG）"的污染指数高出数倍。据WHO解释，在这一污染水平上长期暴露，死亡风险发生的概率会提高15%。

[3] 2014年一个网上流行的段子说："世界钢产量排名第一（转下页）

生产 1 吨钢也需耗水 16 吨。在地上水不能供应的时候，就用开采地下水来弥补。2001 年 8 月发布的一份中国地质环境监测院地下水测量报告显示，华北平原的水位下降得比早先报道得要快。超采已经大大掏空了浅层蓄水层。这就迫使掘井者转向深层蓄水层。该报告说，河北省深层蓄水层的平均水位在 2000 年一年里下降了 2.9 米；该省一些城市的水位更是下降了 6 米。由于深层蓄水层是不能再补充的，随着华北平原深层蓄水层的耗尽，该地区正在丧失最后的水储备，最后一块安全垫将会消失。[①] 有些企业还为了节省处理成本和逃避监督检查，将工业污水用渗坑、渗井甚至高压水泵直接注入地下，造成地下水源被严重污染的致命危害。[②]

显然，中国领导对于经济增长方式转型进展缓慢的消极后果也表现出一定程度的焦虑。胡锦涛总书记在 2004 年 9 月中共十六届四中全会的讲话中指出："如果不从根本上转变经济增长方式，能源将无以为继，生态环境将不堪重负。那样，我们不仅无法向人民交代，也无法向历史、向子孙后代交代。"[③]

（接上页）的是中国（不包括河北省），第二是河北省（不包括唐山市），第三是唐山市（不包括瞒报产量），第四是日本，第五是美国，第六是印度，第七是俄罗斯，第八是韩国，第九是唐山市（瞒报产量），第十是德国。"见徐瑾：《中国必须打破产能过剩怪圈》，FT 中文网，2014 年 3 月 27 日。

① 转引自莱斯特·R. 布朗：《B 模式 2.0：拯救地球，延续文明》，林自新、暴永宁等译，北京：东方出版社，2003 年，第 24 页。

② 参见高远至、张洪河、蔡玉高、秦亚洲：《地下排污：致命威胁悄悄逼近》，《半月谈》，2010 年第 8 期，第 9—12 页。

③ 转引自盛华仁：《健全环境保护法制，依法防治水污染——在全国人大环境与资源保护工作座谈会上的讲话（摘要）》，人民网，2005 年 1 月 10 日。

第二，投资与消费结构的扭曲，造成最终需求不足和一些产业的产能严重过剩。

粗放增长方式长期持续造成的资源误配的一个突出表现，是投资与消费之间的结构失衡。由于采取粗放经济增长方式，中国经济反复出现投资率偏高、消费率偏低的问题。1993—1995 年，投资率再次提高到 40% 以上，居民最终消费率则下降到 45% 以下的水平。[①]"十五"计划（2001—2005）要求 2001 年把居民消费率提高到 50% 左右、固定资产投资率控制在 35% 左右；然而实际上在这个五年计划中，投资率非但没有降低，反倒提高了，消费率非但没有提高，反倒降低了（图 9.2）。

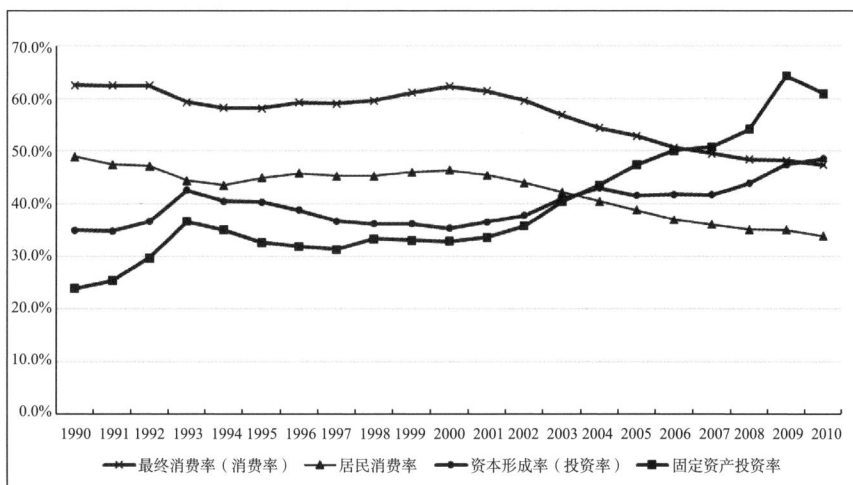

图 9.2　中国的消费率和投资率

数据来源：《中国统计年鉴》（历年）。

---

① 发展中国家投资（或称总资本形成）占 GDP 的比重，一般为 20%—30%；发达国家为 15%—20%。一个国家的投资率持续过高，往往会由于压缩居民消费需求而最终导致低收入阶层生活水平提高缓慢、产能过剩、企业盈利水平下降、银行坏账增多，并可能引发金融危机。

　　投资率的飞速提高在促成生产能力高速膨胀的同时，压缩了国内市场的最终需求，造成了一些产业的产能严重过剩。

　　从21世纪初开始的重化工业投资热潮，从钢铁业开始，催生了一个又一个产能过剩的产业。这样，在2004年开始的"宏观调控"中，政府要求各行业的主管机关按照选择性产业政策采取"有保有压""有扶有控"的措施，对"过度投资"和"过剩产能"进行清理。但是，这种行政性的调整措施没有收到明显的效果，这促使国务院在2006年3月发出《关于加快推进产能过剩行业结构调整的通知》。文件指出，"钢铁、电解铝、电石、铁合金、焦炭、汽车等行业产能已经出现明显过剩，水泥、煤炭、电力、纺织等行业目前虽然产需基本平衡，但在建规模很大，也潜在着产能过剩问题"；而且"一些地方和企业仍在这些领域继续上新的项目，生产能力大于需求的矛盾将进一步加剧"；"如果任其发展下去，资源环境约束的矛盾就会更加突出，结构不协调的问题就会更加严重，企业关闭破产和职工失业就会显著增加"。据此，国务院提出了"加快产业过剩行业的结构调整"的任务，要求各地区、有关各部门"增强预见性、避免盲目性、提高主动性和自觉性，因势利导，化害为利，加快推进产能过剩行业的结构调整"。

　　关于各级政府如何推进结构调整，通知原则规定为："一方面是通过深化改革，规范市场秩序，为发挥市场机制作用创造条件，另一方面是综合运用经济、法律和必要的行政手段，加强引导，积极推动。"但实际上，由于随后一段时间无所作为，结构调整依然是依靠各级政府用行政手段进行的。[①]

　　① 国务院该通知对各级政府如何"规范市场秩序"和"为（转下页）

而各级政府天然地保护本地企业，特别是自己拥有的国有企业。于是出现了产能越压越多的怪现象。根据国务院提供的数字，到2012年底，中国钢铁、水泥、电解铝、平板玻璃、船舶产能利用率分别达到72%、73.7%、71.9%、73.1%和75%的低水平。[①]

以河北省的钢铁产业为例。河北钢铁产业的加速，是从20世纪末21世纪初开始的。在那以后，河北钢铁产量以年均10%以上的速度增长。2003年河北钢产量4035万吨，2005年增长为7386万吨，两年间增加3351万吨，年均增长35%。在严重缺水的华北地区大量发展高耗水的钢铁工业，引起了国家领导部门的注意。2005年国家发改委发布的《钢铁工业发展政策》指出，华北地区水资源短缺，而高度耗水的钢铁工业产能大量过剩，应当"严格控制生产厂点继续增多和生产能力扩张"。2006年国家发改委、国土资源部、国家环保总局和银监会等四部门发出《对河北省新增钢铁产能进行清理推动钢铁工业结构调整步伐的通知》，指出河北省2003年以来钢铁业"盲目扩能，违规建设严重"，要求对2003年以来的建设项目进行清理，对不符合投资核准、备案程序和产业政策、环境准入条件的企

（接上页）发挥市场机制创造条件"规定得十分抽象，而对如何运用"经济、法律和必要的行政手段"来"加强引导"和"积极推动"，却规定得十分具体。例如，"提高准入门槛"，"严格控制新上项目"；"对在建和拟建项目区别情况，继续进行清理整顿"；"分期分批淘汰一批落后生产能力，对淘汰的生产设备进行废毁处理"；"支持大型钢铁集团的重大技术改革和新产品项目"；"支持高产高效煤炭矿井建设"；"推动优势大型钢铁企业与区域内其他钢铁企业的联合重组，形成若干年产3000万吨以上的钢铁企业集团"；如此等等。

① 中华人民共和国国务院：《关于化解产能严重过剩矛盾的指导意见》，2013年10月。

业、生产能力和装备进行淘汰整改，并要求在河北省的唐山地区和邯郸地区淘汰 1144 万吨落后产能。然而实际上在以后的十几年中，河北省的钢铁产量不减反增。2007 年河北省钢产量达到 1.07 亿吨，2013 年进一步提高到 1.89 亿吨。

这种"过剩产能"越淘汰越多的情况，不仅河北省一个地方存在。面对严峻的形势，中国政府开始采取更加严厉的措施来应对产能过剩问题。国务院在时隔 8 年以后的 2013 年 10 月再度发布《关于化解产能严重过剩矛盾的指导意见》。① 不过这次矛盾的性质已由前次的"产能明显过剩"发展为"产能严重过剩"了。指导意见指出，一些产业的产能严重过剩，已使这些产业的"利润大幅度下滑，企业普遍经营困难"。更为严重的是，"这些产能严重过剩行业仍有一批在建、拟建项目，产能过剩呈加剧之势"。正如指导意见指出的，这种产能严重过剩的状况如不采取措施加以化解，势必"造成行业亏损面扩大、企业职工失业、银行不良资产增加、能源资源瓶颈加剧、生态环境恶化等问题，直接危及产业健康发展，甚至影响到民生改善和社会稳定大局"。

第三，抑制了对提高国民经济整体效率关系重大的服务业的发展。

---

① 2013 年，国务院所属部委也多次发文加强对过剩产能的治理，其中包括：1 月，工信部、发改委等几个部委联合下发《关于加快推进重点行业企业兼并重组的指导意见》，规定对通过兼并重组淘汰落后产业的企业用中央财政奖励基金给予重点支持；5 月，国家发改委、工信部联合下发《关于坚决遏制产能严重过剩行业盲目扩张的通知》，把化解钢铁、水泥、电解铝、平板玻璃、船舶等行业产能过剩矛盾作为 2013 年的工作重点；7—9 月，工信部公告了三批工业行业淘汰落后产能企业名单，涉及炼铁、炼钢、焦炭等 19 个行业。

中国有丰富的人力资源，因此，在产业发展中一个重要的问题，就是使产业结构有利于创造尽可能多的工作岗位和就业机会。我们知道，在三个不同种类的产业中，服务业创造就业岗位的能力最强；在不同规模的企业中，小企业创造就业岗位能力最强。所以，按照中国资源禀赋条件，应该大力发展在计划经济下一直发展不足的服务业和小企业。然而，重型工业化道路恰好是与这种正确的产业发展方向相对立的。根据早期增长模式的要求，重点发展的是工业特别是重化工业中的大型企业。工业发展，又着重于所谓"物质生产领域"，而不是把资源放到研发、设计和产后的营销、服务等方面。这就使中国大量劳动力处于就业不足的状态。丰富的人力资源利用不足，意味着提高经济效率的潜力未能得到发挥。除增加就业的效应，服务业的发展还对国民经济整体效率的提高起重要作用。

在苏联式的"社会主义工业化道路"只看重"物质生产部门"和根本不承认第三产业是一个生产部门的理论和政策的影响下，中国服务业产值历来受到忽视甚至压制，比重偏低。经过改革开放以来多次结构调整，服务业仍然发展缓慢，到21世纪初期，中国第三产业占GDP的比重不仅仍然低于世界各国的平均水平，还低于一些低收入国家的平均水平。

表 9.4　21 世纪初中国第三产业占比与其他中等收入国家比较

	2000	2001	2002	2003
阿根廷	66.88%	68.07%	56.78%	54.06%
巴西	67.73%	67.78%	67.22%	65.83%
中国	39.82%	41.27%	42.30%	42.09%
印度	50.98%	51.99%	53.13%	53.25%

（续表）

	2000	2001	2002	2003
墨西哥	61.61%	63.31%	63.55%	62.70%
俄罗斯	55.62%	57.71%	60.94%	61.17%
泰国	54.66%	54.95%	54.26%	52.50%
中等收入	49.65%	50.88%	51.41%	51.20%
世界	64.27%	65.29%	65.87%	65.86%

数据来源：世界银行数据库

在 21 世纪初期投资驱动和片面追求产业结构重型化的浪潮中，中国服务业占 GDP 的比重不升反降，产业结构扭曲现象日益突出（表 9.5）。

表 9.5　21 世纪初期中国第三产业比重变化情况

年份	第三产业产值比重
2002	41.5%
2003	41.2%
2004	40.4%
2005	40.5%
2006	40.9%

数据来源：国家统计局

第四，降低了投资效率和全要素生产率（TFP）。

过度投资和为实现国有企业优先发展所采取的对国有大企业的"倾斜政策"，促使国民经济投资效率和全要素生产率（TFP）的下降。

首先，正像索洛指出的那样，单纯依靠投资驱动将会不可避免地导致投资回报递减。自 21 世纪初兴起投资和产业"重型化"浪潮以来，中国经济在投资率迅速增长的同时，投资效率则呈下降趋势。

2004 年，时任国家发改委主任的马凯指出，美国、德国、法国、印度等国 GDP 中用于投资的占 10%—20%，中国为 40%—45%。上述国家每增加 1 亿元的 GDP 需要投资 1 亿—2 亿元，中国最近几年约为 5 亿元。这就是说，中国的增量资本产出率（ICOR）是上述国家的 2.5—5 倍。1997 年以后中国的增量资本产出率更进一步提高（图 9.3）。[①]

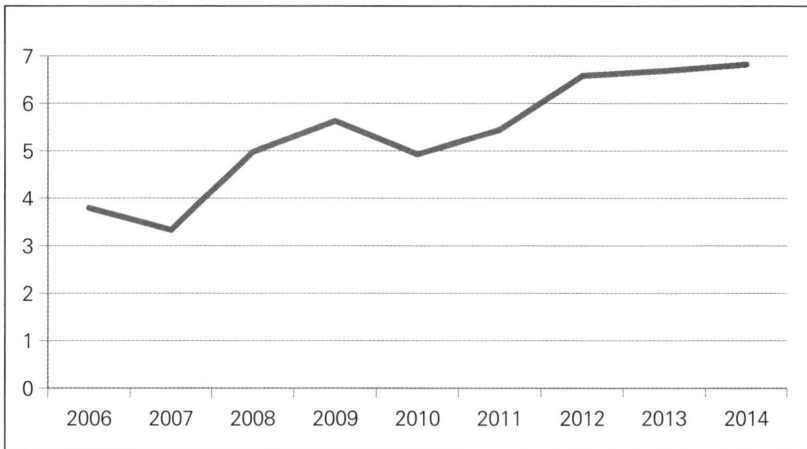

图 9.3　中国增量资本产出率（ICOR）的变化

数据来源：国家统计局

第五，对提高人民生活水平和缩小贫富差距产生负面影响。

马克思在分析资本主义国家早期工业化过程时曾指出，由于收入是按要素分配的，不变资本对可变资本比率，即资本对劳动比率

---

① 马凯：《树立和落实科学发展观，推进经济增长方式的根本性转变——马凯在中国发展高层论坛 2004 年会上的发言（全文）》，人民网，2004 年 3 月 21 日。

的提高，会抑制劳动者生活的改善和加剧贫富差别的扩大。中国近年来在这两方面存在的问题，不能不说与投资驱动的"重化工业化"有直接的关系。

而且，用大量占用农民土地而不给予充分补偿的办法推进城市化，不但造成数量高达几千万人的"失地农民"，使中国出现"城市像欧洲，农村像非洲"的奇怪景观，即使在城市内，也存在"伪城市化"的现象。这就是说，上亿的"农民工"虽然已经在城市中就业，但他们的身份、收入待遇和得到的政府服务都没有真正实现城市化。相当一部分城市居民并没有成为市民，只不过是暂住在城市中的农民。在这样的情况下，一方面很难提高城市制造业和服务业的技术和效率，另一方面造成贫富分化。人们常说，中国贫富差距拉大的一个重要原因，是城乡的二元结构。更深入的观察可以发现，我们这里存在的，是一种双重的二元结构：一方面是城乡之间的二元结构，另一方面是城市里面的二元结构。这种双重二元结构是当前贫富差距扩大的一个重要原因，造成社会矛盾的激化。近年来沿海地区出现的"群体性事件"很多也是源于这种双重的二元结构。[1]

---

① 吴敬琏（2012）:《我国城市化面临的效率问题和政策选择》,《吴敬琏文集》（中），北京：中央编译出版社，2013年，第865页。

第10章　宏观经济系统性风险隐现

20 世纪末期，中国经济开始崛起，尤其是从 2001 年起，随着加入 WTO 后外需的迅速扩张，以民营和外资企业为主体的贸易部门不仅获得了极大的自身发展空间，而且为中国经济创造了大量的储蓄，使得中国能够通过大规模的基建投资抵消 2008 年全球金融危机的负面影响，并在 2010 年成为全球第二大经济体。然而从改革开放前 30 年因袭下来的粗放增长方式导致的宏观经济问题，如依靠货币超发和信用膨胀支撑高速发展，却一直伴随着中国经济。进入 21 世纪以后，某些宏观经济问题加剧，使粗放增长方式问题再次成为人们关注的热点。

虽然造成宏观经济问题的根源在于由粗放增长方式决定的扩张性宏观经济政策这一点并没有变化，但是改革开放前 30 年和近 10 年宏观经济问题的表现形态却有很大的区别。在改革的早期阶段，它主要表现为通货膨胀[①]即物价总水平的上涨。而在市场经济体制发展到一定阶段，特别是股票、房地产等资产的市场规模大大增加以

[①] "通货膨胀"是现代经济学中 inflation 一词的通行的中文译名。它的原意，是指商品和服务价格总水平的上涨。但不知什么缘故，inflation 在中国被译为"通货膨胀"，由此引出一些理论上的歧义和误解。

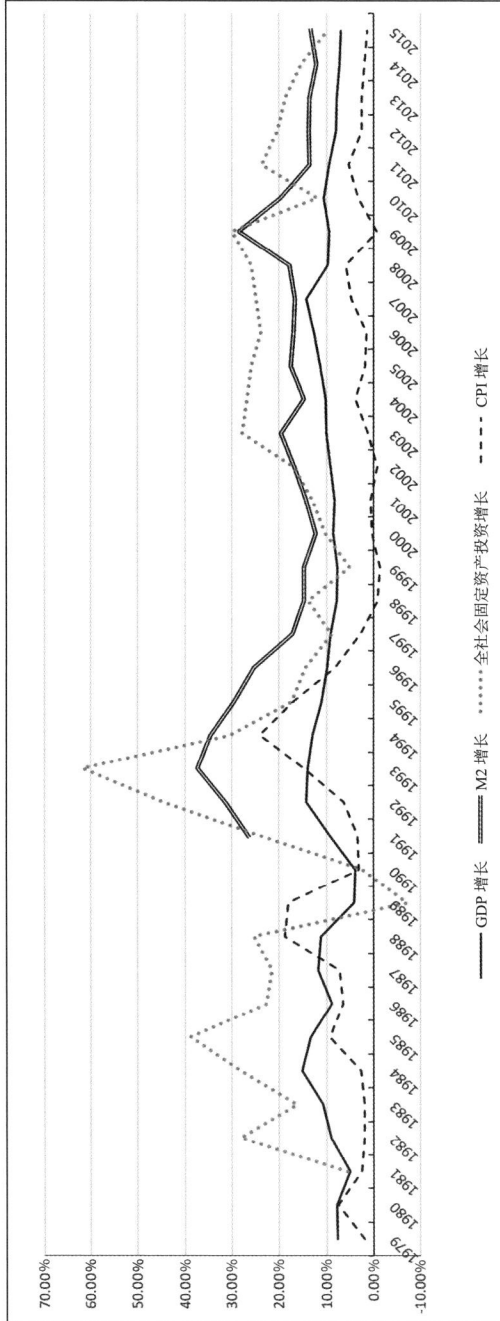

图 10.1　1979—2015 年宏观经济发展指标（年对年）

————　GDP 增长　　━━━　M2 增长　　……　全社会固定资产投资增长　　━ ━ ━　CPI 增长

数据来源：国家统计局

后，则表现为资产价格的膨胀和资产负债表的杠杆化。从 2009 年开始，中国经济呈现出的后一种特征，变得越来越突出。

就其根本而言，这种宏观经济表现形态的变化反映了中国的市场化改革在商品和一般服务领域进行得比较彻底，从而基本消除了传统社会主义经济的短缺特征；而在资本要素市场的改革上则进展缓慢，导致金融资本在少数领域的过度堆积。

由于发生了这种变化，宏观经济问题造成的后果和应对的方法都有所不同。

本章要讨论的，正是改革开放以来、特别是进入新世纪以来的宏观经济问题。

10.1 刺激政策、货币超发和两种形态的"通货膨胀"

从 20 世纪 70 年代末开始改革开放到 20 世纪末的 20 年间，中国宏观经济的一个突出特征，是在 1980 年、1985 年、1988 年和 1993 年反复出现经济过热和通货膨胀。

不但中国在转轨时期遭遇到多次通货膨胀，东欧社会主义国家的经济在改革开始以后也几乎无一例外地都遇到了通货膨胀的困扰。

为什么在社会主义经济转型过程中会经常出现通货膨胀？毫无疑问，我们在第 9 章里讨论过的投资驱动的增长模式仍然是基础性原因。改革开放给命令经济的一统天下打开了缺口，市场需求开始成为约束供给的重要因素，然而追求高速增长的国家意志仍然发挥着主导作用，因此货币超发和需求膨胀继续催生了一波又一波的通货膨胀。除此之外，也还有几个在改革开放条件下形成的附加原因。

1. 隐性通货膨胀的显化

匈牙利经济学家科尔奈早就论证过，计划经济是一种短缺经济[①]。在集中计划经济体制下，由于执行优先发展重工业的所谓"社会主义工业化路线"以及存在科尔奈所说的投资饥渴和扩张冲动，通常存在货币超发和商品供应短缺的现象，因此通货膨胀压力就会持续存在。

虽然命令经济的常态是总需求远大于总供给，但是由于在这种体制下绝大部分商品实行行政定价的固定价格制度，供给不足通常并不表现为价格上涨，而是在行政压制下隐性地存在着，并以配给制度和额外的寻求成本等形式表现出来。中国也是这样。在改革开放以前，不但主要生产资料由国家有计划地分配（"调拨"），各种生活必需品，从口粮、食用油、布料直到卫生纸都是按极低的标准凭票证供应的，短缺并不表现为商品的腾贵。

市场化改革使情况发生了变化。市场制度的核心是它的自由价格制度，市场经济之所以能够实现资源的有效配置，乃是因为市场交换所形成的价格反映相关资源的供求状况即它们的稀缺程度。因此，市场制度的有效运作要以价格自由化（市场化）为前提。在市场取向的改革启动以后，必定要或快或慢地放开商品和服务的价格以及自然资源、劳动力、资本等生产要素的价格。在短缺的条件下放松价格管制，就会使隐性的通货膨胀显化。因此，在短缺经济的市场化过程中，物价总水平的上涨就变得不可避免。

---

① 亚诺什·科尔奈（1980）：《短缺经济学》，张晓光等译，北京：经济科学出版社，1986年。

2. 在转型时期，特别是它的早期，财政预算存在不少增支减收的因素

毫无疑义，有效实施的市场经济改革最终将使效率得以提高和宏观经济状况得到改善。但是，改革对整个国民经济效率提高的效应需要一定的时间才能显现出来。而在另一方面，为了在改革大规模调整原有利益格局过程中减少阻力和增加助力，就既要增加受到旧体制损害的人们的利益，又要尽可能保证大部分人原有的利益不受损失，还要对部分在改革中遭受损失的利益主体给予一定的补偿。要实现这一点，政府就需要增加开支以支付改革成本。

以上两方面的因素加在一起，就容易在改革开始的一段时间内出现财政赤字加大、货币超量发放的情况，加大了通货膨胀的压力。

3. 改革过程中宏观经济管理的缺陷和政策差错使通货膨胀不能在早期得到抑制

首先，良好的宏观经济管理要以良好的基础设施为前提。例如，独立且有效率的中央银行制度，健全的货币政策传导机制和企业财务预算的硬约束等。这些条件在转型时期，特别在它的早期阶段很不具备。其次，政府运用自己的财政政策、货币政策和居民收入政策保持宏观经济的稳定，本来就是一门精巧的艺术。要让习惯于计划经济中的行政命令操作而对现代经济学并不熟习的官员承担宏观经济管理的任务，需要一个学习的过程，很难一开始就取得满意的效果。

当 1980 年第一波通货膨胀发生的时候，命令经济仍然处于绝对统治地位。因此，宏观经济紧缩就基本是靠运用行政命令实现。

到 1985 年第二波通货膨胀发生的时候，市场取向的改革已经有了初步的推进，货币政策对宏观经济的影响也开始显现。这时，围绕着经济是否过热和是否应当采取紧缩政策，不论在经济学界还是在决策层中都存在着意见分歧，因而迟迟未能作出政策决定。

早在 1984 年下半年，随着 GDP "提前翻番"和"能挣会花"热潮的兴起，货币供应很快提速。1984 年现金（M0）供应量较上年同期增长 49.5%。1985 年第一季度，现金（M0）、狭义货币（M1）和广义货币（M2）供应量分别比上年同期增加 59%、39% 和 44%。从 1985 年第二季度起，物价迅速上涨。[①]

在这种情况下，1985 年初出现经济过热的苗头时，经济决策部门和学术界的经济学家针对当时的宏观经济形势展开了激烈的辩论。

主张采取扩张性宏观经济政策的经济学家认为，在对外开放、对内搞活政策的贯彻执行和经济"起飞"的过程中，货币供应速度超越经济增长速度是经济本身提出的要求。在中国这样一个发展中的社会主义国家，在可以预见的时期，国民经济将始终处在总需求超过总供给的"非均衡"状态之中，如果想人为地用宏观控制措施压制需求和限制货币供应量，不但不利于高速增长，而且会损害各方面的利益，从而招致人们对改革的支持力度减弱。[②]

与上述观点相反，另一些经济学家认为，国际经验已经反复证明，通货膨胀既不利于发展，也不利于改革。同时，考虑到社会的承受力，进行经济体系包括价格体系的全面改革，要以总需求同总供给比较协调、经济环境比较宽松、国家财力有一定的余力为前提，

---

① 吴敬琏（1999）：《当代中国经济改革》，北京：中信出版社，2017 年，465—469 页。

② 厉以宁（1986）：《关于经济改革中急待研究的几个理论问题》，《经济发展与体制改革》，1986 年第 5 期；厉以宁（1986）：《社会主义政治经济学》，北京：商务印书馆，1986 年，第 466—471 页；朱嘉明（1985）：《论我国正经历的经济发展阶段——一个非典型国家的典型化发展道路》，《中青年经济论坛》，1985 年第 2 期。

以便保证在重大改革措施出台时不致出现严重的通货膨胀。因此，中共中央和政府应当采取果断的态度，抑制需求，改善供给，在经济环境得到一定程度治理的条件下，迅速推出配套改革的第一批措施，让新经济体制运转起来，促使国民经济尽快转入良性循环。[①]

1985年初，国务院领导确认货币流通出现了不正常情况，在1985年上半年连续召开了三次省长会议，要求各地采取措施制止投资和消费基金的膨胀。但是由于中央领导层意见不一致，没有起到明显的作用。到了年中，在邓小平的干预下，对宏观经济形势的估计才趋于统一。在这样的背景下，中央政府决定派出检查组分赴各省检查，监督压缩基建项目的实施情况。与此同时，中国人民银行采取了紧缩性的货币政策，除加强贷款额度控制外，还连续两次上调了存贷款利率。在行政措施与经济措施并举的情况下，货币供应量在1985年下半年开始回落。投资增长率也在同年第三季度逐月回落。1986年第一季度，M0和M2的年增长率分别下降到14％和13％。居民消费价格指数也随之迅速回落。

在这场争论中，对从理论上廓清问题起了重要作用的，是1985

[①] 薛暮桥（1996）：《薛暮桥回忆录》，天津：天津人民出版社，2006年版，第314—317页；吴敬琏、李剑阁、丁宁宁（1984）：《当前货币流通形势和对策》，吴敬琏、胡季主编：《中国经济的动态分析和对策研究》，北京：中国人民大学出版社，1989年，第1—11页；吴敬琏（1985）：《再论保持经济改革的良好经济环境》，《经济研究》，1985年第5期；刘国光、赵人伟（1985）：《当前中国经济体制改革遇到的几个问题》，中国经济体制改革研究会编：《宏观经济的管理和改革——宏观经济管理国际讨论会言论选编》，北京：经济日报出版社，1986年，第193—203页。

年 9 月 2—7 日由国家经济体制改革委员会、中国社会科学院和世界银行共同召开的宏观经济管理和改革国际讨论会（"巴山轮会议"）。[①]

在这次会议上，与会国外经济专家德国联邦银行原行长埃明格尔和诺贝尔经济学奖获得者托宾[②]的讲话，为中国应当采取的宏观经济政策定下了基调。他们根据世界银行关于中国经济情况简报提供的数据尖锐地指出，中国面临发生严重通货膨胀的危险，主张中国应当采取"三紧政策"，即紧的财政政策、紧的货币政策和紧的收入政策来避免危机，而不是西方国家在面临较温和的通货膨胀时通常使用的"财政和货币松紧搭配政策"。他们对中国经济情势的判断和政策建议，使那种以"主流经济学"的名义宣称"通货膨胀有益于经济发展"的言论在一段时间里销声匿迹，并对中国宏观经济政策产生了积极的影响。

这场争论的政策性结论，则是由 1985 年 9 月下旬的中共全国代表会议作出的。邓小平在这次会议的讲话中说："速度过高，带来的问题不少，对改革和社会风气也有不利影响，还是稳妥一点好。一定要控制固定资产的投资规模，不要把基本建设的摊子铺大

① 参见中国经济体制改革研究会编（1986）：《宏观经济的管理和改革——宏观经济管理国际讨论会言论选编》，北京：经济日报出版社，1986 年。

② 美国耶鲁大学教授托宾，是凯恩斯主义和新古典综合学派的代表人物。他将金融市场与实体经济活动之间的关系模型化。他的研究成果成为宏观经济模型的重要组成部分。托宾的资产组合模型在添加了土地、建筑、存货和原材料等真实资产以后，成为分析货币供给变化如何直接影响产品价格的一个重要分析工具。1981 年，托宾由于对金融市场，以及它们与支出决策、就业、生产和价格之间关系的分析，被授予诺贝尔经济学奖。

了。"[1]这次会议通过的《关于制定国民经济和社会发展第七个五年计划（1986—1990）的建议》，提出了"七五"期间经济和社会发展必须坚持的四条指导原则，其中至少有两条直接与宏观经济政策有关，它们是：（1）坚持把改革放在首位，使改革和建设互相适应，互相促进。从根本上说，改革是为建设服务的。从当前来说，建设的安排要有利于改革的进行。为了改革的顺利进行，必须合理确定经济增长率，防止盲目攀比和追求产值产量的增长速度，避免经济生活的紧张和紊乱，为改革创造良好的经济环境。（2）坚持社会总需求和总供给的平衡，使积累和消费保持恰当的比例。这里的中心问题是，在妥善安排人民生活的同时，要十分注意根据国力可能来确定合理的固定资产投资规模，做到国家财政、信贷、物资和外汇的各自平衡和相互间的综合平衡。[2]

中共全国代表会议的以上论述，是改革开始以来正确处理改革与增长、改革与经济环境之间关系的经验教训的深刻总结。可惜的是，没过多久，上述这一花了很大代价才取得的教训就被人们抛到脑后。随着1986年2月经济增长的降速，又开始重拾扩张性的货币政策，使GDP增长速度逐步回升。然而，通货膨胀的压力也逐步积聚，以致1987年初再次爆发了宏观经济政策争论。由于实施紧缩性货币政策的主张受到批判，用扩张性的货币政策支持高速增长就更加变得通行无阻。这终于引发了改革开放以来第三次宏观经济波动，

---

① 邓小平（1985）：《在中国共产党全国代表会议上的讲话》，《邓小平文选》第三卷，北京：人民出版社，1993年，第143页。
② 《关于制定国民经济和社会发展第七个五年计划（1986—1990）的建议》，1985年9月23日中国共产党全国代表会议通过。

第10章　宏观经济系统性风险隐现　　　　　　　　　　　　　　　　329

即 1988 年的严重通货膨胀和全面抢购风潮。①

随着 1988 年 8 月开始急剧压缩固定资产投资规模、控制社会集团购买力和强化 9 月中央工作会议决定实行的"强行着陆"的宏观调控政策，中国人民银行采取了一系列紧缩性的货币信贷政策，提高存款准备金率和存贷款利率，使通货膨胀率很快下降。到 1989 年第三季度，狭义货币（M1）和广义货币（M2）的年增长率下降为 -1% 和 13%，货币供应量下降至谷底，相应地，物价迅速回落。与此同时，市场需求疲软，工业生产下滑，企业开工不足，就业压力增大，出现了前所未有的过冷局面。

1991 年，中国经济由民营经济领头，逐渐从 1988 年的经济波动和 1989 年的政治风波中走出来。1992 年初，邓小平发表了著名的南方谈话，号召重启改革。他的讲话得到朝野上下的热烈响应，掀起了新的发展浪潮。

在 1992 年国民经济新一轮高涨中，存在着两种不同的趋势：一方面，大多数地方政府和部门、企业表现出了很高的改革的积极性，分别采取了许多主动行动，推进本地区、本单位的改革开放，对市场作用范围的扩大起了重要作用。但是另一方面，中央政府部门对于推进改革却显得消极被动。它们没有采取措施来推进需要由国家领导机构推动的财政、金融、国有企业等关键部门的改革。与此同时，却采取了扩张性货币政策来刺激增长。1992 年狭义货币（M1）和广义货币（M2）的增长率分别高达 35.7% 和 31.3%。于是，各级地方政府和国有企业的领导人便把他们的注意力放到了投资进行基

---

① 吴敬琏（1999）：《当代中国经济改革》，北京：中信出版社，2017 年，第 469—472 页。

本建设及铺摊子等方面，经济迅速达到过热状态。

在 1992 年中期到 1993 年中期一年的时间中，各方面对于宏观经济的这种态势的看法很不一致。大致形成了四种不同的观点：（1）认为出现过热的原因，在于市场化改革推进太快。他们的"潜台词"是：应当放慢改革，加强计划控制。（2）同意第一种意见关于已经出现过热的分析，但和第一种意见相反，认为出现过热的根本原因是关键部门的改革仍然停滞不前，使经济效率难以提高。他们主张采取果断措施稳定经济和推进改革。（3）认为经济发展状况良好，既保持了高速度，也不存在通货膨胀的危险。他们对前几年经济工作持充分肯定的态度，认为应当继续采取这种做法。（4）对于改革的推进状况不甚满意，但认为经济增长的形势喜人。他们认为通货膨胀是中国经济高速成长中的必然伴生物，不应采取紧缩措施，妨碍高速增长势头的持续。

上述争论持续了将近一年的时间。待到 1993 年春季，消费物价指数已较上年同期上升 10％以上，人民币的美元汇率在 1992 年 11 月到 1993 年 5 月的 6 个月期间贬值 45％，爆发严重通货膨胀的危险已经变得十分明显。这时，多数人的看法才逐渐接近。加之 1993 年 4 月邓小平的亲自干预，支持主管经济工作的国务院副总理朱镕基采取果断措施来实现宏观经济的稳定，宏观经济才逐渐走向稳定。①

---

① 吴敬琏（1999）：《当代中国经济改革》，北京：中信出版社，2017年，第 472—476 页。

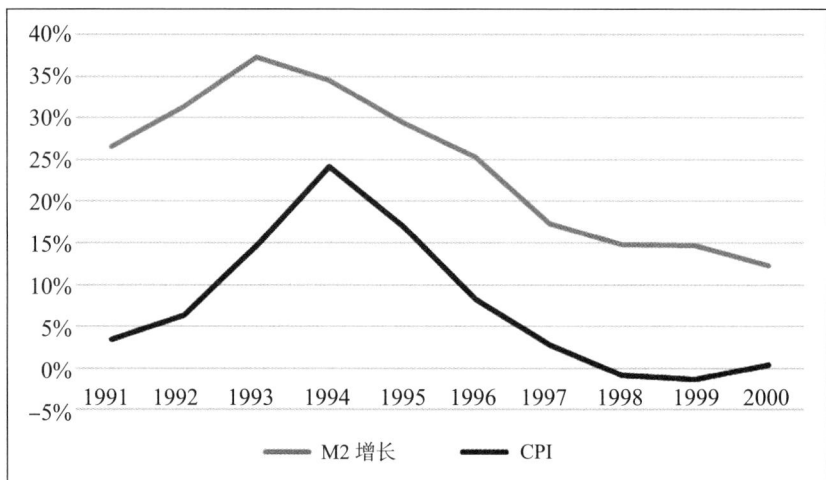

图 10.2　货币供应增长与消费物价指数（1991—2000）

数据来源：中国人民银行、国家统计局

以下我们来讨论 21 世纪以来的中国宏观经济走势和出现的新问题。

10.2　投资热潮推动的货币超发和信用扩张

在 1997 年亚洲金融危机爆发以后，中国的宏观经济政策由 90 年代中期的紧缩性政策转向扩张。特别是 2008 年全球金融危机爆发以后，宏观经济当局采取了更强的刺激政策，使货币供给海量增加。广义货币流通量（M2）从 2001 年初的 13.46 万亿元，增加到 2012 年末的 97.42 万亿元，平均年增 18.35%。

推动货币流通量高速增长的，有以下几方面的因素。

第一，用扩张性的货币政策支持空前的投资热潮。

2002 年末到 2003 年初，各级党政领导进行换届，随后许多地方领导提出了规模宏大的工业建设（被称为"政绩工程"）和城市建设

（被称为"形象工程"）计划。

其中，在巨大经济利益的驱动下，以房地产投资为核心的城镇化投资显得尤其突出。一方面，吸引更多外来资本投资于房地产业，可以对本地 GDP 增长产生直接的拉动作用。另一方面，大规模基础设施投资使城市土地大幅升值，增加地方政府的财力，缓解财政一般预算的紧张状况。[①] 于是，许多城市扩大规模的空间规划一再扩展，定位一再提高，城建规模快速膨胀，城建投资也高速增长。实现所谓"产业重型化"的投资也快速升温。2003—2008 年期间全国固定资产投资年平均增长 25% 以上。其中，尤其以房地产投资为甚。

面对 2003 年开始的这种形势，业界、学界和政界都存在着很不相同的意见，但占主导地位的意见始终认为：只有部分行业出现了"局部过热"，只要实行"有保有压"的政策，对"偏冷"的行业进行扶持，对"违规"的行业进行控制，就不会转为"全面过热"。但是，用微观经济干预的方式处理宏观经济问题很难收到效果。一方面，在旺盛的需求的支持下，对钢铁、水泥、电解铝等行业扩大产能的行政控制，并没有能抑制它们的扩张冲动。另一方面，即使被确定为"局部过热"的行业，如房地产业，行政方面的"窗口指导"指向也是不明确的。2003 年 6 月，中国人民银行发布了《关于进一步加强房地产信贷业务管理的通知》（"央行 121 号令"），要求严格控制土地储备贷款的发放、规范施工企业流动资金贷款、提高第二套及以上房屋的首付款比例及利率上浮，意在控制房地产信贷和投资的过快增长。但是，两个月以后，国务院发出《关于促进房地产

---

① 贾康：《我国地方债务成因与化解对策研究》，《债券》杂志，2013年第 9 期。

市场持续健康发展的通知》（"国务院 18 号文件"），将房地产业定位为拉动国家经济发展的支柱产业之一，提出要保持房地产业的持续健康发展。这样，银行对房地产的贷款非但没有收缩，反而有所增加。2003 年全年房地产开发贷款增速高达 49.1%，购房按揭贷款增速也高达 42.9%。

第二，2007 年发生的全球金融危机，助长了用增加货币发行和投资来"扩需求、保增长"的势头。

为了缓解中国经济受到的 1997 年亚洲金融危机的冲击，中国采取了扩张性的宏观经济政策。这一政策使中国经济实现了稳定增长。但是，2007 年前后也显示出经济过热的种种迹象。因此，2007 年 12 月中央经济工作会议达成共识，提出在 2008 年实施"稳健的财政政策和从紧的货币政策"。但是，2007 年 7 月首先在美国发生、然后逐渐扩大到世界上许多国家的金融危机，使中国改变了政策取向，转而采取扩张性的宏观经济政策。2008 年下半年，中国工业生产和 GDP 增长速度开始掉头下行。2008 年 11 月，温家宝总理主持召开国务院常务会议，决定以"出手要快、出拳要重、措施要准、工作要实"的方式采取强有力的措施来扩大国内需求，促进经济增长。这些措施的核心，是增加投资，靠投资需求保证 GDP 年增长率回升到 8% 以上（即所谓"保八"）。增加内需的最主要的措施，则是要求银行系统扩大信贷规模，加大金融对经济增长的支持力度和实施规模高达 4 万亿元的两年工程建设计划（图 10.3）。4 万亿元的贷款经过货币乘数的放大作用，实际形成了几十万亿元的购买力。同时，2009 年商业银行贷款增加近 10 万亿元，比上年同期增加 32.8%。总需求的海量增加，保证了 GDP 增长率的迅速回升。2009 年中国经济增长率达到 9.1%。这一增长主要是靠大量的货币注入拉动的。2009 年全年广义货币（M2）的流通量增长 27.7%，2010 年再增长 19.46%，进一步增大了中国流通中的货币量。

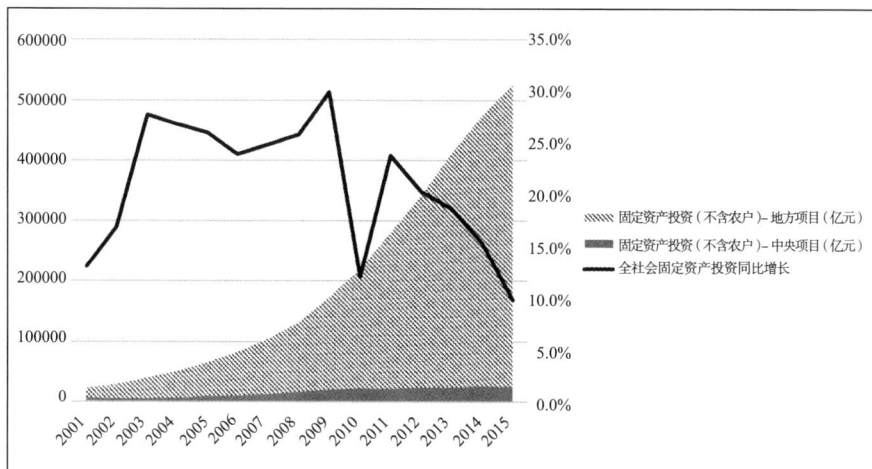

图 10.3　固定资产投资额和增长率（2001—2015）

数据来源：国家统计局

第三，外汇占款的迅速增加使中央银行的货币政策被动放松。

20 世纪 90 年代全面实施出口导向政策，使中国经济获得了很大的发展。但是正像其他实行出口导向政策的东亚国家和地区一样，在成功地实施这一政策一段时间以后，中国也遇到了外汇存底大量增加、贸易摩擦加剧和货币政策作用空间收窄等问题。从 20 世纪 90 年代中期开始，中国的国际收支出现了经常账户和资本账户的"双顺差"不断增加的趋势。2001 年国家外汇储备增幅达到 28%，此后一直保持在 30% 以上。增长最快的 2004 年，国家外汇储备年增长幅度达到创纪录的 51%。中国人民银行资产负债表上的外汇占款和基础货币投放都大量增加（图 10.4）。

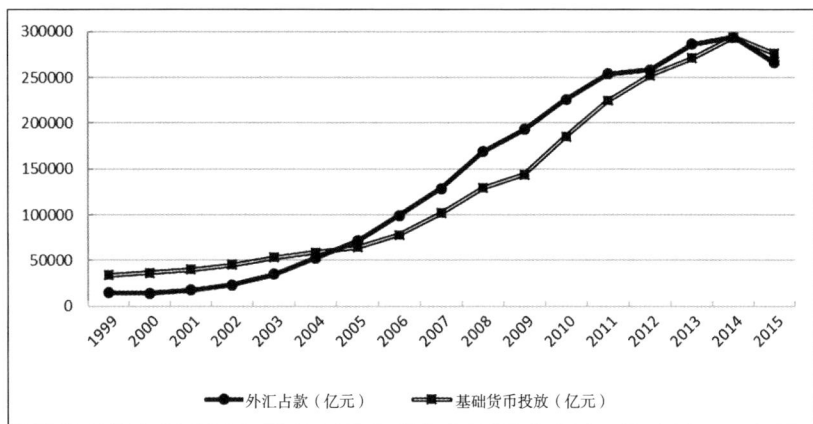

图 10.4　中国人民银行外汇占款和基础货币投放（1999—2015）

数据来源：国家统计局、中国人民银行

　　直到 2005 年 7 月，中国人民银行宣布恢复有管理的浮动汇率制，人民币才开始升值。一般说来，实现汇率自由化改革可以有两种不同的方式：一种是一次性放开，另一种是渐进的爬行式升值。前一种方式的好处是快刀斩乱麻，一步到位。但是，它容易引起太大的经济震荡。为了避免震荡，中国选择了渐进升值的办法。但由于采取爬行升值的策略，市场上持续存在对人民币升值的预期，再加上中美之间的利差显著，吸引了国际上的"热钱"以更快的速度流入。所有这些，都使人民币升值的压力有增无减，从而迫使人民银行继续不断地投放基础货币收购外汇。①

　　面对货币投放的快速增加，中国人民银行自 2002 年 6 月起开始实施以国债正回购为主的公开市场操作，以回收银行间市场过多的流动性。但是，由于当年外汇占款增长势头过猛，到当年 9 月末，

---

① 李超、周诚君（2008）：《中国流动性过多与外汇储备累积》，《金融研究》，2008 年第 12 期。

人民银行手中的 3000 多亿元国债头寸已被用完。于是，人民银行自 2002 年 9 月 24 日起开始发行中央银行票据，在银行间市场回收流动性。但是面对基础货币的大量释出，中央银行对冲货币发行的努力很难完全奏效。

由外汇占款增加导致的货币超发，到 2012 年汇率改革大致到位才逐渐平息下来。

第四，顺周期的宏观经济政策措施也加剧了经济波动。

宏观经济管理的基本任务，是调节社会总需求以保持经济稳定。由于宏观经济政策见效有一定的时滞，为了实现这一目的，宏观经济政策的制定必须具有预见性和逆周期地进行。但国人更加相信实际的感觉，因此往往只在通货膨胀已经发生后才采取对应措施。[①] 顺周期的应对加剧了经济波动。

这样，2003 年到 2012 年成为大量发钞的十年（图 10.5 和图 10.6）。

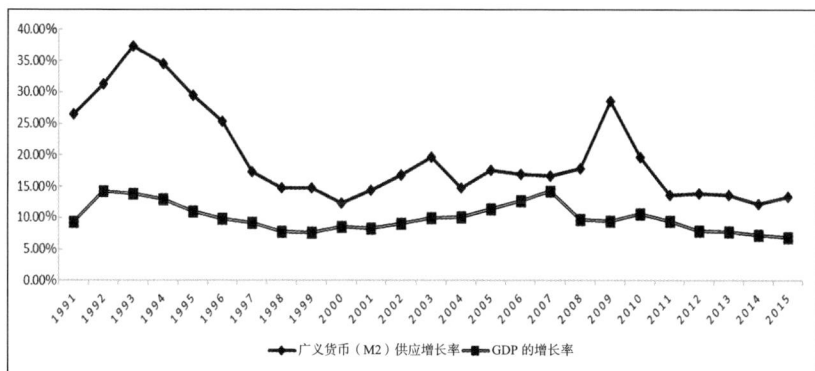

图 10.5　中国广义货币（M2）供应增长速度和 GDP 的增长速度（1991—2015）

数据来源：国家统计局

---

① 中央银行行长周小川在 2010 年 1 月 28 日的一次讲演中指出，中国对宏观经济形势缺乏预判和传导机制不畅，本应进行预测的货币政策的调节往往与景气循环的周期重合，成为顺周期调节。

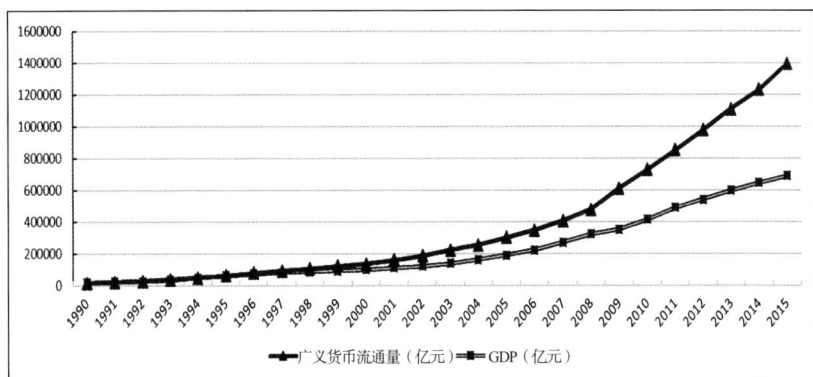

图 10.6　中国广义货币（M2）流通量和 GDP（1990—2015）

数据来源：国家统计局

2003—2008 年，广义货币（M2）对国内生产总值（GDP）的比率始终保持在 1.5 到 1.6 倍左右的高位上，2009 年以后进一步攀升。2014 年达到 193% 的特高位置（图 10.7）。

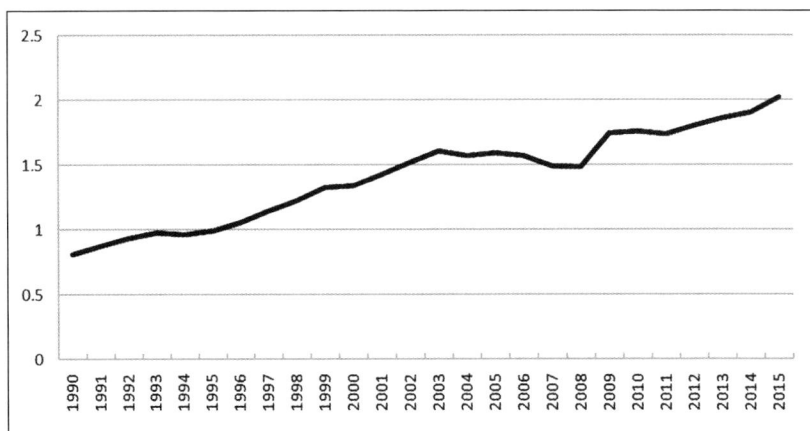

图 10.7　中国广义货币（M2）对国民生产总值的比率（1990—2015）

数据来源：国家统计局

10.3 货币超发的后果：资产泡沫生成和资产负债表风险积累

虽然宏观经济政策的这种扩张趋势可以说是数十年来一以贯之的，但是，它在消费物价指数（consumer price index, CPI）上的表现却大异其趣。从图 10.8 可以看出，以 2008 年为分界线，在这以前 CPI 提高与货币供给增长是正相关的；然而在这以后，货币供给加速增长，而 CPI 却岿然不动。于是许多人认为，"通货膨胀是货币现象"这个得到许多经济学家认可的判断已经不再有效。

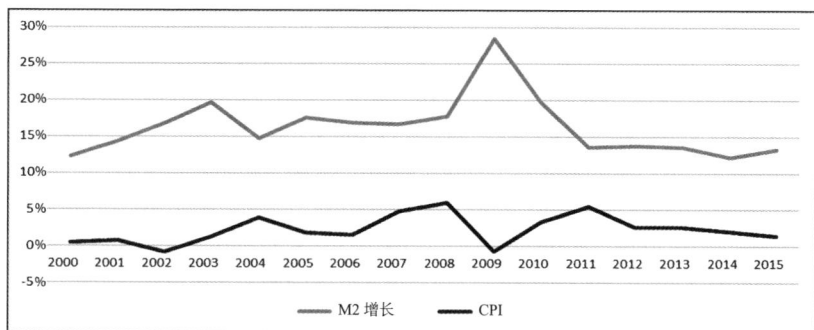

图 10.8　中国货币供应增长与消费物价指数（2000—2015）

数据来源：中国人民银行、国家统计局

不过本书作者认为，匆忙地作出这样的判断显得过于草率。所谓"通货膨胀是一种货币现象"，所揭示的无非是物价总水平与货币流通量（货币总量 × 货币周转率）之间的相关关系。的确，在历史上，货币超发造成的效应经常是商品和服务的价格水平持续上升，主要表现为消费物价指数（CPI）的上升。因此，人们对于弗里德曼所说"通货膨胀是一种货币现象"[①] 中的物价上升也往往做狭义

---

① 弗里德曼在 1963 年出版的《通货膨胀：原因与后果》一书中写道："通货膨胀，由于它是而且只能是货币增长快于产量（转下页）

的理解，认为仅仅是指商品和服务消费品价格的上升。这种情况在21世纪中国经济的运行中仍然存在，与20世纪80年代和90年代相比，由于中国在经济不断融入全球经济后，贸易部门生产效率的快速提高所带来的正面效应[1]，通货膨胀显得更加温和。但是在国内，随着货币扩张以及非贸易部门生产力的提高相对缓慢，中国劳动力成本不断上升，温和通货膨胀始终如影随形。从2007年下半年开始，通货膨胀迅速抬头。居民消费物价指数（CPI）从2007年第二季度突破温和通胀的底线（3%），以后一路攀升，到2008年达到8%的高位。但是在全球金融危机发生以后，情况却发生了巨大的变化。由于出口需求不振，净出口的拉动作用迅速降低，再加上全球大宗商品和能源价格在金融危机之后持续暴跌，消费物价指数（CPI）和出厂价格指数（PPI）都从此一蹶不振，甚至下降到接近通缩的程度（图10.9）。大宗商品与能源价格的持续下跌反映了在金融危机之后主要发达国家所面临的金融去杠杆局面。这一局面持续近十年之久，直到最近两年才出现企稳回升迹象。这说明在中国经济已经很大程度上融入全球经济的今天，国内商品和服务的价格不仅会受到本国货币供应的影响，而且还受到全球经济金融形势的影响。

事实上，除了商品市场，证券、房地产、收藏品等资产的价格水平，也是与货币供应量或流动性的变化密切相关的。只不过在早

（接上页）增长的结果，无论何时何地都是一种货币现象。" Milton Friedman (1963). *Inflation: Causes and Consequences*. Asia Publishing House.

[1] 事实上，国际上甚至一度指责中国在加入 WTO 后制造业的大规模出口带来了全球通缩压力。

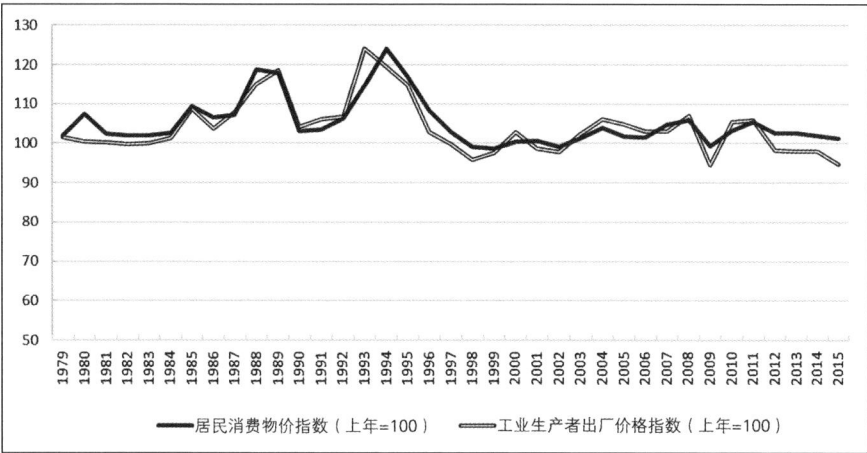

图 10.9　中国 CPI 和 PPI 指数（1979—2015）（上年 =100）

数据来源：国家统计局

期市场经济中资产所占市场份额很小，人们在观察价格总水平时不太加以注意而已。随着资产所占市场份额增大，其总量甚至超过了消费品总量，货币超发造成的过剩流动性，就往往不去追逐产能过剩的消费品，而是去追逐证券、房地产、收藏品等资产，造成资产价格膨胀（assets inflation）。

其实这里所说的情况在发达经济体中已经多次发生。其中广为人知的，是 20 世纪末期日本的事例。1985 年发达国家财政金融主管在纽约的广场饭店（Plaza Hotel）签订了广场协议（Plaza Accord）。协议最重要的内容，是两个最主要的出口大国日本和联邦德国承诺放弃对外汇汇率的行政干预，这导致了日元和西德马克的大幅度升值。联邦德国和日本采取了不同的办法来应对出口需求的剧烈缩减。联邦德国通过强化竞争和提高效率用持久的努力不但渡过了危机，而且以后继续保持强势的经济地位。日本则运用强力扩张的货币政策，很快地扩大内需，实现了经济的稳定回升。强力扩张的货币政策只是促进了股市和房地产市场的超级繁荣，而没有引起通货膨胀，因而很难在宏观经济当局内部达成需要转而采取稳健政策的共识，致使货币扩张一直延续到 1990 年发生资本市场崩溃和爆发系统性金融危机的前几个月。

进入 21 世纪以来货币的连年超发，造成了资产泡沫生成和国民资产负债表杠杆率高企从而使金融风险积累的消极后果。

从股票市场的情况看，在经历了 2001 年的股价下降，上证指数从 2214.2 的高点下降到 2005 年 7 月的 1005 点的最低点以后，从 2006 年 1 月开始飙升，上证综指从年初的 1163.88 点上升，到 2007 年 10 月 16 日达到 6124.04 点的历史最高点。在一定程度上反映股价虚增程度的市盈率 P/E[①]，也从 2006 年 1 月的 17.61 倍（此为 Wind 数据沪市 A 股平均市盈率）上升到 2007 年 10 月的 69.64 倍。

然而天下没有不破的泡沫。当有较多的人认为股价不会继续上涨而开始出售变现时，就可能引发股价的暴跌。[②]

---

① 市盈率（P/E Ratio）由股份的市价除以年度每股盈利得出（以公司市值除以年度股东应占溢利也可得出相同结果）。市盈率的数值意味着用多少年可以从盈利回收投资。R. 希勒（Robert Shiller）的十年市盈率（P/E10）的定义为：实际（扣除通胀因素后）S&P 综合指数除以十年移动平均实际收益指数所得到的比值来估量股价水平是否合理。见罗伯特·J. 希勒（2000）：《非理性繁荣》，廖理、施红敏译，北京：中国人民大学出版社，2001 年，第 5 页。

② "资产市场是一个不完全市场，在这样的市场上，不存在一个具有帕累托效率的均衡点，价格的高低在很大程度上取决于买者和卖者对于未来价格的预期。而且，这种预期有一种'自我维持'或'自我实现'的性质。这就是说，当一种商品（不论是实物商品还是金融商品）价格发生波动时，价格越是上涨，就有越多的人由于价格上涨的预期而入市抢购，而抢购又会使价格进一步上涨和预期增强，形成越涨越抢、越抢越涨的风潮。因此，只要有足（转下页）

从 2007 年 10 月开始，股票价格开始下跌，接着就一路下滑，在不到一年时间里上证指数跌去了 2/3 以上，从此一蹶不振，在很低的价位徘徊。这一暴涨暴跌的局面反复上演，2014 年 10 月，沪深两个股市突然发力，在管理部门和主流媒体的呵护下迅速飙升。在此后 8 个月的时间内沪深综合指数上涨了 150%，然后又在 2015 年 6 月 15 日突然掉头向下。从 6 月 15 日到 7 月 4 日，上证综合指数跌幅高达 29.91%，股票市值蒸发 20 余万亿元，造成较之 2008 年更大的股灾（图 10.10）。

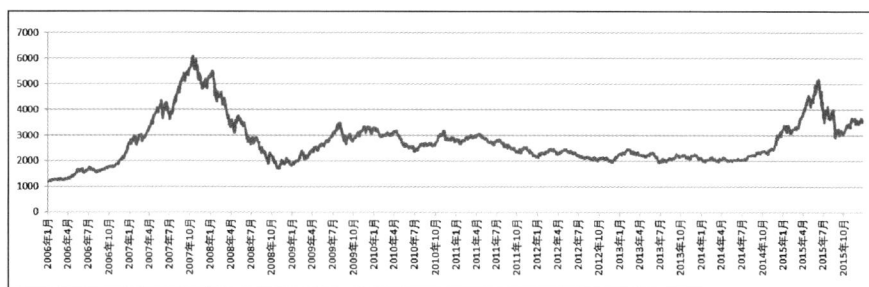

图 10.10　上证综指走势图

数据来源：Wind 资讯

房地产市场的情况和股票市场的情况有所不同。股票市场大起大落，而房地产市场却一往直前地上升。由于国人习惯于认为房地产作为实物资产是一种坚实的存在，因而房地产成为居民财富保值和增值的首选对象。虽然它会同证券一样在崩盘的情况下瞬间灰飞

（接上页）够的人入市购买，在源源不断的货币流入的支撑之下，很快就会出现市价飙升的'大牛市'。但是，经济气泡是不可能一直膨胀下去的。在过高的价位上，一旦市价止升回跌，很快又会出现下行的正反馈振荡，越抛越跌、越跌越抛，导致市场崩溃（'崩盘'）。"吴敬琏（1999）：《如何看待过度投机和泡沫经济》，《十年纷纭话股市》，上海：上海远东出版社，2001 年，第 140 页。

烟灭，但在没有其他投资机会的条件下，只有涌入房地产市场，特别是政府必定会力保的北京等"一线城市"的房地产市场，使房地产价格仍然呈现着飙升的趋势（图10.11）。

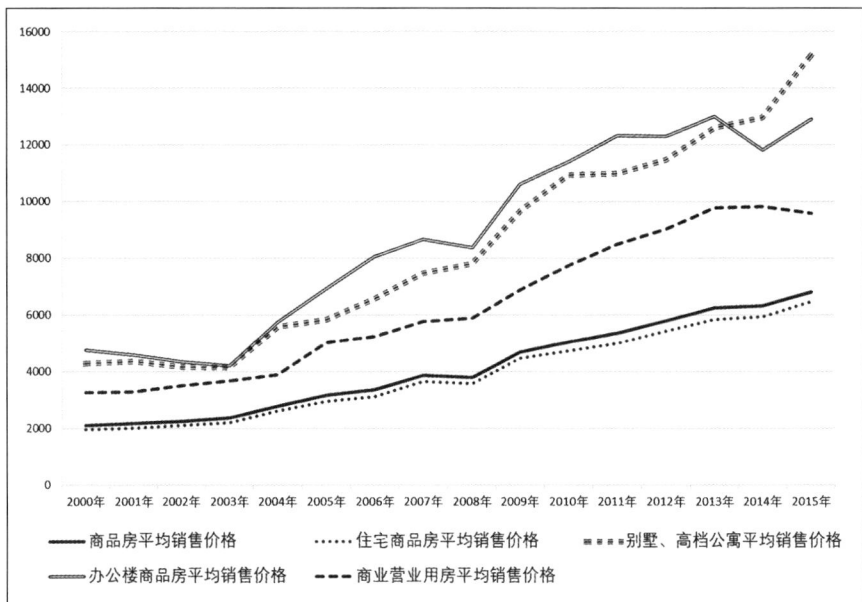

图 10.11　35 个大中型城市历年房价变化趋势（2000—2015）（单位：元 / 平方米）

数据来源：国家统计局

房地产具有作为居住对象和投资对象的双重属性。就前一种属性而言，由于房价过高，[①]普通居民甚至中等收入群体都无力购买和租用，使民众怨声载道。然而作为投资品仍然由于游资泛滥而奇货可居。有余钱的投资者大量地购入房屋，使房价节节上升。

这样，一方面，巨大的投资需求使房价高企，另一方面普通居民却因房价和房租过高只能在"蜗居"中栖身。这种状况不但妨碍城市经济的发展，还加剧了社会矛盾。

---

①　据 Wind 数据，21 世纪初期，中国一线城市的房价收入比在 20 倍左右。这一数值大大超过 3—6 倍的国际警戒线。

房地产价格飙升是由海量资金的投入支撑的。一方面，对价格继续上涨的预期吸引了大量逐利的资金投入房地产产业，另一方面巨额的按揭贷款支撑了坚挺的需求和高昂的房价。于是，资产泡沫迅速膨胀。

表 10.1　房地产信贷增量占同期全国各项贷款增量的比例

年份	2010	2011	2012	2013	2014	2015	2016
指标	26.90%	17.50%	17.40%	28.10%	28.10%	30.60%	44.80%

数据来源：中国人民银行

资产泡沫膨胀和国民资产负债表杠杆率（债务率）提高，是一对孪生子，或者说是同一枚硬币的两面。

货币超发和流动性过剩除了造成资产价格膨胀和泡沫生成，必然反映为中国的国民资产负债表（national balance sheet，或称国家资产负债表）[1]杠杆率高企和金融风险积累。早在21世纪初期，就有一些学者从地方政府大量举债现象出发，提出需要关注地方政府的债务问题。不过在当时"重化工业化"和"建大城""建新城"的热潮中，这种不符合主流思潮的呼声并没有引起重视，只是在专业机构中做了一些基础性工作。2002年国家统计局发布《中国国民经济核算体系（2002）》，修订了国民资产负债表核算的办法。接着，国家统计局试编了1997—2004年八年的国民资产负债表。

随着2008年末各级地方政府响应中央政府决定用4万亿元财政投资和宽松的信贷政策"扩需求、保增长"，加大了自己的投资力

---

① 国民资产负债表是将一个经济体中所有部门的资产和负债分别加总得到的反映该经济体总量的数据，包含政府部门、企业部门（含金融企业和非金融企业）、居民部门和对外部门等4个部门的资产负债表。

度，地方政府通过自设的"融资平台"（即地方政府设立的投资公司）①进行大规模城市建设和企业投资，地方债务风险问题再度成为讨论的热点。

在诸多讨论中国地方政府债务和风险的文献中，影响最大、争议也最大的，是当时在美国西北大学任教的史宗瀚（Victor Shih）教授 2010 年 2 月发表在《亚洲华尔街日报》上的文章《中国的 8000 个信贷地雷》。②史教授把地方政府积极响应中央政府刺激政策而设立的约 8000 个政府投资公司的大规模投资活动看作对中国金融稳定的威胁。根据他的计算，截至 2009 年末，中国地方政府的债务总额高达 11.4 万亿元（1.7 万亿美元），相当于当年中国 GDP 总额的 34%，而不是官方数字的 6 万亿元（相当于当年 GDP 的 18%）；同时，中国全社会的总体债务相当于当年 GDP 的 71%，2011 年末将上升至 96%。史教授的文章引起了国内外的热烈讨论。在国内，对于史教授报告的数字有不少论者提出了质疑，认为他的评估，是在"错误的预测之上作出的猜测性结论"。③

---

① "地方政府融资平台"是省、县和乡镇等各级地方政府出资设立，授权进行融资和投资项目的开发、经营管理，主要以经营收入、公共设施收费和财政资金等作为还款来源的企（事）业法人机构。地方融资平台的产生，是因为尽管地方预算的财政性资金的投入规模不断增加，但仍然满足不了营造"形象工程"和"政绩工程"的无餍资金需求。为了绕开《中华人民共和国预算法》禁止地方财政发债的限制，许多预算内收支严重失衡的地方政府就通过设立各种地方融资平台来借债融资。

② Victor Shih (2010). China's 8000 Credit Risks. *Wall Street Journal Asia*, 2010/2/9.

③ 徐以升（2010）：《史宗瀚的错误之处》，《第一财经日报》，2010 年 3 月 25 日。

不过，2008 年以后地方政府债务的爆发式增长还是引起了中国金融监管部门的注意。国务院在 2010 年 6 月 10 日发出了《关于加强地方政府融资平台公司管理的通知》，要求加强对这些融资平台的管理。

与此同时，一些学者和研究机关也开始了对中国国民资产负债表的研究。2012 年 6—8 月，由德意志银行大中华区首席经济学家马骏与复旦大学合作研究团队，由中国银行首席经济学家曹远征牵头的中国银行团队和由中国社会科学院副院长李扬教授牵头的中国社会科学院研究团队进行研究后，分别发布了三个大型研究项目的阶段性研究成果。[①] 这三个研究团队的研究方法有异，侧重点不同，对风险评估的结论也有一定的差别。[②]

首先映入人们眼帘的，是政府部门的资产负债状况（表 10.2）。

表 10.2　中国政府的资产负债状况　　　　　　（单位：万亿元）

	资产	负债	净资产
马骏团队（2010 年）	61.00	22.00	38.00
曹远征团队（2008 年）	17.21	7.52	9.69

①　前两份研究的初步报告发表在 2012 年 6 月 11 日的《财经》杂志上，中国社会科学院团队的研究报告 2012 年 8 月 9 日在媒体上公开发布，同时以题为《中国主权资产负债表及其风险评估》（上、下）的论文形式发表在《经济研究》2012 年第 6—7 期上。

②　马骏团队采用的是估值法，即在充分考虑价格，尤其是资产价格变动因素的基础上对资产价格逐项进行估计所编制而成。这种方法的优点在于能缩小当年的国民资产负债表与实际情况之间的误差，而缺陷在于历年间国民资产负债表有可能波动过大。而曹远征团队采用的是推测法，即以国家统计局往年发表的数据作为存量基础，加上每年的流量变化，逐年累计而成。

（续表）

	资产	负债	净资产
李扬团队（2010年）	142.3	72.7	69.60（广义）
	93.0	72.7	20.3（狭义）

数据来源：马骏等：《化解国家资产负债表中长期风险》；曹远征等：《重塑国家资产负债能力》；李扬等：《中国主权资产负债表及其风险评估》。

　　根据中国政府拥有巨额净资产的情况，中国社会科学院的研究报告虽然也指出了中国主权资产负债表面临的房地产信贷、企业债务和社保欠账等风险，但总体说来对中国政府面临的债务风险作出了较为乐观的估计。它认为，中国主权资产净值数量巨大，并且继续呈上升趋势。"这表明，中国政府拥有足够的主权资产来覆盖其主权负债。因此，在相当长的时期内，中国发生主权债务危机的可能性极低"，"基本上不存在来自清偿力的风险"。[1]

　　不过在那以后，负债状况恶化的趋势表现得十分明显。李扬教授在2013年6月的一次讲话中指出："近年，特别是2009年之后，中国国家资产负债表的健康状况趋坏，风险趋大。"[2]他说，截至2010年中国资产负债表还是比较健康的，不是世界上最好的也是比较好的，近几年来资产负债表有变坏趋势。趋坏的节点在2009年，所有数据都从这一年开始有不利的变化，杠杆率迅速提高（表10.3）。

---

[1] 李扬等（2012）：《中国主权资产负债表及其风险评估》（下），《经济研究》，2012年第7期。

[2] 李扬（2013）：《在博源基金会成立五周年学术讨论会上的讲话》，搜狐财经，2013年6月30日。

表 10.3　全社会杠杆率的变化（2005—2012）

年份	2005	2006	2007	2008	2009	2010	2011	2012
债务对 GDP 的比率	150%	148%	147%	146%	176%	184%	186%	194%

数据来源：李扬：《在博源基金会成立五周年学术讨论会上的讲话》，搜狐财经，2013 年 6 月 30 日，http://business.sohu.com/20130630/n380278916.shtml。

　　马骏团队和曹远征团队对发生债务危机的可能性的估计不像中国社会科学院那样乐观。马骏指出，由于资产的变现能力具有不确定性，还由于能否以低利率获得融资的能力不同，一个国家拥有的净资产是否为正值，对判断资产负债表的健康程度有一定帮助，但不能作为判断是否存在债务风险的主要标准。按照财政理论界和国际机构的共识，马骏团队和中国银行团队都把杠杆率即债务占 GDP 的比重看作衡量政府债务可持续性的主要指标。根据马骏的计算，2012 年中国政府资产负债表的杠杆率（债务 /GDP）为 18.7%，如果同时考虑地方债务、铁路债务、养老金缺口、医疗费用上升、环境治理成本上升等因素，在"不改革"的条件下，即财政收入占 GDP 的比重不变、非利息财政支出占 GDP 的比重不变、退休年龄不变、国有股份不划拨给社会保障基金、医疗保险体制不变、不通过变现国有资产为地方平台注资的情况下，政府资产负债表的杠杆率将不断提高（表 10.4）。

表 10.4　中国政府资产负债表杠杆率的变化

年份	2012	2015	2020	2030	2040	2050
中国政府资产负债表的杠杆率	18.7%	25.7%	33.1%	48.7%	84.7%	161.5%

数据来源：马骏等：《中国国家资产负债表研究》，第 184 页。

根据中国 GDP 增长率正在走低和债务特别是中国社会保障等隐性债务将在未来大幅度上升等实际情况，马骏团队和曹远征团队得出了相近的结论，认为虽然从 2012 年的即期情况看中国政府并没有面临明显的债务风险，但中长期的风险绝不容忽视。

马骏估计在没有政府额外财政支持的情况下，地方政府和铁路债务可能发生的不良资产率为 30% 左右。同时假设这些不良资产需要政府"买单"，根据目前的期限结构，对政府的财政压力将大部分在 2013 年至 2017 年的五年内发生。这样，每年政府额外负担的财政支出平均为 7000 亿元，总计 3.5 万亿元。[①]

根据国务院的要求，国家审计署在 2013 年 8—9 月组织了对全国政府性债务的全面审计，并在当年 12 月公布了审计结果。[②] 审计结果表明，截至 2013 年 6 月底，全国各级政府负有偿还责任的债务 20.70 万亿元，负有担保责任的债务 2.93 万亿元，可能承担一定救助责任的债务 6.65 万亿元（详见表 10.5）。截至 2012 年底，全国各级政府负有偿还责任的债务相当于当年 GDP 的 36.74%。

审计发现了以下问题：（1）地方政府负有偿还责任的债务增长较快。省市县三级政府负有偿还责任的债务余额 10.58 万亿元，比 2010 年底增加了 3.87 万亿元，年均增长 19.97%。（2）部分地方和行业债务负担较重。截至 2012 年底，有 3 个省级、99 个市级、195 个县级、3465 个乡镇政府负有偿还责任债务的债务率高于 100%。（3）地方政府性债务对土地出让收入的依赖程度较高。截至 2012 年

① 马骏：《中国国家资产负债表研究》，北京：社会科学文献出版社，2012 年，第 113 页。
② 中华人民共和国审计署：《全国政府性债务审计结果》，2013 年 12 月 30 日公布。

表 10.5　全国政府性债务规模　（单位：万亿元）

时间	政府层级	政府负有偿还责任的债务	政府或有债务	
			政府负有担保责任的债务	政府可能承担一定救助责任的债务
2013 年 6 月底	中央	9.81	0.26	2.31
	地方	10.89	2.67	4.34
	合计	20.70	2.93	6.65

数据来源：中华人民共和国审计署《全国政府性债务审计结果》

底，11 个省级、316 个市级、1396 个县级政府承诺以土地出让收入偿还的债务余额 3.49 万亿元，占省市县三级政府负有偿还责任债务余额的 37.23%。

于是，宏观经济政策出现了既不能松又不能紧的两难困境[1]：继续用扩张性的宏观经济政策来"扩需求、保增长"，无疑会使资产泡沫膨胀和资产负债表杠杆化的问题变得日益严重，增大发生系统性风险的可能；而采取紧缩性的宏观经济政策，又使国民经济面临"失速"[2]的危险。

10.4　对宏观经济政策的重新审视和改善宏观经济状况的艰巨任务

中国国民资产负债表的这种不良状况，推动了对宏观经济政策

[1] 吴敬琏（2010）：《对如何走出宏观经济两难困境的思考》，原载《中国经济观察》2010 年第 10 期；《吴敬琏文集》，北京：中央编译出版社，2013 年，第 1005—1014 页。

[2] "失速"（stall）的原义，是指飞机在前进时升力小于重力，造成飞机快速下降和操纵失效的状况。

的重新审视。国际经验表明资产负债表杠杆率过高常常会导致金融体系的系统性风险的发生。

美国经济学家明斯基（Hyman P. Minsky）早在 20 世纪 70 年代就提出了市场经济的"金融不稳定假说"。他指出，自由市场经济存在由稳定走向不稳定的内生机制。在经济繁荣时期，投资者会倾向于承担风险和大量举债，导致资产负债表中杠杆率上升和资产泡沫生成。当投资所产生的现金流不但不足以偿还其贷款，而且不足以偿付其利息的时候，就可能引发贷款人抽贷、大量企业资金链断裂、资产价值崩溃的金融危机。这一时刻，也被称为"明斯基时刻"（Minsky Moment）。[①]

2008 年全球金融危机爆发后，日本野村综合经济研究所的首席经济学家辜朝明（Richard Koo）在《大衰退：如何在金融危机中幸存和发展》[②]一书中提出，1929 年的大萧条、20 世纪 90 年代的日本金融危机以及最近的全球金融危机，都是由于靠资产负债表的高杠杆率支撑的资产泡沫爆破引发的"资产负债表衰退"。

美国经济学家莱因哈特（Carmen M. Reinhart）和罗格夫（Kenneth S. Rogoff）的驰名著作《这次不一样：800 年金融荒唐史》[③]，更在梳

---

① 海曼·P.明斯基（1986）：《稳定不稳定的经济》（中文修订版），石宝峰、张慧卉译，北京：清华大学出版社，2015 年。

② 辜朝明（2008）：《大衰退：如何在金融危机中幸存和发展》，喻海翔译，北京：东方出版社，2008 年；Richard Koo (2014). *The Escape from Balance Sheet Recession and the QE Trap*（《逃离资产负债表危机和数量宽松陷阱》）. Wiley。

③ 卡门·M.莱因哈特、肯尼斯·罗格夫（2009）：《这次不一样：800 年金融荒唐史》，綦相、刘晓峰、刘丽娜译，北京：机械工业出版社，2012 年。

理人类 800 年来多次金融危机的基础上指出：美国经济在 2007 年危机发生前的种种经济表现，如资产价格泡沫、攀升的杠杆率、长期高企的经常项目赤字以及缓慢的经济增长，"显示了一国金融危机的几乎所有迹象"。

他们指出的可能预示金融系统性风险的种种迹象，都在 21 世纪第一个十年后期的中国经济中显现出来，由此引发了激烈的宏观经济政策争论。

一种主张是用扩张性的宏观经济政策"扩需求、保增长"。主要措施是通过公共基础措施投资和中央银行"放水"（增加货币供应和扩张信用），进行大规模"铁公基"（铁路、公路、基础设施）建设。

这种主张在 21 世纪初期的争论中一直处在优势地位。特别是在 2008 年全球金融危机爆发以后，中国采取了用海量投资进行强刺激的政策拉升 GDP 增长率。

然而，强刺激只有短期效应。反复使用扩张性的宏观经济政策刺激经济增长的结果是：一方面，投资回报递减规律的作用很快显现出来，投入越来越多，对增长的拉动效果却越来越小。另一方面，正像辜朝明在前述著作中指出的，当出现杠杆率过高导致的"资产负债表衰退"时，货币政策是无效的。因为在"现金为王"的情况下，人们都不愿借债来进行长期投资。如果手里有钱，人们更愿意投在较易变现的资产上，而不是流动性低和不易抽身的实业上。于是，杠杆率加高和资产泡沫膨胀的问题就愈演愈烈。

从图 10.12 可以看到，2009 年实施两年 4 万亿元投资和一年 10 万亿元贷款的强刺激以后，很快就把 GDP 增长率拉升了 3—4 个百分点。从 2009 年第四季度到 2010 年第一季度甚至连续 3 个季度达到 10% 以上，然后就开始掉头向下。从那以后，几乎每年都会出

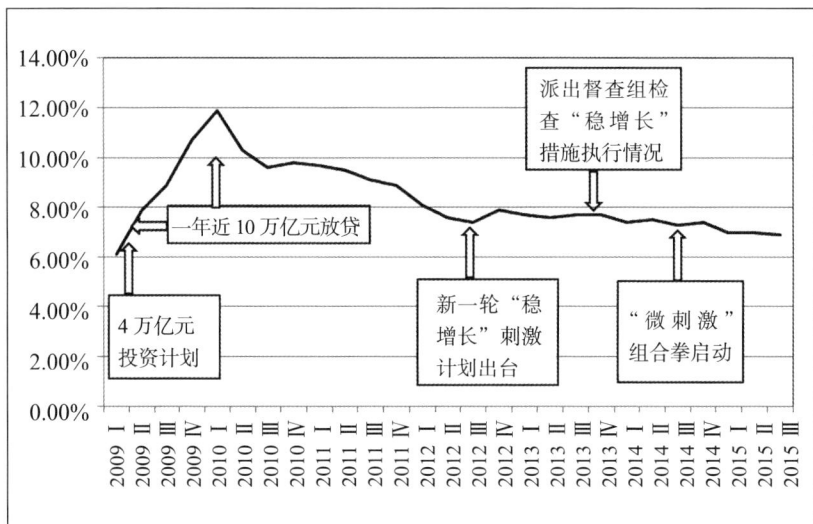

图 10.12　GDP 季度同比增长率（2009—2015）

数据来源：国家统计局、新华网

台一些保增长的刺激措施，刺激的力度并不弱，但是效果却每况愈下，回升的时效越来越短。到 2015 年甚至完全看不到它的提升作用，GDP 增长率仍然一路下行。从 2011 年到 2014 年的 4 年中，GDP 增长率分别是 9.2%、7.8%、7.7%、7.4%。2015 年上半年降到 7.0%，第三季度进一步降到 6.9%。

　　在这种情况下，另一些学者指出，过度使用刺激政策，其结果只能是进一步加杠杆，使风险加速积累。到 2015 年，有更多国内外研究提出，中国的杠杆率已经超出了 200% 的警戒线。各家计算的结果存在少量差异。例如，中国社会科学院的《中国国家资产负债表（2015）》[1]研究报告指出：2014 年，中国国民经济的杠杆率已从 2008 年的 170% 上升到 235.7%，6 年上升了 65.7 个百分点。另据麦肯锡

----

[1]　李扬等（2015）：《中国国家资产负债表（2015）》，北京：中国社会科学出版社，2015 年。

全球研究院的分析报告^①，2014年中国债务总额已从2007年的7.4万亿美元增加到28.2万亿美元，对GDP的比率从158%提高到283%。尤其值得注意的是，其中非金融企业的杠杆率，已经从2007年当年GDP的72%大幅度地提高到125%，大大超过了90%的公认警戒线（图10.13）。

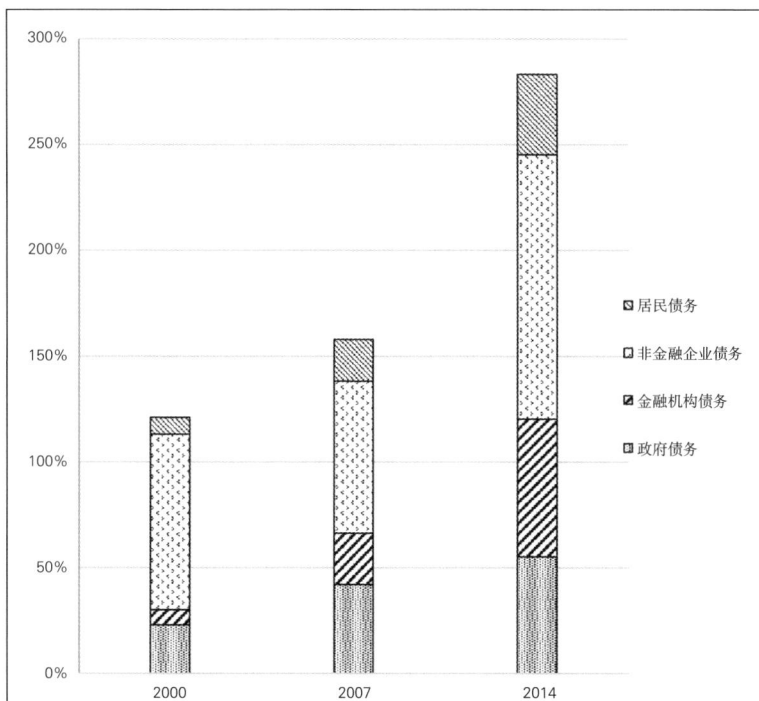

图 10.13　杠杆率（债务对 GDP 比率）加速提高

数据来源：McKinsey Global Institute: *Debt and (not much) Deleveraging*，2015年2月

从图10.13可以看到，从2000年到2007年，中国国民资产负债表的杠杆率虽然有所上升，但是速度并不是很快。以后就猛然加速。

---

① 麦肯锡全球研究院：*Debt and Deleveraging*（《债务与去杠杆化》），2015年2月发布。

到了 2014 年，总的杠杆率已经达到了 283% 的高位。其中特别是非金融企业（主要是国有企业）的杠杆率大大超出了公认的警戒线。[①]过高的杠杆率，意味着发生系统性风险的可能性增大。

于是中国经济出现了一种"按住了葫芦浮起了瓢"的"跷跷板反应"：当政府采取刺激措施稳住增长速度时，会造成加杠杆的结果；而一旦采取措施降低杠杆率时，又会使经济增长速度下滑。面对这种情况，唯一的应对办法，只能是在稳住大局、控制和化解风险、保证不发生系统性危机的条件下，把主要的注意力放在全面深化改革方面，依靠改革开放，提高供给效率和实现经济发展方式转型。只有这样，才能走出前面所说的两难困境，实现中国经济的持续稳定发展。[②]

① 也有论者认为，中国国民资产负债表的杠杆率远没有达到日本 400% 的高度，不存在发生系统性风险的可能。这些论者可能没有看到这样的情况：日本国民资产负债表的债务率虽高，但主要集中在政府的资产负债表中，企业的现金流仍然充裕，政府债务是由国家主权信用担保的，一般不易出现偿债危机。而在中国国民资产负债表中居于首位的是非金融企业债务，它们的杠杆率远远地超过公认的警戒线。于是，近年来企业资金链断裂和债务违约事件频频爆发，对发生系统性风险发出了必须高度关注的预警信号。

② 参见吴敬琏 2017 年 9 月 15 日在北京金融街论坛上的讲演。

第11章　腐败行为的蔓延

　　"反腐败"是中国领导人在改革开放之初就提出的一项严重任务。1978年中共十一届三中全会在开启改革的同时，恢复建立了中共中央纪律检查委员会。曾经担任十年中纪委书记的陈云在1980年11月提出了"执政党的党风问题是有关党的生死存亡的问题"的著名论断，[①]接着就从1982年1月起开展了声势浩大的"打击经济领域犯罪"的活动。根据1983年4月中纪委的统计，运动中受到开除党籍和其他党纪处分的达2.7万多人。[②]

　　不过由于制度缺陷没有得到弥补，对腐败分子的打击并没有能够遏制住腐败蔓延的势头。

　　正如我们在本书第4章中已经谈到过的，20世纪80年代"计划经济为主、市场调节为辅"的双重体制下孕育起来的寻租活动，最后导致了1988年的经济风波和1989年的政治风波。人们汲取了这方面的教训，在1990年以后采取一些改革措施遏制腐败蔓延的势头。

　　但是由于这些措施并没有完全消除腐败的源头，即权力对社会

---

① 陈云（1980）：《执政党的党风问题是有关党的生死存亡的问题》，《陈云文选》第三卷，北京：人民出版社，1995年，第273页。

② 陈云（1983）：《在党的十二届二中全会上的发言》，《陈云文选》第三卷，北京：人民出版社，1995年，第331页。

经济活动的干预，反腐败不可能取得决定性的胜利。

不仅如此，随着 21 世纪初期行政管控权力的加强和寻租活动体制基础的强化，腐败活动仍变本加厉地发生，造成了严重的社会经济后果。

因此，反腐败成为 21 世纪中国面临的最大政治课题之一。

11.1　90 年代铲除寻租制度基础的努力

在改革开放的早期阶段，针对党风不正的治理，共产党主要采取思想教育和用党纪国法约束干部的办法来扼制腐败的蔓延。但这种办法着重于治标，而非治本。在 80 年代后期，针对"官倒"问题的大讨论以后，人们的注意力逐渐转移到如何铲除寻租活动的制度基础上来。

由于邓小平认识到引起 1989 年政治风波的一个重要原因是大众对腐败不满，他在 1989 年 6 月 16 日与中共中央几位新晋升负责人的谈话中要求他们："做几件使人民满意的事情。主要是两个方面，一个是更大胆地改革开放，另一个是抓紧惩治腐败。""这次事件中，没有反对改革开放的口号，口号比较集中的是反对腐败。……对我们来说，要整好我们的党，实现我们的战略目标，不惩治腐败，特别是党内的高层的腐败现象，确实有失败的危险。""我们一手抓改革开放，一手抓惩治腐败，这两件事结合起来，对照起来，就可以使我们的政策更加明朗，更能获得人心。"[①]

----

① 邓小平（1989）：《第三代领导集体的当务之急》，《邓小平（转下页

20 世纪 90 年代初期重启改革以后，就陆续采取过一些措施来消除使寻租行为得以实现的制度基础，其中最主要的是：（1）推进市场化改革，实现双轨制向市场制并轨；（2）对行政许可进行限制，缩小政府审批的范围；（3）实行法治，把市场建立在规则的基础上。

我们在第 4 章里曾经谈过，中国政府在 20 世纪 80 年代中期曾经计划采用第一种方法，通过价格双轨制向自由价格制度的并轨来铲除寻租活动的主要制度基础，但是这一计划遭到许多人的反对，以致还没有开始执行就告终止。1988 年又曾计划用三年时间放开生产资料价格，但是由于与扩张性的宏观经济政策同时实施，一宣布就激发了全国性的商品抢购和银行挤提。接着就是由党政领导宣布："价格双轨制是我国一定历史条件下的产物，在商品经济还很不发达，市场远未发育的情况下，硬性取消看来是行不通的。""某些重要初级产品和原材料价格双轨制不可能也不应该在短期内取消。"改革的重点，回到完善国有企业承包制上。[①]

90 年代初期的改革，是以放开大部分生产资料价格开始的。

在 1988 年的经济风波特别是 1989 年的政治风波过后，实行了严厉的宏观经济紧缩政策。在管住了货币的情况下，价格自然回落，双轨价格也就逐步向市场价格并轨。因此，早在 1992 年邓小平南方谈话前后，钢材等大部分生产资料价格就风浪不惊地实现了市场化（表 11.1）。

（接上页）文选》第三卷，北京：人民出版社，1993 年，第 313—314 页。

[①]　赵紫阳：《在中国共产党第十三届中央委员会第三次全体会议上的报告（1988 年 9 月 26 日）》，《人民日报》，1988 年 10 月 28 日。

表 11.1　1978—1993 年不同价格形式比重变化

年份	商品零售			农产品			生产资料		
	国家定价	国家指导	市场价格	国家定价	国家指导	市场价格	国家定价	国家指导	市场价格
1978	97.0%	0%	3.0%	92.2%	2.2%	5.6%	100.0%	0%	0%
1985	47.0%	19.0%	34.0%	37.0%	23.0%	40.0%	64.0%	23.0%	13.0%
1986	35.0%	25.0%	40.0%	35.3%	21.0%	43.7%	—	—	—
1987	33.7%	28.0%	38.3%	29.4%	16.8%	53.8%	—	—	—
1988	28.9%	21.8%	49.3%	24.0%	19.0%	57.0%	60.0%	0%	40.0%
1989	31.3%	23.2%	45.5%	35.3%	24.3%	40.4%	—	—	—
1990	29.8%	17.2%	53.0%	25.0%	23.4%	51.6%	44.6%	19.0%	36.4%
1991	20.9%	10.3%	68.8%	22.2%	20.0%	57.8%	36.0%	18.3%	45.7%
1992	5.9%	1.1%	93.0%	12.5%	5.7%	81.8%	18.7%	7.5%	73.8%
1993	4.8%	1.4%	93.8%	10.4%	2.1%	87.5%	13.8%	5.1%	81.1%

注：表中数值为按三种价格成交的交易量百分比，按价值计算。

数据来源：《1978 年以来三种价格形式比重变化情况表》，《中国物价年鉴（2007）》，第 468 页。

　　一旦实现了商品的自由交换和双轨价格自发并轨，自然也就没有人能用倒买倒卖计划调拨物资批文的办法发财了。于是，随着市场放开和反映供求关系变化的价格引导资源的有效配置，商品供应日趋充裕，曾经猖獗一时的"官倒"等商品寻租行为就自然而然地烟消云散了。1994 年双重汇率向单一的市场汇率并轨，又堵塞了利用进口许可证取得低价外汇的寻租途径。

　　然而，绝大部分商品价格的放开，只取消了寻租活动的一小块领地，而没有消除它的全部制度基础。由于要素市场远远没有放开，行政权力仍然支配着资金、土地等资源的配置，这些领域的价格没有市场化。于是，信贷市场和土地批租成为新的腐败高发地带。

在城市化过程中，由于农民只拥有承包期间的使用权，在集体所有的农村土地转为国有城市用地的时候，政府从集体手中取得土地的征购价实际上是由征购方单方面规定的极低价格。因此，从 20 世纪 90 年代初期中国城市化进程加速以来，土地就成为寻租的渊薮（详见第 9 章第 3 节）。

另一方面，正如前面我们已经讲过的，只要有寻租的可能性，就会有人利用自己手中的权力"设租""造租"，通过扭曲改革政策或者其他手段，建立寻租的制度基础，创造寻租的机会。因此，在旧的双轨制得到消除的同时，还会不断出现新"双轨制"，使腐败问题愈演愈烈。

2004 年 3 月 8 日，温家宝总理到全国人民代表大会陕西代表团听取意见时指出："职能转变是我们政府改革的一项重大任务，过去政府管了许多管不了也管不好的事情，这也是人员膨胀、机构庞大、文山会海的根源，更为重要的是它束缚生产力，因此我们要转变政府职能，把应该交给企业、中介机构、市场的事情交出去，政府集中精力抓大事。"从 2004 年的第十届全国人民代表大会第二次会议以来，国务院政府工作报告都反复强调，把不应该由政府管的事交给企业、社会组织和中介机构，更大程度地发挥市场在资源配置中的作用。但是直到 2013 年新一届政府开展政府职能转变的改革，在这方面并没有取得突破性进展。在缩小政府审批的范围和改进监管方式方面，取得的成效也极其有限。

中国政府在改革审批制度方面采取的措施，一是在 21 世纪初进行的审批制改革，减少和改善行政审批；二是从 2004 年 7 月 1 日开始实施《中华人民共和国行政许可法》，限制各级政府任意设立行政许可；三是进一步完善证券市场的监管。

自由选择从事一切没有受到法律限制的活动，本来是公民天然具有的权利。因此，现代国家对公民行为选择的基本原则是"非禁即行"，也就是说，只要没有法律的明文禁止，公民有权从事任何自己属意的活动。[①] 但是在苏联式的"国家辛迪加"中，所有公民都从属于国家，所以它所遵循的是另外一种原则，即公民的任何活动都只能在政府划定的范围内进行，或以获得批准为前提。中国承袭这种传统，在各个领域设立了大量的行政许可，市场进入要在事前经过行政审批。

据不完全统计，2000 年国务院所属部门设立的各类行政审批事项达 4000 多项，各省、自治区、直辖市也在 2000 项以上。[②] 甚至一些县、乡政府也设立了自己的行政许可。

2000 年 4 月，时任中共中央纪律检查委员会书记的尉健行受到 20 世纪末期经济学界关于寻租问题讨论的启发，在广东考察时提出"从源头上反腐败"的问题。他指出，"权力的不正当运用是腐败的源头"，"这些年来一些领导干部严重违纪违法，不少的人就是滥用行政审批权力，个人违规批土地、批贷款、批建设工程项目等，从中收取巨额贿赂，走上了犯罪道路"。因此，"改革行政审批制度对从源头上预防和治理腐败具有重要作用。在改革行政审批制度的过程中，除了该取消的行政审批项目一定要取消外，对需要保留的行政审批项目，可以运用市场机制来运作的，要通过招标、拍卖等市场手段来处理；对不能通过市场机制运作的项目，尤其是那些容易发生以权谋私、权钱交易的项目的行政审批权力，必须进行合理分

---

① 即对市场进入实行"负面清单"制度。
② 新华社记者沈路涛等：《新闻分析：行政审批缘何过多过滥》，新华网，2002 年 8 月 25 日。

解，并加强相互之间的监督制约，防止少数人权力过分集中又缺乏内部监督、搞暗箱操作的弊端"。①

接着，中共十五届中央纪律检查委员会在 2000 年 11 月举行的全体会议上正式通过决议，要求"进一步加大从源头上预防和治理腐败工作的力度"。其中的首要工作，是"改革行政审批制度，规范行政审批权力"。为此，中共中央纪委要求各级政府部门清理行政审批项目，"可以取消的行政审批项目都要取消；可以用市场机制代替行政审批的，要通过市场机制来处理。确需保留的行政审批项目，要建立健全对权力的监督制约机制；要规范程序，减少审批环节，公开审批程序和结果，接受群众监督"。

中共中央纪委的这些规定确实抓住了腐败问题的要害，也得到了公众的支持。2001 年 10 月，国务院批转《关于行政审批制度改革工作实施意见的通知》（国发〔2001〕33 号），要求国务院所属各部门对本部门的行政审批项目进行彻底清理，并提出取消、保留、下放或转入市场运作的意见，然后由国务院行政审批制度改革领导小组办公室提出处理意见，经领导小组讨论后请国务院总理办公会议审议，最后以国务院决定的形式予以公布。

从 2002 年 11 月到 2004 年的 3 年中取消和调整了 1795 项行政审批项目。②

不过，一些靠审批取得寻租利益的人不但在清理过程中千方百计进行抵制和设法回避，而且总是窥伺方向，力图卷土重来。正像欧洲启蒙运动时期的思想家孟德斯鸠所说："任何拥有权力的人，都

---

① 见《尉健行在广东省深圳市等地考察时强调：加大从源头上预防和治理腐败力度》，《人民日报海外版》，2000 年 4 月 25 日。
② 历次《国务院关于取消和下放一批行政审批项目的决定》。

易滥用权力，这是万古不易的一条经验。"① "从源头上反腐败"的风头一过，许多行政审批和变相的行政审批就会死灰复燃。

2001—2004 年清理行政审批项目的经验表明，中国行政许可设立过滥的一个重要原因，是许多行政机构都有权设立行政许可。② 因此，需要对设立行政许可的权力进行规范。于是，启动了另外一项减少行政干预和寻租活动的措施，这就是 2003 年 8 月 27 日全国人民代表大会常务委员会通过、2004 年 7 月 1 日起施行的《中华人民共和国行政许可法》。

这部法律最重要的作用在于对设立行政许可的权力作出了限制，规定只有全国人民代表大会、全国人民代表大会常务委员会、国务院以及某些具有立法权的省、市人民代表大会才有权设立行政许可。所以，如果这部法律得到严格执行，过滥的行政许可设定将得到限制，行政审批事项将大幅度减少，从而有力地推动政府行为的规范化。为了加强法律的施行，国务院召开专门的会议，要求各级政府遵纪守法、认真贯彻。与此同时，国务院还发文宣布，在《中华人民共和国行政许可法》颁布以前存在的行政许可，除其中 500 项继续有效外，其余全部取消。

问题在于，这些措施没有得到严格执行。一些对违法设立的行政许可提出的行政诉讼也没有得到法院的受理和纠正。

更严重的逆转发生在 21 世纪初期出现经济过热以后，政府对

① 孟德斯鸠（1748）：《论法的精神》（上册），张雁行译，北京：商务印书馆，1961 年，第 154 页。
② 例如，2001 年 10 月国务院批转的《关于行政审批制度改革工作实施意见》，就确认国务院各部门有权根据国务院的决定、命令和要求设定行政审批。

经济的掌控全面加强，有关行政机关决定用"有保有压、有扶有控"的行政手段来调整经济结构和压缩过热的投资。于是，审批制度就以多种形式全面恢复甚至扩展，使矛盾进一步累积。

完善证券市场监管同样举步维艰。

证券市场是一个信息高度不对称的市场。比如说，普通的中小投资者（所谓"股民"）和上市公司（"内部人"）对公司情况的了解程度可以说天差地别。在这种情况下，如果没有严格的法治和监管，信息不对称造成的市场损失就会对信息弱势方造成严重损害，并给信息强势方带来巨额财富，从而造成市场机制的失效乃至溃散。

对股票市场行政监管的主要内容是合规性监管，目的就在于通过执行强制性信息披露制度，缓解信息不对称带来的问题，防止少数人利用信息优势损害广大股市投资者的利益。但是，中国长期采取了另外一种监管思路，把行政性审批作为主要的监管内容和手段。1993 年 5 月，国务院发布《股票发行与交易管理暂行条例》，建立起一套后来一直沿用的股票发行、上市交易以及收购兼并等行政审批制度。

这种监管制度的最大弊害，是造成了寻租活动的庞大基础，因为每增加一道审批，就增添了新的寻租可能性。一个公司的公开发行和上市，起先要经过省级党政机关的推荐，目前仍然保留着证券市场监管机构从发行规模到发行价格的多道审批，由此把申请上市的过程变成了一个复杂的多环节寻租过程，企业需要付出巨大的寻租成本。"上市难"也人为制造了一个"壳资源"市场。这是中国证券市场一种很不正常的现象，一个已经资不抵债的空壳上市公司的名号（所谓"壳资源"）出售价格高达数千万元，甚至数十亿元，因为走法定的审批程序所需付出的机会成本，包括打点各方的费用，也不低于此数。

曾经长期担任中国证监会领导职务的高西庆教授在1996年的一篇论文里一针见血地指出："仍然不能表明中国证券市场的管理层已经在强制性信息披露制度和实质性审查制度之间作出了任何倾向性的选择。实质性审查的权力仍然是证券市场管理层握在手中的一把'利剑'。证监会成立4年来，经其手批准发行、上市的公司已有360家之多，全国31个省（自治区、直辖市）、14个计划单列市主要领导人及各部门各级别、国务院各部委主管官员、各企业领导、工作人员等浩浩荡荡、络绎不绝、经年累月地出入证监会等国家行政部门，以求获得其地区、其部门、企业的公开发行权。放弃一个具有如此规模和深度的权力，对于任何一个机体特别是一个从传统的中央集权计划经济体制下生长出来的机体来说，都恐怕需要经历一场'从灵魂深处爆发的革命'！"①

面对混乱的股票市场，管理层从21世纪初制定和执行了一系列规范证券市场的法规和规章，加强了对证券市场的合规性监管。其中的一项改革，是股票发行从2000年开始实行从审批制向核准制过渡。与原来的审批制相比，核准制有四方面的改进，一是在名义上取消了额度控制；二是取消了地方和主管政府机构的推荐职能；三是在名义上发行价格由发行人和承销商根据对市场情况的了解和机构投资者的询价协商确定；四是突出了强制性信息披露要求，也相继出台一些旨在规范上市公司信息披露的制度，但与注册制相比，仍有很大距离。

---

① 高西庆：《证券市场强制性信息披露制度的理论根据》，《证券市场导报》，1996年10月，第4—17页。

2002 年 3 月，公安部证券犯罪侦察局正式挂牌，与证监会协同打击操纵市场、内幕交易等利用信息不对称进行的刑事犯罪活动。

在公司的内部治理方面，中国证券监管机构也出台了一整套健全公司治理结构的规章制度，引入了独立董事制度，明确了董事会对加强内部监管应负的责任，等等。

不过，所有这些改革还不足以扼制寻租活动发展的势头，而改革本身也因为触及某些人的特殊既得利益而走走停停，甚至重新回到原点。

事实上，当时就职于中国人民银行研究局的谢平和陆磊在 2002—2003 年开展的一项关于中国金融腐败问题的问卷调查发现，寻租行为在国内金融机构中大量存在。在 3561 份问卷中，81.8% 认为金融机构腐败交易"非常普遍"和"比较常见"。多数人认为金融监管腐败严重，而且被监管机构超额利润越高，则监管腐败越重。其中，压倒多数的人认为证券监管机构的腐败程度高于保险及银行监管者。在被监管的金融机构中，证券公司相对腐败程度为最。[①]

11.2 世纪之初政府管控增强对扼制腐败的负面影响

通过市场化、法治化改革铲除腐败制度基础的努力，在 21 世纪初期出现了逆转。从经济方面说，从 2004 年开始的行政审批的加强大大增强了寻租活动的体制基础。

① 谢平、陆磊：《中国金融腐败的经济学分析：体制、行为与机制设计》，北京：中信出版社，2005 年。

从 2003 年下半年开始，中国经济出现了"过热"的趋势。随即发生了政府内外对宏观经济形势判断和应对方针的讨论。当时大致有三种不同的看法：第一种观点肯定宏观经济出现了"过热"，主张采取适度从紧、相机微调的总量政策。第二种观点认为对增长的积极性要保护好，"气可鼓不可泄"，不必也不应踩动刹车。第三种观点认为中国经济只是出现了局部"过热"，而不是"全面过热"，政府不应对货币供应进行总量控制，而是要采取"有保有压、有扶有控"的措施，即在采取行政的和经济的手段扶植"偏冷部门"的同时，加强对"过热部门"的项目审批和投资控制。政府领导人先是在第一、第二两种意见之间举棋不定，然后从 2004 年初开始，采纳了第三种观点对宏观经济趋势的估计和他们主张的应对方针。

"调结构"的重点，是通过国家发展与改革委员会的项目审批和投资控制，同时配合财政政策和中央银行对商业银行的信贷指导来实现。由于国务院在当年发布的《对确需保留的行政审批项目设定行政许可的决定》中明确规定"涉及固定资产投资项目的行政许可仍按国务院现行规定办理"，而不予取消，[①]这就赋予了主管投资的行政机关极大的权力。所谓"过热行业"确定为钢铁、电解铝和水泥三个行业，以后随着国民经济在扩张性宏观经济政策的支持下越来越"热"，"过热行业"的名单也越来越长，投资项目控制的范围也越来越宽，使行政许可全面恢复，审批项目甚至比 2001 年以前还多。据著名法学家、中国人民大学副校长王利明教授说，到 2010 年底，国务院的审批项目达到 3600 多项，各省、自治区、直辖市的审批项

---

① 中华人民共和国国务院令第 412 号《国务院对确需保留的行政审批项目设定行政许可的决定》，2004 年 6 月 29 日发布。

目更达 54200 多项。[①]

2008 年全球金融危机爆发以后，中国政府采取"扩需求、保增长"的方针，大大强化了行政手段的运用。11 月 5 日，国务院作出在两年内以 4 万亿元投资拉动经济增长的决定。[②] 这一决定立即触发了各省份官员到掌握审批投资项目大权的国家发改委"跑项目""争投资"的热潮。一位财经评论人写道：在国家发改委驻地的北京三里河一带，"宾馆、酒店全部爆满，连深居于居民楼小区的如家快捷酒店也门庭若市，来晚的人只能被遗憾地告知，100 多个客房已经全部住满，甚至据说周围胡同的地下室也住满了来客，都是各省市来跑项目的"。他接着评论道："三里河的故事其实并不新鲜，'跑部钱进'成为人所共知的俚语已经有十几年，只不过在这个冬天，争夺项目的工作到了争分夺秒的地步。"[③]

21 世纪初期依靠政府主导资源配置实现的社会经济变迁，是由政府主导的城市化运动。在这场运动中，出现了土地这个规模巨大的寻租对象。在计划经济时期，国有土地是无偿划拨给国有企业使用的，不用计价付费。改革以后开始实行国家向使用者"批租"土地的办法。根据中国现行法律，农村土地属于集体所有，城市土地属于国家所有。地方政府用很低的价格将农村土地征购到自己手中，然后向使用者批租。巨额的差价成为不少地方政府主要的财政收入来源，形成所谓"土地财政"。与此同时，批与不批，多批少批，按

---

① 王利明：《市场主体法律制度的改革与完善》，《中国高校社会科学》，2014 年第 4 期。
② 《国务院常务会议部署扩大内需促进经济增长的措施》，中央政府门户网站，2008 年 11 月 9 日。
③ 黄一琨：《三里河的疯狂》，2008 年 11 月 18 日。

什么价格批，在很大程度上由当地官员决定。"有路子"的人用低价批到好地，一倒手就能几倍、十几倍、几十倍地赚钱，甚至第二手、第三手、第四手的人都能大发横财。如果再能够从国有银行拿到实际利率为负的贷款，那就真正做起了"无本万利"的生意。

在这样的情形下，20世纪90年代初期曾经有几个城市的地方政府一手操办起房地产投机热潮，腐败官员和不法商人也从中获得了巨大的利益。不过他们的好景并不长久。1993年宏观调控开始，铁腕整治金融，严查土地批租的腐败，几个曾经在政府主导的城市化运动中因土地批租和房地产投机而风光无限的中等城市的房地产价格一落千丈，土地管理部门的党政官员成片倒下，直到十年以后才逐步复苏。

到了世纪之交，中国迎来了城市化的高潮。在这场全国性的城市化运动中，土地征购和土地批租价格"双轨制"形成的巨大价差，不但成为地方政府的重要收入来源，也成为贪官污吏鲸吞公共财富的便捷途径。2002年末2003年初，各级党政领导进行换届，随后许多地方的新领导提出了规模宏大的"形象工程"和"政绩工程"计划。于是，出现了空前的投资热潮。在政府的各种"工程"中，能够接近权力的"红顶商人"得以暴利发家。这就使得与土地有关的腐败大案、要案、窝案层出不穷。

21世纪初掀起的"重化工业化"和政府主导的"造新城""造大城"高潮，使各级政府官员掌握了数十万亿元的土地差价收入，也造成了海量数额的寻租可能性。于是，与土地和投资有关的干部队伍中涌现出一大批涉案金额超过亿元的贪腐分子。省厅级官员"前腐后继"被判刑的也不是个别案例。例如，从1989年到2010年河南省交通厅连续四任党组书记、厅长因贪腐被判处重刑（其中一人为 15 年有期徒刑，3 人为无期徒刑）。

21 世纪初期贪腐的另一个重灾区是通过资本市场进行的寻租活动。

从资本市场建立之初，就存在证券发行监管执行行政审批为主，还是信息强制披露为主的"两种路线"之争，虽然在 21 世纪初期以信息披露为核心、从实质性审批向注册制逐步过渡成为改革的方向，但这一改革走走停停，步履维艰。多年以后，证券监管部门不仅仍然保留着对证券发行的实质性审批，还对发行的价格和节奏进行"窗口指导"，新股发行经常因为要保持证券市场"稳定"而被叫停，一些公司的申请甚至被"劝退"，增加了上市的成本和不确定性。证券发行审核还要承担"配合"选择性产业政策的任务。这样，从 2000 年开始实行的证券发行核准制就变得与审批制没有实质性差别。因此，不仅原有的上海和深圳主板市场"圈钱市""寻租市"的性质没有完全扭转，2009 年开市的创业板市场也存在有权力背景的资本"临门一脚""突击入股"，然后通过"三高（高发行价、高市盈率、高募集）发行"和变现退出获得以亿元计的财富，最后则是企业"业绩变脸""股价破发"（跌破发行价），连发行人都变现出逃等怪现象。

从政治方面说，在本书的前面章节中我们已经看到，每当改革处于关键时刻，都会有支持旧路线和旧体制的保守力量出面阻碍改革的进一步推进。21 世纪到来后，新一轮攻击的特点，是反对市场化改革的力量将大众对改革推进不力和体制缺陷造成的腐败猖獗、贫富差距悬殊的正当不满引向相反的方向，用来攻击市场化改革。

2003 年，曾任国务院发展研究中心副总干事的老干部马宾在他的追随者中传阅了一份名叫《杂记》的文件，歌颂"无产阶级文化大革命"，指责邓小平反对阶级斗争为纲是"彻底背叛马克思学说、列宁无产阶级专政下继续革命理论",号召进行反击。^① 在市场化改革的反对派进行思想整合以后，在众多的所谓"左派网站"上出现了一本题为《邓小平晚年之路》的专著，系统全面地批判了改革开放政策。^② 他们声称，改革使"私化、西化、腐化、分化基本完成，并且在制度上肯定下来"。^③

他们提出，改革犯了修正主义的路线错误，包括：在经济上，"私有化的步伐加快了"。"中央领导在上边极力号召各地'大力发展非公有制经济'，"这几年提出的'抓大放小'政策已经造成严重的后果"。在政治上，"继续推行自由化"，"抛弃马克思主义阶级斗争学说，背叛无产阶级专政"。"这两年，中央莫名其妙地提出一些没有阶级性和革命性的口号和主张，例如什么'以人为本''和平崛起''和谐社会''小康社会'等。"在外交上，"继续实行投降妥协的路线"。对"世界各国的民族民主革命和反对帝国主义的斗争……我们不仅不支持，反而跟着帝国主义屁股后面污蔑那些民族民主革命运动是什么'恐怖主义组织'"。^④

据此，他们主张彻底扭转1978年以来的改革开放的大方向，实行"再国有化"和"再集体化"："在城市，把在改革期间一切公有财产被私有化了的财产，全盘收归为社会主义全民所有。在农村，

---

① 马宾（2003）：《只有毛泽东思想才能救中国》，马宾：《纪念毛泽东》（白皮书），第59页。
② 水陆洲（2006）：《邓小平晚年之路》，连载于网络杂志《中国与世界》。
③ 马宾（2003）：《对于形势和任务，我们必须认真思考，注意掌握大局》，马宾：《纪念毛泽东》（白皮书），第180页。
④ 马宾（2005）：《关于对当前的形势的看法和建议》，《论形势和任务》（白皮书），2006年，第59—64页。

372

实行土地国有化、劳动集体化、生活社会化的三农政策。"政治上，则要高举"阶级斗争为纲"和"无产阶级专政下继续革命"的旗帜，为江青、张春桥、姚文元、王洪文等人"平反昭雪"，"七八年再来一次，进行几次，把无产阶级文化大革命进行到底"，实现"对党内外资产阶级的全面专政"。[①]

这种公然反对改革开放的宣传鼓动，受到支持改革的干部群众的坚决反对。2006年初，党政领导也出面表明态度，胡锦涛总书记2006年3月在全国人民代表大会上海代表团的讲话和2007年10月在中共十七大上代表十六届中央委员会向大会作报告时都重申："要毫不动摇地坚持改革方向，不断完善社会主义市场经济体制，充分发挥市场在资源配置中的基础性作用；改革开放符合党心民心，顺应时代潮流，方向和道路是完全正确的，成效和功绩不容否定，停顿和倒退没有出路。"

中共十七大以后，改革反对派做了策略上的调整。他们不再直接攻击党政领导，而是把矛头指向民营企业家、所谓"新自由主义经济学家"和支持改革的"公共知识分子"。同时运用在意识形态领域的优势，使改革污名化。

2004年，郎咸平教授连续发表讲演和研究报告，指认一些知名的民营企业在中小企业改制过程中侵吞国有资产。[②]他还进一步全盘否定正在进行中的国有企业改革，认为"国企效益不比民企效益

① 马宾（2003）：《继续革命》，马宾：《纪念毛泽东》(白皮书），第1—2页。

② 郎咸平：《质疑TCL产权改革方案》《成立海尔中建意在曲线MBO》《在"国进民退"盛筵中狂欢的格林柯尔》《批判主导中国产权改革的新自由主义学派》，《搜狐财经》，2004年6月17日、8月2日、8月16日、8月29日。

差"，"中国需要立刻停止国企产权改革"，"要大政府，中央集权，政府推动，产业整合，这是未来应该走的路"。①

郎咸平的论断遭到许多研究中国改革的经济学家的反驳。他们指出，国有企业改革中出现的问题，缘于国有企业的体制不健全和对官员权力缺乏制约。如果因为存在问题而否定改革的必要性，就无异于因噎废食，结果南其辕而北其辙。②

与反驳的观点相反，反对国企产权和市场化改革的人们发动了支持上述讲演的声势浩大的运动。先是十位经济学教授发表"学术声明"作出声援。③ 接着，一些研究机构和网站就开展了对所谓"新自由主义改革开放观"的大批判。这种以民间方式出现的大批判与由官方组织的对"新自由主义"和"华盛顿共识"的大批判④结合在一起，汇成了反对市场化改革、主张强化政府对市场的"驾驭"⑤或管控的潮流。

正如我们已经看到的，腐败的制度基础在于权力对微观经济活动的干预。因此，想用强化政府对市场的管控来扼制腐败，只能是产生强化腐败制度基础的作用。

① 《郎咸平：中国需要立刻停止国企产权改革》，凤凰网，2004 年 8 月 27 日。
② 韩朝华：《郎咸平真抓住问题的要害了吗？》，《搜狐财经》，2004 年 9 月 6 日；张文魁：《我与郎咸平的分歧是根本性的》，《国际金融报》，2004 年 9 月 3 日。
③ 程恩富、丁冰等：《关于郎咸平教授质疑流行产权理论和侵吞国有资产问题的学术声明》，《新浪财经》，2004 年 9 月 15 日。
④ 参见中国社会科学院"新自由主义研究"课题组：《新自由主义评析》，北京：社会科学文献出版社，2004 年。
⑤ 2002 年中共十六大报告《全面建设小康社会，开创中国特色社会主义事业新局面》明确提出，各级党委和领导干部要"不断提高驾驭市场经济的能力"。

11.3 腐败向其他社会领域的扩散

寻租活动体制基础的扩大，自然就造成腐败的迅速蔓延。

根据世界银行公布的腐败控制指标（Control of Corruption）[1]，中国的腐败程度在 2000 年以后有明显的恶化。

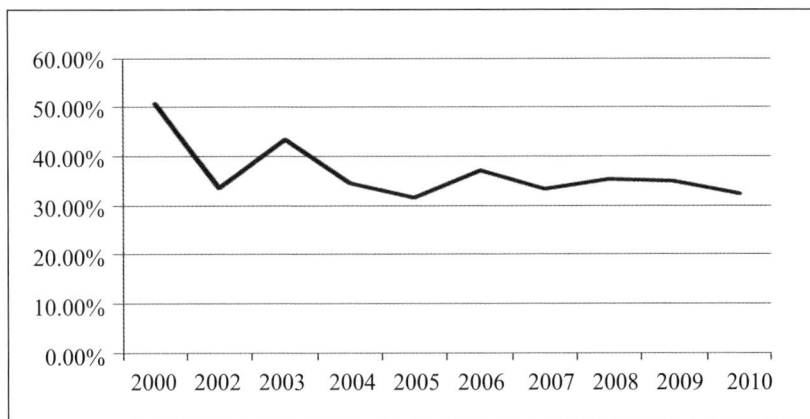

图 11.1　中国腐败控制强度的变化

数据来源：世界银行

21 世纪初期腐败猖獗程度可以从以下三方面来测度：

首先，腐败规模急剧扩大。根据中国经济体制改革研究会收入分配课题组《灰色收入与国民收入分配：2013 年报告》[2]，21 世纪初期以来，全国居民来源不明的"灰色收入"[3]以高于GDP增长率的速

---

[1]　腐败控制指标，是世界银行公布的全球治理指标（Worldwide Governance Indicators，WGI）项目每年公布的 6 大治理指标之一。该指标以百分制表示，数值越小表明治理强度越低，也就是腐败程度越高。

[2]　王小鲁：《灰色收入与国民收入分配：2013 年报告》,《比较》辑刊，2013 年第 5 期。

[3]　所谓"灰色收入"是指未见于正式统计、来源不明的收（转下页）

度迅速增加。2005 年全国居民灰色收入总额约为 2.44 万亿元，2008 年为 4.65 万亿元，2011 年达到 6.24 万亿元（见表 11.2）。

表 11.2　全国居民 2005 年、2008 年、2011 年可支配收入和灰色收入　（万亿元）

年份	2005	2008	2011
1. 居民收入 （国家统计局资金流量表）	11.29	18.59	28.50
2. 居民收入 （收入分配课题组推算数）	13.73	23.24	34.74
3. 灰色收入 （2-1）	2.44	4.65	6.24
4.GDP （收入分配课题组估计数）	19.95	34.19	51.03
5. 居民收入 /GDP （收入分配课题组推算数，2/4）	68.8%	68.0%	68.1%
6. 灰色收入 /GDP （收入分配课题组推算数，3/4）	12.2%	13.6%	12.2%

数据来源：国家统计局、王小鲁推算数据

从各类腐败活动中取得的巨额财富的一部分已经流向境外。据一些研究机构报道，近几年，从中国非法流出的资金已经从 21 世纪初的每年几百亿美元增长到上千亿美元。渣打银行的一份研究报告披露，2011 年中国大陆仅流入澳门赌场和通过澳门赌场流向世界各地的非法资金就达到 1850 亿美元，折合人民币 1.2 万亿元，比 2010

（接上页）入。关于灰色收入的来源是否主要是寻租腐败，历来存在争议。王小鲁认为"灰色收入主要是腐败、钱权交易、垄断以及利用制度漏洞进行寻租等行为的结果"。（见王小鲁：《灰色收入与国民收入分配》，《比较》辑刊，2010 年第 3 期。）罗楚亮、岳希明、李实则认为王小鲁研究中的最低收入组也存在灰色收入，削弱了灰色收入主要来源于腐败寻租这一结论。（见《再评王小鲁的灰色收入估算》，《比较》辑刊，2012 年第 2 期。）

年上升了 43%，比 2008 年至少有成倍的增加。[①]另据全球金融诚信组织的研究，2002—2011 年这 10 年，中国（大陆）因逃税、腐败和犯罪而产生的非法资金外流达 1.075 万亿美元，在全球各国非法资金外流中排名第一。其中，仅 2011 年就有 1513 亿美元资金非法外流。[②]

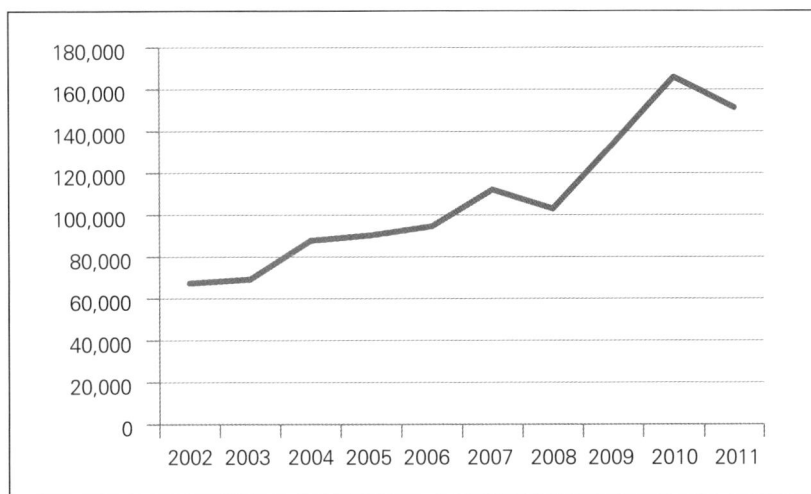

图 11.2　中国非法资金外流（2002—2011）（单位：百万美元）

数据来源：Dev Kar 和 Brian Le Blanc 在 "Illicit Financial Flows from Developing Countries: 2002—2011" 估算的数据。

　　第二，涉腐人员数量急剧增加。随着寻租活动制度基础的扩大，涉腐人员的数量也跟着增加，以致中共中央机关报《人民日报》下

[①]　王志浩（Stephen Green, 2011）：《中国——暖钱，炎钱，烫钱》，渣打银行《全球研究》（Global Research），2011 年 12 月 28 日。转引自王小鲁：《灰色收入与国民收入分配：2013 年报告》，《比较》辑刊，2013 年第 5 期。

[②]　Dev Kar and Brian LeBlanc (2013). Illicit Financial Flows from Developing Countries: 2002—2011. 见 https://gfintegrity.org/wp-content/ uploads/2014/ 05/Illicit_Financial_Flows_from_Developing_Countries_2002-2011- HighRes.pdf

属的《人民论坛》杂志也在 2010 年组织封面专题，讨论主要由官商勾结的腐败活动产生的"新富豪家族"问题。它写下了这样的批语："有关机构在 2009 年发布了中国 3000 家族财富榜总榜单，3000 个家族财富总值 16963 亿元，平均财富 5.654 亿元。进入总榜单的 1 万个家族，财富总值 21057 亿元，平均财富值 2 亿元。"文章还认为，"拥有深厚的政治与资本，故起步高，容易获得社会资源"的"红色家族"，正是这个新富豪家族的主体，以致在《人民论坛》组织的社会调查中，针对"影响新富家族群体形象的因素主要是哪些"的提问，居于回答首位的是"搞官商权钱交易"（占比 75.56%）。

国务院新闻办公室 2016 年 9 月 12 日发布的《中国司法白皮书》公布的统计数字表明，2012—2015 年的 4 年间，全国各级法院共审结 9.49 万宗贪污、贿赂案件，10.02 万人被判刑。

第三，腐败侵入党政军组织的肌体，在其领导机关中蔓延。经济领域的腐败必然导致政治领域的腐败。既然不受约束的行政权力具有很高的创造富豪的魔力，就必然有人愿意出高价收购。于是，"买官""卖官"的风气在 20 世纪 90 年代中期开始兴起，逐渐在党政机关中蔓延。进入 21 世纪后，"买官""卖官"现象趋于泛化，成为常规。2005 年爆出的中共黑龙江省委副书记韩桂芝、绥化市委书记马德"买官""卖官"案，涉及各级官员 900 多人，有多名省级官员、上百名地市级官员。此案当时曾被称为"建国以来最大的买官卖官案"。但是，从 2012 年中共十八大以后反腐运动揭露出来的情况看，实际情况要严重得多。这种被称为"窝案"的群体性官员贪腐活动，不仅存在于省和省以下党政机关，还侵入了党政军的高层机构。因贪腐落马的高官，包括中共中央政治局委员、中央军委副主席乃至中共中央政治局常务委员会委员。情况的严重程度使人触目惊心。

正是在这样的背景下，爆发了人民共和国成立以来第一次发生在省级层面上的系列贿选案件。

辽宁省在 2011 年的省委常委选举、2013 年的省人民代表大会常务委员会选举和同年的全国人民代表大会代表选举中，都发生了大规模贿选的违法行为。2016 年案件暴露后查明，辽宁省 2013 年选出全国人民代表大会代表 102 名，其中涉及贿选代表资格被取消的 45 名，占比 44.1%；同年选出的省人大代表 619 名，其中 523 名涉及贿选弊案，占比 84.5%；省人大常委会 62 名委员中，被终止代表资格的达 38 人，占比 61.3%，这使在职的常委会委员不足半数，因而该届省人大常委会已经无法履行职能。[①]

11.4 贫富差距的拉大和权贵资本主义的威胁

改革停滞和宏观经济政策偏差造成的最严重的社会后果，是贫富分化加剧。前面讲到的货币超发和通货膨胀、社会保障体系迟迟未能建设到位，都存在拉大居民收入差距的效应。腐败蔓延使少数掌握支配资源权力的贪官污吏和有寻租门道的人能够凭借权力掠夺大众，从而在短时间内积累了巨额财富，成为亿万富翁。

前面已说到，1995 年，中国人民大学的一项抽样调查表明，1994 年全国居民的基尼系数达到了 0.43 的高水平，超过了公认的 0.40 的警戒线。[②] 中国社会科学院经济研究所"收入分配课题组"根

---

① 参见《从辽宁人大贿选案看政商生态》，《安邦咨询·每日经济》，2016 年 9 月 20 日，总第 5297 期。

② 李强：《我国社会各阶层收入差距的分析》，《科学导报》，（转下页）

据两次住户抽样调查数据，对 1988 年和 1995 年全国的基尼系数进行了估计，它们分别为 0.382 和 0.452。[1] 世界银行《2006 年世界发展报告：公平与发展》公布的数据显示，中国居民收入的基尼系数已由改革开放前的 0.16 上升到 2001 年的 0.45。[2]

改革开放前的中国虽然存在大众的普遍贫穷，但并不是一个平等的社会。相反，它通过拉大货币分配与实物待遇、扩大级别差距的办法，全面强化了官僚体制，提高了极少数人的待遇，造成了社会的不平等。[3]

改革开放以后，邓小平在 80 年代初期提出"让一部分人先富起来"[4] 的政策，这一政策的本意，是让勤于劳动、善于经营的人先富起来，带动广大民众逐步实现共同富裕。在所有人都能享受体面生活的情况下，由于人们能力和机遇不同而形成的收入差别，本来是一种正常现象。

不正常的是，一方面，如同前面所说少数掌握支配资源权力的

（接上页）1995 年第 8 期。

[1] 赵人伟、格里芬（Keith Griffin）主编：《中国居民收入分配研究》，北京：中国社会科学出版社，1994 年；赵人伟、李实、李思勤（Carl Riskin）主编：《中国居民收入分配再研究》，北京：中国财政经济出版社，1999 年。

[2] 世界银行：《2006 年世界发展报告：公平与发展》，北京：清华大学出版社，2006 年。

[3] 杨奎松：《从供给制到职务等级工资制——新中国建立前后党政人员收入分配制度的演变》，《历史研究》，2007 年第 4 期。

[4] "农村、城市都要允许一部分人先富裕起来，勤劳致富是正当的。一部分人先富裕起来，一部分地区先富裕起来，是大家都拥护的新办法，新办法比老办法好。"见邓小平（1983）：《各项工作都要有助于建设有中国特色的社会主义》，《邓小平文选》第三卷，北京：人民出版社，1993 年，第 23 页。

贪官污吏和有寻租门道的人能够凭借权力成就暴富；另一方面，普通劳动者，包括国有企业的职工，特别是一般农民从改革中得益甚少，生活改善不大，甚至由于社会保障体系的阙如而使基本生活得不到保障。再加上通货膨胀使"从手到口"的工薪阶层的劳动所得遭到贬值。而无论是商品价格飞涨还是房地产、股票等资产价格飙升，对那些有权力倚靠的金融市场弄潮儿不但无害，而且可以趁机浑水摸鱼。在垄断部门的员工，也凭借其在市场上的特殊地位，轻松获得很高的收入。凡此种种，都加剧了因机会不平等而产生的贫富差距。

据国家统计局报告，2003—2010 年中国劳动者报酬在国民总收入中的比重不断降低（图 11.3）。[①]

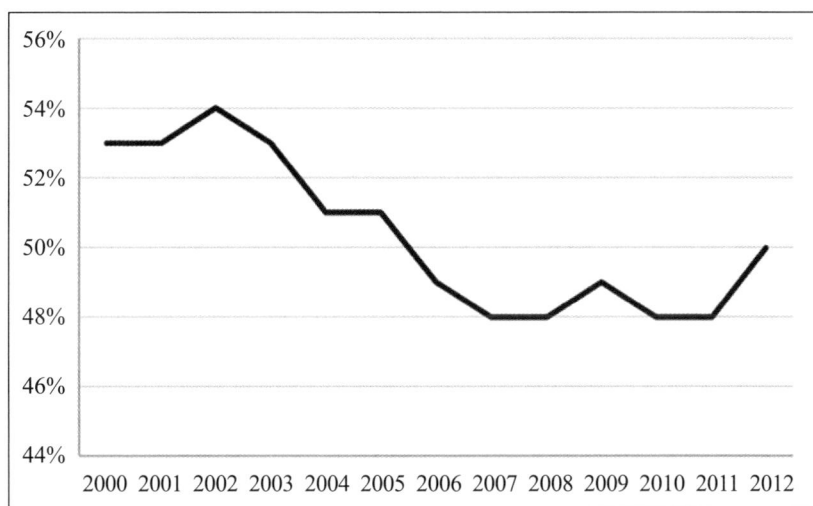

图 11.3　2000 年以来劳动者报酬占国民总收入的比重

数据来源：国家发改委、北京师范大学

①　转引自国家发改委就业和分配司、北京师范大学中国收入分配研究院：《中国居民收入分配年度报告（2014）》，北京：中国财政经济出版社，2014 年，第 5 页。

在平等的问题上，必须分清机会不平等和结果不平等这两种不同的情况。在中国的现实条件下，我们需要重点反对、极力消除的是机会不平等。结果不平等的影响是双重的：一方面是可以刺激劳动和经营的积极性，提高效率；另一方面对于有天生能力缺陷的人，则需要政府负起责任来，建立起能够保证低收入阶层基本福利的社会保障制度，为居民编织一个能够有效运转的"安全网"。至于机会不平等，则扭曲了竞争条件下形成的要素配置格局，导致资源错误配置，对于效率的提高只有负面的影响。反过来说，机会不平等的消除是跟效率提高正相关，而绝不是负相关的。实现机会平等只会有利于效率的提高，而不是相反。[1]

在中国，由于存在严重的机会不平等和权力寻租活动猖獗，20世纪90年代已经突破警戒线的贫富差距在21世纪初期进一步扩大。

从20世纪80年代后期起，中国的贫富差距急剧扩大。根据国家统计局公布的报告，中国居民收入的基尼系数在20世纪80年代初期为0.3左右，到2003年上升为0.479，2008年达到0.491的高点。2008年后有所下降，但到2012年该系数仍然高达0.474（图11.4）。

从分组的收入水平差距指标看，根据国家统计局城乡居民收入统计计算，2011年城乡10%最高收入家庭和10%最低收入家庭的人均可支配收入之比为23.6，超过所有发达国家和多数发展中国家。而根据中国经济改革研究基金会国民经济研究所王小鲁的推算，这一可支配收入之比高达67.0。[2]

----

[1] 吴敬琏：《妥善处理收入差距过大问题》，《中国经济时报》，2006年7月5日；《实现"机会平等"应有期》，《财经》，2005年第2期（总第125期）。

[2] 王小鲁：《灰色收入与国民收入分配：2013年报告》，（转下页）

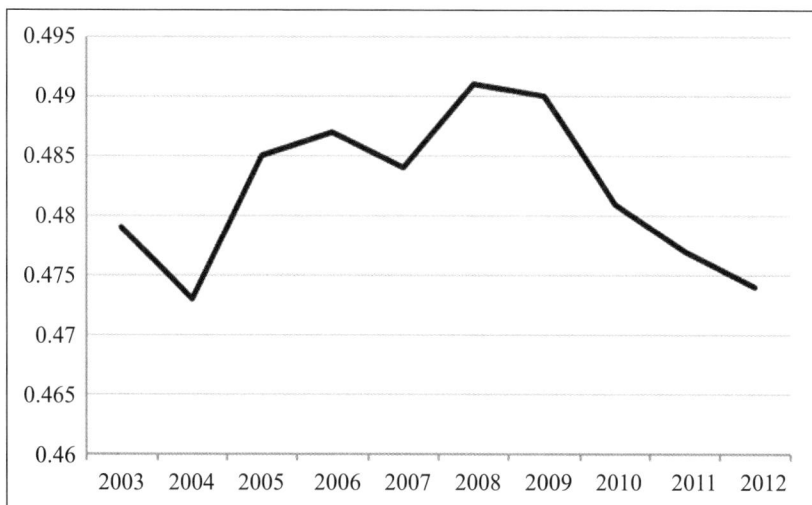

图 11.4　2003—2012 年中国居民收入基尼系数走势

数据来源：国家发改委、北京师范大学

　　更需要引起严重注意的是，近 10 多年来，中国家庭财产差距扩大的速度要远远超过收入差距扩大的速度。根据北京大学中国社会科学调查中心"中国家庭追踪调查"（China Family Panel Studies）的调查数据，1995 年中国家庭净财产的基尼系数为 0.45，2002 年为 0.55，2012 年上升到 0.73；顶端 1% 的家庭 2012 年占有全国 34.6% 的财产，而底端 25% 的家庭拥有的财产只占 1.2%。贫富差距的持续扩大，必然造成严重的社会矛盾，对社会稳定造成威胁。[①]

　　美国经济学家奥尔森（Mancur Olson）在《国家兴衰探源》一书中提出了特殊利益集团的概念，并对它进行了深入的分析。他指出，只代表一小部分人利益的特殊利益集团本质上是一种寄生性

（接上页）《比较》辑刊，2013 年第 5 辑。
① 中国家庭追踪调查网站。

质的"分利集团"。他们孜孜以求的不是竞争而是瓜分，不顾自己的行为对全社会造成多么巨大的损失，只希望坐收渔利。[①] 今天，有识之士莫不对"特殊利益集团"尾大不掉深感忧虑。这个问题不解决，再高的经济增长也不能给民众带来普遍的获得感和安全感。不公平的增长甚至可能成为社会动荡的导火索。

伴随着中国改革进程，社会利益结构也不断重组，新的利益群体、利益阶层和利益集团不断增生。其中一批人趁政府官员拥有支配资源的巨大权力和这种权力尚没有受到严格制约的机会，通过勾结官府发财致富，旦夕间成为豪富；另一方面又使大众因感到遭受剥夺和不公正对待而产生对市场化改革的不满。可以说，正是由于政治体制改革滞后产生了这种特殊利益集团，特殊利益集团形成后又成为社会经济改革的巨大阻力。

中国在20世纪末期形成的"半市场、半统制"的经济体制，是一种含有两种经济体制的过渡性经济。这种经济既可以前进到较为完善的市场经济，也可以退回到统制经济的老轨道去。如果各方面的改革受到阻碍，走向国家资本主义的倾向就会变得越来越明显。

所谓国家资本主义，就是国家资本以政治权力为依托，与其他资本展开竞争，进而形成市场控制力的一套政治经济体制。而且在特定的历史背景和缺乏民主法治的条件下，国家资本主义极有可能向权贵资本主义，即毛泽东定义的"封建的、买办的国家垄断资本主义"的官僚资本主义转化。如果没有步伐坚定的经济和政治改革

---

① 曼库尔·奥尔森（1982）：《国家兴衰探源：经济增长、滞胀与社会僵化》，吕应中译，北京：商务印书馆，1999年，第52页。

阻断这一路径，使之回归市场化、法治化和民主化的正途，就会锁定在这一路径中。而一旦路径被锁定，就会像诺斯（Douglas North）所说的那样，除非经过大的社会震荡，否则就很难退出了。[①]

---

① 道格拉斯·C.诺思（1990）：《制度、制度变迁与经济绩效》，杭行译，韦森译审，上海：格致出版社，2014年；参见吴敬琏（1995）：《路径依赖与中国改革》，《何处寻求大智慧》，北京：生活·读书·新知三联书店，1997年，第351—358页。

第12章　全面深化改革才能开辟光明未来

　　面对过渡体制下经济社会发展"两头冒尖"现象愈演愈烈的状况，在21世纪的第一个10年，爆发了两种对中国现实完全不同的估计和对未来发展根本对立的方针之间的激烈争论。

　　在这场争论的开始阶段，以强势政府推动经济高速发展为主要特征的所谓"中国模式论"居于优势地位。"中国模式论"者认为，这一模式的基本特征，是由强势政府驾驭市场和靠强势政府推动经济增长。他们还认为，"中国模式"将成为各国发展的楷模，并将引领世界潮流。不过随着讨论的深入，在历史对比和事实教育下，还是有越来越多的人清醒地认识到：中国一改前30年在超强政府管控下总体发展缓慢的状况，经济增速始终保持年增近10%的高速度，显然是由于从20世纪70年代末期开始的改革开放把人民大众的积极性和创造性解放出来；而近年来发展不平衡、不协调、不可持续问题加剧和社会矛盾积累，却是改革出现停顿的结果。所以，重启改革议程，加快建设统一开放、竞争有序的市场和维护公平正义的法治国家才是唯一的出路。

　　2012年11月召开的中共十八大顺应民心，作出了全面深化改革的决定。随后两年的中共十八届三中全会和四中全会又对如何建设统一开放、竞争有序的市场经济和法治国家作出了顶层设计和总体规划。

接下来的任务，就是如何克服重重阻力和障碍，落实全面深化改革的决定。能否做到这一点，将决定中国的命运与未来。

12.1 两种不同的估计和两种对立的方针

在本书的前面几章里，我们分析过中国在改革的推动下取得的巨大成就，以及由于新旧既得利益者的反对，改革在21世纪之初出现了停顿，并且因此而使经济和社会矛盾加剧。

对于这种"两头冒尖"的现象，有两种完全不同的解读。一种观点认为，两方面的现象都与改革的进展或缺失有关：一方面，市场经济改革为中国经济的崛起提供了基本的动力；另一方面，改革的放慢和停顿，国家对资源配置继续保持主导作用和对微观经济活动进行广泛干预等旧体制的严重存在，却妨碍了经济增长模式的转型和腐败活动的抑制，使各种消极现象愈演愈烈。反之，另一种观点则针锋相对地提出：目前中国面临的种种社会问题，都是来自市场经济改革，而中国之所以能取得震撼世界的成就，则是因为它有一个强大有力的威权主义政府，因而能够充分运用政府强大的资源动员能力和对社会的控制力，集中力量办大事，实现GDP高速增长等政府规定的目标。他们把这种具有统制经济特征的经济模式称为"中国模式"。

在21世纪初期的一段时间内，以标榜强势政府、海量投资和高速增长为特征的后一种观点，在中国公众论坛上占优势。在这种理论的引导下，原来已经成为主流观念的市场应当在资源配置中起主导作用等观念被一些人贴上"新自由主义"的标签而遭到批判和摒弃。

"中国模式论"最初被概括为与倡导自由市场经济的"华盛顿共识"[①] 相对立的"北京共识"。

在国内批判"新自由主义"和"华盛顿共识"的巨大浪潮中[②]，2004 年 5 月，时任美国智库布鲁金斯学会董事会主席桑顿（John Thornton）[③] 的办公室主任、清华大学教授，后任基辛格咨询公司常务董事的雷默（Joshua Cooper Ramo）发表题为"北京共识"的长篇研究报告。雷默认为，一些国家追随"华盛顿共识"不但没有取得成果，相反付出了严重的社会和经济代价，因而已经被这些国家所唾弃。他在报告中说，能够取而代之、成为世界楷模的，只能是中国。

---

① "华盛顿共识"（Washington Consensus）是英国经济学家 J. 威廉姆森（John Williamson）1990 年根据美国彼得逊国际经济研究所邀集国际货币基金、世界银行和美国财政部的研究人员，以及部分拉美国家代表在华盛顿召开的一次讨论会，对拉美一些国家应对本国严重通货膨胀和债务危机、进行经济改革的设想的讨论，概括成的 10 点政策建议。它们包括：（1）加强财政纪律，规避过高的财政赤字；（2）公共支出从发放补贴转向有利于增长和改善对贫困人群的服务，如基础教育、基本医疗保障和基础设施投资等；（3）拓宽税基和降低边际税率；（4）实现利率市场化和低度的正利率；（5）实现汇率自由化；（6）实现贸易自由化；（7）放开对外国直接投资的限制；（8）对国有企业进行私有化；（9）放宽政府管制，废除阻碍市场进入和限制竞争的规定；（10）依法保护财产权利。

② 何秉孟（2003）：《新自由主义及其本质——关于"新自由主义"的对话》，《中国社会科学学报》，2003 年 11 月 13 日。

③ 桑顿，美国律师，曾任高盛国际（Goldman Sachs International）联席首席执行官、高盛亚洲主席和布鲁金斯学会理事会主席。他在 2003 年从高盛退休以后，在北京的清华大学兼任教授，并在布鲁金斯学会设立桑顿中国研究中心。

中国开拓出了一条和"华盛顿共识"截然不同的以创新和试验推动变革、把重点放在生活质量的提高上、采取"非对称国防战略"捍卫国家主权的发展和富强的道路,即"北京共识"。凭借中国自身实力的增长和"北京共识"对其他国家作为榜样的吸引力,中国正在对美国形成挑战。

"北京共识"论一经提出,就得到国内外一些论者的高度评价。不过,雷默所称的"北京共识"论对中国发展道路的描述过于抽象和一般化,而且不时表现出对中国实际情况的一知半解。在这种情况下,更具有本土色彩的"中国模式论"就应运而生了。和许多人把中国经济高速增长看作由改革开放推动的看法不同,"中国模式论"的倡导者把中国经济的崛起归因于中国具有独特的体制模式。他们认为,"中国模式论"值得其他国家特别是发展中国家效法的主要特点和优点,应归结为"强势政府"和"政府主导"。

"中国模式论"的一位重要宣传者、日内瓦外交与国际关系学院教授张维为在他的"中国三部曲"中写道:自秦汉以来,中国实行的就是大一统体制,所谓"百代都行秦政法",强势有为政府的传统延续至今。在他看来,中国改革之所以取得成功,也是因为"中国历史形成的政府权威,长期革命中形成的政党权威都被用来推动中国现代化事业,用来组织落实各种改革措施,用来对改革中出现的各种矛盾进行协调"。"中国通过政府动员和劝导,大大降低了解决复杂矛盾的代价。""中国还发展了自己的'宏观整合力'。这种宏观整合力的基础包括了国家对土地、金融、大型骨干企业的控制权,包括了集中力量办大事的能力和宏观调控能力,也包括了大力推动民营经济实现跨越式的发展。"中国把"宏观整合力与市场机制结合起来,结果形成了世界最大的城市化进程、最大的房地产市场、最大的高速铁路网和世界第二大高速公路网，实现了高于发达国家的住房自有率，绝大多数农民的居住条件也大为改善"。中国的"中央政府发挥着对这个超大型国家提供宏观指导和保证稳定平衡的作用，而各级政府通过税收、土地和政策等资源，吸引投资，推动了地方的就业收入和社会繁荣，最后促进了整个国家的迅速崛起，可以说中央政府和地方政府都是推动中国经济发展的发动机"。"中国今天具有世界上最强大的行政组织能力。这从举办奥运会、世博会，应对金融海啸的过程中可见一斑。"在今后，中国还要"不断改进和完善我们的制度，最后实现对西方模式的全面超越，就像今天的上海超越纽约那样"。[1]

当时，最为"中国模式论"者乐于举出的政府具有神奇力量的证据，就是中共中央政治局前委员，后来因受贿、贪污和滥用职权被判处无期徒刑的薄熙来治下的重庆市。他们把当时重庆市政治经济的表现，称为"重庆奇迹"。[2]

例如，张维为在 2011 年实地考察了重庆以后在《求是》杂志的子刊《红旗文稿》上载文称，"我多次说过，中国正在探索超越西方模式的政治、经济和社会制度"。"我看重庆探索的内容非常广，已经形成了一整套做法。""这是政治家在做大事，有眼光，有魄力，有周密的可行性方案，有落实各项政策的执行力，所以使重庆成了一个创造奇迹的地方。"

事实上，薄熙来还掌握着重庆市民生死予夺大权的时候，一些严肃的学者已经通过缜密的研究，用翔实的材料揭露了所谓"重庆

---

① 张维为：《中国震撼》《中国触动》《中国超越》，上海：上海人民出版社，2016 年。

② 张维为：《重庆归来话重庆》，《红旗文稿》，2012 年第 2 期。

奇迹"的秘密[1]。

2012年3月，薄熙来被解除中共重庆市委书记的职务，4月被停止中共中央委员和中央政治局委员职务，10月被最高人民检察院立案侦查。黑幕被逐渐揭开。

薄熙来等人运用手中的国家机器，以"打黑"威慑社会，形成了明显的"寒蝉效应"，民众害怕因为言论遭到公权力组织或权力人物施予的刑罚或其他形式的惩罚，从而不敢或不再敢发表针对公权力组织处理公共事务的批评性言论。

而且，在"打黑"的过程中，重庆将涉案的私营企业和私营企业家的财产变相瓜分。据2010年9月《重庆日报》报道，重庆"打黑"共摧毁14个"重大黑社会性质组织"，立案侦办"涉黑涉恶团伙"364个，查扣涉案资产29亿元。在涉案人员财产的查封和扣押环节，主导者公安部门的行为缺乏外部监督；在执行环节，公安部门代替法院主导财产刑事执行。据《财经》杂志记者访问涉案企业家的代理律师得知，在终审判决前，相关落马者为保全性命，不敢主张财产权；在终审判决后，则不知如何主张财产权。至于其资产中哪部分涉黑，哪部分没有涉黑，已成糊涂账。[2]重庆公安部门对于相关资产的处理近乎"密不透风"，当事人亦无从了解。

在"中国模式论"的理论错谬凸显和所称的"重庆奇迹"政治上破产的大形势下，2012年春季以后，中国改革气候开始"回暖"，

---

① 童之伟（2011）：《重庆打黑型社会管理方式研究报告》，《中国宪法学研究会会议论文集》（下册），2011年10月22日。

② 重庆打黑没收的资产达上千亿元，但是有非官方消息称，进国库的只有10亿元。现金等资产不乏被顺手牵羊，不动产及其他有相当部分被低价转让给国企。见李庄：《重庆打黑没收的资产何止千亿》，南都网，2012年12月10日。

越来越多的人要求重启改革议程，而且许多人认为，下一轮改革不应局限于经济改革，而应当通过市场化的经济体制改革和法治化、民主化的治理体制改革，建立起包容性的经济体制和政治体制。于是，新的改革共识逐渐在各方面有识之士中形成。

与此同时，针对经济发展中存在的实际问题，一些地方政府和中央部门进行了一些试验性的改革探索。

例如，中国人民银行采取灵活措施，逐步走向存贷利率的市场化。中国证监会在采取措施改变实质性审批为主的监管方式，走向以强制性信息披露为主的合规监管。

根据 2010 年 5 月国务院批转的国家发改委《关于 2010 年深化经济体制改革重点工作意见》"推动国有资本从一般竞争性领域适当退出"的要求，上海市制订和执行了用 5 年时间将国有资本出资企业的行业跨度从 79 个收缩到 50 个的计划。①

广东省的一些体制创新特别值得注意，其中包括：（1）从深圳市开始的民间组织无主管设立的改革，接着就在广东省全省实施。这为"正确处理政府与社会关系，加快实施政企分开，推进社会组织明确权责、依法自治、发挥作用"②开启了先河，走出了最初的然而十分重要的一步。（2）在国家工商行政管理局的允许下，广东从 2012 年开始进行商事登记改革试点，改变过去行政管控色彩浓厚、准入条件过高、前置审批项目繁多、重审批轻管理等状况，压减前置审批事项，放宽登记准入条件，实行商事主体登记与经营项目审

---

① 丁波、刘颖：《上海国资退出之道》，《解放日报》，2010 年 12 月 8 日。
② 《中共中央关于全面深化改革若干重大问题的决定》，2013 年 11 月 12 日中共十八届三中全会通过。

批分离，由"先证后照"向"先照后证"转变。[①]接着 2013 年 10 月
国务院决定吸收广东试点经验，在全国推进企业登记制度改革。这
就成为以"法无禁止即自由"的"负面清单制度"取代"普遍的行
政准入制"，为自由企业制度运作准备条件的开端。

以上种种，都为 2012 年 11 月的中共第十八次全国代表大会和
之后的十八届三中全会取得重大突破奠定了基础。

12.2 中共十八大和十八届三中全会的重大突破

2012 年 11 月召开的中共第十八次代表大会不负众望，决定"以
更大的政治勇气和智慧，不失时机深化重要领域改革"。这意味着中
国共产党决定重启改革议程。在经济改革方面，要"坚持社会主义
市场经济的改革方向"，"处理好政府和市场的关系"，"在更大程
度更广范围发挥市场在资源配置中的基础性作用"；在政治改革方
面，要"加快推进社会主义民主政治制度化"，"实现国家各项工作
法治化"。

中共十八大确定全面深化改革的方针以后，各界人士对新一轮
改革的顶层设计、实施改革的路线图和时间表进行了深入的讨论。
汇集了 50 位中国资深经济学家的思想库中国经济 50 人论坛对如何

---

① "先证后照"即从事有前置许可的经营项目的市场主体，需要先到
行政许可审批部门办理有关许可证以后，再到工商部门申请办理营
业执照。"先照后证"以后，创业者只要到工商部门领取营业执照，
就可以从事一般性的（不需要行政许可的）经营活动，如果要从事
需要行政许可的经营活动，再向主管部门申请。这就为企业发展争
取了大量时间。

制定全面深化改革的顶层设计和路线图，以及顶层设计的重点内容提出了全面的建议。[①]此外，还有一些研究机构也提出了自己的建议。在广泛吸收各界人士提出的建议的基础上，以习近平总书记为组长的中共十八届三中决定起草小组经过 6 个月的努力，为中共中央起草了《中共中央关于全面深化改革若干重大问题的决定（讨论稿）》。2013 年 11 月的中共十八届三中全会通过了《中共中央关于全国深化改革若干重大问题的决定》（以下简称十八届三中全会《决定》），对全面深化改革，特别是经济改革作出了顶层设计和总体规划。

十八届三中全会《决定》对过去几年有着激烈争论的改革重大问题作出了中央委员会的判断，并根据这些判断对今后全面深化改革的具体措施进行了部署。

十八届三中全会《决定》在一开始就开宗明义地指出："全面深化改革的目标是完善和发展中国特色社会主义制度，推进国家治理体系和治理能力的现代化。"这一宏伟目标，是要靠全面深化经济改革和政治改革来达到的。

十八届三中全会《决定》把经济体制改革确定为全面深化改革的重点。并且指出，经济改革的"核心问题是处理好政府和市场的关系，使市场在资源配置中起决定性作用和更好发挥政府作用"。"市场决定资源配置是市场经济的一般规律，健全社会主义市场经济体制必须遵循这条规律，着力解决市场体系不完善、政府干预过多和监督不到位问题。"习近平总书记在全会上对《中共中央关于全面深化改革若干重大问题的决定（讨论稿）》所做的说明指出："进一步

---

① 吴敬琏（2013）：《中国改革：总体方案和当前举措》，吴敬琏：《直面大转型时代》，北京：生活・读书・新知三联书店，2014 年，第 247—252 页。

处理好政府和市场关系，实际上就是要处理好在资源配置中市场起决定性作用还是政府起决定性作用这个问题。"这样，就为全面深化经济改革指明了方向。

在明确了经济改革这一核心要求以后，重要的任务是建立起一定的体制和机制去实现这一要求。

从这个视角看，十八届三中全会《决定》的另一个极为重要的论断，是重提 1993 年中共十四届三中全会关于"建设统一、开放、竞争、有序的市场体系"的论断 [①]，指出"建设统一开放、竞争有序的市场体系，是使市场在资源配置中起决定性作用的基础"。这一提法之所以重要，是因为统一开放、竞争有序的市场体系体现了市场制度的本质特征，它切中中国现有经济体制的时弊，并且为全面深化改革所要达成的体制目标规定了基本框架。

这一规定，切中中国现有经济体制存在的突出弊病和主要缺陷。这些弊病和缺陷表现在以下五个方面：一是"条块分割"、市场碎片化，需要建立统一的，即一体化的市场；二是对不同所有制、不同属地的企业实行差别待遇和过多的投资准入限制，使市场难以形成公平竞争的局面，需要对所有市场主体平等开放；三是政府行政干预过多，行业和地方保护，以及广泛存在的行政垄断使市场失去了不可或缺的竞争性质，因此需要贯彻竞争政策，恢复和保持市场的竞争性质；四是市场无序，官商勾结，干预市场，采用不正当手段的恶性竞争手法泛滥，要建立在法治基础上的有序竞争；五是各类

---

① 1993 年 10 月中共十四届三中全会通过的《中共中央关于建立社会主义市场经济体制若干问题的决定》指出："发挥市场在资源配置中的基础性作用，必须培育和发展市场体系……形成统一、开放、竞争、有序的大市场。"

市场的发展程度参差不齐，商品市场发展也许还可以说差强人意，要素市场就发育程度低下，秩序混乱，需要加快市场体系建设。

为了建立具有以上特征的市场体系，需要进行多方面的改革。在十八大后的研讨中，学者们提出了多项改革建议，十八届三中全会《决定》也提出了若干具体要求。

首先，归属清晰、权责明确、保护严格的现代产权制度是市场制度的基础。为了确立市场经济的产权制度基础，十八届三中全会《决定》指出："公有制经济和非公有制经济都是社会主义市场经济的重要组成部分，都是我国经济社会发展的重要基础"，"公有制经济财产权不可侵犯，非公有制经济财产权同样不可侵犯"，"国家保护各种所有制经济产权和合法利益，保证各种所有制经济依法平等使用生产要素、公开公平公正参与市场竞争、同等受到法律保护"；"坚持权利平等、机会平等、规则平等，废除对非公有制经济各种形式的不合理规定，消除各种隐性壁垒，制定非公有制企业进入特许经营领域具体办法"等规定，都需要认真落实。目前土地产权制度存在很大的缺陷，它既使农民的财产权利受到限制，也不利于新型城镇化的推进。要在土地赋权、确权的基础上，建立城乡统一的建设用地市场。"在符合规划和用途管制前提下，允许农村集体经营性建设用地出让、租赁、入股，实行与国有土地同等入市、同权同价。"

第二，由市场竞争形成价格的制度，是整个市场制度的核心。只有以通过竞争形成并能反映资源稀缺程度的价格进行自由交换，市场经济有效配置资源和形成激励兼容机制这两大基本功能才有可能实现。因此，建立市场体系的一个必要前提，就是实现价格市场化，使价格能够灵活地反映市场的供求状况。为此，十八届三中全会《决定》规定的基本原则是："凡是能由市场形成价格的都交给市场，政府不进行不当干预。"具体来说，要实现人民币汇率形成机制的市场化，加快推进存贷款利率的市场化；推进水、石油、天然气、电力、交通、电信等领域价格改革，放开竞争性环节（非自然垄断环节）的价格；政府定价范围主要限定在重要公用事业、公益性服务、网络型自然垄断环节。对于行政规定的价格，也要提高透明度，接受社会监督。

第三，认真推进国有企业改革。世纪之交确定的国有企业改革的重大措施，有许多并没有得到落实。例如电力部门放开竞争性环节的经营、竞价上网等改革，就没有能够实现。有些部门的改革，如铁路部门的改革，就在 2005 年以后停顿了下来。这些改革都需要恢复进行。此外，十八届三中全会《决定》提出了国家对国有企业的管理从目前这种"管企业"（"管人、管事、管资产"）的办法，转向"以管资本为主"。这是一条很重要的原则，必须努力落实。

第四，竞争是市场制度的灵魂。必须完善竞争政策，约束市场霸权和不正当竞争。目前执行竞争政策的最大障碍之一是由政府法令规定的，而现行反垄断法又对行政垄断做了网开一面的规定。[①] 显然，这类不合乎竞争要求的规定应当加以修订。即使对于国有资本继续控股经营的自然垄断行业，也要按照十八届三中全会《决定》"实行以政企分开、政资分开、特许经营、政府监管为主要内容的改革，根据不同行业特点实行网运分开、放开竞争性业务，推进公共资源配置市场化"。

---

① 2008 年出台实施的《中华人民共和国反垄断法》第七条规定："国有经济占控制地位的关系国民经济命脉和国家安全的行业以及依法实行专营专卖的行业，国家对其经营者的合法经营活动予以保护。"许多法学家认为，这无异于对行政垄断开了方便之门。

第五，根据市场经济和法治国家"非禁即行"的通例，实行市场进入负面清单制度，凡是清单之外的领域，各类市场主体都可以平等进入。与此同时，要推进工商注册制度便利化，削减资质认定项目，由先证后照改为先照后证，把注册资本实缴登记制逐步改为认缴登记制，如此等等。根据十八届三中全会《决定》的要求，党政领导机关要进一步简政放权，深化行政审批制度改革。市场机制能有效调节的经济活动，一律取消审批，对保留的行政审批事项要规范管理、提高效率。

在如何处理好政府和市场关系的问题上，十八届三中全会《决定》也指出了问题的另外一个方面，这就是"更好发挥政府作用"。

十八届三中全会《决定》在"发挥政府作用"前面加上了"更好"的限定语，是意味深长的。这里的关键问题是，怎样才算是克服了政府作用发挥得"不好"的问题——例如十八届三中全会《决定》所指出的政府"干预过多""监管不到位"等缺点——使政府的作用得到更好发挥？过去中国政府领导人在对全国人民代表大会的工作报告中多次说过，多年来，各级党政领导机关管了许多自己不该管也管不好的事情；而许多政府应该管的事情，又没有管或没有管好。广泛的行政干预和直接介入，以及国有大企业的行政垄断，压制了企业作为市场主体、技术创新主体的主动性和创造性。这使市场难以发挥其有效配置资源和建立激励兼容机制的作用。所以，要正确地发挥政府的作用，首要的事情，就是界定政府的职能，改变过去政府"手伸得太长"的状况，"大幅度减少政府对资源的直接配置"，把它们改造为宪法和法律约束下的有限政府和有效政府。

正因为这样，十八届三中全会《决定》对政府的职能作出了明确的界定，指出"政府的职责和作用主要是保持宏观经济稳定，加强和优化公共服务，保障公平竞争，加强市场监管，维护市场秩序，推动可持续发展，促进共同富裕，弥补市场失灵"。总而言之，政府的职责和作用，是提供市场无法提供的公共品。

首先，通过宏观经济管理保持经济稳定是政府的一项基本职责。不过中国经济管理体系是由计划经济体系和选择性产业政策演化而来，还带有明显的计划经济体制的印记。"宏观经济管理"本来指的是对货币总量、财政总量的管理，可是许多人将政府对个体微观经济活动进行干预也说成是"宏观调控"。这就使党政机关实施宏观管理的行为发生向微观干预转化的扭曲。还有一种情况是把在货币超发的情况下防止通货膨胀，稳定物价总水平混同于实行物价管制和行政定价。这样一来，不仅物价总水平没有从源头上管住，反而破坏了市场通过反映资源相对稀缺程度即供求状况变化的价格变化实现资源有效配置的基本机制，用行政权力完全取代了市场配置资源的功能。十八届三中全会《决定》正本清源，明确指出，宏观调控就是以财政政策和货币政策为主要手段，保持经济总量平衡，以此来稳定市场预期，保证市场发挥功能，促进重大经济结构协调和生产力布局优化，减缓经济周期波动影响，防范系统性风险。这与现代市场经济的宏观经济管理理念相一致。按照这样的原则进行宏观经济管理，就可以避免政府在经济管理方面的错位和越位行为，加强宏观稳定政策的针对性和有效性。

其次，加强和优化公共服务是政府的另一项基本职责。在各种政府必须提供的公共服务中，为市场的有效运行建立一个良好的制度环境是重中之重。十八届三中全会《决定》一方面要求"最大限度减少中央政府对微观事务的管理，市场机制能有效调节的经济活动，一律取消审批"；另一方面要求"保障公平竞争，加强市场监管，维护市场秩序"，"建立公平开放透明的市场规则"，都体现了进一步强化这一方面职能的要求。

十八届三中全会《决定》并不把改革局限在经济领域。既然"全面深化改革的总目标是完善和发展中国特色社会主义制度，推进国家治理体系和治理能力现代化"，进行政治体制改革也就成为题中应有之义了。

以中共十五大和十六大确定的"发展社会主义民主政治""建设社会主义法治国家"和"提升社会主义政治文明"[1]为基础，十八届三中全会《决定》在它的全文 16 章中用了 5 章的篇幅讨论最重要的政治体制改革问题，它们是：第 4 章"加快转变政府职能"；第 8 章"加强社会主义民主政治制度建设"；第 9 章"推进法治中国建设"；第 10 章"强化权力运行制约和监督体系"；第 13 章"创新社会治理体制"。

为了推进法治中国的建设，2014 年的中共十八届四中全会作出了《中共中央关于全面推进依法治国若干重大问题的决定》（以下简称十八届四中全会《决定》），对依法治国和建设法治国家作出进一步的阐明。

十八届四中全会《决定》首先指出："同党和国家事业发展要求相比，同人民群众期待相比，同推进国家治理体系和治理能力现代化目标相比，法治建设还存在许多不适应、不符合的问题。"这些

---

[1] 江泽民（1997）：《高举邓小平理论伟大旗帜，把建设有中国特色社会主义事业全面推向二十一世纪——在中国共产党第十五次全国代表大会上的报告（1997 年 9 月 12 日）》，《人民日报》，1997 年 9 月 22 日；江泽民（2002）：《全面建设小康社会，开创中国特色社会主义事业的新局面——在中国共产党第十六次全国代表大会上的报告（2002 年 11 月 8 日）》，《人民日报》，2002 年 11 月 18 日。

问题的主要表现是："有的法律法规未能全面反映客观规律和人民意愿，针对性、可操作性不强，立法工作中部门化倾向、争权诿责现象较为突出；有法不依、执法不严、违法不究现象比较严重，执法体制权责脱节、多头执法、选择性执法现象仍然存在，执法司法不规范、不严格、不透明、不文明现象较为突出，群众对执法司法不公和腐败问题反映强烈；部分社会成员尊法信法守法用法、依法维权意识不强，一些国家工作人员特别是领导干部依法办事观念不强、能力不足，知法犯法、以言代法、以权压法、徇私枉法现象依然存在。"

十八届四中全会《决定》指出："这些问题，违背社会主义法治原则，损害人民群众利益，妨碍党和国家事业发展，必须下大气力加以解决。"

十八届四中全会《决定》还对改革的一些重要内容做了阐明，其中包括：第一，完善以宪法为核心行使审判权和检察权的制度。法院、检察院依法独立公正行使职权，保证公正司法，提高司法公信力。第二，强调"坚持依法治国首先要坚持依宪治国，坚持依法执政首先要坚持依宪执政"。要完善全国人大及其常委会宪法监督制度和加快建设法治政府。

十八届四中全会《决定》要求："最大限度集中全党全社会智慧，最大限度调动一切积极因素，敢于啃硬骨头，敢于涉险滩，以更大决心冲破思想观念的束缚、突破利益固化的藩篱，推动中国特色社会主义制度自我完善和发展。""到 2020 年，在重要领域和关键环节改革上取得决定性成果，完成本决定提出的改革任务，形成系统完备、科学规范、运行有效的制度体系，使各方面制度更加成熟更加定型。"

12.3 全面深化改革必须克服种种阻力和障碍

中共十八大决定"以更大的政治勇气和智慧全面深化改革",十八届三中全会和四中全会又对如何进行改革作出了顶层设计、路线图和时间表,这些决定方向明确、措施有力,使人心受到鼓舞。然而,根据 30 多年改革的历史经验和对当前现实情况的分析,通过正确的决议只是实现改革大业的第一步,并不意味着今后一切就会一帆风顺地凯歌前进了。恰恰相反,改革的推进,必然遇到种种阻力和障碍,只有通过矢志不渝的努力才能得到实现。

首先,改革必然会遇到来自旧意识形态的阻力。中国从公元前 221 年建立起嬴秦的大帝国,就以皇权专制作为国家的根本制度。以后的两千余年"百代都行秦政法"[1],保持着这种政治格局。汉武帝刘彻(公元前 141 年—前 87 年在位)虽然"独尊儒术",但实际上还是"儒表法里""霸王道杂之"。[2] 在中华人民共和国成立以后的相当长时期中,对于被称为"封建主义"的"秦政"没有进行系统的清理和批判。[3] 以后又"走俄国人的路",以苏联的经济和政治体制模式作为对干部进行教育的基本内容。到了"文化大革命"期间,又

---

[1] 中共中央文献研究室编:《建国以来毛泽东文稿》(第十三册),北京:中央文献出版社,1987 年,第 361 页。

[2] 汉宣帝刘询(前 91—前 49)教训崇尚儒家的太子刘奭说:"汉家自有制度,本以霸道杂之,奈何纯任德教,用周政乎?"(见《汉书·元帝纪》)或者如同晚清时期的杰出思想家谭嗣同(1865—1898)所说:"二千年来之政,秦政也,皆大盗也;二千年来之学,荀学也,皆乡愿也。惟大盗利用乡愿,惟乡愿工媚大盗。"(谭嗣同:《仁学》)

[3] 《邓小平文选》第二卷,北京:人民出版社,1994 年,第 328—338 页。

进行过所谓"无产阶级专政下继续革命理论"的长期灌输，以致错误的思想意识仍然对人们有深远的影响。为了实现改革的伟大工程，必须有效应对来自落后的思想意识和习惯势力的阻力。

正如邓小平1980年8月18日在中共中央政治局的著名讲话《党和国家领导制度的改革》中所指出的："旧社会留给我们的，封建专制传统比较多，民主法制传统比较少。"在新民主主义革命的过程中，"肃清思想政治方面的封建主义残余影响这个任务，因为我们对它的重要性估计不足，以后很快转入社会主义革命，所以没有能够完成"，以致党和国家领导制度的"种种弊端，多少都带有封建主义色彩"。所以，"应该明确提出继续肃清思想政治方面封建主义残余影响的任务，并在制度上做一系列切实的改革"。"肃清封建主义残余的影响，重点是切实改革并完善党和国家的制度，从制度上保证党和国家政治生活的民主化、经济管理的民主化、整个社会生活的民主化，促进现代化建设事业的顺利发展。"①

其次，来自特殊既得利益和贪腐势力的抵抗。如果说观念上的障碍可以通过人文社会科学知识的普及和正确的社会舆论引导来加以克服，特殊既得利益方面的障碍将更加严重。

十八大以来反腐运动揭露出来的严重情况表明，由于近年来权力寻租活动制度基础的扩大，在党政军机构和商界乃至学界已经形成了庞大的贪腐势力。这种势力不会甘于让市场化、民主化、法治化的改革挖掉他们得以发财致富的制度基础，因此，他们必然会做拼死的抵抗。

① 《邓小平文选》第二卷，北京：人民出版社，1994年，第328—338页。

　　除了贪腐的猛虎巨鳄之外，由于制度扭曲、各种官场陋规和"潜规则"广泛存在，许多干部和商界人士已经习惯于这种平庸之恶的"常规"。每一项改革都可能触及他们以权谋私的特殊利益，也会遭到他们的抵制和反对。

　　第三，现代市场经济是一个经历了几百年（有人说是上千年）演进形成的精密的巨系统。改革不是通过成百上千年的自发演进而是要通过数十年的自觉行动来建设一个能够有效运转的市场经济系统，显然需要有广泛而充分的理论准备和多门类专业知识的支持。正像青木昌彦教授在他的重要著作《比较制度分析》中所说，在一个"整体性制度安排"中，各种具体制度之间具有相互关联和相互依存的特性。"只有相互一致和相互支持的制度安排才是富有生命力和可维系的。"[①]

　　事实上，旧体制虽然有很大的运作困难，但经过长期的磨合，它的各个环节是大体能够相互衔接和配合的。一旦其中某些环节发生了改变，即使这种改变是进步性的，也有可能发生整个系统的运转困难。比如，当土地市场的运转"赋予农民更多财产权利""保障农民公平分享土地增值收益"，过去一些地方政府赖以实施大规模城建投资的"土地财政"就会难以维持，有些地方甚至会发生偿还债务困难。这个问题如何解决，需要认真总结中国自身的经验和切实掌握各门社会科学的先进成果，对有关环节进行通盘设计，使新的系统能够协调运行。

　　全面深化改革，是一个复杂的工程，需要革故鼎新的事项达几

---

① 青木昌彦（2001）：《比较制度分析》，周黎安译，上海：上海远东出版社，2001年，第19—20页。

百项之多。哪些事应当先做，哪些事可以延后；哪些改革可以独立进行，哪些改革必须配套——所有这些都需要有周密的考虑。总之，保证改革从方案设计到实施中再创造的高超政治决策能够在足够充分的专业知识的支持下进行，是全面深化改革能够取得成功的基本条件，因而吸引足够多的高素质专业人才的参与，也成为全面深化改革取得成功的一个必要前提。

第四，为了打好这场全面改革的攻坚战，还需要努力保持宏观经济稳定和维持一个比较宽松的经济环境。

中国改革的历史经验告诉我们的，在货币超发、总需求远大于总供给、各方面绷得很紧的宏观经济环境下，推出重大改革的措施会遇到比较大的风险。

然而，当前中国经济处在"三期叠加"（"经济增长的换档期、结构调整的阵痛期、前期刺激政策的消化期"同时并存），即GDP增速下行、不良经济结构亟待调整、货币超发和杠杆率居高不下的状态下，就意味着全面深化改革面临宏观经济环境过紧的难题。

为了使这种紧张的情况得到缓解和便利改革措施出台，应当停止继续使用放松信贷和大规模投资等刺激手段拉升短期增长率。与此同时，要采取清理那些长期靠贷款维持、回生无望的僵尸企业等坚决措施降低杠杆率，促进宏观经济稳定和支持全面改革顺利出台。

总之，贯彻落实十八届三中全会和四中全会《决定》，要求各级党政领导以更大的政治勇气和智慧，打破障碍，克服困难，推进全面改革。所谓以更大的政治勇气推进全面改革，就是要有坚决捍卫改革开放伟大旗帜的政治决心，克服来自旧意识形态和来自特殊既得利益的阻力和障碍。所谓以更大的政治智慧推进全面改革，就是要团结各类专业人才，运用高超的运作艺术去规避风险和解决体制转轨过程中必然发生的种种困难。

凭借这一切，才能够克服艰难险阻，达到全面深化改革、振兴中国经济的目标。

12.4　推动全面改革落地生根

中共十八大以来，党中央把反腐败斗争摆到前所未有的新高度。由于坚决执行"老虎""苍蝇"一起打的方针，推动纪律检查工作不断向纵深发展，很快形成并保持了反腐败的高压态势，遏制住了腐败蔓延势头。十八届中央纪律检查委员会履职期间，经党中央批准立案审查的省军级以上党员干部及其他中管干部 440 人。其中，十八届中央委员、候补委员 43 人，中央纪委委员 9 人。全国纪检监察机关共接受信访举报 1218.6 万件（次），处置问题线索 267.4 万件，立案 154.5 万件，处分 153.7 万人，其中厅局级干部 8900 余人，县处级干部 6.3 万人，涉嫌犯罪被移送司法机关处理 5.8 万人。[①]反腐败斗争取得的重大成果，获得早就对贪官污吏心怀愤懑的广大民众的交口赞誉，党心民心得到很大提振。

在反腐败斗争取得重大成果的条件下，有必要把制度反腐提高到更重要的地位上来，努力铲除寻租活动的制度基础，并加强对公职人员的民主监督。在目前计划经济体制的遗产还广泛存在的情况下，各级领导掌握着大量资源。这使寻租活动有很大的空间，成为

---

① 参见《十八届中央纪律检查委员会向中国共产党第十九次全国代表大会的工作报告》，2017 年 10 月 24 日中国共产党第十九次全国代表大会通过。

腐败行为继续滋生的源头。有鉴于此，必须坚定不移地推进市场化、法治化的改革，建立起法治基础上的现代市场经济制度，减少进行腐败寻租活动的可能。与此同时，要在民主法治的基础上加强对权力的监督。采取综合性的制度反腐措施，才能真正形成不敢腐、不能腐、不想腐的有效机制。

全面深化改革从 2014 年开始，进入了攻坚落实的阶段。2014年 1 月 22 日统筹改革全局的中央深化改革领导小组召开了第一次会议。会议审议通过了《中央全面深化改革领导小组工作规则》《中央全面深化改革领导小组专项小组工作规则》和《中央全面深化改革领导小组办公室工作细则》，发布了中央全面深化改革领导小组下设经济体制和生态文明体制改革、民主法制领域改革、文化体制改革、社会体制改革、党的建设制度改革、纪律检查体制改革 6 个专项小组成员名单和《中央有关部门贯彻落实党的十八届三中全会〈决定〉重要举措分工方案》，对需要由中央有关部门贯彻落实的 336 项重要改革举措进行了责任分工。

在这次会议上，中共中央总书记、中央深化改革领导小组组长习近平发表讲话，要求 6 个专项小组尽快运转起来，各省、区、市也要尽快建立全面深化改革领导小组。有关部委的改革责任机制也要尽快建立起来，并同领导小组形成联系机制。这意味着全面深化改革正式启航。

接着，一些重点改革任务开始实施，一系列改革实施方案也陆续发布。许多改革方案方向明确，提出了有力的改革举措。

2015 年 10 月，中共中央和国务院发布了《关于推进价格机制改革的若干意见》。意见指出，"价格机制是市场机制的核心，市场决定价格是市场在资源配置中起决定作用的关键"。无论是市场有效配置资源的功能，还是形成激励兼容机制的功能，都要靠自由价格制度实现，因而意见部署的改革具有极端的重要性。意见要求在2017年竞争性领域和竞争性环节价格要基本放开，到2020年市场决定价格机制基本完善。由于它一方面涉及一些机构和个人的既有权力和利益，另一方面又直接影响到企业经营和居民生活，因此必须坚定不移和谨慎有序地推进。

这份文件还提出了一项关系改革全局的改革任务，就是要"逐步建立竞争政策的基础性地位"。在过去几十年中，处于国家经济政策体系中心地位的，是政府直接介入资源配置的选择性产业政策。为了确立竞争政策在国家政策体系中基础性地位，2016年6月国务院发布了题为《国务院关于在市场体系建设中建立公平竞争审查制度的意见》的重要文件，部署对涉及市场主体经济活动的规范性文件和其他政策措施进行公平竞争审查。文件要求首先对所有新出台的政策进行公平竞争审查。所有违反公平竞争原则的规定都必须进行修改，否则不能出台。接着，还要进一步对原有的各种政策和制度进行公平竞争，审查清理和废除有违公平竞争原则、具有排除限制竞争效果的规定和做法，使市场经济的基础设施，即统一开放、竞争有序的市场体系得以建立起来。

2016年11月公布的《中共中央国务院关于完善产权保护制度依法保护产权的意见》部署了一项完善市场经济产权制度基础的重要改革。

这份意见开宗明义地指出："产权制度是社会主义市场经济的基石，保护产权是坚持社会主义基本经济制度的必然要求。有恒产者有恒心，经济主体财产权的有效保障和实现是经济社会持续健康发展的基础。"接着，意见提出了"平等保护""全面保护""依法保护""共同参与""标本兼治"等产权保护的五项基本原则。

为了贯彻这些原则，意见要求采取一系列重要措施，其中包括：（1）完善平等保护产权的法律制度；（2）抓紧甄别一批社会反映强烈的错案冤案；（3）在处理历史形成的产权案件时，要严格遵循法不溯及既往，在新旧法之间"从旧并从轻"等原则。这些都是需要宣传、立法、司法等部门通力合作才能完成的繁重而艰巨的任务。

习近平总书记在 2016 年末的全国政协新年茶话会上宣布，各方面已经出台 419 个改革方案，应当说，主要领域"四梁八柱"性质的改革的主体框架已经基本确立。[①]

在这种情况下，重要的问题是加强执行力，克服困难和障碍，把正确的方针、好的顶层设计和实施方案落实到位。从 2016 年 1 月的第 20 次中央全面深化改革领导小组会议以来的多次会议，都要求"落实主体责任""拧紧责任螺丝""完善对负有责任的机构的督办、督察和责任追查工作机制"，而且要落实到人员的任免上，做到像习近平总书记在第 25 次中央深改领导小组会议上所说的，"形成改革者上、不改革者下的用人导向"。

改革开放以来，尽管有波折甚至回潮，但历史的大逻辑决定了还是要沿着市场化、法治化、民主化的取向前行。经济改革的主题是沿着"计划经济为主，市场调节为辅"到"市场起决定性作用"的方向前行。凡是市场取向改革取得实质性突破的时期，经济社会都取得了较快的发展，人民生活质量也有显著提升。但有时会囿于旧有的概念和口号，出现摇摆甚至倒退；也会在原地踏步，走了弯路甚至回头路还茫然不觉。这种状况必须得到改变。当出现负面现

[①] 《全国政协举行新年茶话会》，新华社 2016 年 12 月 30 日电。

象的时候，必须坚定不移地推进改革，消除影响社会经济发展的"体制性障碍"。只有这样，才有可能实现效率的提高、结构的改善和持续的发展。

从经济改革来说，我们就面临着坚决执行中共十八届三中全会总体规划的重大而艰巨的任务。

第一，构建统一开放、竞争有序的现代市场体系，仍然是改革的核心任务。为了实现这一目标，必须从政治、经济、法治等多方面下手。保护产权、厉行法治都是题中应有之义。目前仍然存在的大量行政保护、政商勾结以及滥用市场支配地位的行为，也必须通过竞争政策的完善和执法体系的加强加以消除。

第二，党政领导机关要在营造良好营商环境和提供有效公共服务等方面认真负起自己的责任。当前政府在"放管服"改革方面已经取得一些进展。现在需要注意的，一是要防止回潮，二是改革要继续向纵深发展，更大范围实施市场准入负面清单和政府职权正面清单，真正做到企业和个人"法无禁止即可为"、党政机关"法无授权不可为"。

第三，国有企业改革要力求披荆斩棘，通过深水区。目前国有企业依然掌握着大量重要经济资源，并且在许多行业中处于垄断地位。保持和强化这种格局难免压缩其他经济成分的生存空间，妨碍公平竞争市场的形成，并使整个国民经济的效率难以提高。如何根据中共十五届四中全会"有进有退""有所为有所不为"的要求实现所有制结构的调整，并按照十八届三中全会《决定》，实现国有企业管理从"管人、管事、管资产"到"管资本为主"的转变，还有一系列认识问题和实际问题需要解决。

第四，继续推动对外开放，参与构建人类命运共同体。以开放促改革的发展是中国改革的一条基本经验。在当前反全球化的潮流在个别群体中流行的情况下，中国必须积极落实中国领导人向国际社会提出的倡议，反对各种保护主义，放宽外资市场准入，促进公平竞争，建设高标准的自由贸易区网络。自贸试验区是具有全局意义的试验，其重大意义并不在于给予某些地区政策优惠，而在于营造市场化、国际化、法治化的营商环境，进一步释放开放红利。

中国的社会经济体制改革正未有穷期。改革开放以来的经验表明，坚持不懈地推进改革，认真落实全面深化改革的各项措施，才能克服发展道路上的艰难险阻，开辟中华民族光明的未来。

后　记

呈现在读者面前的这本书，是我对中国改革开放历程及其经验教训的一些观察和思考。

我从 1995 年开始为中国社会科学院研究生院的博士研究生开设"中国经济"课程，随后也为中欧国际工商学院的 MBA 和 EMBA 学生开设了同样的课程。这门课程伴随着中国改革的深入和中国经济的发展而不断完善。我以"中国经济"的课程讲义为基础，撰写了《当代中国经济改革：战略与实施》一书，于 1999 年出版，是一本运用现代经济学的分析框架观察中国经济改革和社会发展的著作。《当代中国经济改革：战略与实施》受到了海内外关心中国经济发展的读者的关注，被一些高等学校指定为有关中国经济发展课程的参考书，并陆续出版了英文版、日文版和中文繁体字版。

虽然这本书至今仍然受到一些学人的重视，但它毕竟已经出版将近 20 年。在此期间，中国的改革开放又有了许多发展，提供了许多新的经验，我们理应对这些新的经验作出进一步的理论概括和政策分析。原书出版以来，虽然多次利用再版之机做了一些增补和订正，但这些增补和订正都是局部性的，还没有对中国改革历程做系统性的思考。因此，我在 2014 年初开始筹划撰写一本时间跨度更长，一直延伸到较近时期的新书：《中国经济改革进程》。

在动笔之初，我以为有《当代中国经济改革：战略与实施》作为基本框架，再补充一些材料，成书应当比较容易。动笔以后才发现，除了教学研究等工作需要分心以外，更重要的是需要"温故而知新"，提高自己的认识，作出新的理论分析和概括。这样写写停停，形成初稿竟花了近三年的时间。

在本书初稿写作过程中，我在中欧国际工商学院的助理张馨文女士承担了文字录入和整理、数据核对及制表的工作。她还对第7章"世纪之交：市场力量推动中国经济崛起"的拟稿作出了贡献。中国大百科全书出版社邀请裴越芳博士承担了初稿的引文核对、体例编排等工作。

在初稿完成后，王娴、廖强、黄少卿、吴素萍诸君进行了审读并提出了修改意见。基于他们的意见，我对有关章节进行了必要的调整和修订。

清华大学国家金融研究院刘亚萍女士对本书定稿提供了主要的数据和文字处理支持。中国大百科全书出版社郭银星主任对本书的选题、编辑和出版倾注了大量心血，对于我的反复修改给予了最大的宽容和理解。

对以上诸君的合作和帮助，谨表示诚挚的谢意！

吴敬琏

2018 年 8 月

索 引

A

按劳分配 70, 81, 84

按需分配 14

B

巴罗尼（Enrico Barone）42, 43

巴山轮会议 117, 328

包产到户 25, 26, 27, 77, 78, 79, 80, 82, 83, 84, 85, 86, 87, 88, 89, 92, 96, 104, 204, 238

包干到户 26, 27, 83, 84, 86, 87, 88

薄一波 52, 292

保险公司 160

比较优势 175, 176, 182, 193, 195, 306

比较制度分析 404

波特（Michael E. Porter）286, 359

伯利（Adolf Berle）240

不良资产 161, 316, 350

布哈林（Nikolai I. Bukharin）42, 283, 284

布拉格之春 33, 45, 49, 50

布鲁斯（Wlodzimierz Brus）VI, 33, 34, 45, 51, 53, 54, 55, 69, 70, 117

C

财税体制改革（财税改革）IV, 117, 150, 151, 157, 158

　　财政包干 151, 158

　　财政联邦主义 152

　　分灶吃饭 28, 29, 123, 151

　　公共财政 28, 150

　　建设性财政（生产性财政）159

　　利改税 238, 239, 240

财政赤字 61, 63, 123, 154, 295, 325, 388

财政收入 151, 152, 159, 237, 305, 308, 349, 369

财政政策 XIX, XX, 325, 328, 334, 368, 399

财政支出 151, 308, 349, 350

蔡昉 91, 196

产权 48, 61, 89, 92, 105, 157, 161, 201, 202, 223, 236, 237, 240, 241, 243, 248, 249, 254, 255, 258, 277, 303, 373, 374, 388, 391, 396, 404, 408, 409, 410

  剩余控制权（residual control）241, 244, 248, 249

  剩余索取权 241

产业革命 174, 177, 286, 287, 306

  第一次产业革命 174, 286

  第二次产业革命 287, 306

  第三次产业革命 306

产业政策 XXVII, 36, 129, 130, 188, 276, 277, 302, 314, 315, 371, 399, 408

厂长（经理）负责制 246, 267, 270

陈清泰 254

陈锡文 77, 90, 91

陈云 20, 21, 25, 57, 58, 63, 64, 65, 78, 112, 113, 291, 292, 294, 295, 357

城市化（城镇化）221, 226, 302, 303, 304, 305, 320, 333, 361, 369, 370, 389, 396

出口导向（export oriented）175, 176, 181, 182, 183, 184, 190, 192, 194, 195, 196, 198, 200, 335

创新 VI, XXVIII, 11, 25, 32, 87, 156, 196, 198, 202, 225, 248, 250, 303, 389, 392, 398, 400

D

大跃进 7, 9, 76, 151, 178, 292

邓小平 VIII, 6, 7, 8, 9, 10, 11, 12, 15, 16, 22, 23, 24, 25, 27, 36, 63, 64, 65, 78, 84, 85, 94, 95, 101, 110, 111, 112, 113, 114, 115, 116, 123, 124, 137, 138, 139, 140, 142, 143, 144, 145, 146, 149, 177, 178, 180, 181, 183, 187, 203, 204, 213, 214, 270, 271, 295, 327, 328, 329, 330, 331, 358, 359, 371, 372, 380, 400, 402, 403

邓子恢 73, 78

地方财政 151, 158, 346

地方债 333, 346, 349

董辅礽 35, 56, 257

独资公司 257, 265, 267, 269

杜润生 85, 86, 90, 101

短缺经济 324

对外开放 XXIX, 31, 97, 98, 110, 173, 176, 180, 183, 184, 186, 187, 188, 189, 190, 193, 194, 198, 199, 227, 297, 326, 410

E

恩格斯（Friedrich Engels）1, 8, 39, 40, 99, 174, 207

二元经济 196, 281

F

法人 161, 244, 245, 248, 249, 250, 253, 254, 257, 260, 264, 265, 269, 275, 276, 346

法人治理结构（公司治理）156, 161, 241, 249, 253, 255, 256, 257, 260, 263, 264, 265, 266, 267, 268, 269, 367

法治 IX, X, XV, XVI, XXI, XXII, XXIV, XXVII, XXVIII, XXIX, XXX, 106, 124, 173, 188, 189, 199, 222, 235, 273, 359, 365, 367, 384, 385, 386, 392, 393, 395, 398, 400, 401, 403, 407, 409, 410, 411

反垄断 397

放权让利（扩权让利）52, 57, 59, 60, 70, 111, 151, 156, 255, 264

非理性繁荣 342

非农产业 193

非银行金融机构 153, 160

非直接生产性利润（DUP）135

封建主义 93, 402, 403

弗里德曼（Milton Friedman）130, 132, 133, 339

腐败 X, XXII, XXVII, XXX, 36, 110, 132, 135, 136, 137, 195, 235, 263, 269, 274, 281, 357, 358, 360, 361, 362, 363, 364, 367, 370, 371, 374, 375, 376, 377, 378, 379, 387, 401, 406, 407

富余劳动力 96

G

改革战略 92, 102, 106, 109, 148, 149

　渐进主义 104, 105

　目标模式 VIII, 33, 54, 58, 70, 116, 118, 120, 129, 130, 146, 148

　配套改革 VIII, 119, 120, 121, 122, 123, 124, 128, 239, 240, 327

　市场取向的改革（市场取向改革）VII, XXI, 34, 65, 71, 103, 114, 136, 138, 141, 144, 173, 201, 324, 325, 409

　行政性分权 55, 151

　增量改革 XXVII, XXIX, 71, 72, 92, 102, 103, 106, 109, 110, 148

改良 16, 38, 47

高西庆 366

个体户 140

个体经济 71, 94, 99, 100, 101, 204, 214, 220

工业化 II, IV, XXVI, 72, 196, 226, 283, 284, 285, 286, 288, 289, 290, 291, 293, 297, 298, 303, 306, 307, 317, 319, 320, 324, 345, 370

　优先发展重工业 72, 284, 285,

289, 290, 291, 298, 324

　　重化工业化　303, 306, 320, 345, 370

公共品（public goods）36, 169, 399

公平 XXIV, 106, 151, 152, 158, 159, 172, 199, 207, 247, 380, 384, 386, 395, 396, 399, 400, 404, 408, 410, 411

公司 IX, X, 13, 16, 19, 29, 31, 40, 54, 76, 105, 106, 123, 132, 134, 140, 152, 153, 156, 157, 160, 161, 165, 166, 169, 177, 178, 182, 187, 189, 197, 207, 215, 216, 217, 223, 224, 234, 235, 237, 240, 241, 243, 248, 249, 250, 251, 252, 253, 254, 255, 256, 257, 258, 260, 261, 262, 263, 264, 265, 266, 267, 268, 269, 271, 272, 273, 274, 275, 278, 279, 284, 342, 346, 347, 365, 366, 367, 371, 388

　　公司法　237, 248, 251, 253, 257, 258, 260, 263, 267, 268, 269

　　公司化　IX, X, 29, 161, 215, 216, 234, 235, 252, 253, 254, 258, 260, 264

　　公司制度（现代企业制度）156, 157, 161, 211, 237, 250, 251, 252, 253, 254, 255, 256, 257, 258, 260, 263, 265,

266, 271

　　股份有限公司　166, 216, 217, 237, 252, 257, 262

　　监事会　265, 266, 268, 269, 272

　　有限责任公司　257, 273

公司治理（法人治理结构）156, 161, 241, 249, 253, 255, 256, 257, 260, 263, 264, 265, 266, 267, 268, 269, 367

　　独立董事　367

　　董事会　241, 251, 253, 254, 257, 258, 265, 266, 267, 269, 270, 271, 272, 273, 367, 388

　　股东大会　241, 254

　　关联交易　264

　　利益相关者　265

　　两权分离　240, 241, 242, 243, 244, 246, 251, 257

公有制　28, 32, 44, 57, 66, 68, 69, 70, 71, 84, 90, 93, 94, 97, 99, 101, 113, 125, 141, 201, 202, 204, 205, 206, 207, 208, 209, 211, 212, 213, 214, 215, 217, 225, 252, 273, 372, 396

共产主义　III, XXIII, 9, 14, 15, 29, 40, 45, 48, 51, 54, 74, 75, 81, 89, 95, 283, 300

共同富裕　142, 208, 380, 399

购买力平价　231

股份合作制　222

辜朝明（Richard Koo）352, 353

股份化 125, 252

股权多元化 217, 257

顾准 V, 42

雇工 94, 99, 100, 101, 204, 211, 212

关税壁垒 176, 182, 199

郭树清 116, 117, 118, 165

国家所有制（国有制、全民所有制）
　33, 34, 44, 53, 56, 57, 67, 68, 69,
　71, 99, 101, 105, 114, 120, 202, 203,
　204, 205, 206, 207, 208, 209, 213,
　241, 242, 243, 244, 245, 248, 249,
　250, 251, 252, 267

国家辛迪加 31, 40, 150, 241, 362

国家资本主义 XV, 41, 384

国家外汇储备 192, 335

国民待遇 199

国有化 178, 276, 278, 372, 373

国有经济 IV, XXVI, XXVIII, XXIX,
　30, 32, 71, 92, 106, 110, 125, 126,
　138, 200, 201, 203, 205, 206, 208,
　209, 210, 213, 215, 217, 222, 226,
　235, 236, 238, 258, 259, 266, 267,
　268, 273, 274, 275, 276, 277, 278,
　280, 281, 397

国有经济的战略性改组 208

国有商业银行 160, 161
　中国工商银行 152, 161, 251
　中国建设银行 161

中国人民银行 20, 152, 153, 159,
　160, 161, 191, 327, 330,
　332, 333, 335, 336, 339,
　345, 367, 392

中国银行 152, 154, 160, 161, 182,
　347, 349

国有企业 IX, X, XXVI, XXVIII, XXIX,
　30, 31, 32, 38, 44, 46, 51, 56, 57, 58,
　59, 60, 65, 70, 92, 96, 97, 102, 104,
　105, 106, 107, 108, 110, 111, 124,
　125, 126, 128, 138, 140, 141, 148,
　150, 151, 156, 157, 159, 162, 165,
　200, 205, 206, 207, 209, 210, 211,
　212, 213, 215, 216, 217, 218, 219,
　220, 222, 229, 234, 236, 237, 238,
　239, 240, 242, 243, 244, 245, 246,
　247, 249, 250, 251, 252, 253, 254,
　255, 256, 257, 258, 259, 260, 263,
　264, 265, 266, 267, 268, 269, 270,
　271, 272, 273, 274, 275, 277, 278,
　279, 280, 281, 315, 318, 330, 356,
　359, 369, 373, 374, 381, 388, 397,
　410
　国有独资公司 257, 265, 267, 269
　国有控股公司 265, 269, 272

国有企业改革 XXVIII, XXIX, 30, 57,
　59, 60, 104, 107, 156, 157, 200, 210,
　213, 215, 217, 220, 222, 236, 240,
　244, 251, 252, 253, 255, 256, 257,

258, 259, 260, 263, 264, 267, 268, 269, 271, 272, 273, 274, 280, 373, 374, 397, 410

剥离上市 216, 262, 264

存续企业 234, 262, 264

利润留成 60, 61, 237, 249

内部人控制 XXVI, 156, 235, 249, 253, 255, 257, 263, 264, 265, 266, 268, 270

授权投资机构 256, 263, 264, 267

所有者缺位 266

政企分开 62, 157, 255, 266, 392, 397

整体上市 216, 262

抓大放小 217, 372

国有资产 162, 165, 213, 263, 266, 267, 268, 273, 274, 279, 349, 373, 374

国有资产管理 263, 266, 267, 268, 279

国有资产流失 274

过渡时期总路线 III, 203, 290, 291

国债 336, 337, 355

H

哈特（Oliver Hart）241, 352

哈耶克（Friedrich von Hayek）43, 44

合规性监管 365, 366

合作化 26, 72, 73, 77, 90, 92, 93, 140, 303

赫鲁晓夫（Nikita Sergeyevich Khrushchev）3, 46, 47, 52

宏观经济管理 48, 49, 117, 118, 120, 129, 130, 325, 327, 328, 337, 399

宏观经济政策 IX, XIX, XX, 118, 119, 124, 127, 130, 133, 321, 326, 328, 329, 332, 334, 337, 339, 351, 353, 359, 368, 379

宏观调控 121, 147, 157, 307, 314, 330, 370, 389, 399

洪虎 263

后发劣势 190

后发优势 37, 190

胡耀邦 5, 9, 11, 66, 68, 84, 85, 112

汇率 108, 132, 135, 154, 157, 175, 176, 182, 183, 190, 191, 192, 194, 198, 331, 336, 337, 341, 360, 388, 397

汇率形成机制 192, 198, 397

汇率政策 175

人民币汇率 191, 192, 194, 397

有管理的浮动汇率制 154, 157, 191, 336

混合所有制 207, 215, 217, 235, 237, 260

货币供应量 132, 133, 140, 153, 160, 326, 327, 330, 340

广义货币（M2）326, 330, 332, 335, 337, 338

狭义货币（M1） 326, 330

货币政策 XIX, XX, 125, 127, 133, 153, 159, 160, 325, 327, 328, 329, 330, 332, 334, 335, 337, 341, 353, 399

　　公开市场操作 159, 336

J

机构投资者 366

机会平等 70, 382, 396

基尼系数 379, 380, 382, 383

激励机制 XXVI, 44, 144, 237, 254, 257

集体所有制 26, 77, 99, 203, 204, 207, 209

集团公司 140, 197, 216, 234, 257, 261, 263, 264, 269, 275

挤出效应 189

计划经济 IV, VII, VIII, XVIII, XXV, XXVI, 20, 21, 28, 29, 30, 33, 35, 42, 43, 44, 46, 47, 52, 53, 54, 55, 57, 58, 64, 66, 67, 68, 69, 70, 72, 76, 87, 110, 112, 113, 117, 136, 138, 139, 140, 141, 143, 152, 153, 159, 182, 183, 248, 260, 261, 280, 282, 283, 300, 308, 317, 324, 325, 357, 366, 369, 399, 406, 409

　　集中计划经济 28, 29, 42, 47, 52, 55, 283, 324

计划经济为主、市场调节为辅 110, 357

技术创新 196, 198, 225, 398

技术进步 193, 227, 286, 287, 288, 289, 293, 309

既得利益 199, 367, 387, 403, 405

加工贸易 184, 196

　　三来一补 184, 196

家庭承包制 87, 90

家庭农场 28, 87, 88, 90, 91, 125, 204

价格改革 117, 121, 122, 123, 125, 126, 130, 131, 134, 150, 189, 239, 240, 397

价值规律 IV, XXI, 14, 15, 18, 53, 55, 66, 67, 68, 113, 131, 147

江泽民 144, 146, 147, 213, 254, 272, 273, 400

蒋一苇 35, 55, 56

交易成本 42, 91

阶级斗争 XXII, 2, 3, 4, 6, 9, 15, 22, 24, 79, 81, 93, 143, 287, 371, 372, 373

解放思想 9, 22, 23, 24, 80

金融 IX, XIX, XX, XXIII, XXVIII, 51, 105, 106, 117, 120, 123, 125, 133, 135, 148, 150, 152, 153, 157, 159, 160, 161, 191, 192, 194, 212, 219, 223, 224, 225, 267, 275, 278, 279, 280, 281, 296, 300, 301, 313, 321, 323, 328, 330, 332, 334, 336, 340, 341, 342, 345, 346, 347, 352, 353,

355, 356, 367, 369, 370, 374, 377,
381, 389, 390, 413

    分业经营 160

金融机构 153, 160, 275, 355, 367

金融市场 150, 159, 160, 161, 328, 381

金融危机（系统性风险）IX, XIX,
XXVIII, 191, 192, 194, 212, 225,
279, 282, 300, 313, 321, 332, 334,
340, 342, 351, 352, 353, 356, 369,
399

金融压制 51

进口替代（import substitution）153,
175, 176, 179, 181, 182, 184, 190,
195

经济特区 XXVI, 31, 97, 98, 183, 184,
186, 187

    经济体制改革 IV, VI, VIII, XXI,
XXII, XXVIII, 34, 35, 49,
52, 55, 56, 58, 62, 64, 65,
66, 87, 99, 111, 112, 113,
114, 116, 117, 118, 120, 121,
122, 123, 124, 126, 127,
129, 134, 147, 188, 190,
243, 246, 252, 259, 282,
296, 327, 328, 375, 392,
394, 411

    经济管理体制改革 IV, 20, 66

经济增长模式 195, 235, 282, 283, 286,
288, 289, 297, 298, 299, 308, 387

    粗放增长（外延增长）XVIII,
XIX, 282, 296, 299, 300,
301, 308, 309, 313, 321

    集约增长（内涵增长）XVIII,
299, 300, 309

K

凯恩斯主义 IX, XIX, 117, 132, 328

柯西金（Alexei Nikolayevich
Kosygin）45, 47

科尔奈（Janos Kornai）XXV, 45, 104,
105, 106, 117, 118, 120, 130, 246,
300, 324

科斯（Ronald Coase）24

控股公司 234, 235, 252, 263, 265, 269,
272

库兹涅茨（Simon Kuznets）226, 286

    库兹涅茨过程 226

扩权让利（放权让利）52, 57, 59,
60, 70, 111, 151, 156, 255, 264

    扩大企业自主权 VII, 19, 35, 38,
46, 47, 52, 56, 57, 58, 59,
60, 62, 65, 71, 107, 236, 237

L

兰格（Oskar Lange）43, 44, 45

郎咸平 274, 373, 374

老龄化 154

厉以宁 122, 125, 126, 252, 326

利率市场化 161, 388

李扬 347, 348, 349, 354

列宁（Vladimir Lenin）III, XV, 3, 8, 29, 31, 40, 41, 65, 79, 95, 178, 241, 242, 283

林毅夫 88, 91

林子力 66, 99

刘国光 35, 51, 117, 133, 141, 327

刘少奇 74

刘易斯（William Arthur Lewis）196

　刘易斯转折点 196

流动性过剩 345

垄断 40, 107, 136, 140, 150, 178, 182, 183, 207, 214, 215, 216, 217, 238, 241, 260, 261, 262, 278, 279, 376, 381, 384, 395, 397, 398, 410

　自然垄断 214, 216, 262, 397

楼继伟 VIII, 117, 121, 123

路径依赖 385

M

马宾 371, 372, 373

马洪 13, 18, 112, 113, 117

马克思 II, III, VI, XVIII, 1, 3, 7, 8, 9, 13, 14, 20, 21, 33, 39, 40, 45, 52, 53, 65, 69, 70, 73, 79, 81, 91, 92, 99, 114, 144, 174, 207, 243, 286, 287, 298, 299, 306, 319, 371, 372

麦迪森（Angos Maddison）227, 228, 229, 230, 231, 233, 234

毛泽东 II, IV, 1, 3, 4, 7, 8, 9, 16, 17, 18, 23, 26, 52, 72, 73, 74, 78, 79, 81, 83, 92, 93, 178, 179, 203, 227, 233, 290, 291, 292, 293, 372, 373, 384, 402

贸易 20, 30, 31, 36, 123, 135, 148, 153, 173, 174, 175, 176, 177, 178, 179, 180, 182, 183, 184, 185, 188, 189, 190, 191, 192, 193, 194, 195, 196, 198, 199, 200, 212, 219, 261, 268, 296, 309, 321, 335, 340, 388, 411

　贸易自由化 199, 388

　进口配额 109, 135, 182, 199

　逆差 192

　顺差 192, 196, 335

　自由贸易 199, 411

米恩斯（Gardier Means）240

米塞斯（Ludwig von Mises）43

民营经济 IX, XXVIII, 32, 71, 92, 102, 106, 107, 110, 125, 138, 140, 141, 199, 201, 205, 209, 219, 224, 225, 226, 330, 389

民主 I, II, III, V, XXII, XXIV, XXVIII, 23, 32, 42, 45, 49, 50, 143, 178, 211, 263, 289, 372, 384, 385, 392, 393, 400, 403, 406, 407, 409

明斯基（Hyman P. Minsky）352

　明斯基时刻 352

命令经济（统制经济） IV, XV, XVI, XXV, XXVI, XXVII, XXVIII, XXIX, 32, 36, 37, 42, 46, 107, 130, 135, 173, 188, 226, 323, 324, 325, 384, 387

N

农民工 229, 320
农业生产合作社（农业合作社）26, 72, 73, 75, 92
    高级社 26, 73, 75

P

帕累托（Vilfredo Pareto）VII, XXVI, 42, 43, 44, 342
泡沫经济 343
贫富差距 XXII, 319, 320, 371, 379, 381, 382, 383

Q

期货市场 268
企业本位论 55, 56
企业家 XXIII, XXIV, 32, 106, 225, 251, 373, 391
企业所得税 152, 158
企业自治 35, 47, 56
钱颖一 X, 29, 253, 264
青木昌彦（Masahiko Aoki）264, 404
权贵资本主义 X, XV, 379, 384

权钱交易 362, 378
全民所有制（国家所有制、国有制）33, 34, 44, 53, 56, 57, 67, 68, 69, 71, 99, 101, 105, 114, 120, 202, 203, 204, 205, 206, 207, 208, 209, 213, 241, 242, 243, 244, 245, 248, 249, 250, 251, 252, 267
全民所有制工业企业法 243, 245, 248, 251, 267
全球化 174, 411
全要素生产率（TFP）227, 228, 289, 299, 300, 318

R

人力资本 89, 227, 228
人民公社 26, 73, 74, 75, 76, 77, 78, 79, 80, 81, 83, 87, 93, 95, 107, 170, 203
认可债券 162
儒表法里 402
软预算约束 118, 280

S

萨缪尔森（Paul A. Samuelson）286
三个有利于 214
三为主，三为辅 57
商品经济（市场经济）III, VII, VIII, IX, X, XV, XVI, XVIII, XXI, XXII, XXVI, XXVIII, XXIX, 15, 20, 21, 32, 33, 35, 36, 37, 40, 42, 44, 45, 48,

51, 57, 58, 65, 66, 67, 68, 72, 95,
104, 105, 106, 109, 110, 111, 112,
113, 114, 115, 117, 118, 120, 125,
129, 135, 136, 138, 140, 141, 142,
143, 144, 146, 147, 148, 149, 152,
153, 156, 157, 158, 162, 165, 167,
173, 188, 189, 191, 201, 202, 205,
207, 214, 215, 217, 219, 224, 225,
226, 234, 239, 241, 248, 249, 250,
254, 255, 256, 266, 273, 282, 283,
300, 308, 321, 324, 325, 341, 352,
359, 373, 374, 384, 386, 387, 388,
393, 394, 395, 396, 398, 399, 404,
407, 408

商品市场 117, 120, 189, 340, 396

商业银行 152, 153, 160, 161, 219, 258,
334, 368

上市公司 X, 165, 166, 215, 234, 263,
264, 265, 365, 366

设租 136, 361

社会保障制度 154, 155, 162, 164, 165,
382

　　大病统筹 171

　　个人账户制 165

　　基本医疗保险 167, 169, 171

　　缴费确定型 154

　　空账 162, 165, 166, 171, 172

　　社会统筹 155, 162, 163, 164, 166,
　　167

　　受益确定型 154

　　统账结合 155

　　现收现付制（pay as you go） 154,
　　172

　　养老保险 161, 162, 163, 164, 166,
　　167, 170

　　医疗保险 155, 167, 169, 170, 171,
　　229, 349

　　最低生活保障 155, 170

社会福利 15, 155

社会公正 15, 208

社会主义 II, III, IV, V, VI, VII, VIII,
XVIII, XXI, XXII, XXIII, XXV,
XXVI, XXVIII, 2, 3, 4, 7, 9, 14, 18,
24, 33, 34, 35, 38, 39, 40, 41, 42, 43,
44, 45, 46, 47, 48, 49, 50, 51, 52, 53,
55, 56, 57, 58, 60, 61, 65, 66, 67, 68,
69, 70, 73, 74, 75, 78, 81, 84, 85, 90,
91, 92, 99, 101, 104, 106, 109, 111,
112, 113, 114, 115, 118, 120, 123,
129, 130, 138, 139, 140, 141, 142,
143, 144, 145, 146, 147, 148, 149,
154, 167, 168, 173, 179, 191, 201,
202, 203, 204, 205, 206, 207, 208,
209, 213, 214, 215, 217, 219, 224,
225, 234, 236, 239, 243, 245, 246,
249, 250, 255, 256, 264, 266, 283,
284, 285, 286, 289, 290, 291, 300,
308, 317, 323, 324, 326, 373, 374,

380, 393, 394, 395, 396, 400, 401, 403, 408

　　社会主义初级阶段 XXIII, 201, 207, 213, 214, 217

　　社会主义法治国家 400

　　社会主义改造 57, 73, 291

　　社会主义工业化路线 285, 286, 289, 324

　　社会主义民主 XXVIII, 393, 400

　　中国特色社会主义 XXII, 147, 213, 374, 394, 400, 401

社会主义论战 38, 43

　　模拟市场 38, 43

生产资料 VIII, 14, 26, 29, 30, 31, 39, 40, 44, 49, 54, 63, 66, 75, 89, 90, 96, 99, 107, 108, 123, 129, 131, 134, 135, 150, 202, 203, 204, 207, 284, 285, 286, 290, 291, 298, 306, 324, 359, 360

失地农民 320

失业 48, 106, 141, 314, 316

　　下岗 IX, 210, 215, 217, 218, 219, 225

实践是检验真理的唯一标准 9, 24

市场割据 151

市场机制 XXI, XXVIII, 33, 54, 55, 65, 69, 118, 130, 149, 188, 314, 315, 362, 363, 365, 389, 398, 399, 407

市场监管 255, 365, 399

市场经济（商品经济）III, VII, VIII, IX, X, XV, XVI, XVIII, XXI, XXII, XXVI, XXVIII, XXIX, 15, 20, 21, 32, 33, 35, 36, 37, 40, 42, 44, 45, 48, 51, 57, 58, 65, 66, 67, 68, 72, 95, 104, 105, 106, 109, 110, 111, 112, 113, 114, 115, 117, 118, 120, 125, 129, 135, 136, 138, 140, 141, 142, 143, 144, 146, 147, 148, 149, 152, 153, 156, 157, 158, 162, 165, 167, 173, 188, 189, 191, 201, 202, 205, 207, 214, 215, 217, 219, 224, 225, 226, 234, 239, 241, 248, 249, 250, 254, 255, 256, 266, 273, 282, 283, 300, 308, 321, 324, 325, 341, 352, 359, 373, 374, 384, 386, 387, 388, 393, 394, 395, 396, 398, 399, 404, 407, 408

市场社会主义 VI, VII, XXVI, 33, 34, 35, 38, 39, 42, 43, 44, 45, 46, 47, 50, 52, 53, 61, 65, 68, 69, 70, 111, 236

市场失灵 36, 399

市场体系 XXII, 110, 120, 121, 128, 148, 149, 150, 156, 159, 161, 189, 394, 395, 396, 408, 410

　　竞争性市场体系 128

事权（支出责任）151, 152, 157, 158, 159, 250, 308

收入差距 48, 379, 382, 383

收入分配 48, 266, 375, 376, 377, 379,
380, 381, 382

双轨制 IX, 30, 31, 107, 108, 109, 110,
123, 126, 127, 131, 132, 135, 154,
163, 183, 190, 359, 361, 370

税收制度 152, 158

  地方税 158

  个人所得税 152, 158

  共享税 158

  企业所得税 152, 158

  消费税 152, 158

  增值税（VAT） 123, 152, 158,
  219, 308

  中央税 158

司法 19, 41, 242, 378, 401, 406, 409

私营经济 XXIV, 71, 99, 101, 102, 103,
204, 205, 214, 223

私有企业（私营企业）XXIII, XXIV,
32, 51, 92, 93, 97, 99, 100, 101, 102,
103, 105, 140, 141, 201, 204, 205,
211, 219, 220, 274, 391

斯大林（Joseph Stalin）III, IV, 8, 14,
42, 46, 52, 202, 242, 283, 284, 285,
286, 287, 289, 290, 298

斯蒂格利茨（Joseph Stiglitz）195

斯密（Adam Smith）VII, 35, 54

孙冶方 35, 52, 53, 55, 69, 76, 108, 109,
243

所有权 89, 105, 106, 178, 206, 240, 242,
243, 245, 246, 252, 253, 258, 305

所有权与经营权分离 240, 245

索洛（Robert M. Solow）288, 289, 318

T

通货膨胀 XVIII, XIX, 48, 61, 119, 127,
128, 130, 131, 132, 133, 134, 135,
137, 141, 159, 295, 298, 321, 323,
324, 325, 326, 327, 328, 329, 330,
331, 337, 339, 340, 342, 379, 381,
388, 399

统收统支 29, 60, 151

统制经济（命令经济）IV, XV, XVI,
XXV, XXVI, XXVII, XXVIII,
XXIX, 32, 36, 37, 42, 46, 107, 130,
135, 173, 188, 226, 323, 324, 325,
384, 387

投资 XVIII, XIX, XX, XXIII, XXIV,
XXIX, 44, 47, 48, 49, 50, 53, 54, 96,
97, 98, 128, 131, 133, 151, 152, 160,
161, 163, 165, 173, 175, 176, 182,
183, 186, 187, 188, 189, 190, 191,
193, 198, 204, 207, 217, 222, 223,
224, 225, 226, 248, 252, 255, 256,
260, 262, 263, 264, 267, 274, 276,
277, 279, 280, 282, 285, 286, 287,
288, 289, 291, 292, 293, 294, 295,
297, 298, 300, 303, 304, 305, 306,
307, 309, 311, 313, 314, 315, 318,

319, 320, 321, 322, 323, 324, 327, 328, 329, 330, 332, 333, 334, 335, 342, 344, 345, 346, 352, 353, 354, 365, 366, 368, 369, 370, 387, 388, 390, 395, 404, 405

土地改革 26, 72

土地市场 404

托宾（James Tobin）117, 328

托洛茨基（Lev Trotski）283, 284

W

WTO XXVIII, XXIX, 199, 200, 321, 340

外汇改革 154, 157, 190, 192, 194

外汇调剂市场 154

外贸垄断制 178, 182

外向型经济 31, 174, 175, 181, 182, 183, 187, 190, 223

外资企业 98, 99, 102, 187, 189, 199, 321

    合资企业 97, 98, 204

    三资企业 71, 187

威廉姆森（John Williamson）388

威权主义 35, 387

无产阶级文化大革命（文化大革命、文革）IV, V, VIII, XI, XVIII, XXII, 1, 2, 3, 4, 6, 7, 9, 11, 26, 28, 31, 32, 52, 55, 77, 87, 93, 96, 152, 179, 181, 220, 270, 293, 294, 302, 371, 373, 402

无产阶级专政 V, 2, 3, 4, 6, 9, 15, 21, 22, 24, 29, 52, 372, 373, 403

吴敬琏 I, IX, XII, XXIV, 34, 69, 70, 108, 112, 113, 117, 119, 120, 121, 122, 123, 141, 156, 162, 165, 195, 198, 208, 209, 218, 249, 253, 267, 268, 271, 273, 286, 302, 303, 304, 306, 308, 320, 326, 327, 330, 331, 343, 351, 356, 382, 385, 394, 413

X

希勒（Robert Shiller）342

锡克（Ota Sik）VI, 33, 34, 49, 51, 123

系统性风险（金融危机）IX, XIX, XXVIII, 191, 192, 194, 212, 225, 279, 282, 300, 313, 321, 332, 334, 340, 342, 351, 352, 353, 356, 369, 399

现代经济增长 286, 287

现代企业制度（公司制度）156, 157, 161, 211, 237, 250, 251, 252, 253, 254, 255, 256, 257, 258, 260, 263, 265, 266, 271

宪法 23, 48, 66, 99, 101, 204, 205, 214, 303, 391, 398, 401

    依宪执政 401

    依宪治国 106, 401

乡镇企业 XXVIII, 30, 92, 94, 95, 96,

97, 107, 140, 204, 217, 222, 223

    温台模式 97

    苏南模式 96, 217, 222, 223

新古典综合 328

新经济政策 40, 41, 42, 241, 242, 283, 284

新民主主义 II, III, 403

新重商主义 194

新自由主义 373, 374, 388

信贷担保 219

信息化 X, 279, 306

修正主义 V, 52, 55, 70, 372

许成钢 29

许可证 51, 135, 182, 268, 360, 393

薛暮桥 65, 66, 67, 71, 94, 117, 130, 131, 134, 141, 142, 295, 327

寻租 X, XXII, XXX, 135, 136, 159, 190, 281, 357, 358, 359, 360, 361, 362, 363, 364, 365, 367, 369, 370, 371, 375, 376, 377, 379, 381, 382, 403, 406, 407

Y

要素市场 XXVII, XXIX, 117, 149, 150, 189, 235, 323, 360, 396

依法治国 400, 401

隐性负债 162, 171

有限政府 398

于光远 V, 12, 18, 22, 35, 51

袁宝华 12, 56, 57, 60, 239, 245, 246, 294

Z

债券市场 161

战略 A（私有部门有机发展战略） 105, 106

战略 B（加速国有企业私有化战略） 105, 106

战时共产主义 40, 54

证券市场 166, 255, 263, 361, 365, 366, 371

    操纵市场 367

    创业板 371

    内幕交易 367

    核准制 366, 371

    强制性信息披露 365, 366, 392

    审批制 361, 362, 363, 364, 365, 366, 371, 398

    市盈率（P/E Ratio） 342, 371

    证券市场监管 255, 365

政策性银行 160

    国家开发银行 153, 160

    中国进出口银行 153

    中国农业发展银行 153, 160

政府职能转变 361

政治体制改革 124, 384, 400

支出责任（事权）151, 152, 157, 158, 159, 250, 308

知识产权 277

制高点（经济命脉）41, 205, 206, 213, 215, 273, 277, 397

中等收入阶层 288

中共全国代表大会

　十一大 2, 6

　十二大 58, 67, 68, 112, 119, 120, 140

　十三大 101, 129, 139, 140, 141, 145, 204, 271

　十四大 VIII, XXI, 138, 146, 147, 148, 149, 302

　十五大 202, 206, 211, 212, 213, 214, 215, 217, 219, 225, 234, 237, 273, 277, 400

　十六大 258, 267, 273, 374, 400

　十七大 XIX, 373

　十八大 XVI, XXII, XXIII, XXVII, XXX, 378, 386, 393, 396, 402, 403, 406

中共中央全会

　十一届三中全会 V, 1, 2, 4, 21, 22, 24, 31, 57, 59, 83, 95, 97, 141, 146, 173, 357

　十一届六中全会 1, 2, 94, 112

　十二届三中全会 VII, 99, 111, 112, 113, 114, 115, 120, 139, 140, 141, 147

　十四届三中全会 VIII, 138, 147, 148, 155, 157, 159, 161, 162, 166, 191, 205, 206, 213, 237, 250, 254, 255, 256, 271, 282, 300, 395

　十五届三中全会 91, 92

　十五届四中全会 213, 215, 217, 235, 237, 260, 273, 277, 410

　十六届三中全会 XIX, 265, 308

　十六届四中全会 312

　十八届三中全会 XVI, XXII, XXIII, XXVII, XXIX, 166, 386, 392, 393, 394, 395, 396, 397, 398, 399, 400, 402, 405, 407, 410

　十八届四中全会 400, 401

中小企业 IX, 41, 160, 218, 219, 221, 306, 373

中央财政 151, 157, 158, 163, 316

中央银行 63, 117, 133, 152, 153, 159, 161, 191, 194, 198, 199, 325, 335, 337, 353, 368

重商主义（Mercantilism）35, 194

周小川 VIII, 117, 121, 122, 123, 156, 162, 165, 189, 337

朱镕基 211, 260, 331

诸侯经济 151

资本市场 IX, X, 69, 161, 254, 264, 342, 371

资产泡沫 339, 342, 345, 351, 352, 353

资源配置 VII, XXI, XXII, XXV, XXVIII, XXIX, 28, 43, 44, 46, 72, 107, 126, 133, 147, 149, 188, 198, 281, 301, 302, 306, 361, 369, 373, 387, 393, 394, 395, 397, 407, 408

自由企业制度 156, 393

自治社会主义 47, 48

总供给 119, 324, 326, 329, 405

总需求 61, 119, 128, 130, 324, 326, 329, 334, 337, 405